高等院校新形态教材系列

Principles of Financial Management

4th Edition

财务管理原理

第4版

主编◎ 王明虎 章铁生
副主编◎ 王锴 吴良海 顾银宽

机械工业出版社
CHINA MACHINE PRESS

本书立足于财务管理领域的最新发展，结合当下新的财务管理环境，系统介绍了财务管理的基本原理。

本书共分为13章，主要包括概述、财务管理的环境、财务管理基本观念、证券投资原理、财务分析原理、项目投资原理、筹资原理、营运资本管理原理、长期筹资、利润分配、财务预测与预算、财务控制与业绩评价，以及财务管理其他专题基本原理等核心内容。本书坚持经典和与时俱进相结合，既介绍了经典案例，又更新了近三年的新案例，内容丰富翔实。

本书适用于财务管理、会计学等专业的本科生，同时也可供相关学科专业教学和企业培训使用。

图书在版编目（CIP）数据

财务管理原理 / 王明虎, 章铁生主编 . -- 4 版 . -- 北京：机械工业出版社, 2024.8. --（高等院校新形态教材系列）. -- ISBN 978-7-111-76489-2

Ⅰ. F275

中国国家版本馆 CIP 数据核字第 2024XS9381 号

机械工业出版社（北京市百万庄大街 22 号　邮政编码 100037）
策划编辑：伍　曼　　　　　　　　责任编辑：伍　曼　徐子茵
责任校对：高凯月　张慧敏　景　飞　责任印制：邰　敏
三河市国英印务有限公司印刷
2025 年 1 月第 4 版第 1 次印刷
185mm×260mm・22 印张・530 千字
标准书号：ISBN 978-7-111-76489-2
定价：59.00 元

电话服务　　　　　　　　　网络服务
客服电话：010-88361066　　机　工　官　网：www.cmpbook.com
　　　　　010-88379833　　机　工　官　博：weibo.com/cmp1952
　　　　　010-68326294　　金　书　网：www.golden-book.com
封底无防伪标均为盗版　　机工教育服务网：www.cmpedu.com

前　言

本教材此次修订期间，喜逢党的二十大胜利召开。五年来，中国经济进入新发展阶段。一方面，经济持续发展，国内外经济环境发生了重要变化；另一方面，为维持经济发展，我国政府推进了多方面的改革举措。改革的内容既包括大型中央企业的混合所有制改革，又涉及金融市场利率机制、证券市场发行机制等方面。这些改革举措加快了我国企业财务管理环境的市场化进程，也为财务管理创新提供了强有力的保障。

数字技术的发展成为当今经济发展的又一强大推动力，以"互联网+"为代表，一些新业态、新模式进入市场，对传统经营模式提出了挑战，同时也改进了企业财务管理的主要方法和政策。

正是在制度和技术革新的重大背景下，我们对本教材进行了全面改编。本次改编注重以下一些方面的修订：①在习近平新时代中国特色社会主义思想的指导下，学习贯彻党的二十大精神，介绍我国现代企业财务管理活动；②根据新的政治经济改革举措，更新财务管理的环境的相关陈述，以及这一系列改革举措对企业的影响；③根据当今信息化技术发展对企业财务管理的影响，讨论"互联网+"经济环境下财务管理的变革；④根据企业当前财务管理的新实践，更新案例题材，拓展讨论范围；⑤根据财务管理教学需要，增加了财务预测与预算以及财务控制与业绩评价相关章节内容；⑥更新相关教学辅助内容，适当增加练习题和案例分析，提高教学使用效果。

本教材在内容上强调要高度重视企业的社会责任，企业财务管理的目标要充分考虑企业的社会责任履行义务，这也与党的二十大报告中所强调的"中国式现代化是物质文明和精神文明相协调的现代化"高度契合。

本版教材是2022年安徽省省级教材建设项目"财务管理原理"的建设成果，由王明虎、章铁生任主编，负责全书总体框架的设计、内容提纲的确定、组织和撰写，以及全书的总纂定稿工作。各章编写分工如下：第1、2、3、4章，王明虎；第5、6章，王锴、汪欣桐；第7、8章，吴良海、胡芳芳、江浪；第9、10章，顾银宽；第11章，武优勍；第12章，王明虎、武优勍；第13章，章铁生。

本次修订得到安徽工业大学会计系各位老师的大力支持，特别是选定本书作为教材的教师，提出了各种修订建议。此外，机械工业出版社的编辑们为本次修订做了很多工作，还有其他老师在我们和出版社、读者之间做了大量沟通工作，在此一并致谢。

王明虎
2024年1月于安徽工业大学佳山校区

目 录

前言

第 1 章 概述 / 1

引例 恒大集团造车不造房，会成功吗 / 1

1.1 财务管理的对象和内容 / 2

1.2 财务管理发展概况 / 9

1.3 财务管理的理论框架 / 15

本章小结 / 25 复习思考 / 26 练习题 / 26 案例分析 / 27

第 2 章 财务管理的环境 / 28

引例 中概股应声大跌 / 28

2.1 企业的组织形式 / 29

2.2 金融市场 / 36

2.3 利率和税收 / 45

本章小结 / 50 复习思考 / 50 练习题 / 50 案例分析 / 51

第 3 章 财务管理基本观念 / 53

引例 风险投资与中国互联网巨头的发展 / 53

3.1 货币时间价值观念 / 54

3.2 风险价值观念 / 68

本章小结 / 80 复习思考 / 81 练习题 / 81 案例分析 / 82

第 4 章　证券投资原理　/ 83

引例　"贵州茅台"股票真的值那么多钱吗　/ 83
4.1　证券及证券估价　/ 84
4.2　债权类证券投资　/ 87
4.3　权益类证券投资　/ 93
4.4　混合证券和其他证券投资　/ 102
本章小结 / 104　复习思考 / 104　练习题 / 104　案例分析 / 105

第 5 章　财务分析原理　/ 106

引例　董明珠与珠海银隆的收购　/ 106
5.1　财务分析概述　/ 107
5.2　基本财务能力分析　/ 116
5.3　综合财务能力分析　/ 132
本章小结 / 137　复习思考 / 138　练习题 / 138　案例分析 / 140

第 6 章　项目投资原理　/ 141

引例　现在开发还是推迟开发　/ 141
6.1　项目投资决策概述　/ 141
6.2　项目投资决策的基本评价方法　/ 145
本章小结 / 157　复习思考 / 158　练习题 / 158　案例分析 / 160

第 7 章　筹资原理　/ 161

引例　俏江南对赌协议融资　/ 161
7.1　基本筹资方式　/ 162
7.2　资金成本　/ 163
7.3　杠杆原理　/ 174
7.4　资本结构　/ 179
本章小结 / 187　复习思考 / 188　练习题 / 188　案例分析 / 189

第 8 章　营运资本管理原理　/ 191

引例　格力电器的营运资本管理问题　/ 191

8.1 营运资本管理概述 / 192

8.2 现金管理 / 198

8.3 应收账款管理 / 204

8.4 存货管理 / 210

8.5 短期融资 / 213

本章小结 / 219　复习思考 / 220　练习题 / 220　案例分析 / 221

第 9 章　长期筹资 / 222

引例　小米集团的 AB 股结构 / 222

9.1 股票筹资 / 222

9.2 债券筹资 / 231

9.3 其他筹资方式 / 236

本章小结 / 248　复习思考 / 248　练习题 / 248　案例分析 / 249

第 10 章　利润分配 / 250

引例　央企上市公司平均股利支付率超过 36% / 250

10.1 利润分配的程序和原则 / 250

10.2 股利支付的方式与程序 / 252

10.3 股利政策 / 257

本章小结 / 265　复习思考 / 265　练习题 / 265　案例分析 / 265

第 11 章　财务预测与预算 / 267

引例　如何测算预算期融资需求量 / 267

11.1 财务预测 / 267

11.2 财务预算 / 274

本章小结 / 286　复习思考 / 286　练习题 / 287　案例分析 / 289

第 12 章　财务控制与业绩评价 / 291

引例　华晨集团的破产重整 / 291

12.1 财务控制概述 / 292

12.2 成本控制 / 295

12.3　业绩评价原理与方法　/ 300

12.4　平衡计分卡　/ 306

本章小结 / 311　复习思考 / 312　练习题 / 312　案例分析 / 313

第 13 章　财务管理其他专题基本原理　/ 314

引例　中国宝武收购马钢集团　/ 314

13.1　企业合并　/ 315

13.2　国际财务管理　/ 319

13.3　资本运营　/ 326

本章小结 / 331　复习思考 / 332　练习题 / 332　案例分析 / 332

附录　/ 334

参考文献　/ 343

第1章 概　述

○ 本章学习要点

- ✓ 财务管理的对象
- ✓ 财务管理的内容
- ✓ 财务管理假设
- ✓ 财务管理的原则

○ 引例

恒大集团造车不造房，会成功吗

2022年7月6日，在大股东恒大集团深陷债务危机的背景之下，恒驰汽车依然"造出了车"。正式宣布恒驰5开启预售，预售价为每台17.9万元。预售发布会当天，合计在线观看人数近10万。

新能源汽车领域是恒大集团宣布的未来10年转型发展的重心，自2019年宣布进入造车领域后，恒大集团对新能源汽车产业累计投入达474亿元。根据恒大集团的汽车规划目标，该公司致力于成为世界上规模最大、实力最强的新能源汽车公司，实现2025年年产销超100万辆，2035年年产销超500万辆。新能源汽车也承载着恒大集团未来转型的希望。2021年10月，恒大集团在集团复工复产专题会上宣布全面向新能源汽车产业进行转型的决定，并表示，全面实施现楼销售，大幅压降房地产开发建设规模，10年内不买地，同时，10年内实现由房地产业向新能源汽车产业转型。

不过，受恒大集团债务危机等不确定性因素的影响，恒驰汽车能否持续发展还有待观察。

资料来源：搜狐财经，《恒大汽车来了！售价17.9万，还首创"公证"购车模式！4年投入474亿，能否逆风翻盘？》，2022年7月7日。

讨论题

恒大集团造车不造房是经营问题还是财务问题？

引例中，恒大集团开发新能源汽车，实现战略转型，从表面上看是企业产品变革，但从财务管理角度看，其实也是企业投资和运营的变革，其目的都是提升企业价值。那么，什么是财务管理？财务管理的目的是什么？本章将为你解答上述问题。

1.1 财务管理的对象和内容

财务管理是企业经营管理的重要内容和职能，关系到企业的生存和发展。本节重点讨论财务管理是什么、财务管理管什么、财务管理怎么管这三个核心问题。

1.1.1 财务管理是什么

关于财务管理到底是什么，我国学术界曾有过争论，主要的观点如下。

1. 资金运动论

资金运动论认为，所谓企业财务，就是企业资金运动及其所形成的经济关系。因此，所谓财务管理，就是对企业资金运动及其所形成的经济关系所进行的管理。[1]类似的观点还有认为财务管理就是对企业的资金进行规划运筹和控制的一项管理活动。[2]

2. 货币关系论

货币关系论认为，商品经济要讲价值，价值通过货币来体现。在整个生产经营过程中，商品的流通要以实在的货币为媒介，商品的生产要以观念上的货币来计量，所以，在生产经营过程中需要用货币来处理的经济关系即为货币关系，并由货币关系形成财务。由此，财务一般地被定义为商品生产经营者同各方面的货币关系，而财务管理就是对商品生产经营者同各方面的货币关系进行管理。[3]

3. 分配关系论

长期以来，分配关系论一直是财务本质理论的一个重要观点，因为它体现了社会主义财务与财政之间的天然血缘关系。在传统经济体制下，国民经济部门和企业财务是大财政体系的有机组成部分，而当时的国营企业财务是大财政体系的基础。由此，决定了社会主义财务的本质与财政的本质是一致的，即它们都是一种分配关系。在分配关系论中，所谓财务管理是对企业纯收入的分配活动。

4. 经济活动论

经济活动论认为，财务管理是指企业在生产经营活动中有关资金的筹集、使用、回收和分配等方面的经济活动。[4]从本质上说，这一观点与资金运动论基本类似，但经济活动论更

---

[1] 曹侠.关于社会主义企业财务本质各派学说的评价[J].当代经济科学，1992（2）.
[2] 陆正飞.财务管理[M].大连：东北财经大学出版社，2001：6.
[3] 谷祺.工业企业财务管理[M].北京：中国财政经济出版社，1989：1.
[4] 陆建桥.对财务本质的探讨[J].财会通讯，1994（12）：3.

强调财务管理的经济属性。

5. 价值创造活动论

价值创造活动论认为,财务活动的本质是进行资本管理以实现价值创造的活动。这种活动具体是如何进行的呢?首先要确定不同的理财主体及其资本,其次通过理财主体理性的预测与决策,形成不同的资产及其价值转移,在此过程中通过合理地核算与控制成本、风险和收入,最终实现收益——价值创造。[⊖]

上述观点各有其可取之处:资金运动论从财务管理的对象角度界定财务管理的特点;货币关系论则看到了资金是财产物资的货币表现这一本质属性;分配关系论从我国传统经济体制的特征出发,看到了财务的分配特性;经济活动论看到了财务管理从实务工作角度来说是一种经济活动的表现形式;价值创造活动论则看到了市场经济条件下企业财务管理的目标。然而,以上每一种观点又或多或少地忽视了其他方面的财务管理特征。

我们认为,要厘清财务管理的本质,需要从财务管理的对象、职能、内容等主要表现形式开始,逐步抽象提取。一般来说,财务管理的对象是资金,财务管理主要是要做好资金的运动控制和管理;财务管理的职能包括预测、决策、计划、控制、分析和评价;财务管理的主要工作内容是筹资、投资、利润分配和营运资本管理等日常事务,以及企业合并、财务发展战略等特殊事务。总结这些基本结论,我们认为,财务管理是以资金运动为中心,通过预测、决策、计划、控制、分析和评价等工作方式,对企业的筹资、投资、利润分配和营运资本管理等日常事务以及企业合并、财务发展战略等特殊事务进行管理的价值管理形式,其目的是实现企业价值最大化。

❖ 阅读材料1-1

财务本质的重塑:一种契约观

当企业契约取代市场契约来进行社会资源配置时,财务就成为企业契约集合中的一个子契约,即财务契约,它是企业签订契约与履行契约的前提和基础。如果财务管理被看作企业管理的中心,资本运作被看作财务管理的中心,那么作为实现财务资源配置职能载体的财务契约就是企业契约集合的中心。因为利益相关者必然会关心其在企业契约的签订与履行过程中的责权利关系。财务契约作为一种共同认识被引入企业契约中,可以减轻各利益相关者之间信息不对称的程度,有利于降低契约履行成本,以便确定利益相关者之间的这种经济关系。

财务契约是企业利益相关者在财务活动中所形成的各种有关财产权利流转的协议或约定。财务的本质是指财务活动固有的内在属性,无论是资金运动论、价值运动论、资金分配(配置)论,还是本金投入收益论、财权流论等,体现的都是财务活动的事实或现象,即使这些理论已考虑到财务的某些内在属性,但都不是具有抽象意义的一般属性,而契约属性能够反映出抽象意义上的财务内在属性。因此,从新制度经济学角度来看,我们将财务的本质

⊖ 袁业虎.财务研究的起点及理财本质的界定[J].当代财经,2005(12):117.

定位于契约属性或许更为恰当，这就是财务契约论。

资料来源：张正国. 财务本质的重塑：一种契约观[J]. 财会月刊（理论），2008（3）：67.

● 讨论题

（1）财务契约观的合理性体现在哪些方面？
（2）财务契约观为什么没有得到学术界的广泛认同？

1.1.2 财务管理管什么

财务管理管什么，从理论上说，就是财务管理的对象是什么。要讨论财务管理的对象，首先要讨论与财务管理有重要关联的概念——资金。企业是投资者为获取收益而投资兴办的经济组织，企业从设立开始，就一直从事经济活动，旨在通过经济活动的开展获取收益。企业生存在一定的经济环境中，需要与供应商、客户、员工、政府、金融机构、投资者等发生经济往来。这种经济往来，形成了企业的资金运动。

1. 资金

所谓资金，是指企业财产物资的货币表现。在企业中资金有多种形式，以工业企业为例，其资金包括如下形式：货币资金（现金、银行存款、银行票据）、储备资金（原材料）、生产资金（在产品）、成品资金（库存完工产品和半成品）、应收账款、固定资产、对外投资等。

2. 资金运动

在企业中，资金的形态不是固定静止的，而是在生产经营中不断变化的。以工业企业为例，其短期资金运动如图1-1所示。

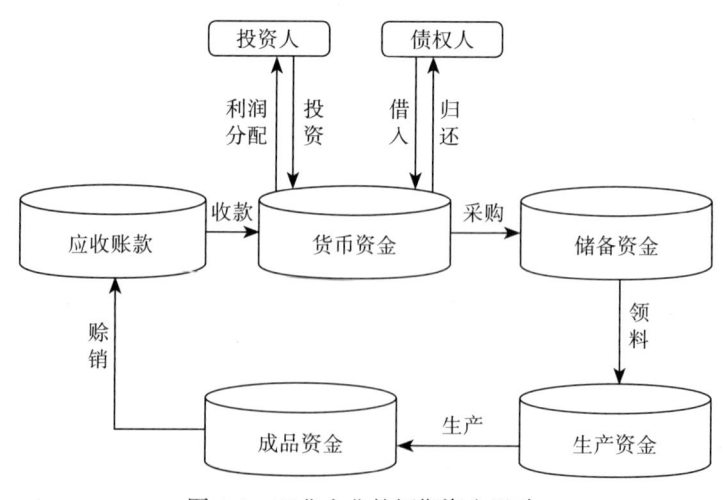

图1-1 工业企业的短期资金运动

从长期来看，企业的固定资产也逐渐消耗，转入生产资金中，工业企业的长期资金运动如图1-2所示。

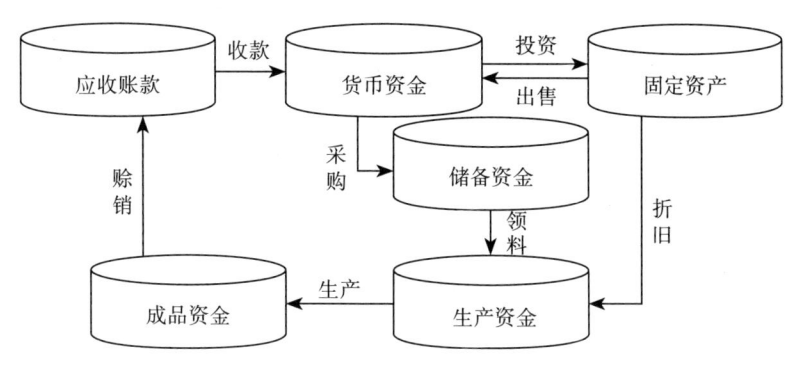

图 1-2　工业企业的长期资金运动

例 1-1　下岗工人小王筹集资金 20 万元开了一家小超市，开业时，其资产见表 1-1。

表 1-1　小王的资产情况

项目	金额/元
采购的商品	120 000
现金	10 000
超市用货架	70 000

开业一个月，超市销售商品收入 80 000 元，其成本为 70 000 元，另采购商品支出 20 000 元，所有收支均以现金结算。试分析其资金运动过程。

从开业时点看，超市有三种资金，其分布如图 1-3 所示。

图 1-3　开业时点超市资金分布

销售和采购业务的发生使资金发生变动（暂不考虑折旧因素），资金变动如图 1-4 所示。

图 1-4　销售和采购业务发生的资金变动

一个月后的资金分布如图 1-5 所示。

图 1-5　一个月后的资金分布

资金总额为 210 000 元，比期初增加 10 000 元，为该超市的销售利润。

需要注意的是，在企业资金运动过程中，利润的增加与企业的货币资金收支净额（现金）并非一定相同，这其中的主要原因是企业在经营过程中的一部分固定资产通过折旧减少利润，但这部分折旧成本并非以现金支出，从而导致现金增加额大于利润增加额。

例1-2 江天公司2022年度的经营状况如下：销售收入为100 000元，不含折旧的制造成本为50 000元，销售和管理费用为10 000元，折旧费用为20 000元，税前利润为20 000元，假设企业所得税税率为30%，所得税为6 000元，税后利润为14 000元。江天公司本年内所有收入全部为现金，所有支出全部以现金支付。试判断税后利润与现金净增加额之间的关系。

根据资料，企业现金净增加额为100 000−50 000−10 000−6 000=34 000（元），比税后利润14 000元多了20 000元。这是折旧费用产生引起的。企业每期的现金净增加额是税后利润和折旧的和，从这个角度而言，利润会增加现金，折旧也会"增加"现金。

资金能否顺利运动，关系到企业的生存和发展。只有企业的资金不断地运动并发生增值，才能保证其生存和发展。

3. 财务管理的对象是资金及其运动

财务管理是企业管理的一部分。如果说生产管理的对象是生产活动、营销管理的对象是营销活动，那么财务管理的对象就是企业的资金及其运动。这是因为财务管理主要是为企业理财，这就需要管理企业的资金，而不是管理企业的人事、生产、营销、科技开发、安全等其他事务。从财务管理实务工作的角度来看，财务管理的筹资、投资、利润分配、营运资本管理等工作也主要是管理企业各项资金的分布和流转情况，并提出优化建议。

❖ 阅读材料1-2

拉夏贝尔的债务危机

上海拉夏贝尔服饰股份有限公司（以下简称"拉夏贝尔"）于1998年成立。该公司于2014年10月9日和2017年9月4日先后在香港联合交易所和上海证券交易所上市，成为国内第一家A+H股上市的服装公司。

拉夏贝尔的主要产品是女装，以风格时尚、款式众多得到许多消费者的喜欢。随着中国经济的发展，消费者购买力持续增加，拉夏贝尔迅速拓展市场规模，到2008年，其市场销售收入已突破5亿元，门店数量超过1万家。为扩大经营规模，拉夏贝尔利用股票上市的机会筹集了大量资金。有了这些资金的支持，公司得以大力拓展产能。然而，随着市场需求增长放缓，加上行业竞争日趋激烈，以及2020年开始的新冠疫情等因素的影响，拉夏贝尔逐渐出现市场萎缩、库存急剧增加的情况。资金周转速度放缓，回收的资金不能及时偿还到期债务，导致公司亏损严重，出现债务危机。截至2021年第三季度末，拉夏贝尔的负债合计38.61亿元，资产总计28.89亿元，归属于上市公司股东的净资产约为−8.97亿元——已经资不抵债。2021年11月22日晚间，新疆拉夏贝尔服饰股份有限公司（以下简称"新疆拉夏贝尔"）的债权人嘉兴诚欣制衣有限公司、海宁红树林服饰有限公司和浙江中大新佳贸易有限公司（上述三方合称"申请人"）向乌鲁木齐市新市区人民法院递交了《破产申请书》，正式申请进行破产结算。《破产申请书》指出：被申请人新疆拉夏贝尔已不能清偿到期债务，且明显缺乏清偿能力，完全符合法律规定的破产条件，故为实现申请人债权、保障申请人合法权益，依据相关法律规定，请求法院宣告被申请人破产，并以破产财产对申请人进行清偿。

2021年11月24日，新疆拉夏贝尔发布公告，因资不抵债，公司被申请破产清算。2022年5月24日，新疆拉夏贝尔退市整理期已结束，被上海证券交易所予以摘牌。转板新三板后，拉夏贝尔仍未迎来根本转机，根据公告，截至2023年5月21日，该公司103个银行账户被冻结，被冻结资金0.24亿元。2023年6月，拉夏贝尔正式破产清算。截至2023年12月8日，其在新三板的股票市场价格为每股0.60元，低于面值。

资料来源：编者收集整理[一]。

● 讨论题

（1）拉夏贝尔的财务困境与资金管理是否有关？
（2）拉夏贝尔应如何化解信用危机？

1.1.3 财务管理怎么管

所谓财务管理怎么管，就是讨论财务管理的具体工作内容。财务管理的具体工作内容与企业的目标有很大的关系，它要服从于企业的目标。

企业是一个以营利为目标的经济组织，尽管它的形式多样，但不同企业的投资者都需要获取利润，否则他们宁愿从事慈善事业以获取社会名誉。但企业生存在一个充满竞争的经济环境中，只有努力经营，才能保持生存、发展并获利，这也是企业目的的三个层次。

1. 生存

企业只有在困难的环境中生存下来，才可能获得以后发展和获利的机会。企业生存的土壤是经济环境，包括商品市场、资本市场、人力资源市场、技术市场等。企业要生存，需要两个基本条件。一是以收抵支。如果一家企业在日常经营中取得的收入能够大于其消耗的资金，该企业就能够在日常的经营中逐渐积累资金，从而生存和慢慢发展起来；如果一家企业在日常经营中取得的收入不能弥补其消耗的资金，则资金就会逐渐减少，最终导致企业破产。二是能够偿还到期债务。企业在生产经营中经常因为临时周转或扩大投资的需要而借入资金，如果这些债务不能在到期时得到偿还，则债权人可能要求企业破产还债，从而使其无法生存下去。

为了实现上述两个基本条件，企业财务管理要能够及时筹措资金偿还到期债务，并且在日常经营中扩大收入、降低成本，实现资金在周转中增值。

❖ 阅读材料1-3

瑞幸咖啡的经营模式是否有问题

随着"互联网+"时代的到来，"新零售"模式的企业逐步进入投资者的视野，瑞幸咖啡就是一个典型代表。从2017年年底第一家线下店铺亮相，到2019年5月17日于美国纳

[一] 如无特殊说明，本书引例、阅读材料均为编者收集整理。

斯达克上市，瑞幸咖啡的成长速度令人咋舌。快速扩张的背后，是资本的大量投入。

瑞幸咖啡飞速成长，其秘诀是什么呢？联合创始人杨飞总结了瑞幸咖啡三个方面的获客之道。第一，存量找增量，即利用已有的用户去发展新增用户。第二，高频带高频。如果产品属于高频消费品，比如与出行、外卖、社交、直播、热门游戏、大平台电商等相关的产品，那么用户和你接触的机会越多、使用频次越高，业务裂变的可能性就越大。第三，满足裂变成功的三个条件，即种子用户的选择、福利补贴和分享趣味的满足。瑞幸的做法是三管齐下：首杯奖励、拉新奖励和咖啡请客。通过这些营销方式，瑞幸咖啡的用户群体越来越大。截至2018年年底，瑞幸咖啡消费客户达1 254万，共售出8 968万杯。截至2019年3月31日，瑞幸咖啡累计交易客户数达1 687万人次。

然而这一模式对企业的资本消耗巨大。根据招股说明书的数据，2019年第一季度，瑞幸咖啡的营业收入为4.79亿元，同比增加35.94%，所得税前净亏损为5.52亿元，较去年同期亏损扩大了4.20亿元；2018年全年，瑞幸咖啡的营业收入为8.41亿元，所得税前净亏损为16.19亿元，归属于公司股东及天使投资人的净亏损达31.90亿元。2017—2019年，瑞幸咖啡经营活动产生的现金流量净额都是负数，但从2019年开始，其投资活动产生的现金净额开始回正，为7 665万元，可能是从处置固定资产、无形资产和其他长期资产所收回的现金净额中产生的。从以上数据看，瑞幸咖啡仍在亏损，且持续疯狂"烧钱"；从融资情况看，它也会继续寻找资金为自己"输血"。

瑞幸咖啡的快速发展也引起了市场相关人士的关注，2020年1月，浑水公司（Muddy Waters Research）公布了一份调查报告，指出瑞幸咖啡的年度报告在门店销售数量、销售价格方面造假，且存在销售费用方面的虚报。虽然瑞幸咖啡一开始极力否认上述指控，但在调查报告翔实的证据以及后续相关机构的取证压力下，其最终公开承认虚增交易额22亿元人民币。当日开盘后，瑞幸咖啡20分钟内连续三次触发熔断，跌幅一度接近80%。

资料来源：部分资料摘引自

    1.《中国工商》杂志，《不断烧钱的瑞幸咖啡，经营模式可持续吗？》。

    2.乐居财经网站，《浑水是如何"做空"瑞幸的？》。

● 讨论题

（1）瑞幸咖啡不断"烧钱"的经营模式是否可持续？

（2）瑞幸咖啡为什么要进行财务造假？

2. 发展

企业必须不断发展自己的力量，否则在激烈的竞争中将如"逆水行舟，不进则退"，最终失败。企业的发展需要多个条件：市场拓展、科技进步、管理提升，但最终表现为收入和利润的增加。而增加收入和利润的根本途径是不断提高产品质量，增加产品销售数量。这就需要企业能够及时更新产品和生产技术，实施好的投资项目，加强日常营运管理，提高效益。当企业的主营业务在市场竞争中处于不利地位或市场需求受限时，企业也可以通过转换商业模式等方式获得新的发展空间。

3. 获利

企业必须具有获利的前景，否则就无法保证长久地生存。企业若要获利，就必须投资高效益的项目，并在项目投产后做好经营管理，确保投资规划的目标实现。这就要求企业在选择投资项目时能够充分调研未来市场需求，开发适应市场的产品，获取投资收益，并做好日常营运管理。

总结上述企业的三个层次的目标及其对财务管理的要求，企业财务管理需要做好四个方面的工作：筹资、投资、利润分配和营运资本管理。这四个方面的工作就是财务管理的基本内容，现分述如下。

（1）筹资。筹资是指企业为满足投资和日常经营的需要所进行的筹集资金的行为。企业筹资有多个渠道。首先，企业可以从投资者处获取资金，这种资金按来源划分，属于权益性资金。其次，企业也可以从债权人（银行等机构）处获取借款，这种资金按来源划分，属于债务性资金。最后，企业还可以通过收益留存等方式获取资金。企业在进行资金筹集时，需要考虑不同资金筹集方式的成本、风险以及其自身在特定时期资金需求的数额，选择恰当的筹资渠道，以提高企业效益。

（2）投资。投资是指企业根据投资决策方案投放资金的行为。企业投资可分为广义投资和狭义投资两种。广义投资包括对外投资（证券投资、对外直接投资、房地产投资等）和对内的固定资产及项目投资，狭义的投资仅指对内投资。企业在进行投资决策时，要根据不同项目的市场需求状况以及本企业的竞争优势，在此基础上通过不同的评价指标计算和评比，确定最佳的投资项目进行投资。

（3）利润分配。企业在经过一段时间的经营后，会产生盈利。企业的投资者可能需要通过分配收回部分盈利，而企业也可能因为有比较好的投资项目需要将盈利留存在企业内部。因此如何确定利润留存和分配的比例成为财务管理的重要内容。此外分配利润的形式也很重要，企业的投资者不同，所需要的利润分配形式也不同，企业的利润分配如果不能满足大部分投资者的需求，就可能会影响投资者对本企业的投资意向，从而影响企业的市场价值。

（4）营运资本管理。企业在日常的生产经营活动中会发生一系列有规则的资金收付行为。从单个经营过程来看，企业首先需要采购材料，并将材料投入生产，同时支付员工工资和动力费用等。然后，企业生产的产品完工后，需要对外销售，并收回货款。在生产经营过程中，可能因为临时性或季节性需要，向银行等金融机构借入短期资金，并于资金周转结束时归还。企业需要加快对日常经营活动中的资金收付的管理，以确保资金循环的顺畅和高效。在财务管理中，我们把为满足企业日常经营活动的需要所垫支的资金，称为营运资本，对营运资本的管理活动，称为营运资本管理。企业在营运资本管理中，需要确定适当的营运资本持有政策、合理的营运资本融资政策以及合理的营运资本管理策略。具体包括：现金和交易性金融资产持有计划的确定，应收账款的信用标准、信用条件和收账政策的确定，存货周期、存货数量、订货计划的制订，短期借款计划、商业信用计划的确定等。

1.2 财务管理发展概况

人类的生产经营活动是随着时间的推移而逐渐发展的，与生产经营活动密切相关的财务管理活动也是逐渐发展壮大的。因此，在人类生产经营活动的不同发展阶段，财务管理的内容和方法也大不相同。

1.2.1 西方国家财务管理的产生与发展

西方国家财务管理的产生与发展可分为以下几个阶段。

1. 萌芽阶段

随着人类生产经营活动的产生，就有了原始形态的财务活动。比如古代手工业者为了建立自己的作坊，可能需要向大地主、大商人借款，这种原始的借贷行为实际上就是现代意义上的筹资活动。不过在中世纪以前，由于人类的生产经营相对落后，财务管理活动只是人类组织生产经营过程中零星的、自发的活动，没有形成社会性的系统活动。

到了 15 世纪—16 世纪，地中海沿岸城市的商业得到了迅速发展，私人资本已不能满足商业规模扩大的要求。在一些城市（热那亚、威尼斯等）出现了邀请公众入股的城市商业组织（早期的股份公司），股东包括商人、王公、廷臣和一般市民。当时的这类股份公司大都由官方设立并监督业务，股份不能转让，但投资者可以收回投资。此外，投资者可以根据股份公司的盈利状况每年分红。虽然当时没有公开的股票交易市场，也没有系统的股票发行规范，但股份公司已初步有了直接筹资的能力，并按盈利分配利润，财务管理的初步职能已经具备，只不过当时的财务管理并没有成为独立的职能和部门。

❖ 阅读材料 1-4

荷兰东印度公司

荷兰东印度公司（Dutch East India Company，荷兰语为 Vereenigde Oostindische Compagnie，简称 VOC，中文全文译为荷兰东印度公司）成立于 1602 年 3 月 20 日，1799 年解散。该公司建立于 17 世纪大航海时代。16 世纪 60 年代，一群荷兰商人派浩特曼（Cornelis de Houtman，?—1599）至葡萄牙刺探商情，浩特曼回国后这群商人便成立了一家公司，往东印度地区发展，从 1595 年 4 月至 1602 年间，荷兰陆续成立了 14 家以东印度贸易为重点的公司，为了避免过度的商业竞争，这 14 家公司后来联合起来，合并为一家公司，也就是荷兰东印度公司。经国家议会授权，荷兰东印度公司在东起好望角，西至南美洲南端的麦哲伦海峡的区域内具有贸易垄断权，股票由政府定期向国内投资者发行以筹集资金。

荷兰东印度公司可以自组佣兵、发行货币，是第一家股份有限公司，到了 1669 年时，它已是世界上最富有的私人公司，拥有超过 150 艘商船、40 艘战舰、5 万名员工与约 1 万名佣兵的军队，投资回报率高达 40%。

资料来源：百度百科词条等。

● 讨论题

荷兰东印度公司与当代股份公司在资本筹集方式上有哪些共同点？

2. 筹资阶段

从 16 世纪到 20 世纪初，随着科学技术的发展、产业革命的推进、企业生产经营社会化进程的加快，私人资本越来越不能满足企业生产规模的发展需要，这一阶段财务管理的主要任务是为公司的组建和发展筹集所需要的资金。随着纽约证券交易所等一批大规模的现代化证券交易市场的出现，大批的股份公司通过股票发行筹集资金，推动了企业和社会的发展。

然而，由于当时的资本市场刚刚开始发展，市场的管理缺乏规范，会计信息披露混乱，内幕交易十分严重，最终导致了1929年纽约证券交易所的崩盘，进而引发了世界性的经济危机。

为了刺激经济发展，保障投资人利益和资本市场的稳健有序，美国罗斯福政府采取了一定的措施，其中重要措施之一就是在1933年和1934年分别通过《证券法》和《证券交易法》，规定公司在发行证券之前必须向证券交易委员会登记注册，向投资人披露公司财务状况及其他有关情况的说明书，并按规定的程序向证券交易委员会定期报告财务状况。这些措施使得公司要想通过证券市场筹资，必须要经过一系列的审查步骤。从这一时期开始，各公司财务管理的主要任务，就是如何通过证券监管部门的审查，获得发放证券融资的机会。

3. 营运资本管理阶段

第二次世界大战以后，随着西方资本主义国家经济的复苏，科学技术的迅速发展，市场竞争的日益激烈，企业管理者逐渐意识到，在残酷的竞争环境中，要维持企业的生存与发展，财务管理仅仅关注资金的筹集是不够的，更重要的是应该管好用好企业所掌握的各种资源，加强企业内部的财务工作管理与控制。在财务管理实践中，人们将数理分析方法应用到财务分析与财务预算中，并用于现金、应收账款、存货以及固定资产的管理与控制。与此同时，各种计量模型也应运而生，应用日益广泛。

4. 投资管理阶段

随着企业经营环境的发展与变化，企业经营者发现，企业营运效率和效益的提高，并不完全取决于日常的财务管理（比如对存货、应收款项、固定资产等的管理），而在更大程度上依赖于投资决策的成功。因此投资管理就成为了财务管理的重要内容，投资管理的发展主要表现在以下方面。

（1）投资管理的程序科学化。不论是项目投资还是证券投资，企业都需制定一系列严格的控制程序，保证投资决策科学。

（2）投资决策的方法科学化。净现值法、内含报酬率法、投资组合模型等方法得到广泛运用。

（3）投资收益和风险的均衡化。在投资决策中，企业不仅要关注收益，也要关注投资风险，使得投资决策更符合企业价值的增值要求。

5. 全面发展阶段

进入20世纪80年代后，财务管理呈现全面发展态势。一方面，这是由于资本市场发展，企业合并等特殊财务管理问题的出现，另一方面，也由于经济的国际化发展，出现了汇率变动、跨国结算和控制等多方面财务问题。为了解决这些问题，财务管理研究的对象呈现多方面的特点。具体有如下几个方面。

（1）企业并购。主要包括并购企业的价值评估、并购支付方式、并购资源整合等方面。

（2）企业国际化经营。主要包括跨国经营的资本控制、经营控制、汇率风险控制等。

（3）企业集团的财务管理。主要包括企业集团的预算管理、财务体制管理、现金控制等。

1.2.2 当代中国财务管理的发展

1949年新中国成立，依照苏联模式建立了社会主义国有企业制度，其财务管理模式完全仿照苏联的做法，即企业生产的产品由国家规定，生产计划由国家制订，产品也由国家统一包销。企业生产所需要的资金由国家统一拨付，盈利全部上交国家，因此不存在企业投资、筹资和利润分配的问题。从这个角度说，当时的企业财务完全由国家财政统一管理，只有成本核算和控制由企业负责。

1979年改革开放，使国有企业逐步扩大企业经营自主权，财务管理也逐渐发展，主要表现为如下几个方面。

1. 企业承包经营责任制的实施

1987年开始，国营企业进入第一轮承包，当时实行这一经营方式的主要动机是激发国有企业的活力，使之从国家计划的实施者角色中转变出来。企业承包者可以根据市场的需求，确定产品的价格、产量和生产方式。由此，企业的日常经营逐渐过渡为自主经营，与其相关的"班组核算""岗位工资""车间成本"等一系列具有我国社会主义特色的营运资本管理方法逐渐发展起来。

❖ 阅读材料 1-5

我国企业承包经营责任制的基本规定和做法

在企业承包经营责任制实施以前，我国全民所有制企业实行高度集中统一的计划经济管理体制，企业的生产销售和采购由政府部门进行控制，这造成了"大锅饭"的局面，不利于企业的经济发展。1984年以后，承包经营责任制开始在部分全民所有制企业中实施。"承包"全称为"承包经营管理"，是指企业与承包者间订立承包经营合同，将企业的经营管理权全部或部分在承包期内交给承包者，由承包者对企业进行经营管理，并承担经营风险及获取企业收益的行为。

承包者须具备的资格、条件规定如下：将经营管理方式改变为承包的必须是具有法人资格并已有三年以上经营活动的公司、企业；进行承包经营的个人必须具备一定的经营才能，并能提出切实解决企业问题的具体方案；承包者还被要求能够向所承包的企业提供足够数额的风险抵押金或风险保证金。

承包是当事人之间以合同约定的一种经营管理行为，承包者只是企业财产的经营管理者。承包者的权利与义务如下：承包者最基本的权利是收取承包收益。承包者应承担的义务主要包括：①接受投资者的监督；②对所承包企业的财产没有任何处分权，不得将所承包的企业的财产转让、变卖、转移、抵押、出租或赠予；③定期向所承包企业的董事会报送企业财务报表；④承包者应保证达到承包经营的目标。

资料来源：百度百科词条等。

● 讨论题

企业承包经营责任制从哪些方面改进了我国国有企业的财务管理？

2. 利改税制度

所谓利改税,是指将国有企业财政缴款中的上缴利润改为缴纳所得税,是国家参与国有企业纯收入分配制度的一种改革。改革开放以前,我国国有企业在经营中所形成的利润要全部上交国家。由于这种制度缺少对企业和员工的激励,员工对企业经营效益缺乏关注,企业吃国家的"大锅饭"。1983年在确立了有计划的商品经济体制以后,中央政府的改革方针要求国有企业成为自主生产经营、独立核算、自负盈亏的经济实体,其资产所有权仍归国家,但企业拥有长期使用权。国家在参与企业纯收入分配时,将企业以资产权力为依据的利润上缴方式,改为国家以政治权力为依据的收取所得税方式,借以理顺国家与企业的分配关系,克服"大锅饭"的弊端,促进企业经济责任制度的建立,并为财政体制的改革打下基础。为此,1983年进行了国有企业利改税第一步改革后,又于1984年进行了第二步改革。第一步利改税规定,对国有大中型企业征收55%的所得税。税后利润根据企业的不同情况分别采取递增包干上交、固定比例上交、征收调节税、定额上交等办法。1984年实行的第二步利改税,对国有大中型企业缴纳了55%的所得税后的利润统一开征调节税,设想把国家同国有企业的分配关系完全作为税收关系固定下来。国务院于1984年9月18日发布的《中华人民共和国国营企业所得税条例(草案)》和《国营企业调节税征收办法》对第二步利改税的内容做了具体规定。⊖

利改税的理论观点尽管存在某些不足之处,但它在税收理论界和实际工作中,对于破除非税论、适应经济体制改革的需要,促进单一税制向复合税制过渡,促成工商税收制度的全面改革,以税收法律形式调整并固定国家与企业的分配关系,保证财政收入的稳定增长等,都有一定的意义。

利改税对我国国有企业财务管理有积极影响,它提出了国有企业利润分配和留存的问题,使企业积极思考如何正确使用留存收益,扩大企业规模。

3. "拨改贷"

"拨改贷"是我国在特定历史背景下出现的现象。在计划经济时代,国有企业补充资本金由国家财政直接拨款解决,企业利润全部上缴财政。20世纪80年代初期,国家为了提高国有资金使用效率,将原来的财政直接拨款方式改为通过银行转贷给企业使用的方式。后来在国有企业的改革过程中,国家陆续出台了一些将"拨改贷"资金直接转为国有企业资本金的政策。

"拨改贷"对国有企业筹资产生了巨大影响。在"拨改贷"前,企业只要有资金需求就向国家伸手,国家下拨资金后,企业无偿使用,由此造成许多企业为上规模上项目拼命向国家要钱,既造成资金浪费,又降低了投资项目的效率。"拨改贷"后,由于银行贷款的约束力,企业在筹资时既要认真考虑资本成本,又要考虑偿还压力,因此就必须充分规划投资项目的回收和效益,这有利于企业筹资方案的改进。

4. 证券市场的建立

在我国证券市场建立以前,企业只能通过金融机构间接筹资,很难获得直接投资。1990

⊖ 《中华人民共和国国营企业所得税条例(草案)》和《国营企业调节税征收办法》自1994年1月1日起已全文废止。

年 11 月 26 日上海证券交易所成立，同年 12 月 19 日开业；1990 年 12 月 1 日深圳证券交易所成立。随着两大交易所的发展，越来越多的企业可以到证券市场发行证券来筹集资本。根据《中华人民共和国 2022 年国民经济和社会发展统计公报》，2022 年全年沪深交易所 A 股累计筹资 15 109 亿元。沪深交易所首次公开发行上市 A 股 341 只，筹资 5 704 亿元，比上年增加 353 亿元，其中科创板股票 123 只，筹资 2 520 亿元；沪深交易所 A 股再融资（包括公开增发、定向增发、配股、优先股、可转债转股）9 405 亿元，减少 1 986 亿元。北京证券交易所公开发行股票 83 只，筹资 164 亿元。全年各类主体通过沪深北交易所发行债券（包括公司债券、资产支持证券、国债、地方政府债券和政策性银行债券）筹资 64 494 亿元，其中沪深交易所共发行上市基础设施领域不动产投资信托基金（REITs）13 只，募集资金 419 亿元。全国中小企业股份转让系统挂牌公司 6 580 家，全年挂牌公司累计股票筹资 232 亿元。2023 年 12 月 8 日深圳证券交易所股票交易基本情况见表 1-2。

表 1-2　2023 年 12 月 8 日深圳证券交易所股票交易基本情况

指标名称	2023 年 12 月 8 日数值
深证成指	9 553.92
深证综指	1 847.78
创业板指	1 892.18
上市公司数量	2 837
上市证券数量	17 444
股票总股本 / 亿元	26 233.23
股票流通股本 / 亿元	22 875.75
股票总市值 / 亿元	310 668.44
股票流通市值 / 亿元	257 206.62
股票成交金额 / 亿元	5 396.14
平均股票价格 / 元	11.84
股票平均市盈率	21.64
股票平均换手率	1.91

资料来源：深圳证券交易所。

证券市场的建立对我国企业财务管理的推动作用表现在以下三个方面。

（1）使财务管理的目标得到强化。在企业上市前，企业财务管理的目标——企业价值最大化很难落实；企业上市后，每天公布的股票价格使企业的价值计量成为现实，也成为激励企业财务管理者努力工作的推进器。

（2）使企业融资渠道得到拓展。企业可以通过股票、债券、可转换债券等多种证券发行筹集资本，其筹资规模也远远超出了金融机构单一渠道的融资潜力。

（3）使企业投资的选择机会更多。企业可以选择债券、股票等多种组合投资，分散投资风险的同时也为企业并购提供了平台。

5. 信息化与数字财务

计算机信息技术的发展大大推动了传统财务管理的革新，这种革新体现在多个方面：①数据收集和传输效率的提升。计算机网络技术运用到财务管理活动中，可以大大提升财务管理所需要的数据收集效率和数据详细程度，为财务管理决策提供技术支持。②大数据技术和决策模拟在财务管理中的运用。运用大数据技术，财务管理人员可以模拟资金收支、采购和生产物流等主要财务活动的运作过程，从而设计出有效的决策模型，提高财务管理的适时性和有效性。③运用人机交互的计算机管理系统，财务管理人员可以将财务数据和企业业务数据连接成一体，形成业财融合的财务管理系统，从而实现财务管理和业务管理的一体化，提高财务管理的有效性和适应性。因此有财务专家预言：未来的财务管理将是数字财务时代，即人们主要运用计算机及信息技术进行财务管理，现代化的财务管理建立在数字技术之上。

❖ 阅读材料1-6

财务机器人及其发展前景

财务机器人并不是通常所说实际意思上的机器人，而是一种软件或程序，是指在财务领域应用机器人流程自动化（robotic process automation，RPA）进行财务会计核算和管理工作。RPA通过录屏、扫描、数据识别等形式模拟人类的工作方式，执行那些基于规则、重复的业务流程，把人类从枯燥、烦琐的财务业务流程中解放出来，去做一些更有意义的工作。财务机器人是一种处理重复性工作、模拟手工操作的程序，因此它适用的流程如下。

（1）简单重复操作，如财务数据的录入、核对等。

（2）量大易错业务，如每日大量的收入核对及大量费用单据的审核。

（3）24小时工作模式，弥补人工操作容忍度低、峰值处理能力差的缺点，适用于企业全勤满负荷财务业务。

正是由于RPA技术的这些优势，能将人们从重复、烦琐的工作中解放出来，提高工作效率，因此，RPA技术在财务领域得到了很多深度应用。目前财务机器人已广泛运用于资金及时控制、纳税申报、费用与支出的审核与结算等大量日常财务活动中。

● 讨论题

（1）财务机器人的运用对提高企业财务管理效率有哪些影响？

（2）财务机器人能否完全取代人的财务管理职能？

1.3 财务管理的理论框架

任何一门学科的发展都需要理论支持，而评价一门学科的理论成熟度，主要是从其理论框架的逻辑性、合理性来入手的。财务管理作为一门社会科学，其发展也需要一个系统的理论框架。从初学者的角度来说，一个良好的理论框架能够帮助他理解该学科各种概念之间的衔接关系，从而更深刻地把握该学科理论。本节我们将重点讨论财务管理的理论框架。

1.3.1 财务管理理论框架结构

财务管理理论框架结构如图1-6所示。

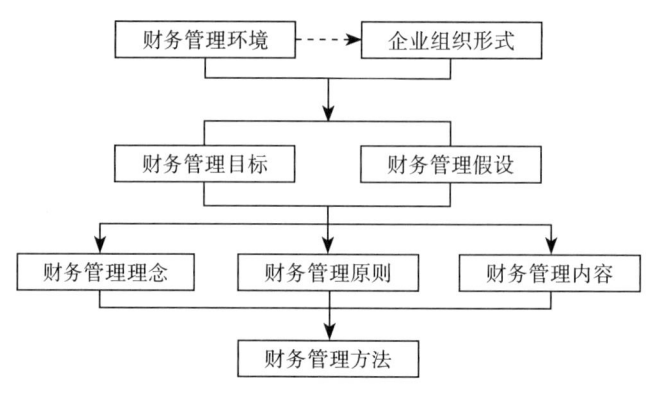

```
┌──────────────┐     ┌──────────────┐
│ 财务管理环境 │----▶│ 企业组织形式 │
└──────┬───────┘     └──────┬───────┘
       │                    │
       ▼                    ▼
┌──────────────┐     ┌──────────────┐
│ 财务管理目标 │     │ 财务管理假设 │
└──────┬───────┘     └──────┬───────┘
       │                    │
   ┌───┴────┬───────────┬───┘
   ▼        ▼           ▼
┌────────┐┌────────┐┌────────┐
│财务管理││财务管理││财务管理│
│  理念  ││  原则  ││  内容  │
└────┬───┘└────┬───┘└───┬────┘
     └────────┼─────────┘
              ▼
        ┌──────────┐
        │财务管理方法│
        └──────────┘
```

图 1-6　财务管理理论框架结构

从图 1-6 中我们可看出，在财务管理理论框架结构中，各要素之间存在如下关系。

（1）财务管理环境是财务管理的决定性因素，它决定着企业组织形式，并和企业组织形式一起确定了财务管理目标和财务管理假设。

（2）财务管理目标为财务管理指定方向，而财务管理假设设定了财务管理工作的基本条件。财务管理目标和财务管理假设确定了企业财务管理理念、财务管理原则和财务管理内容。

（3）财务管理理念、财务管理原则和财务管理内容确定了财务管理方法。

本节主要讨论财务管理理论框架的三个部分：财务管理目标、财务管理假设和财务管理原则。下一章将详细财务管理环境和企业组织形式。

1.3.2　财务管理目标

财务管理目标是财务管理工作的出发点，也是评价财务管理工作效果的基准。从企业组织来说，财务管理的目标服从于企业的目标，而企业是一组契约的结合，是各个资源提供者共同的组合体，每个资源提供者对企业都有一定的要求，因此企业的目标受到多种因素的影响，而财务管理的目标也有着不同的说法。这些不同的说法，反映了企业财务管理的发展历程。

1. 利润最大化

把利润最大化作为财务管理的目标，要求企业财务管理者在进行财务管理工作时，要把利润增长作为最终追求。利润最大化是企业发展初期的产物，在企业发展初期，规模很小，大都是由一个或有限个投资者投资。这些投资者兴办企业，主要的目的是实现资本增值，而这种增值直接表现在利润上，因此利润最大化就成为企业财务管理的目标。

把利润最大化作为财务管理目标有它的合理性，主要表现在如下几个方面。

（1）利润是会计计量的结果，具有一定的可靠性。

（2）利润说明了某一时期企业经营的成果，直接计量了投资者资本的增值程度。

（3）在企业管理实践中，投资者（或所有者）都是根据利润来判断企业的业绩，因此企业的财务管理者就需要根据利润的多少来安排自己的行动，利润最大化无形中就成为财务管理的目标。

然而利润最大化观点也存在一些缺点，随着企业组织的发展和财务管理环境的变化，人们对利润最大化这一目标提出很多批评。总结相关观点，利润最大化主要的缺点包括以下几点。

（1）利润的计算本身并不一定非常准确。利润是会计核算的产物，存在较多的估计和假设；而且利润受会计政策操纵影响，其最终数值可能并不客观。

（2）利润是企业过去经营活动的结果，并不反映将来企业的发展趋势；而投资者更需要的，是了解企业未来是否具有投资价值，进而做出投资选择。

（3）利润的计算是具体某一时期经济活动的结果，它不能反映资金在不同时期的流入和流出，因而无法体现货币时间价值，而货币时间价值是客观存在的现实，不考虑货币时间价值进行决策可能形成重大错误。

（4）利润最大化不能考虑风险因素。利润的计算完全是一种确定状态，而企业在实际工作中往往有很多不确定性因素，即风险因素。这些因素会影响投资者的价值判断，进而影响企业价值。单纯从利润角度无法解释盈利相同的两个企业为什么在市场价值上有很大差异这一现象，也容易误导企业财务管理者的行为。

（5）利润是一个绝对值，它不考虑投入产出关系，因此在不同规模的企业之间无法衡量财务管理目标的实现程度。

2. 每股盈余最大化

每股盈余（earnings per share，EPS）最大化是针对股份公司这一特定组织形式逐渐成为主流的企业组织形式而提出的财务管理目标，它认为，企业财务管理的目标，是要使得每股盈余达到最大。

每股盈余最大化是对利润最大化的改进，其主要改进在于以下几个方面。

（1）每股盈余是相对指标，消除了不同企业在规模上的差异，可以用来比较不同企业之间的财务管理效率。

（2）每股盈余有多个层次概念，每个层次概念都很明确，投资者可以根据不同层次的概念，识别企业盈余构成的差别，从而进一步了解企业盈余质量。○

然而，每股盈余最大化并未消除其出自利润的本质缺点，因此上述利润最大化的第4个缺陷依然存在。不仅如此，每股盈余只是外部评价企业财务工作的标准，涉及企业内部各部门的评价时，就不能用这个指标了。

3. 股东财富最大化

股东财富最大化的观点认为，企业财务管理的最终目的，是要使企业的股东得到最大的财富。股东财富最直接的表现形式就是企业股票的市场价格。

以股东财富最大化为目标的基本理由如下：企业是多个股东的共同财产，股东投资企业，其目的是想让其投资——股票价值增值，只有股票价值增值，股东才能最终得到回报。而在现代的公司治理结构中，股东因为其产权而控制了公司的董事会，进而通过董事会控制了公司的管理层，管理层只有让公司股票价值增值，才能确保其职位和晋升。

股东财富最大化是目前财务管理学界最被广泛接受的观点，也是现代企业财务管理的主

○ 比如，我国上市公司公布的每股盈余包括基本每股盈余和稀释每股盈余。而稀释每股盈余的计算需要考虑潜在稀释因素等多个方面因素。

要目标。其主要原因在于它具有如下优点。

（1）股东财富最大化充分考虑了货币时间价值和投资风险价值这两个现代财务管理的基本理念。股东的财富由股票价格来衡量，而在一个具有充分流动性、信息充分的资本市场中，投资者购买某个公司股票，不仅要看它过去的经营状况，还要看将来的业绩和风险，以及未来现金流量的分布状况，这就使得股票价格充分反映该公司的未来现金流量分布和风险。因此，财务管理人员在进行决策时，不仅要考虑其对现在的影响，还要考虑其未来的风险和收益。

（2）股东财富最大化不仅考虑了公司过去的经营成果，还考虑公司未来的发展趋势。在证券市场上，投资者总是根据对未来各公司价值的预测，买入价值上升的公司而卖出价值下降的公司，这就使得财务管理人员在做决策时，不仅要注重短期收益，更要注重长期收益，使企业行为合理化，避免短期行为。

（3）在股东财富最大化的目标指导下，企业财务管理不仅要关注投资决策，也要关心筹资决策和股利政策。考虑筹资决策的目的是：既要充分利用负债的杠杆效应，又要减少财务风险以维护企业的稳定发展。考虑股利政策的目的是：充分考虑投资者的短期利益和长期利益，使企业增强发展后劲，扩大股票价值。而利润最大化片面注重投资和经营，忽视了财务杠杆等现代财务管理工具的应用，从而降低了财务管理水平。

股东财富最大化之所以被广泛接受，还在于它对社会资源配置的优化作用。从整个社会的角度来说，由于资源的稀缺性和需求的无限性，如何将有限的资源分配到社会效益最好的生产单位成为整个社会需要考虑的问题。社会资源的最合理分配就是将资源分配给边际生产率最大的经济组织，其衡量标准就是净现值，即财富。就社会的资本分配而言，根据财富最大化标准，如果资本市场的参与者行为合乎理性，那么整个社会的资本将分配到那些能为社会创造最大财富的投资机会上去。而企业追求股东财富价值最大化，实际上就是追求社会资源使用效率最高，如果每家企业在资本市场的竞争下都能从股东财富价值最大化的角度考虑经营管理，则整个社会资源的分配必将得到最优安排。

股东财富最大化的观点也存在一定的缺陷，这主要表现在两个方面：①在现实生活中，股东财富通常由股票价格表示，而大部分股份公司并不是上市公司，其股票没有公开交易市场，因而价格变化难以被及时觉察；②即使是上市公司，由于受市场操纵影响，其股票价格有时并不能客观反映所有股东的财富。

❖ 阅读材料1-7

"妖股"还是"牛股"

喜剧片《西虹市首富》中有这样一个桥段：西虹市首富王多鱼为在三个月内败光十个亿现金，特地让代理人在证券市场专门收购垃圾股票，又花高价和股神共进午餐，但并非为了向股神取经，而是纯粹为了烧钱。可这些消息被报道后，投资者疯狂跟进买入王多鱼投资的垃圾股，他们相信这就是股神指导王多鱼投资的有利项目，导致王多鱼的股票投资一下赚了一个亿。这虽然是一段搞笑情节，但在我们证券市场中，投机氛围过大，中小投资者盲目跟风确实是一个比较大的问题。据《红周刊》记者不完全梳理，2021年有12只"妖股"

(见表1-3，排名不分先后)。这些妖股多数市值小、业绩差，这意味着，市场对于"妖股"的炒作更多仅是投机炒作。

表1-3 2021年12只"妖股"

证券代码	证券简称	涨跌情况	2021年归属于母公司所有者的净利润/百万元
600860	京城股份	2021年12月1日—12月9日连续7个涨停板；12月21日，公司股价创历史新高，近1个月时间，股价暴涨319%	-23
603518	锦泓集团	2021年4月20日，公司股价突然涨停，并在后续连续出现11个涨停板	22
002622	融钰集团	2021年5月17日，融钰集团与德伦医疗股东签署了收购意向协议。受此刺激，2021年5月14日—6月3日，15个交易日内，公司股价累计上涨180.17%。5月14日—5月25日，连续8个涨停板	-75
002682	龙洲股份	2021年12月13日—12月24日，10个交易日中，股价累计上涨131.38%	13
002265	西仪股份	2021年11月22日，西仪股份停牌，拟发行股份及支付现金购买中国兵器装备集团有限公司所持有的重庆建设工业（集团）有限责任公司100%股权，12月6日复牌后，连续13个涨停板，股价累计上涨245.55%	6
600698	湖南天雁	2021年12月6日—12月21日，12个交易日中，湖南天雁股价累计上涨140.96%	8
000812	陕西金叶	2021年12月2日《电子烟管理办法（征求意见稿）》发布。有政策"关照"，陕西金叶股价在2021年11月23日—12月20日的20个交易日内累计上涨261.16%	31
002432	九安医疗	2021年11月7日，九安医疗公告称，经美国食品药品监督管理局授权，公司美国子公司iHealth Labs Inc.的新型冠状病毒抗原家用自测OTC试剂盒（胶体金免疫层析法）获得应急使用授权。2021年11月1日—12月30日，在44个交易日内公司股价暴涨813.10%	908
000838	财信发展	财信发展主营业务为房地产开发，在2021年11月24日—12月21日的20个交易日内，公司股价累计上涨188.99%，12月10日—12月15日股价连续4个涨停。这一现象疑与近期政策连续强调"促进房地产业良性循环和健康发展"有极大关联	-739
603032	*ST德新	在2021年6月7日—12月17日的132个交易日中，公司股价累计上涨635.28%，是2021年股价涨幅仅次于九安医疗的股票	70
600071	凤凰光学	2021年9月30日—11月23日，公司股价在34个交易日内累计上涨290.97%	10
002487	大金重工	2021年9月2日—11月26日，公司股价在55个交易日内累计上涨380.59%	577

资料来源：齐永超.2021年12只妖股名单："最牛妖股"两月暴涨813%，知名牛散涉足其中[J].证券市场红周刊，2021，12.

● 讨论题

（1）从2021年归属于母公司所有者的净利润来看，上述股票的价格大幅上涨是否合理？

（2）如果公司根据股票的市场表现进行财务管理，并依据股票价格评价财务管理的成败，你觉得是否可行？

4. 相关者利益最大化

在财务管理中要考虑利益相关者的说法最早由李心合提出。他认为，企业的成立除了有股东的投资外，还有利益相关者（比如员工、债权人等）的投入。现代企业财务管理的目标是股东财富最大化，这一目标定位的产权基础是贯彻了"资本雇佣劳动"逻辑的"业主产权论"，所考虑的只是财务资本的产权所有者——股东的利益，而忽视了利益相关者的不同要求。㊀尹卿认为，虽然企业价值最大化能够满足各利益相关者的利益要求，但是还需做到企业价值在各利益相关者之间的公平分配，使各方的利益达到和谐统一。因此，"企业价值分配公平化"也应纳入现代企业财务管理的目标之中。㊁此后，越来越多的学者都从和谐社会的角度提出将企业财务管理的目标确定为相关者利益最大化。也有学者运用实证研究的方法证明，公司如果在财务管理中注重相关者利益，对企业价值的提升会有很大的帮助。如安徽工业大学吴良海教授等人（2022）的研究表明：公益性捐赠对投资者保护与企业价值之间的正相关关系具有显著的正向调节作用。㊂

5. 代理理论对财务管理目标的影响

代理理论是詹森（Jensen）和麦克林（Mecking）两位学者于1976年提出的，其主要思想是：在一个现实的世界中，每个人的禀赋和能力各不相同，而又不可能每个人都能够按照其禀赋和能力进行各种事务，因此就可能出现个体经常要完成某个以他的禀赋和能力来说不能胜任的任务的情况。为了解决这一问题，个人可能会委托某个更能胜任这一事项的人完成这一任务，并支付一定的报酬作为酬金。在这个过程中，委托他人解决自己事务的主体被称为委托人，而受他人所托处理事务的人被称为代理人，委托人和代理人就所代理事项之间形成的关系称为代理关系。

在一个完美的环境下，代理人和委托人之间信息完全对称（委托人能完全判断代理人的行为及该行为对所代理事务的影响），因此委托人可以根据代理人对代理工作的尽力程度支付酬金，代理人为了获得更多的酬金，必须尽力为委托人工作，委托人不会因为代理关系而受到损失。

然而由于契约的不完备性和代理人行为的不可观测性，委托人不能完全、及时地观测到代理人的各种代理行为及这些行为对所代理事务的实质影响，也不可能根据代理人工作的各种进程支付报酬。加上代理人和委托人之间的利益不一致，代理人就可能消极工作，或利用代理权利谋取私利，给委托人带来损失，这种损失被称为代理成本。

在现代公司制企业中，股东在投资成立公司后，并不自己直接经营（股东可能有资金，但自己没有经营的才能），而是将企业的经营权委托给经理人。由于经理人的经营管理活动不是股东能完全观测到的（股东不可能每天都与经理人一起上班工作），且经理人的利益与股东利益并不完全一致（经理人努力工作会减少休闲时间，增加劳累程度，但企业由此增长的利润由股东享有），因此经理人就可能在工作中消极工作，或进行灰色消费甚至贪污舞弊，

㊀ 李心合，朱立教. 利益相关者产权与利益相关者财务 [J]. 财会通讯，1999，12：14-15.
㊁ 尹卿. 从利益相关者合作角度重新确定企业财务目标 [J]. 财会通讯，2002，5：47.
㊂ 吴良海，胡芳芳. 投资者保护、公益性捐赠与企业价值 [J]. 商业会计，2022，3：11-18.

给股东带来损失。这就是代理理论给现代财务管理提出的问题：企业财务管理人员会按照股东财富最大化的目标来进行工作吗？

❖ 阅读材料1-8

"安然事件"

2001年12月2日，在美国公司500强中名列第七的美国能源巨头安然公司向纽约破产法院申请破产保护，创下美国历史上最大宗的公司破产案纪录。

据报道，安然公司在1997—2000年，累计高估利润5.9亿元，隐瞒负债25.85亿美元。安然公司通过和它所控制300家特殊目的实体（SPEs）的自我交易，编造利润，而这样做的目的主要是为管理层获取高额薪酬激励。

面对社会公众的批评和谴责，安然公司副总裁巴克斯特选择了自杀来逃避现实。显然，此事给股东造成的损失不可估计。

资料来源：节选自《广西会计》2002年第4期小资料。

● 讨论题

（1）安然公司的财务管理人员为什么要进行会计利润操纵？
（2）会计利润操纵给安然公司和股东带来了什么样的后果？

然而，即使考虑到股东和经理人之间存在的代理关系，也不能全盘否认企业财务管理的目标是股东财富最大化，这是因为股东也是理性经济人，他能充分预计到经理人可能采取的不合作态度，并采取措施限制其这种不合作态度的发生，最大限度引导经理人努力工作实现共赢。股东可能采取的措施包括以下几个方面。

（1）监督。为了确保股东能更清晰地了解经理人的行动及其对企业价值的影响，股东成立董事会，要求经理人定期向董事会报告工作成果和工作计划，并设立内部控制制度限制经理人的工作内容和程序；此外，董事会还聘请独立审计人员对企业的财务报告进行审计，从而确保股东最大限度地了解企业经营状况，减轻信息不对称。

（2）激励。为了引导经理人努力工作，股东可以和经理人制订剩余分享契约，将企业的部分剩余分配给经理人。这样一来，经理人的工作努力程度就会与其工作成果挂钩，从而激发经理人认真工作，在实现股东财富最大化目标的同时也使自身的财富得到增值。

6. 社会责任对企业财务管理目标的影响

所谓社会责任，是指企业因从事经营活动，消耗社会资源，而应向社会履行的各种责任。企业社会责任的范围比较广泛，包括对员工的责任、对消费者的责任、对环境保护的责任等多个方面。有学者的观点认为，企业履行社会责任，会增加企业的成本，从而降低企业股东利润，因此股东会尽量避免履行社会责任，实现更多的利润，增加自己的财富。因此，将"股东财富最大化"作为企业财务管理目标不利于改善企业和社会的关系，最终可能导致企业的失败。

然而，上述说法存在一定的片面性。"股东财富最大化"是在考虑股东长时期价值最大化的基础上提出的要求，并不是只注重短期利益。企业如果不履行应该承担的社会责任，就可能受到社会的抵制和法律的制裁，最终使股东受损。因此强调股东财富最大化是建立在履行社会责任的基础上的管理目标，与社会责任并不矛盾。同时，这也是我国社会主义核心价值观中"公正""法治""诚信""友善"的重要体现。

❖ 阅读材料1-9

鸿星尔克的捐赠和消费者的回馈

2021年7月，福建鸿星尔克体育用品有限公司（以下简称"鸿星尔克"）向河南特大暴雨灾区捐赠了5 000万元的物资，这一消息令人感动，因为鸿星尔克当时的财务状况并不是很好。这一善行很快得到消费者的回报，许多消费者抢购该公司商品，导致门店商品一度断货，即使公司董事长呼吁"理性消费"也难以阻止消费者的支持行为，仅当年7月，该公司商品销售额就高达1.1亿元，销售量超出平时的两倍。由此可以看出，企业积极承担社会责任，也能够给其自身带来经营上的收益。该公司在2022年7月30日，宣布向福建省残疾人福利基金会捐赠1亿元的财产物资，用于帮助困难残疾群体，以回馈消费者的厚爱。

● 讨论题

（1）鸿星尔克在财务状况并不是很好的情况下，为什么会向灾区捐赠物资？

（2）鸿星尔克的捐赠行为产生了怎样的经济结果？你如何看待这一行为在经济和道德方面的作用？

1.3.3 财务管理假设

任何一门学科的发展都是在一定假设条件下进行构建的。所谓财务管理假设，是指人们在研究财务管理科学和进行财务管理工作实践时，对财务管理环境因素进行的一种设定。假设不是随意设定的，它是人们根据长期实践总结出来的，用以指导后续的理论和实践。

由于人们对财务管理理论的研究角度不同，对财务管理假设的设置有一定的差别。比如陆建桥（1995）认为，财务管理假设主要包括财务主体、理性财务行为、不确定性、财务预期、财务信息可靠性五项基本假设[一]。而王化成（1999）认为，财务管理假设包括理财主体、持续经营、有效市场、资金增值、理性理财基本假设。[二]

总结有关学者研究成果，本书认为，财务管理中需要如下基本假设。

1. 财务主体假设

财务主体假设的内容是：财务管理工作所服务的对象是独立进行财务管理，具有独立或相对独立的物质利益的经济实体。一个经济实体要成为一个财务主体，需要具备如下条件。

（1）独立性。所谓独立性，是指财务主体按照自身目标出发进行财务管理工作，而不是根据其他主体的指示进行。财务主体的独立性要求财务主体满足如下条件：①有自己拥有或能控制的资产，并独立地承担债务，这是财务主体独立性的基础；②独立自主进行筹资、投

[一] 陆建桥. 试论财务假设[J]. 四川会计，1995（2）.
[二] 王化成. 试论财务管理假设[J]. 会计研究，1999（2）.

资等财务管理活动,这是财务主体独立性的表现形式。

(2)目的性。所谓目的性,是指财务主体按照自己预先设定的目标开展财务管理工作,而不是无目的地组织工作。企业财务管理工作的目的性,就是使股东财富实现最大化,并在股东财富最大化的总目标下具体分解财务活动目标,开展工作。

财务主体假设是财务管理的首要假设。第一,该假设从空间上限定了财务管理工作的具体范围,将财务主体的财务管理活动与其他企业的财务管理活动区分开。第二,它使财务主体、财务客体、财务管理目标、财务管理信息、财务管理方法具有了空间归属,并赋予了其特定的经济含义。第三,它明确了财务管理工作的服务对象。

2. 持续经营假设

持续经营假设是指财务主体按照目前的状况预计会继续按设定的规模和方向经营下去,不会有破产或清算的可能性。持续经营假设对大多数正常经营的企业都是适用的,因为在正常经营的情况下,企业都会以收入抵减支出,获取盈余,并按其经营计划和战略持续经营下去。然而,如果企业长期亏损,经营前景暗淡,则股东必然会对企业进行清算,债权人也可能接管该企业以保全自己的债权。在这样的情况下,企业自然无法经营下去,这时就不能设定企业会持续经营,而应按破产清算状态进行财务管理。

持续经营假设对财务管理工作非常重要,它的指导意义体现在以下两个方面。

(1)它使得企业的财务管理有了长远规划和计划的可能。只有企业持续经营,财务管理人员才能预测企业未来的投资机会和筹资需求,进而进行财务决策;如果企业不能保证持续经营,企业将进入清算或破产程序,所有对企业未来的规划将变得毫无意义。

(2)它使得财务管理的各种技术和方法能够实现。比如投资项目评价中的净现值法、证券估价中的折现现金流量法都是假设企业能够按预定的规模和方向经营下去,从而估计项目和证券的投资价值。

3. 理性理财假设

理性理财假设的内容是:从事财务管理工作的人员都是理性的理财人员,因而他们的理财行为也是理性的。他们会在众多的方案中,选择最有利的方案。[⊖]从本质上说,理性理财假设主要是对理财人员能力的假设,做这种假设的原因在于以下几个方面。

(1)只有设定财务管理人员理性理财,才能保证企业财务管理按其发展规划开展下去,保障财务管理工作的正常进行。

(2)只有设定财务管理人员理性理财,才能保证财务管理人员在各种可供选择的决策方案中,经过综合比较,选择一个比较优化的方案。

(3)只有设定财务管理人员理性理财,才能保证企业的财务管理制度有效,并在运行中得到遵循和完善。

理性理财假设的基本要求是:从认知能力上看,企业财务管理人员应该具备一定的职业素养,具有在现代市场经济条件下开展现代财务管理活动的能力。这些能力包括专业素质、基本工作能力和处理事务能力等。

⊖ 王化成. 试论财务管理假设 [J]. 会计研究, 1999. 2.

从职业道德上看，企业财务管理人员应具备较高的职业道德，能从企业长远利益出发，对各种财务管理事项进行决策。

4. 财务信息可靠假设

企业的财务管理离不开各种信息，这些运用在财务管理中的信息被称为财务信息。企业的财务信息有多种来源，有的来自会计报告和账簿系统，有的来自企业的统计台账以及其他业务部门的数据，有的来自企业员工与外部相关人员交往中所得到的非正式信息。除了这些内部信息外，企业还有一些来自外部环境的信息，如宏观经济运行信息、行业信息、市场信息、客户信息等。这些信息大部分并不是直接由财务管理人员收集和加工的，而是由其他部门或企业外部人员提供的。如果不假设财务信息可靠，财务管理人员势必要对每一种信息进行稽核，这样财务管理工作就可能无法完成。

假设财务信息可靠，并不是说财务管理人员盲目信任任何取得的数据。财务管理人员对任何取得的数据都要进行适当的职业鉴别，以过滤掉一些明显错误的信息，并通过专业分析，发现各种不同来源的信息中可能出现的矛盾，据此判断不同来源信息的准确性。

1.3.4 财务管理原则

所谓财务管理原则，是指财务管理人员在组织开展各种财务管理工作时应遵循的基本规则。在漫长的财务管理实践中，人们逐渐总结出一些在财务管理中具有普遍指导意义的规则，这些规则逐渐发展为财务管理原则。

根据人们财务管理研究的不同角度，对财务管理原则的认识也存在一定的差异。比如，冯建（2000）认为，财务管理原则包括成本效益原则、风险与收益均衡原则、资源合理配置原则和利益关系协调原则；[一]而陆正飞（2001）认为，财务管理原则包括财务自理、目标统一、权责利结合、动态平衡、风险与收益权衡等原则。[二]

本书认为，确认财务管理原则的目的是更有效地指导财务管理实践，提高工作效率。因此确认财务管理原则需要具备一定的标准，这些标准包括：①普遍适用性。财务管理原则是企业进行一般财务管理活动时必须要遵循的规则，因此它需要具备较广泛的适用性。如果某个财务管理规则只能适用于一家特定的企业，就不能把它提升为财务管理原则。②可靠性。财务管理原则作为企业财务管理的行动指南，其本身必须要是一个经过无数次实践检验的，在理论上具有逻辑性的经验总结。如果某一个财务管理理论仅仅只是经过财务管理学者的论证，并未在财务管理实践中得到检验，就不能把它确认为财务管理原则。

根据上述确认标准，本书认为，企业的财务管理原则如下。

（1）风险与收益均衡原则。在市场经济中，风险是客观存在的。由于股东的风险厌恶特性，导致企业的风险对其市场价值产生影响；但若完全排斥风险，就无法开展工作。因此财务管理人员要把握好风险与收益的均衡关系，既不能过于害怕风险而排斥许多可行的决策，也不能不顾风险而盲目决策。

[一] 冯建. 财务学原理 [M]. 上海：高等教育出版社，2000.
[二] 陆正飞. 财务管理 [M]. 大连：东北财经大学出版社，2001.

风险与收益均衡原则要求财务管理人员在处理风险与收益的关系时，要保证企业不能承担超过收益限度的风险。在收益既定的条件下，应最大限度地降低风险。在企业的筹资和投资决策中，财务管理人员往往需要根据风险与收益均衡原则，在衡量各个可供选择决策方案风险与收益的基础上，正确进行决策。

（2）资源优化配置原则。企业作为一个财务主体，拥有货币、员工、财物等各种资源，这些资源都是企业花费一定的成本获得的，企业必须合理地使用这些资源，才能保证所获得现金流入超过资源消耗，取得经济效益。然而，企业的各种资源只有配合使用，才能生产出符合社会需求的商品和服务，获得现金收入。企业的各种资源配置方法不同，所产生的现金流入也不同，因此企业应选择最优的资源配置方案，以取得最佳经济效益。

资源优化配置原则要求企业财务管理人员既要保证有限资源得到充分利用，以防止资源闲置，又要分析计算各种不同的资源配置方案产生的效益，从效益最佳的角度出发，优先保证资源使用效益最佳的决策方案得到资源配置。

在企业的预算管理、投资项目决策等财务管理活动中，财务管理人员要根据资源优化配置原则，确定各部门、各投资项目的资金分配，以保障企业的效益不断提高。

（3）责权利相结合原则。企业的财务管理决策需要各个业务部门配合执行，因此在财务管理中，需要给各个业务部门划分一定的责任，授予相应的权力，并按照责任履行情况，分配一定的利益。在各个业务部门的责权利配置过程中，责任的配置是关键问题。企业要根据各业务部门的业务性质，结合企业的管理模式，科学合理地设定相应的责任。责任的划分应具体明确，对于那些不能严格划分的责任，不能勉强划分，而应由上级管理层承担。责任明确后，企业应根据责任的大小，授予各个业务部门相应的权力，以保障他们履行责任。在权责明确的基础上，为各个业务部门制定利益分配方案。企业应根据责任的重要性和履行责任的难度，分别制定各个不同职能部门的利益分配制度，以激励企业员工努力完成相应的职责，使企业整体财务目标能够实现。

（4）动态平衡原则。财务管理的中心是企业的资金运动。在企业的运营中，只有资金周转顺畅，才能保证企业的正常运转，否则企业可能陷入财务危机。在市场经济中，由于许多不确定因素的存在，企业的资金流入和流出在某一个时段可能不均衡。在这种情况下，如果企业不能预计这一现象的发生，进而采取预防措施，就无法保证资金周转的顺畅。为此，企业财务管理人员要定期预计未来一段时期（月度、季度或年度）可能的现金流入和流出，进而发现现金流入和流出有可能存在不均衡的未来状况时，及时采取控制措施（筹集资金或组织闲置资金投资），保持未来现金收支的大致均衡。因此，动态平衡原则就是要求财务管理人员能及时预测未来的现金流入和流出，及时发现企业可能出现的现金流失衡，从而采取针对措施，保持企业现金流动的长期动态平衡。

本章小结

（1）财务管理的对象是资金及其运动。财务管理是以资金运动为中心，通过预测、决策、计划、控制、分析和评价等工作方式，对企业的筹资、投资、利润分配和营运资本管理等日常事务以及企业合并、财务发展战略等特殊事务进行管理的价值管理形式，其目的是实现企业价值最大化。财务管理的主要工作内容包括筹资、投资、利润分配和营运资本管理。

（2）财务管理是随着人类的生产经营活动的发展而逐渐发展的，西方财务管理经过了萌芽阶段、筹资阶段、营运资本管理阶段、投资管理阶段和全面发展阶段，我国的财务管理则随着我国经济的发展而呈现快速发展的趋势。

（3）财务管理目标是财务管理工作的出发点，也是评价财务管理工作效果的基准。现代企业财务管理的主要目标是股东财富最大化。财务管理假设是人们在研究财务管理科学和进行财务管理工作实践时，对财务管理环境因素进行的一种设定。基本的财务管理假设包括：财务主体假设、持续经营假设、理性理财假设和财务信息可靠假设等。财务管理原则是指财务管理人员在组织开展各种财务管理工作时应遵循的基本规则，包括风险与收益均衡原则、资源优化配置原则、责权利相结合原则、动态平衡原则。

复习思考

1. 为什么说企业财务管理的对象是资金及其运动？
2. 财务管理工作与营销管理工作、生产管理工作有哪些区别和联系？
3. 相关者利益最大化目标与建设和谐社会有什么关系？
4. 什么是代理成本？它对企业价值有什么影响？
5. 如何理解财务管理中的"风险与收益均衡原则"？试举一个财务管理工作中的例子加以说明。

练习题

1. 张先生用 50 000 元积蓄在 2022 年 11 月 20 日开了一个小餐馆，开业当天的财产包括：购置的桌椅、烹调用具价值 40 000 元，采购的菜肴和调味品价值 1 000 元，剩余 9 000 元现金。当天因为是卡塔尔世界杯开幕，有许多青年到餐馆用餐并观看开幕式，张先生所有的菜肴和调味品全部消耗完毕，收到就餐费收入 3 000 元。

要求：

（1）分析餐馆开业初期的资金分布情况。

（2）分析开业第 1 天资金运动过程（不考虑资产折旧）。

（3）分析开业第 1 天结束后餐馆的资金分布情况。

2. 金辉公司股东投资 1 000 万元成立公司，聘请李先生担任公司总经理。李先生是行业里的专家，在他的经营下，公司第一年获利 500 万元。在年终大会上，李先生通过其好友向股东们提出涨薪请求，理由是按照行业内基本规则，李先生可以分享公司 1%～5% 的利润，而股东只给了他 1 万元的年终奖。股东们经过磋商，提出一个折中方案：第二年如果公司再获利超过 500 万元，则一次性给予李先生年终奖 5 万元。李先生对这个方案不太满意，但仍然继续担任公司总经理。第二年，李先生工作不再积极投入，而是过起了"太平总裁"的日子，一年到头，公司只盈利 5 万元，而同行业的盈利水平都达到 20%。金辉公司股东经过磋商，解聘了李先生。

要求：

（1）计算金辉公司第二年的代理成本有多少？

这种代理成本表现为什么形式？
（2）如果你是金辉公司股东，在第三年开始聘请总经理时，如何根据李先生担任总经理时期的激励政策及其效果，设置新的激励方案？

案例分析

财务专业学生小王今年上大二，于上一学期学完财务管理原理课程。寒假回家后，他到舅舅的工厂参观。舅舅告诉他自己的企业出了一些问题，主要有：①工厂是生产电子玩具的企业，由于出口下降，生产开工不足；②许多客户虽然采购了工厂的产品，但迟迟不支付货款；③工厂的生产技术设备老化，经常停工；④由于产品积压，资金周转困难，导致供应商催讨货款；⑤工人因为不能及时拿到工资，工作态度消极，产生了很多不合格产品。

根据上述材料回答下列问题：
（1）工厂出现的这些问题中，哪些属于财务管理问题？
（2）这些问题具体属于哪个方面的财务管理问题？应如何解决？

经营承包制对国有企业财务管理的影响

财务管理与会计的关系

第 2 章　财务管理的环境

● 本章学习要点

- √ 企业的组织形式及其优缺点
- √ 金融市场的结构
- √ 利率的构成和影响因素
- √ 税收对财务管理的影响

● 引例

中概股应声大跌

　　北京时间 2021 年 12 月 3 日早晨，滴滴全球股份有限公司（以下简称"滴滴"）在其官方微博上宣布：经认真研究，公司即日起启动在纽交所退市的工作，并启动在港股上市的准备工作。而 2021 年 6 月 30 日，滴滴才正式登陆纽交所。也就是说，滴滴从在美国 IPO 到宣布退市，不到半年时间。

　　12 月 3 日的纽约交易时段，滴滴低开低走，最终收跌 22.18%，报 6.07 美元。不仅是滴滴，其他热门中概股当日也遭遇重挫。是什么原因导致热门中概股出现大跌？原来，就在滴滴官方宣布将从纽交所退市的几个小时前，美国证券交易委员会（SEC）通过重磅法案，要求外国公司提供审计底稿供美国检查，否则相关公司可能在 3 年内被勒令退市。美国东部时间 12 月 2 日，SEC 宣布通过法规修正案，完善了《外国公司问责法案》(HFCAA）相关的信息提交与披露实施细则，监管政策即将进入实质性执行阶段。该法案规定，如果美国上市公司会计监督委员会（PCAOB）连续 3 年无法审计其所要求的会计报告，SEC 可以禁止该公司的股票交易，并从美国的交易所退市。此外，该法案还要求在美国上市的公司披露其是否由任何的外国政府持股或控制，并提供其审计底稿。

<small>资料来源：每日经济新闻.SEC 通过重磅监管新规，中概股应声大跌！业内：这将在美上市中国公司置入进退两难境地，2021 年 12 月 6 日。</small>

讨论题

（1）为什么《外国公司问责法案》的修订会对中概股产生影响？

（2）如何从财务管理的环境角度分析我国上市公司股票价值与国际政治经济形势之间的关系？

所谓环境,是指存在于某事物以外,对事物的产生和发展起重要影响的各种因素的总和。按照哲学观点,环境是事物生存和发展的外部因素。企业的财务管理环境是指对企业财务管理起影响作用的各种因素的总和,从这一角度说,财务管理的环境包括很多因素。其中,企业的组织形式、金融市场、利率和税收是重要的影响因素。引例中中概股价格下跌,主要受证券市场监管政策这一外部环境因素影响。本书将主要以上述影响因素为基础,讨论财务管理环境及它对财务管理的影响。

2.1 企业的组织形式

企业的组织形式不是一成不变的,而是随着人类生产的发展而逐渐发展的。早期的企业大部分是个人独资企业,随着个人财富的增加,逐渐出现了合伙企业、公司制企业等。企业的组织形式不同,财务管理的目的和方法也会有所差异。本节我们将重点讨论三种主要的企业组织形式及其对财务管理的不同影响。此外,企业集团、战略联盟是当代企业之间经常采取的合作形式,本节也将从这两种组织形式的角度进行讨论。

2.1.1 独资企业

所谓独资企业,是指由一个自然人投资,财产为投资人个人所有,投资人以其个人财产对企业债务承担无限责任的经营实体。独资企业是最古老的企业组织形式,从远古社会的手工作坊,到资本主义社会的初级工厂,再到当代我国社会中广泛存在的个体经济,都属于这一组织形式。独资企业是企业的基本组织形式之一,它们构成国家宏观经济的基础,承担大部分的增加社会就业和推动经济发展的责任。党的二十大报告明确提出"支持中小微企业发展",而我国的中小微企业中大部分都是独资企业。国家市场监督管理总局发布的数据显示,截至2021年年底,全国登记在册的个体工商户已达1.03亿户,同比增长11.1%,是2012年的2.5倍,年均增长10.9%,约占市场主体总量(1.54亿户)的2/3。[一]此外,大部分公司制企业都是从独资企业发展而来的,没有投资者经过独资企业阶段的创业,就不可能有现代化的大公司和企业集团。

从法律角度说,独资企业具有如下特点:①只有一个出资人;②出资人对企业债务承担无限责任;③独资企业不作为企业所得税的纳税主体,其获取的收益由出资人缴纳个人所得税。

独资企业的这些特点,也对财务管理具有一些特定影响。其中,积极影响在于以下几个方面。

第一,独资企业组织结构相对比较简单,其财务管理往往只由出资者个人负责,财务管理工作效率高。

第二,独资企业容易开办。为了促进经济发展,各国对独资企业的设立一般都不加以严格限制。比如《中华人民共和国个人独资企业法》第八条规定设立个人独资企业应当具备下列条件:①投资人为一个自然人;②有合法的企业名称;③有投资人申报的出资;④有固定的生产经营场所和必要的生产经营条件;⑤有必要的从业人员。上述条件都比较容易实现。

[一] 数据来自国家市场监督管理总局官方网站。

第三，政府对独资企业的管制比较少。由于独资企业业主承担无限责任，业主高度关心企业发展，不存在中小股东利益保护问题。而对于股份公司，国家往往会通过信息强制披露、治理结构强制健全等方式实现对其的管制，影响所有者的财务决策。

第四，独资企业利益由业主独享，不存在大股东与中小股东之间的代理问题，而且大部分独资企业的经营者就是业主本身，不存在所有者与经营者之间的代理问题，因此代理成本比较低。

不过，独资企业对财务管理也存在一定的消极影响，主要表现在以下几个方面。

第一，出资人对企业债务承担无限责任导致企业业主风险增大。在我国东南部经济发达地区，许多企业家成功创业后，没有将企业做大做强，而是维持原有产品和规模，这也是我国经济发展受限制的一个重要原因。这种现象的出现，主要是由于业主成功创业后，需要追加很多资金扩大规模，这些资金只能由业主向银行借款。而若企业规模扩大后经营不善，则这些债务就完全落在了业主身上。业主为规避相关风险，就不愿再融资扩大规模。

第二，筹资困难。与公司制企业相比，独资企业存在一定的融资难度，这种难度存在的主要原因有：①独资企业大多规模小，资本薄弱，经营不善而破产的风险较大，容易给债权人带来损失；②银行信贷对信用非常重视，而独资企业可能尚未形成科学的信用管理，因此难以从银行获得贷款；③独资企业不是独立法人，不能通过发行证券等方式直接筹集资本。

第三，有限寿命。独资企业从属于业主，因此业主一旦出现健康问题或者死亡，独资企业将被清算。从这个角度说，独资企业较难获得其合作伙伴的长期战略性支持，从而影响其发展战略和前景。

第四，所有权难以转移。独资企业的所有权没有进行分割，若要转移必须先进行企业清算，将资产转移给其他主体。因此独资企业业主一旦遇到经营困难时，就必须承受损失，而无法将企业转让出去。这在很大程度上影响了出资人的积极性。

需要注意的是，我国的国有独资企业不属于本类企业，而是按有限责任公司组织成立的。

❖ 阅读材料 2-1

艺人工作室及其特定的财务职能

艺人工作室又称明星工作室，是由艺人本人、其直系亲属或配偶以艺人名义成立的独资企业。艺人工作室负责为艺人联系演艺活动，以及代理艺人的广告代言、粉丝（fans）后援活动等，并从中获取收益。

艺人工作室的成立，可以为艺人提供专业的财务管理服务，使艺人可以摆脱较为复杂专业的理财困惑。这种财务管理服务包括：①商业演出计划安排，确保艺人在一定时期内获得最大限度的商演收入；②理财活动，通过为艺人的资金安排合理的投资组合，使艺人的资金增值；③组织与艺人有关的粉丝活动，提高艺人的市场关注度，同时为艺人获得一部分赞助资金；④通过税务筹划，降低艺人的税负。

成功的艺人工作室能够为艺人的发展提供重要的资金和财务支持，然而在一些不良动机的驱使下，一些艺人工作室却因为纳税舞弊、违规组织粉丝活动等，给艺人带来了重大损失。例如，2022年6月13日，某演员工作室因违反《中华人民共和国税收征收管理法》，被重庆市税务局第七稽查局罚款约 97.80 万元。消息发布后，该工作室发表相关动态向公众致歉，而这类事件对有关艺人未来的商业发展必然产生很大的负面影响。

● 讨论题

艺人工作室作为一种特定的独资企业，其财务管理应注意哪些方面的问题？

2.1.2 合伙企业

合伙企业是依法设立，由各合伙人订立合伙协议，合伙经营，共享收益，共担风险，并对合伙企业债务承担无限连带责任的营利组织。按照合伙人权利和义务的不同，合伙企业分为普通合伙企业（包括特殊普通合伙企业）和有限合伙企业两类。在我国，大部分会计师事务所、律师事务所等采用合伙制形式。

《中华人民共和国合伙企业法》对我国普通合伙企业进行了如下规定：①普通合伙企业由普通合伙人组成，合伙人对合伙企业债务承担无限连带责任。有限合伙企业由普通合伙人和有限合伙人组成，普通合伙人对合伙企业债务承担无限连带责任，有限合伙人以其认缴的出资额为限对合伙企业债务承担责任。②合伙协议依法由全体合伙人协商一致、以书面形式订立。③合伙企业的生产经营所得和其他所得，按照国家有关税收规定，由合伙人分别缴纳所得税。④合伙人对执行合伙事务享有同等的权利。按照合伙协议的约定或者经全体合伙人决定，可以委托一个或者数个合伙人对外代表合伙企业，执行合伙事务。不执行合伙事务的合伙人有权监督执行事务合伙人执行合伙事务的情况。⑤由一个或者数个合伙人执行合伙事务的，执行事务合伙人应当定期向其他合伙人报告事务执行情况以及合伙企业的经营和财务状况，其执行合伙事务所产生的收益归合伙企业，所产生的费用和亏损由合伙企业承担。⑥合伙企业的利润分配、亏损分担，按照合伙协议的约定办理；合伙协议未约定或者约定不明确的，由合伙人协商决定；协商不成的，由合伙人按照实缴出资比例分配、分担；无法确定出资比例的，由合伙人平均分配、分担。⑦除合伙协议另有约定外，合伙人向合伙人以外的人转让其在合伙企业中的全部或者部分财产份额时，须经其他合伙人一致同意。

由于合伙企业在法人地位、所得税缴纳和出资人责任方面与独资企业类似，在财务管理方面的优缺点也很相近。合伙企业对独资企业的改进主要在于出资人数量增加，资本总量增加，增强了企业抵抗风险和筹资的能力。然而，由于合伙企业相对独资企业而言成立的法律条件更多，因此在我国，合伙企业为数不多。

❖ 阅读材料 2-2

新东方的发展历程

1993 年 11 月 16 日，俞敏洪、徐小平和王强合伙创办了北京市新东方学校，从最初的几十个学生开始了新东方的创业过程。他们的创业历程，被陈可辛导演改编为电影《中国合伙人》，一时成为美谈。而新东方的发展也确实引发了中国教育培训产业的升级和革新。

应该说，当初他们三人合伙开创新东方是最佳组合，这是因为他们之间不仅是志同道合的朋友，对培训产业有共同的追求，而且他们三人在管理和性格方面存在高度互补，能够相互支持，共同推动企业发展。

然而随着新东方的发展，他们的合伙经营也面临诸多问题。首先是利益和权利的分配问题。虽然刚开始每个合伙人都拥有企业 1/3 的股份，但企业市场发展的业绩如何分享？如何激励企业高管努力工作，与企业共进退？如何解决企业管理层中的裙带关系？这些问题都需要进行企业制度改革才能有效解决。

2000 年，俞敏洪制定出一套制度措施，开始对新东方进行股份制改革。首先，推出股权激励制度，让为企业贡献的人获得股票，这就需要改变原始的合伙制结构，成立股份有限公司，实施股权激励。其次，用 10% 的代持股份吸引新管理者，改革公司管理层，使公司管理层达到职业化。最后，引进现代公司治理结构，成立股东大会、董事会等机构，取代原先的合伙议事制度，提高决策和执行效率。

◆ 讨论题

（1）新东方的创立采用合伙制，你认为原因是什么？
（2）经历了一段时间的发展后，新东方改制成为公司制企业，你认为其中的必要性是什么？

2.1.3 公司制企业

公司制企业是指依照《中华人民共和国公司法》登记设立，以其全部法人财产依法自主经营、自负盈亏、具有法人资格的经济组织。公司享有由股东投资和企业经营形成的全部法人财产权，依法享有民事权利，承担民事义务。公司股东作为出资人享有资产收益、参与重大决策、选择管理者以及合法转让股份的权利，并以其出资额或所持有股份对公司债务承担有限责任。公司包括有限责任公司和股份有限公司。

1. 有限责任公司

有限责任公司的股东以其认缴的出资额为限对公司承担责任，公司以其全部资产对公司的债务承担责任。有限责任公司由一个以上五十个以下股东出资设立。国家授权投资的机构或者国家授权的部门可以单独投资设立国有独资的有限责任公司。

我国 2023 年修订的《中华人民共和国公司法》规定，有限责任公司设立时的股东可以签订设立协议，明确各自在公司设立过程中的权利和义务。

2. 股份有限公司

股份有限公司的全部资本分为等额股份，股东以其认购的股份为限对公司承担责任，公司以其全部资产对公司的债务承担责任。设立股份有限公司，应当有一人以上二百人以下为发起人，其中应当有半数以上的发起人在中华人民共和国境内有住所。

我国 2023 年修订的《中华人民共和国公司法》规定，股份有限公司发起人承担公司筹办事务。发起人应当签订发起人协议，明确各自在公司设立过程中的权利和义务。

3. 公司制企业在财务管理上的优缺点

与独资企业和合伙企业相比，公司制企业在财务管理上具有以下优点。

第一，公司制企业具有无限寿命。公司制企业是独立法人，并不因为个别股东的死亡或股票转让而停止营业，只要公司不破产或清算，就能够持续经营下去。公司制企业的这一优点给公司带来了财务管理上的巨大优势：公司可以制定长期发展战略，与合作伙伴建立战略联盟，而独资企业或合伙企业则不具备这种优势。

第二，股东承担有限责任。在公司制企业中，股东对企业的债务承担有限责任。如果公司破产清算，股东的损失以他对公司的投资额为上限。而对独资企业或合伙企业来说，其业主可能损失更多甚至是个人的全部财产。公司制企业的这一优点使得投资人更有安全感，从而增加股东投资于企业的积极性。

第三，产权流动性强。在公司制企业中，所有者对企业的所有权被划分成股份（股票），股东可按持有股票的任意份额转让。比如《中华人民共和国公司法》（2023）第八十四条规定，有限责任公司的股东之间可以相互转让其全部或者部分股权。股东向股东以外的人转让股权的，应当将股权转让的数量、价格、支付方式和期限等事项书面通知其他股东，其他股东在同等条件下有优先购买权。第一百五十七条规定，股份有限公司的股东持有的股份可以向其他股东转让，也可以向股东以外的人转让；公司章程对股份转让有限制的，其转让按照公司章程的规定进行。

这样所有者可以通过股份的转让实现所有权的转让，而同时又不影响公司经营。在独资企业和合伙企业的组织形式下，由于所有权没有股份划分，所有权的转让必将导致企业的变更登记或清算，增加了产权转让的难度。

产权流动性对出资人有很大影响，产权流动性越小，出资人越难在企业陷于困境时抽出资本，损失的可能性越大；相反如果产权流动性越大，则出资人损失的可能性越小。从这一角度说，公司制企业的产权对出资人的吸引力更大，在相同情况下，显然价值更高。

第四，筹资的优越性。公司制企业因为其资本来自多个股东，一般来说，资本量比单个出资人成立的独资企业大，因而其风险低。此外，法律允许时，公司制企业可以在证券市场上发行股票或债券等证券进行直接筹资。因此公司制企业比独资企业和合伙企业筹资渠道更多，更容易得到金融机构的支持。

但公司制企业也存在一些不利于财务管理的方面，主要有以下几点。

第一，所得税双重征税问题。公司制企业是独立法人，在各国税法中都规定公司制企业需要按其应纳税所得向所在国政府缴纳所得税。企业的税后利润再向股东分配时，股东还须根据股利所得缴纳个人所得税（我国有关于股息红利个人所得税的税收优惠政策，部分情况下相关收入免征个人所得税）。因此同一份企业利润就被征收了两次所得税。而合伙企业和独资企业就不存在这样的问题。

第二，公司制企业成立有较大的难度。由于公司制企业的有限责任，因此企业的破产损失风险就有一部分被转移到企业的债权人和潜在投资者身上。为了保护这些债权人和潜在投资者的利益，国家对公司制企业的成立条件比独资企业和合伙企业成立的条件限制更为严格。比如《中华人民共和国公司法》规定公司制企业成立时要有严格的公司章程确保股东利益，并经过政府有关部门审核。

第三，国家对公司制企业的管制较多。为保证公司制企业合法经营，保护相关利益者的利益，国家对公司制企业设立了很多的管制政策。比如对股份有限公司设立了增发股票的限制条件，对上市公司增加了财务报告审计、财务信息公开和公司治理结构建设等方面的强制性要求。这直接限制了公司制企业的财务管理行为，也使公司制企业的经营信息公开化。

第四，公司制企业代理成本更大。随着公司规模的发展，大部分公司（尤其是上市公司）的股东并不直接参与企业管理，而是聘请职业经理人。在股东和经理人之间存在着代理关系，这种代理关系在公司治理结构不健全的条件下，可能给投资人，即股东带来很大的损失，相比之下，独资企业和合伙企业的代理问题更少。

但总的来说，随着市场经济的发展，公司制企业的内外部治理结构越来越完善，代理成本问题越来越少。公司制企业的各种优势越来越明显，这使得许多具有发展潜力的独资企业和合伙企业纷纷改制为公司制企业。当今世界上一些著名的企业如微软公司、惠普公司等都是由合伙企业演变成为股份有限公司的。

2.1.4 企业集团

严格意义上说，企业集团不是一种独立的企业组织形式，只是企业之间合作的一种形式。但它在现代市场经济中具有非常重要的地位，因此我们在这里把它作为一种企业组织形式来讨论。

企业集团是一个由核心企业控制的多层次企业联合体，这个联合体成立的目的，是要在核心企业的统一领导下，相互协调经营行为，共同分享收益，分担风险，以增强每个成员企业的市场竞争力。企业集团本身不是一个独立法人，集团中的母公司和每个子公司分别是独立法人。

企业集团作为一种企业间的合作形式，在财务管理上具有一定的优势，主要表现在以下几个方面。

第一，有利于改善经营业绩。企业集团一般比单个企业规模更大，资本更雄厚，因此其筹资能力比单个企业更强，在生产经营中由于规模大于单个企业而可能形成垄断优势，从而降低产品成本，改善经营业绩。

第二，有利于进行优势互补。在企业集团内部能进行优势互补，资源优化配置，提高资金使用效率。企业集团内部各子公司具有不同的竞争优势，这些优势能使得各子公司在生产、经营和财务上相互支持，增强整体实力。

第三，有利于分散经营风险。一方面，由于企业集团各子公司的产品并不完全相同，这就使得企业集团的经营风险分散化，从而降低了整体风险；另一方面，由于分散经营，企业集团可以从社会各方面获得人才和支持，从而提高了其整体实力。

当然，企业集团在财务管理上也存在一定的不利因素，主要有以下两点。

第一，由于管理层级的增多，导致管理成本增加，管理效率降低。由于企业集团由各个单个企业组成，使企业集团在每个单个企业的管理层级基础上又增加了一个集团管理层。由于管理层级增多，导致管理机构增加，同时导致企业管理系统内部信息传递环节增加，如集团企业不能改进管理方式，势必会降低管理效率。

第二，由于管理层级增多，企业内部代理关系增多，从而增加了代理成本。企业集团的成立使企业的代理关系增加，代理关系由原来的股东—经理变为股东—集团管理层—各单位管理层。此外各子公司之间也可能出现代理关系。由于代理关系的增多，可能会增加代理成本，从而降低了股东的投资效益。

❖ 阅读材料 2-3

河北钢铁集团有限公司发展简史

2008年6月30日，由原唐山钢铁集团有限公司（以下简称唐钢集团）和邯郸钢铁集团有限公司（以下简称邯钢集团）联合组建成河北钢铁集团有限公司，该集团拥有唐钢集团、邯钢集团等16个子、分公司，业务涉及钢铁、资源、制造、金融、物流五大板块。2008年12月28日，河北钢铁集团有限公司完成了对邯钢集团、唐钢集团等的换股吸收合并工作，存续公司更名为河北钢铁股份有限公司，是河北钢铁集团钢铁主业唯一的上市公司。2008年，河北钢铁集团有限公司以超过3 100万t的产能成为当时中国最大的钢铁企业。合并后的河北钢铁集团有限公司积极整合内部资源，充分发挥各子公司产品的技术优势，淘汰落后产能，积极响应政府号召节能减排。截至2022年年底，集团资产总额达5 396亿元，营业收入达4 007亿元，"世界500强"排名第189位。

◎ 讨论题

河北省为什么要在2008年将下属国有钢铁企业组建为企业集团？

2.1.5 战略联盟

战略联盟是两个或两个以上的经济实体（一般是指企业，如果企业间的某些部门达成联盟关系，也适用此定义）为了实现特定的战略目标而采取的任何股权或非股权形式的共担风险、共享利益的长期联合与合作协议。⊖与企业集团不同，战略联盟中的成员企业之间一般不存在严格意义上的投资和被投资关系。从20世纪80年代开始，战略联盟的数量激增。战略联盟已成为企业最广泛使用的战略之一，它可以使来自不同国家的企业共担风险、共享资源、获取知识、进入新市场。

根据林奇（Lynch，1993）的研究，战略联盟可为合作双方提供下列其他机制中所不具有的显著优势：①协同性，整合联盟中分散的公司资源凝聚成一股力量；②提高运作速度，尤其是当大公司与小公司联合时更是如此；③分担风险，使公司能够把握伴有较大风险的机遇；④加强合作者之间的技术交流，使他们在各自独立的市场上保持竞争优势；⑤与竞争对手结成联盟，可以把竞争对手限定到它的地盘上，避免双方投入大量资金展开两败俱伤的竞争；⑥通过联盟可获得重要的市场情报，顺利地进入新市场，与新客户搞好关系，这些都有助于销售的增长；⑦大公司以股票或R&D合约方式的投资将会给小公司注入一笔资本；⑧由于许多联盟形式不含有稀释股权的投资，因而有助于保护股东在各公司的股东权益；⑨组成联盟可给双方带来工程技术信息和市场营销信息，使他们对于新技术变革能够做出更快速的调整和适应；⑩营销领域向纵向或横向扩大，使合作者能够进入新的市场，进入单方难以渗透的市场。一旦战略联盟管理有方，合作双方将比单方自行发展具有更广阔的战略灵活性，最终可以达到双赢（win-win）。⊜

⊖ 颜光华，严勇. 企业战略联盟及其在我国企业的应用[J]. 财经研究，1999（7）：29.

⊜ Robert. P. Lynch. Business Alliances Guide: the Hidden Competitive Weapon[M]. New York: John Wiley&Sons, 1993.

战略联盟作为企业间合作的一种形式,也会给财务管理带来一些影响。这种影响主要表现在联盟内企业可以快速响应彼此的要求,加快资金投入和商品产出,提高营运资本管理效果。此外,战略联盟对于中小企业也有很大的帮助,中小企业可以通过和大企业建立战略联盟,扩大自身抵御市场风险的能力,增强投资项目的稳定性,降低风险。

❖ 阅读材料 2-4

"二万联盟",从合作到诉讼

2015 年 5 月 14 日,国内住宅龙头万科企业股份有限公司(以下简称"万科"),与商业地产龙头大连万达集团股份有限公司(以下简称"万达")在北京签订战略合作框架协议,一时"二万联盟"被传为美谈。当时,万达正准备战略转型,实施文旅发展等轻资产战略,而万科的主业仍为房地产,因此万达可以将其在房地产方面的资源与万科共享,双方各取所需。

然而随着环境的变化,特别是房地产市场的日渐疲软,双方的合作逐渐出现了问题。2019 年 4 月,万达与长春市政府达成协议建设国际影都。这是一个投资超千亿元的巨额项目,而开始建设后突如其来的新冠疫情导致项目建设困难。为渡过难关,万达邀请万科增资项目公司,按照增资方案,万科持股 15%,万达持股 85%,项目由万科负责承建。随着项目的建设推进,双方就项目建设支出的结算发生了争执,万科向法院提起诉讼,要求万达追加支付本金、利息和罚息 13.8 亿元,而万达则认为考虑疫情和政策调整等因素,愿意承担的金额为 8 亿元~10 亿元。在金额方面双方未能达成一致,因此万科向法院申请对万达的资产进行诉前保全,冻结其所持有的大连万达商业管理公司 19.8 亿元的股权。

● 讨论题

(1)"二万联盟"对万达和万科各有什么好处?
(2)为什么"二万联盟"最终会走向分裂?

2.2 金融市场

所谓金融市场(financial market),是指构成市场资金融通的各种机构和程序的总和[⊖],是资金供应者和资金需求者双方进行交易的场所,它可以是有形的市场,也可以是无形的市场。在市场经济中,金融市场的主要作用包括:将储蓄资金转化为投资,增强金融体系的效率,改善社会资源配置,增加社会价值创造等。金融市场是财务管理环境中最重要的环境因素,企业的资金来自金融市场,且部分资金要投放在金融市场获利,此外金融市场通过交易产生各种财务信息(利率、汇率、股票市场走势等),影响企业财务决策。从这个角度说,金融市场对企业财务管理有着重要作用。本节我们主要围绕金融市场的构成要素、金融市场的分类、金融市场的资金融通行为和金融机构这四个方面来进行讨论。

⊖ VAN HORNE J C, WACHOWICZ, J M. Fundamentals of financial management[M]. 11th ed. New York: Pearson, 2001.

2.2.1 金融市场的构成要素

虽然金融市场交易的对象比较特殊,但与其他市场一样,有交易对象、交易主体、交易工具和交易价格等构成要素。

1. 交易对象

交易对象是指市场交易双方交换的标的物。在金融市场上,交易双方交易的对象是货币资金。在金融市场的交易中,无论是银行的存、贷款,还是证券市场上的证券买卖,交易双方都是货币资金的供给者和需求者,最终通过交易,将货币资金从供给者转让给需求者。然而,与商品市场交易不同,金融市场的交易大多数表现为货币资金使用权的转移,而商品市场的交易则表现为商品的所有权和使用权同时转移。

2. 交易主体

交易主体是指市场交易中的参与者,在金融市场上,交易主体是参加交易过程提供或获取货币资金的主体。按照交易主体在金融市场交易中的交易地位不同,可将交易主体分为以下三个类别。

(1) 资金供给者。金融市场交易的前提是市场拥有大量的资金,这些资金需要由资金供给者投放。在金融市场上,主要的资金供给者是居民个人、企业和事业单位、政府机关和其他主体。资金供给者出于投资增值或闲置资金储蓄的需要,将货币存入银行,或购买证券、保险,从而为市场资金需求者提供资金来源。

(2) 资金需求者。在市场经济社会中,经常会出现一些市场主体有比较好的投资项目,但却缺乏资金无法投资的情况。为获得资金,这些市场主体可能到银行贷款,或在证券市场发行证券筹集资本,它们被称为资金需求者。主要的资金需求者包括企业、政府和消费者等。

(3) 金融机构。金融机构是金融市场的枢纽,在金融市场的交易中,金融机构主要从资金供给者手中吸纳资金,然后投放给资金需求者。金融机构主要通过储蓄、发行证券等方式吸纳资金,通过贷款、购买证券等方式投放资金。

3. 交易工具

交易工具是指市场上对交易对象进行交易的载体,金融市场的交易工具是金融工具。所谓金融工具是指能够证明债权债务关系或所有权关系并据以进行货币资金交易的合法凭证。金融工具是一种交易契约,对于交易双方都有约束力。与商品市场中的交易工具相比,金融工具具有如下特征:①期限性。期限性是指金融工具一般都有明确的到期日,在到期日以前债务人必须归还其到期债务。而商品交易完成后,销售方一般都不存在货款返还义务。②流动性。流动性是指金融工具可以由持有者在市场上有偿转给另一个持有者而避免遭受损失。而商品在市场成交后,往往由于功能、构造等非标准化而很难再次转让。⊖③风险性。风险性是指金融工具的购买者在到期日所收回的资金金额存在一定的不确定性,它受发行人的财务状况和宏观经济形势影响。而商品交易的风险则主要来自使用过程和市场价格波动。④收

⊖ 部分实物商品存在公开的转让市场,比如汽车、房产等,具有一定的流动性。

益性。收益性是指金融工具能给其持有人带来一定的收益。这一收益是金融工具发行人为获得资本使用权而支付给购买人的报酬。

4. 交易价格

在商品市场中,交易价格是指交易双方就商品所有权转移所达成的转让价格,它主要受商品价值和供求关系的影响。在金融市场中,交易价格是指在金融市场中转让一定时期的货币资金使用权所得到的报酬,一般用利率或投资报酬率来表示。本书后续章节将详细讨论这些问题。

2.2.2 金融市场的分类

金融市场交易由于交易规则各异,交易产品不同,交易的期限也不相同,因此可从以下多个方面进行分类。

1. 按交易期限分类

按金融市场的交易期限,金融市场可分为短期市场和长期市场。

短期市场也被称为货币市场,是指以期限在一年以内的金融工具为媒介,进行短期资金融通的市场。短期市场主要包括短期存款放款市场、银行同业拆借市场、票据市场、短期债券市场和可转让大额存单市场等。短期市场的主要特点有:①融资期限短;②交易的目的主要是满足短期投资和周转需要;③所交易的金融工具流动性强,收益性低。

❖ 阅读材料 2-5

银行同业拆借市场

银行同业拆借市场是指银行业同业之间短期资金的拆借市场。各银行在日常经营活动中会经常发生头寸不足或盈余的情况,银行同业间为了互相支持对方业务的正常开展,并使多余资金产生短期收益,就会产生资金拆借交易。

一、银行同业拆借市场的起源与发展

银行同业拆借市场起源于西方国家存款准备金制度的实施。存款准备金制度规定商业银行吸收的存款必须按一定比例提取准备金,缴存于中央银行,称为法定储备。有时,某家银行的准备金保有量会出现盈余,把这些超出法定储备的部分称为超额储备,超额储备停留在无利息收益的现金形式上,就会产生潜在的收益损失。而另有一些银行当储备计算期的期末储备金不足时,就会面临被征收罚金的风险。在这种客观条件下,储备盈余的银行便设法将其资金拆出,增加收入,储备不足的银行又设法拆入资金,由此逐渐形成了银行同业拆借市场。

近 20 多年来,银行同业拆借市场有了较大的发展,它不仅作为同业之间调整储备的市场,而且已经成为银行扩大资产业务的手段,同业拆借的参加者也从商业银行扩大到非银行金融机构,拆借市场的范围日益扩大。

二、银行同业拆借市场的特点

银行同业拆借市场具有五大特点。

（1）只允许经批准的金融机构进入市场。

（2）融资期限较短，最常见的是隔夜拆借，目前甚至出现日内拆借，一般融资期限最长不超过1年。

（3）交易金额较大，而且不需要担保或抵押，完全是凭信用交易。

（4）交易手续简便，一般通过电话洽谈。

（5）利率由双方协商决定，随行就市。

三、银行同业拆借市场的交易形式

银行同业拆借市场的交易形式有间接拆借和直接交易两种。

1. 间接拆借

间接拆借形式下，资金拆借双方将意向和信息传递到中介机构，由中介机构根据市场价格、双方指令媒介交易。间接拆借是最主要的银行同业拆借交易形式，其特点是拆借效率高、交易公正、安全。充当中介机构的主要是某些规模较大的商业银行或者专门的拆借经纪公司。

2. 直接交易

直接交易不通过经纪机构，而是由资金拆借买卖双方通过电话或其他通信设备直接联系，洽谈成交，其特点是交易成本低。不过，这种交易形式在银行同业拆借市场上较为少见。

银行同业拆借期限较短，我国的拆借期大多为1～3个月，最长为9个月，最短为3～5天。银行同业拆借一般是低息或无息的，我国规定银行同业拆借的利率不得低于中国人民银行的再贷款利率。

资料来源：金库百科栏目。

◎ 讨论题

银行同业拆借市场的货币借贷与商业银行对客户的货币借贷有什么区别与联系？

长期市场也被称为资本市场，是指以期限在一年以上的金融工具为媒介，进行长期资金融通的市场。我国的资本市场包括长期存贷款市场和证券市场。长期市场的主要特点有：①融资期限长；②交易的目的主要是满足长期投资和长期资本需要；③所交易的金融工具流动性差，收益性强。长期存款市场和长期贷款市场主要来自商业银行的长期存款和贷款业务，而证券市场主要是债券、股票和混合性证券以及衍生证券的发行和流通市场。我国证券市场起始于20世纪80年代末期。1990年11月26日，上海证券交易所成立，1990年12月1日，深圳证券交易所成立。此外，为促进我国非上市公司的产权交易，我国从20世纪90年代开始在全国各地建立了中央、省、市级的产权交易市场（中心、所），用以进行企业产权交易和其他性质的资产交易。

❖ 阅读材料 2-6

上海联合产权交易所

上海联合产权交易所是经上海市人民政府批准设立的具有事业法人资格的综合性产权交易服务机构，是集物权、债权、股权、知识产权等交易服务为一体的专业化市场平台。上海联合产权交易所的主要职责是：①履行国务院国资委授予的从事中央企业国有产权转让交易职能；②履行上海市人民政府、上海市国有资产监督管理委员会和有关部门交办或委托的市场管理功能；③依法审查产权交易主体的资格和交易条件，以及交易行为的合法性与规范性，对符合规定的交易出具交易凭证；④为全国各地的产权机构提供规范服务，组织产权交易，维护交易各方的合法权益；⑤建立健全会员管理制度，积极开展业务培训；⑥研究产权市场的发展趋势和政策。

上海联合产权交易所的主要业务范围包括：各类所有制企业产权、股权交易；上海国家863计划产业化促进中心的交易服务；中央企业国有产权转让交易指定场所；企业重组并购服务；中小企业融资服务；风险创业投资的进入和退出服务；知识产权和科技成果（项目）的转让交易；国有资产进入和退出等战略性调整；外资并购交易服务；企业改制、上市的配套服务；项目融资服务；非上市股份有限公司的股权托管及转让服务。

资料来源：上海联合产权交易所官网。

讨论题

上海联合产权交易所和上海证券交易所在交易对象和交易方式上有什么联系和区别？

2. 按交易性质分类

按金融工具的交易性质，金融市场可分为发行市场和流通市场。

发行市场，也称初级市场或一级市场，是指金融工具在形成后由资金需求者转让给资金供给者以实现融资目标的市场。在这个市场中，资金需求者通过金融工具的发行获得资本，而资金供给者出让货币，获得金融工具。股票和债券的发行、各种短期有价证券的发行都属于发行市场行为。

流通市场，也称次级市场或二级市场，是指将已发行的金融工具进行再转让的市场。在这个市场中，金融工具的首次发行人不能再获得资本，而金融工具的持有人可以通过该市场在到期日前对其进行转让。股东持有的股票，债券投资者持有的债券都是在流通市场中进行转让的。我国的上海证券交易所和深圳证券交易所既有发行市场，又有流通市场。

除了证券交易所具有二级市场外，场外交易市场（over-the-counter market，OTC市场）也属于二级市场。所谓场外交易市场，是指由专门的证券交易商（dealers）组成的，专门从事不在证券交易所上市交易或交易量较少的上市公司的证券交易的市场。这些证券交易商通过持有在场外交易市场上上市的公司证券，随时按公布价格买入或卖出公司证券，来使得这些公司的证券获得很高的流动性。美国的纳斯达克市场就属于这类市场。我国的中小企业股份转让系统（新三板市场）也采用这类交易方式。我国中小企业股份转让系统市场主要统计指标概览见表2-1。

表2-1 我国中小企业股份转让系统市场主要统计指标概览

指标	2022年	2021年	2020年	2019年	2018年
挂牌规模					
挂牌公司数量/家	6 580	6 932	8 187	8 953	10 691
总股本/亿股	4 508.63	4 596.60	5 335.28	5 616.29	6 324.53
总市值/亿元[①]	21 181.44	22 845.40	26 542.31	29 399.60	34 487.26

(续)

指标	2022年	2021年	2020年	2019年	2018年
股票发行②					
发行次数/次	697	587	716	637	1 402
发行股数/亿股	67.69	52.69	74.54	73.73	123.83
融资金额/亿元	232.28	259.67	338.50	264.63	604.43
优先股发行					
发行次数/次	3	9	2	11	9
融资金额/亿元	0.60	2.08	0.24	3.60	2.59
股票交易					
成交金额/亿元	798.58	2 148.16	1 294.64	825.69	888.01
成交数量/亿股	188.87	309.08	260.42	220.20	236.29
换手率/%	7.41	17.66	9.90	6.00	5.31
市盈率/倍	17.20	20.48	21.10	19.74	20.86

① 2020年、2021年总市值按照《证券期货业统计指标标准指引（2019年修订）》规定口径统一调整计算。
② 2022年共有122家挂牌公司进行122次自办发行，累计发行2.80亿股，9.61亿元。

流通市场的存在对发行市场具有重要作用，使发行市场发行的证券具有很强的流动性，从而减少了发行市场投资者的投资风险。因此，流通市场的存在对于发行市场的金融工具发行具有重大的支撑作用。

除上述分类外，金融市场还可以按交割方式分为现货市场、期货市场和期权市场；按交易对象分为票据市场、证券市场、衍生工具市场、外汇市场和黄金市场等。

2.2.3 金融市场的资金融通行为

金融市场中，资金的融通过程和方式如图2-1所示。

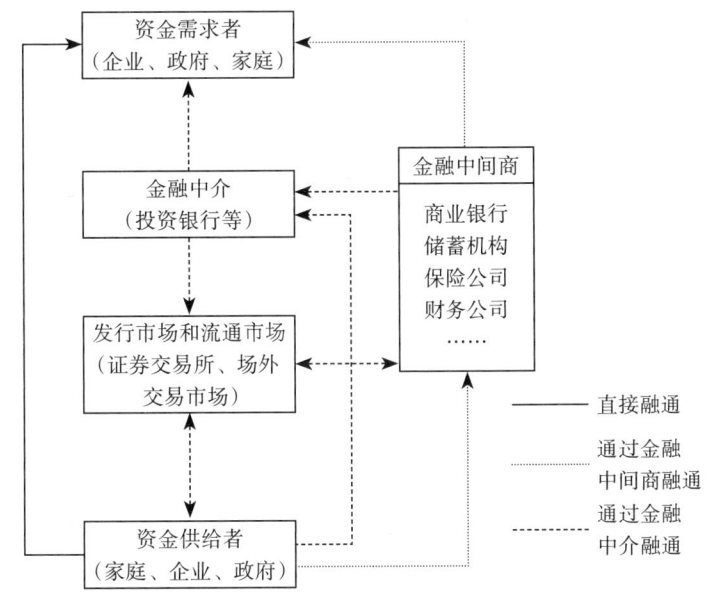

图2-1 金融市场中资金的融通过程和方式

从图 2-1 中我们可看出，金融市场的资金融通主要有 3 种方式。除了这 3 种方式之外，互联网金融等新概念也逐渐丰富了资金融通的内涵。

1. 直接融通

直接融通方式下，资金供给者和资金需求者直接联系，协商资金融通的契约条款，并最终达成资金融通行为。在直接融通方式下，资金融通的行为没有第三者影响，因此融资效率比较高，能迅速融通资金。同时，这种资金融通方式存在如下缺点。

（1）如果资金供给者和资金需求者双方信息不对称，则可能存在信用风险。

（2）由于资金需求者只是与单个或有限个资金供给者协商资金融通，因此受单个资金供给者资本数额的限制，所能筹集的资金有限。

（3）由于资金供给者大多数不是专业的投资和金融机构，对资金需求者的信用和投资效果不能很准确地估计，也很难控制资金需求者的经营行为，因此这种直接融通方式对资金供给者来说风险很大。

2. 通过金融中间商融通

金融中间商（financial intermediary）是指以机构自身的名义专门从事吸收家庭、企业等资金供给者的资金，并将这些资金投放到企业和个人等资金需求者的金融机构。这些金融机构一般有广泛分布的营业网点，吸收储蓄，并利用储蓄资金向企业和个人贷款，拥有丰富的存贷款经验和专业人才。通过金融中间商的资金融通，企业可以广泛筹集社会闲散资金，并通过金融中间商的专业服务和监督，降低金融风险，提高资金使用效率，但该种方式下的融资规模受到一定的限制。

3. 通过金融中介融通

金融中介（financial brokers）是指不以自己的名义吸收和投放资金，而是专门代理资金需求方从事证券发行业务，从而获取代理费用的金融机构。由于资金供给者和资金需求者之间存在的信息不对称，且资金需求者的发行证券融资能力受限，因此资金需求者很难广泛地筹集资金。而金融中介机构由于其分散的营业机构和专业的代理服务，因此它们能够在较短的时间内代理资金需求者发行证券筹集资金。这种方式存在的一个缺点是由于金融中介机构只是一个代理机构，因此它们并不关注资金需求者的资金使用收益和信用，而只关注自身的代理费用收入，这就可能忽视证券质量，从而造成投资人的损失。

4. 互联网金融

关于互联网金融这一概念目前还没有公认的定义，比较普遍的看法是通过互联网实现资金的融通，被称为互联网金融。目前我国互联网金融有两种类型，一种类型是传统金融机构利用互联网开展营业，比如各大商业银行的网上银行、银联支付等，另一种类型是非金融机构利用互联网进行资金融通，如支付宝、众筹、P2P 网贷等新型互联网金融产品和业务。随着我国网民数量的飞速增加，互联网金融成为个人和企业融资的重要渠道。

❖ 阅读材料 2-7

支付宝发展大数据

2003 年 10 月 18 日，淘宝网首次推出支付宝服务。

2004 年，支付宝从淘宝网分拆独立，逐渐向更多的合作方提供支付服务，发展成为中国最大的第三方支付平台。

2004 年 12 月 8 日，浙江支付宝网络科技有限公司成立。

2008 年 10 月 25 日，支付宝公共事业缴费正式上线，支持水、电、煤、通信等方面的缴费。

2010 年 12 月 23 日，支付宝与中国银行合作，首次推出信用卡快捷支付。

2011 年 5 月 26 日，支付宝获得中国人民银行颁发的国内第一张"支付业务许可证"（业内又称"支付牌照"）。

2013 年 6 月，支付宝推出账户余额增值服务"余额宝"，通过"余额宝"，用户不仅能够得到较高的收益，而且能随时将余额用于消费或转出，无任何手续费。

2013 年 11 月 13 日，支付宝手机支付用户超过 1 亿人次，拥有 1 亿用户的"支付宝钱包"正式被宣布成为独立品牌。

2013 年，支付宝手机支付完成的订单数量超过 27.8 亿笔，订单金额超过 9 000 亿元，成为全球最大的移动支付公司。

来自艾瑞咨询的数据显示，自 2013 年第一季度以来，支付宝在移动互联网支付市场的份额从 67.6% 逐步提升至 78.4%，位居第一。

2019 年 1 月 9 日，支付宝正式对外宣布其全球用户数已经超过 10 亿。

截至 2022 年 7 月，支付宝已在亚洲、欧洲、美洲和非洲的 38 个国家和地区开展业务。

● 讨论题

（1）支付宝快速发展的原因是什么？

（2）现在大多数青少年学生都有支付宝账号和使用支付宝支付的经验，与传统银行结算方式相比，支付宝作为新的结算方式有什么优缺点？

2.2.4 金融机构

金融机构是指专门从事金融业务的机构，它是社会资金融通的枢纽。金融机构包括银行类金融机构和非银行类金融机构。银行类金融机构包括商业银行、中央银行和专业银行。非银行类金融机构是除银行以外的各种金融机构，包括保险公司、投资银行和典当商行等。本节主要介绍商业银行、投资银行和保险公司三种主要金融机构。

1. 商业银行

有关商业银行的定义目前因各国的金融体系不同而没有达到完全统一，比较公认的观点是：商业银行是以经营工商业存、贷款为主要业务，并以获取利润为目的的货币经营企业。其主要特征是：①商业银行是唯一能提供"银行货币"（活期存款）的金融组织；②商业银行从事的交易种类繁多、次数频繁、金额巨大；③商业银行分支机构众多、分布区域广；④商业银行高负债经营，债权人众多；⑤商业银行与社会公众利益密切相关，受到银行监管法规的严格约束和政府有关部门的严格监管。商业银行在银行体系中处于主体地位。

根据2015年修订的《中华人民共和国商业银行法》，商业银行是指依照《中华人民共和国商业银行法》和《中华人民共和国公司法》设立的吸收公众存款、发放贷款、办理结算等业务的企业法人。商业银行可以经营下列部分或者全部业务：①吸收公众存款；②发放短期、中期和长期贷款；③办理国内外结算；④办理票据承兑与贴现；⑤发行金融债券；⑥代理发行、代理兑付、承销政府债券；⑦买卖政府债券；⑧从事同业拆借；⑨买卖、代理买卖外汇；⑩从事银行卡业务；⑪提供信用证服务及担保；⑫代理收付款项及代理保险业务；⑬提供保管箱服务；⑭经国务院银行业监督管理机构批准的其他业务。

目前，我国的商业银行按其产权关系和组织方式分为三大类：国有控股商业银行、股份制商业银行和合作制商业银行。国有控股商业银行包括中国工商银行、中国农业银行、中国建设银行和中国银行；全国性的股份制商业银行包括交通银行、中信实业银行、华夏银行、中国光大银行和中国民生银行等。区域性的股份制商业银行包括招商银行、深圳发展银行、广东发展银行、福建兴业银行、上海浦东发展银行等。合作制商业银行主要包括各种城市信用社和农村信用合作社（农业合作银行）。

2. 投资银行

投资银行是在资本市场上从事证券发行、承销、交易及相关的金融创新和开发活动，为长期资金盈余者和短缺者双方提供资金融通服务的中介性金融机构[一]。从本质上说，投资银行属于非银行类金融机构，与商业银行相比，投资银行有如下区别：①主营业务不同：商业银行主要从事存贷款和结算业务，而投资银行主要从事证券的发行、承销以及其他中介服务；②对金融市场的作用不同：商业银行是主要从事间接融资的金融机构，而投资银行主要辅助证券发行人实现直接融资。

在我国，主要的投资银行包括证券公司和信托投资公司等。

3. 保险公司

保险公司是指经营保险业的经济组织，属于非银行类金融机构。保险公司通过吸收财产保险和人身保险资金，取得资金来源，并将资金投放于证券等投资项目，获取投资收益。我国的保险机构分为财产保险机构和人身保险机构两大类。2023年前三季度我国保险业资金运用情况见表2-2。

表2-2 2023年前三季度我国保险业资金运用情况表   单位：亿元

项目	截至当期		
	账面余额	规模占比	同比增长
资金运用余额	275 230.63	100.00%	10.91%
年化财务收益率	2.92%		
年化综合收益率	3.28%		
其中：人身险公司			
资金运用余额	245 787.39	100.00%	11.24%
其中：银行存款	21 833.23	8.88%	−2.88%

[一] 陈琦伟. 投资银行学[M]. 大连：东北财经大学出版社，2002.

(续)

项目	截至当期		
	账面余额	规模占比	同比增长
债券	110 034.32	44.77%	19.14%
股票	18 794.06	7.65%	16.60%
证券投资基金	13 779.17	5.61%	19.85%
长期股权投资	23 093.29	9.40%	8.97%
年化财务收益率	2.93%		
年化综合收益率	3.32%		
其中：财产保险公司			
资金运用余额	20 097.73	100.00%	6.18%
其中：银行存款	3 694.05	18.38%	−12.08%
债券	7 289.98	36.27%	19.31%
股票	1 329.50	6.62%	6.85%
证券投资基金	1 812.20	9.02%	11.84%
长期股权投资	1 273.58	6.34%	1.31%
年化财务收益率	3.31%		
年化综合收益率	3.21%		

注：1. 本表统计全部保险资金运用情况，包括非独立账户和独立账户，不含"明天系"四家公司。

2. 年化财务收益率 =[（期末累计实现财务收益 / 平均资金运用余额）/x] × 4，x 为当前季度。

3. 年化综合收益率 =[（期末累计实现综合收益 / 平均资金运用余额）/x] × 4，x 为当前季度。

4. 上述数据来源于各公司报送的保险数据，未经审计。

资料来源：国家金融监督管理总局官网。

2.3 利率和税收

在前文中我们曾提及金融市场的重要因素之一——利率，本节我们将详细讨论这个问题。按照马克思的观点，所谓利息，是指让渡货币使用权所获得的报酬。在金融市场中，资金需求者要想获得资金供给者的资金使用权，必须要支付一定的代价，这一代价就是利息。在财务管理中，利息有着重要作用，本节我们将主要讨论两个方面的问题：利率的种类和利率的影响因素。此外，税收也是影响企业财务管理决策的重要因素，本节我们也将一并讨论。

2.3.1 利率的种类

所谓利率，是指在一次借贷行为中，资金需求者支付的利息占使用本金的比率。在不同的融资形式和市场中，利率的计算和支付有不同的方式，以下我们主要介绍与财务管理有关的一些计算和支付方式。

1. 基准利率和套算利率

所谓基准利率，是指对市场利率走向起主导作用的利率，基准利率如发生变动，其他利率也会发生相应变动。在西方国家中，基准利率通常是中央银行的再贴现率，它是中央银行宏观经济调控的重要指标。在我国，基准利率是中国人民银行对商业银行贷款的利率。所谓套算利率，是指各金融机构根据基准利率和自身特点制定的利率。套算利率需要各金融机构根据信贷资金的使用期限、风险等各方面因素具体确定。随着我国利率市场化程度的逐步提高，商业银行根据基准利率确定套算利率的自由度逐步增大。

❖ **阅读材料 2-8**

利率市场化

随着改革的深入，我国政府对利率的管制也逐步放松，由中央银行指定商业银行存贷款利率，发展到中央银行规定基准利率，允许商业银行在一定范围内自由浮动。进入21世纪，我国政府加快了利率市场化进程。2013年7月19日，经国务院批准，中国人民银行决定，自2013年7月20日起全面放开金融机构贷款利率管制。2014年11月22日，中国人民银行决定结合推进利率市场化改革，将金融机构存款利率浮动区间的上限由存款基准利率的1.1倍调整为1.2倍；其他各档次贷款和存款基准利率相应调整，并对基准利率期限档次做适当简并。

2015年3月1日，中国人民银行决定结合推进利率市场化改革，将金融机构存款利率浮动区间的上限由存款基准利率的1.2倍调整为1.3倍。

2015年5月11日，中国人民银行决定结合推进利率市场化改革，将金融机构存款利率浮动区间的上限由存款基准利率的1.3倍调整为1.5倍。

2015年8月26日，中国人民银行决定，放开一年期以上（不含一年期）定期存款的利率浮动上限，活期存款以及一年期以下定期存款的利率浮动上限（1.5倍）不变。

自2015年10月24日起，中国人民银行决定对商业银行和农村合作金融机构等不再设置存款利率浮动上限。

资料来源：百度百科。

● **讨论题**

（1）利率市场化后，中国人民银行公布基准利率的作用是什么？
（2）利率市场化对企业财务管理有什么影响？

2. 名义利率和实际利率

所谓名义利率，是指在不考虑货币通货膨胀的条件下所计算的利率。假设一年期贷款金额为L，利息为I，则名义利率为I/L。在实际生活中通货膨胀经常发生，在通货膨胀发生后，实际收到的利息的购买力要小于同面值货币金额在期初的购买力，这就使得贷款人的实际利息收入要小于名义利息收入。

所谓实际利率，是指名义利率扣除通货膨胀因素后的真实利率。假设名义年利率为i，年通货膨胀率为r，e为实际年利率，则有以下公式：

$$1+i=(1+r)(1+e)$$

在实际工作中，由于$r \cdot e$的数值很小，可以忽略不计，因此人们往往用$e=i-r$来近似计算实际利率。如果通货膨胀率大于名义利率，就可能出现实际利率为负的特殊情况。我国在进入2008年时，实际负利率水平曾一度达到惊人的程度——以2008年7月为例，当时中国居民消费价格指数约为7%，一年期定期存款税后利率为3.93%，实际利率为-3%。

3. 固定利率和浮动利率

所谓固定利率，是指在借贷期内固定不变的利率。由于通货膨胀的存在，固定利率的实行可能会给贷款人带来潜在的损失。假设某银行在 2008 年 6 月贷款给某企业，贷款期限为 3 个月，名义固定利率为 2.5%，其间发生通货膨胀，通货膨胀率为 2%，则银行实际得到的贷款利率仅为 0.5%，考虑资金的机会成本，银行实际上会遭受很大损失。为了避免损失，银行在与企业签订贷款协议时，可能会采用浮动利率。所谓浮动利率，是指在借贷期限内可以调整的利率。假设某银行在 2008 年 6 月贷款给某企业，贷款期限为 3 个月，采用浮动利率，将利率设定为 2.5% 加通货膨胀率。3 个月后发生通货膨胀，通货膨胀率为 2%，则银行实际得到的贷款利率为 5.5%，从而可以避免遭受损失。我国人民币借贷大多实行固定利率。虽然在 20 世纪 80 年代初以来对某些贷款实行浮动利率，也不同于本节所说的浮动利率，而是指银行可在国家统一规定的利率基准上下一定的幅度内，酌情浮动的利率。

2.3.2 利率的影响因素

利率是宏观经济的重要元素，它受到很多因素的影响。在不同的金融市场交易中，利率受不同的因素影响。主要的利率影响因素有以下几个方面。

1. 纯粹利率

纯粹利率是指没有通货膨胀、没有风险情况下的平均利率。在一般情况下，纯粹利率可用短期国库券利率来表示。纯粹利率的高低主要受平均利润率、资金供求关系和国家宏观政策的影响。按照马克思主义经济学的观点，利息主要是产业资本家为获得产业利润而向银行资本家融资所支付的成本，因此纯粹利率主要取决于社会平均产业投资报酬率（平均利润率），它的数值最高不得高于平均利润率，否则产业资本家会因为无利可图而放弃向银行借款。资金供求在一定程度上影响利率，当社会资金供应不足时，纯粹利率会上升，供应过盛时则会下降。国家的宏观调控政策也会影响纯粹利率。当国家为刺激经济发展而下调基准利率时，纯粹利率可能会下降，同样，当国家为防止经济过热而上调基准利率时，纯粹利率可能会上升。

2. 通货膨胀

通货膨胀会影响资金供给者和需求者双方的投资回报和实际利息水平。因此当社会在某一段时期出现通货膨胀时，资金供给者为确保投资回报，会要求资金需求者给出的利率能弥补通货膨胀因素带来的购买力损失，在这种情况下，利率就等于纯粹利率加预期通货膨胀率。此外，当出现通货膨胀时，政府为抑制通货膨胀，也会提高基准利率，从而带动市场利率上升。

3. 流动性因素

流动性，是指金融工具持有者能够在比较短的时间内以合理的价格转让该金融工具的能力。转让时间越短，流动性越强。从这一角度来说，流动性强的金融工具风险小，流动性弱的金融工具风险大。因此，如果资金需求者发行的金融工具流动性比较弱，就必须支付给资金供给者更高的利息，以抵消资金供给者承担的更大风险。实务中，政府债券比公司债券流动性更强，因此一般公司债券的利率要高于政府债券。

4. 违约风险

违约风险，是指金融工具发行人不能在金融工具到期日归还其应支付的本金和利息的可能性。违约风险越高，金融工具购买人所冒的风险越高，相应地，其所要求的利率也就越高。在实务中，人们往往用金融工具的信用评级来衡量其违约风险，信用级别越低，投资者所要求的利率越高。

5. 再投资风险

再投资风险，是指因金融工具到期日短，购买人在持有金融工具到期后，很难找到比继续持有该金融收益高的投资机会，因而可能遭受的损失。从这一角度来说，金融工具到期日越长，再投资风险越低，相应的利率也越低。在一个处于正常状况的经济环境中，再投资风险相对比较小，而在经济发展趋向收缩时，由于未来投资机会可能减少，再投资风险明显上升。

6. 到期日

到期日是指金融工具到期还本付息的日期。到期日越晚，不确定性越大，因而风险越大。从这一角度说，到期日晚的金融工具（比如长期债券、股票等）风险要大于到期日早的金融工具（短期债券或票据），因而其利率要大于到期日早的金融工具。

考虑到上述因素，金融市场中某一金融工具的利息率可表示为

利率 = 纯粹利率 + 通货膨胀风险附加 + 流动性风险附加 + 违约风险附加 + 再投资风险附加 + 到期日附加

❖ 阅读材料 2-9

不同资本来源利率差异

为直观体现不同资本来源的利率差异，编者收集了 2022 年 5 月各类融资利率数据，见表 2-3。

表 2-3　编者收集的 2022 年 5 月各类融资利率数据

融资类别	发行单位	时间	利率（%）
一年期国债	国家财政部	2022.5	1.98
一年期金融债	国家开发银行	2022.5	1.83
三年期金融债	国家开发银行	2022.5	2.32
一年期短期融资券	国家电网有限公司	2022.5	2.00
一年期银行贷款基准利率	各商业银行	2022.5	4.35
五年期中期票据	中国环球租赁有限公司	2022.5	3.38
三年期银行贷款基准利率	各商业银行	2022.5	4.75

● 讨论题

（1）国债的信用评级要高于金融债，那么为什么一年期国债的利率会高于一年期金融债？

（2）一年期金融债的利率低于一年期短期融资券，其影响因素是什么？

（3）三年期金融债的利率要低于三年期银行贷款基准利率，其影响因素是什么？

（4）一年期银行贷款基准利率要低于三年期银行贷款基准利率，其影响因素是什么？

2.3.3 税收

税收是财务管理的重要影响因素，这是因为税收会引起企业的现金支出，进而影响企业的市场价值。企业的应纳税款有多个项目，其中以企业所得税对企业财务管理的影响最大，因此，本节我们主要讨论企业所得税对财务管理的影响。

企业所得税对财务管理的影响主要通过以下几个方面体现。

1. 影响企业投资项目选择

税收是国家重要的经济杠杆，在宏观调控中具有重要作用。在企业所得税方面，国家针对不同的行业，可能会给予不同的税收优惠。例如，2018年12月29日修正的《中华人民共和国企业所得税法》规定：企业的下列所得，可以免征、减征企业所得税：①从事农、林、牧、渔业项目的所得；②从事国家重点扶持的公共基础设施项目投资经营的所得；③从事符合条件的环境保护、节能节水项目的所得；④符合条件的技术转让所得。符合条件的小型微利企业，减按20%的税率征收企业所得税。国家需要重点扶持的高新技术企业，减按15%的税率征收企业所得税。这些规定会对企业投资项目产生引导作用，吸引企业从事税收优惠项目的投资。

2. 影响企业资本筹集渠道

企业主要的筹资方式包括负债和权益两种，企业负债筹资所支付的利息，在国家税收政策允许的范围内，可以作为应纳税所得的扣除项目，从而抵减所得税；而权益筹资支付的股利不能作为扣除项目，因而无法抵减所得税。因此在相同的融资支出的情况下，负债筹资因为所得税的利息税前扣除而更容易被企业作为首选渠道。

3. 影响企业利润分配

企业的利润分配方式有多种，既可以直接发放现金股利，也可以通过股票回购方式回报股东，但通过股票回购使股东产生的资本利得与发放现金股利使股东得到的股利所得在所得税缴纳上存在区别，一般国家所得税法都规定股利所得的个人所得税税率大于资本利得，因此在相同的情况下企业更愿意通过股票回购或把利润留在企业的方式分配利润。

由于税收对企业财务管理的不同影响，企业财务管理人员要根据税收规定，采取相应的措施和安排，降低企业税负，增加企业价值。

❖ 阅读材料 2-10

自由贸易区

自由贸易区（以下简称"自贸区"）是指已签订自由贸易协议的成员国之间相互取消商品贸易中的关税和数量限制，使商品可以在成员国之间无关税流动的区域。自贸区的建设，对于推动进出口贸易、来料加工业务等有较大的积极作用，同时对区域附近的物流、金融、制造业发展也会产生拉动作用。我国于2013年8月22日设立上海自贸区，此后广东、天津、福建、辽宁、浙江、河南、湖北、重庆、四川、陕西、海南、山东、江苏、广西、河北、云南相继设立自贸区。自贸区的定位因区域位置和资源禀赋不同而存在差异，具体包括转口集散型、贸工结合型、出口加工型和保税仓储型。

此外，一些没有被中央政府设立自贸区的省份，也纷纷建设自由贸易试验区，比如安徽省设立中国（安徽）自由贸易试验区，下设合肥、芜湖和蚌埠三个片区，其中合肥片区重点发展高端制造、集成电路、人工智能、新型显示、量子信息、科技金融、跨境电商等产业。

讨论题
自贸区设立如何影响当地企业财务管理活动的开展？

本章小结

1. 企业组织形式对财务管理有重要影响，主要表现在不同组织形式在投资人的责任、企业寿命、产权流动性以及市场筹资地位方面，公司制企业由于其在投资人的有限责任、企业的寿命和产权流动性方面均优于独资和合伙企业，因而在市场上具有融资优势，成为现代企业组织形式的主流。

2. 金融市场是指构成市场资金融通的各种机构和程序的总和，是资金供应者和资金需求者双方进行交易的场所。金融市场的构成因素包括交易主体、交易对象、交易工具和交易价格四个方面。金融市场可以按多种形式分类，在市场可以有多种融资方式。金融机构是金融市场的重要力量，主要的金融机构包括商业银行、投资银行等现代金融机构。

3. 利率是财务管理中重要指标，它受纯粹利率、通货膨胀、流动性、违约风险、再投资风险和到期日的影响。利率可以进行多种分类。税收是企业财务管理的重要影响因素，不同的财务决策都可能受税收因素的影响。

复习思考

1. 独资企业、合伙制企业和公司制企业各具有什么特点？
2. 金融市场对财务管理有哪些影响？
3. 我国公司股票市场属于哪一类市场？它有哪些主要职能？
4. 利息率如何影响企业的投资决策？
5. 除了企业所得税外，增值税也影响企业财务管理，试举一例说明这一问题。

练习题

1. 2023年1月张先生向银行贷款购房，约定贷款期限为2年，年利率为5%，2023年平均物价指数为2%，试回答以下问题。
   （1）2023年银行在该笔贷款中的实际利率是多少？
   （2）如果2024年实际通货膨胀率为−1%，则银行和张先生谁会遭受损失？应如何避免这一损失？

2. 小林是大学二年级财务管理专业的学生，他的母亲负责家庭理财规划。以前小林对理财没有兴趣，学了部分财务管理知识后，他想把所学的知识用到家庭理财上。小林了解到：父母每个月月薪收入为20 000元，家庭固定开支大约为每个月6 000元，余下14 000元不能存银行活期，因为利率太低。他问母亲如何理财，母亲告诉他，每个月的14 000元盈余有10 000元存银行一年期定期，存款利率为2%，余下4 000元购买理财产品，年化利率为5%左右。小林向母亲建议，银行定期存款利率太低，应全部购买理财产品，每年的利息收入可以达到8 400（=14 000×12×5%）元，而按目前的理财方案，每年的利息收入只有4 800[=（10 000×2%+4 000×5%）×12]，比上一个方案少了3 600元。但母亲不同意小林的建议，她认为如果全部买理财产品，遇到意外事项需要钱的时候拿不出来，而且理财产品也可能存在一定的风险。试计算分析以下问题。

（1）上述案例中，理财产品和银行定期存款利率存在差距的主要原因是什么？

（2）如果小林建议母亲从每个月的收入中拿出8 000元存入余额宝（当年年化利率约为4%），4 000元用于购买理财产品，2 000元用于定期存款，他应如何说服母亲同意这一方案？

案例分析

马钢股份2022年度经营管理报告

2022年，面对风高浪急的国际环境和艰巨繁重的国内改革发展稳定任务，国家统筹国内国际两个大局，统筹发展和安全，坚持稳中求进工作总基调，完整、准确、全面贯彻新发展理念，加快构建新发展格局，着力推动高质量发展，加大宏观调控力度，应对超预期因素冲击，国内生产总值比上年增长3.0%、增幅低于上年，经济社会大局保持稳定。受经济下行影响，房地产开发投资比上年下降10.0%、增幅下降14.9个百分点，其他主要用钢行业工业增加值除了汽车制造业增长6.3%、增幅同比提高0.8个百分点以外，通用设备制造业下降1.2%、增幅同比下降13.6个百分点，专用设备制造业增长3.6%、增幅同比下降9个百分点，电气机械和器材制造业增长11.9%、增幅同比下降4.9个百分点，钢铁行业下游需求减弱。受全球通胀压力及俄乌冲突等因素影响，能源价格上升，钢铁行业成本高企。受环保限产等因素影响，我国2022年生铁、粗钢产量分别为8.64亿t、10.18亿t，同比分别下降0.8%、1.7%；钢材产量13.40亿t，同比增长0.3%。钢铁企业积极应对，努力保持供需动态平衡，中钢协统计数据显示，重点统计会员钢铁企业利润总额同比下降72.27%，资产负债率有所提高。钢材价格总体震荡下行，年末略有回升。CSPI中国钢材价格综合指数年度平均值为122.78点，同比下降13.55%。其中，长材价格指数平均值为128.33点，同比下降12.01%；板材价格指数平均值为121.40点，同比下降14.18%。

面对国内外多种不利形势，公司强化"安全、均衡、稳定、高效"经营策略，全面对标找差，追求极致效率，精益运营质量不断提升。一是"三降两增"深入推进。迅速贯彻落实"三降本两增效"工作部署，统筹谋划了21项工作措施；积极应对急剧变化的市场挑战，建立日分析、周调度机制，制定落实8—12月份经营改善任务8个方面35项措施。二是产线运行极致高效。强化制造系统"一贯制"管理，进一步提高关键产线效率，全年各产线累计打破日产纪录156次，月产纪录46次；四钢轧总厂3座转炉日均稳定在90炉以上，2250产线产量突破600万t，创行业同类型装备最好水平。三是对标找差持续深入。287项对标指标累计进步率71.8%、达标率63.1%。铁水温降134.3℃，同比下降20.7℃；综合热装率 72.9%，比上年提高 14.6 个百分点。四是两头市场经营创效。采购端积极拓宽资源渠道、深化精益采购、推进生态圈协同降本，实现经济安全保供。营销端坚持以产品毛利为导向，强化产品经营，推动优势产品放量，全年彩涂板销量突破 27 万 t，创投产以来最高纪录；镀锌汽车外板首次突破 10 万 t，同比增长 30%；H 型钢出口 46.5 万 t，出口量居全国第一；车轮出口 18.3 万件，同比增长 21.9%。五是公辅联动经济运行。围绕"运行有效、保障有力、系统优化、节能降耗"，强化设备稳定运行，设备综合效率（OEE）达到 76.3%，被评为全国设备管理优秀单位；深入推进系统能源经济运行，自发电比例提高至 74.9%，A 号烧结机、2 号 300t 转炉荣获全国重点大型耗能钢铁生产设备节能降耗对标竞赛"冠军炉"称号。

讨论题

（1）在上述报告中，哪些因素对马钢股份 2022 年度的财务管理产生了影响？

（2）针对上述影响，你认为该企业应对措施是否合理？

产品市场竞争与费用黏性

"营改增"对建筑企业财务管理的影响

第 3 章 财务管理基本观念

本章学习要点

- 货币时间价值观念
- 终值和现值的计算
- 单项资产投资收益和风险的衡量
- 组合投资理论
- 资本资产定价模型

引例

风险投资与中国互联网巨头的发展

风险投资（venture capital，VC）是私募股权融资的一种形式，在该形式下，由风险投资公司或基金提供资金给被认为具有高增长潜力或已证明具有高增长潜力的初创公司、早期和新兴公司。受市场需求快速发展以及初创期资金积累有限的影响，一些有发展潜力的公司需要大量的资金支持，而银行信贷等传统间接融资因为这些公司风险承担能力弱、融资期限短等原因无法给予他们足够的融资支持，因此风险投资就成为支持这些公司发展的关键因素。

以阿里巴巴集团股份有限公司（以下简称"阿里巴巴"）的发展为例，1999 年 9 月 18 位创始人在杭州的公寓中正式成立了阿里巴巴，开创了互联网商业模式的历史。公司初创期的发展需要大量资金，即使阿里巴巴从数家投资机构获得了 500 万美元的支持，但也很快面临资金不足的困境。在一个偶然的机会下，阿里巴巴结识了软银集团。软银集团是一家综合性的风险投资公司，主要致力于 IT 产业的投资，包括网络和电信等业务。阿里巴巴将自己的发展计划向软银集团做了展示，软银集团十分欣赏阿里巴巴的商业模式，当即给予 2 000 万元的资本投资，有了这笔资金的支持，阿里巴巴得以在产品研发、市场开拓等方面加大投入，最终成功打开市场，赢得了发展的宝贵机会。

讨论题

（1）根据上述资料，你认为为什么商业银行不会对初创公司给予较大的资本支持？

（2）风险投资企业如软银集团为什么会投资阿里巴巴这样一个处于发展初期且市场风险很大的公司？其盈利与风险是否对等？

财务管理观念是人们在进行财务管理工作时的指导思想，这些观念是根据财务管理的理论和实践总结出来的，对财务管理的各方面工作都有指导作用。引例中风险投资机构对创新公司投资时，主要会评估投资的风险和报酬是否匹配。本章我们主要讨论两个基本观念：货币时间价值观念和风险价值观念。

3.1 货币时间价值观念

大部分财务管理活动的影响不是立即出现的，而是要在未来一段时期后出现，因此，作为财务管理者，需要考虑现在某一决策（活动）对将来企业价值的影响，即要考虑时间因素。因此，首先要分析货币本身在一段时间后可能发生的价值变动。货币时间价值是每项财务决策都需要考虑的重要因素。

3.1.1 货币时间价值概述

1. 货币时间价值的概念及产生原因

常言道"一寸光阴一寸金"，这说明时间对每个人都十分宝贵。然而货币具有时间价值吗？如果有时间价值，那货币的时间价值又到底是什么呢？

在具体讨论货币时间价值这一概念以前，我们先看一个简单的小例子。小张是木工能手，许多建筑公司都希望聘用他。2022年1月，有两家公司对小张提出聘用邀请，A公司提出的条件是每月工资6 000元，月初支付工资，B公司提出的条件也是每月工资6 000元，但在月末支付工资。如果这两家公司其他条件完全相同，则小张应选择哪个公司呢？

在实际工作中这个问题很好判断，小张应选择A公司，因为A公司支付工资更早。但如果我们把这个现象上升到理论高度，就会提出这样的问题：早得到的货币比晚得到的货币更有价值吗？或者说，货币经过一段时间后，其价值会增值吗？这个问题就是货币时间价值问题。在经济学理论中，我们常常把货币时间价值定义为货币经过一段时间后所发生的价值增值。

那么，货币在经过一段时间后为什么会增值呢？西方经济学家对此有多种解释。一种观点认为，货币持有者不把货币消费掉，而是储存起来，是一种美德，货币价值的增值是对美德的回报。上述观点也是对货币时间价值最原始的解释。现代西方经济学的基本观点认为，货币是市场经济中最重要的资本，是企业投资的必要资源。企业为了获得这一资源，必须要向货币持有者支付一定的报酬，才能获得货币暂时的使用权，而货币持有者只有在得到增值的条件下，才可能将货币使用权转让给他人。

马克思主义经济学认为，货币产生时间价值的原因是货币本身是一种资本形式，当它参与社会资本运转时，就会发生增值。因此货币时间价值是社会资本利得的表现形式之一，其前提是货币必须转化为资本，参与生产经营。如果一个人把他的货币藏在山洞里，就不可能获得时间价值。而当一个人将货币储蓄在银行里的时候，即使这个人没有参与任何生产经营活动，他的货币也能增值，原因是银行代替他将他的货币投入了社会资本运营（贷款给企业或购买企业证券）中。

2. 货币时间价值的计量

货币时间价值的计量有绝对数和相对数两种形式。由于绝对数的计算结果在不同货币规模下不可比，因此在衡量货币时间价值时大多采用相对数形式。这里所说的相对数即货币增长幅度，在现实生活中大多数时候以利率或投资报酬率来表示。货币在经过一段时间（比如 1 年）的运营后增长幅度究竟有多大？根据马克思主义经济学的观点，货币时间价值是在没有风险和通货膨胀状态下的社会平均投资报酬率。这是因为，在完全竞争的市场经济条件下，资本是完全流动的，这使得各类资本家的投资报酬率达到完全相同，银行资本家也得到与产业资本家一样的报酬（不考虑风险和通货膨胀）。在现实生活中，由于风险和通货膨胀不可能完全不存在，因此货币时间价值近似地等于短期国库券的利率。

3. 货币时间价值对财务管理的影响

货币时间价值对财务管理有决定性影响，它使得人们在进行投资和筹资等各种决策时，充分考虑货币时间价值因素，将各个不同时段的现金流量进行对比，识别各种财务活动对企业价值的影响，从而寻求最优决策。对此，我们将在以后的章节中进行具体讨论。

3.1.2　一次性收付款的终值和现值的计算

考虑到货币有时间价值，因此我们在讨论货币的价值量时，要充分考虑其持有的具体时点。在财务管理中，我们将一笔货币资产现时的价值称为现值，而将一笔货币资产在经过一段时间后未来的价值量称为终值。例如，2023 年一年期定期存款的利率为 1.5%（以基准利率为例）。小王 2023 年 1 月 1 日存入定期一年存款 10 000 元，则这一笔存款的现值为 10 000 元，一年后，本金仍为 10 000 元，利息为 150 元，本利和为 10 150 元，因此其终值为 10 150 元。

终值和现值的计算受利息计算方式的影响，包括单利和复利两种方式。

1. 单利

所谓单利，是指在货币时间价值计算期内，本金保持不变，利息不转入本金。比如年初存入一笔资金，金额为 100 元，期限为 5 年，利率为 5%，则第 1 年到第 5 年的本金都是 100 元，利息都是 $100 \times 5\% = 5$ 元，该笔资金的终值为 $100 + 5 \times 5 = 125$ 元。

一般来说，在单利条件下，如果一笔资金的现值为 P，年利率为 i，则 n 年后终值 F 为

$$F = P \cdot (1 + i \cdot n)$$

同理可知，如果一笔资金的终值为 F，年利率为 i，则 n 年前其现值 P 为

$$P = F / (1 + i \cdot n)$$

2. 复利

单利的计算假设条件是：货币持有人每次得到利息都不以这部分利息进行投资，因而利

息不能转为本金。但在现实生活中，这一假设条件并不一定能成立，多数情况下，到期的利息收入都被货币持有人投入到下一期资本中，因此在利息的计算中要考虑到上一期收回的利息转为本金的情况。所谓复利，是指在每次利息计算时，都将上一次收到的利息转为本金，并在此基础上计算利息。虽然我国目前银行系统公布的利率大部分是单利计算方式，但由于大部分银行在设计存款方式时都有自动转存功能，因此实际在选择自动转存方式存款时，利息计算实际上采用的是复利方式。

（1）复利终值。在复利方式下，如果一笔资金现值为 P，年利率为 i，则

第 1 年年末的本利和为 $P(1+i)$

第 2 年年末的本利和为 $P(1+i) + P(1+i)i = P(1+i)^2$

第 3 年年末的本利和为 $P(1+i)^2 + P(1+i)^2 i = P(1+i)^3$

……

第 n 年年末的本利和为 $P(1+i)^n$

n 年后终值 F 为 $P(1+i)^n$

由于 $(1+i)^n$ 大于 $(1+i \cdot n)$，因此可看出，在其他条件相同的情况下，同一笔资金的复利计算终值大于单利计算终值。

在财务管理中，我们将 $(1+i)^n$ 称作利率为 i，期限为 n 的复利终值系数，记作 FVIF(i,n)。因此 FVIF(5%,4) = $(1+5\%)^4$，FVIF(10%,8) = $(1+10\%)^8$。为了便于计算，本书列举了根据不同的利率和复利计算次数，计算出的各种情况下对应的复利终值系数，见附录复利终值系数表。

例 3-1 李先生今年 50 岁，经过多年积蓄，到 2022 年 12 月 31 日他的活期存款余额为 200 000 元。由于银行存款利率下调到 1 年期为 1.5%，因此李先生不再愿意通过定期存款理财。李先生所在的企业最近在进行职工集资，集资期为 4 年，年利率为 5%，采用单利计算方式，到期一次还本付息。那么，李先生到底应该将他的资金存为定期存款还是进行集资呢？

如果存定期存款，自动转存，则该笔资金 4 年后的终值为

200 000 × FVIF(1.5%,4) = 200 000 × $(1+1.5\%)^4$ = 200 000 × 1.061 3 = 212 260（元）

如果参与集资，则该笔资金 4 年后的终值为

200 000 × (1+5% × 4) = 240 000（元）

虽然集资按单利计算，但由于其利率远大于银行 1 年期存款利率，因此如不考虑集资风险，李先生应选择参与单位集资。

（2）复利现值。复利现值实际上是寻求未来某一时点货币资金在现在时点价值的问题。在复利条件下，一笔现在的存款 P，在存期为 n，年利率为 i 的情况下，即 n 年后这笔存款的终值 $F=P \cdot (1+i)^n$ 相当于现值 P 应为 $F/(1+i)^n$。因此，在复利的计算方式下，n 年后的一笔款项，在利率为 i 的条件下，其现值 P 的计算公式如下：

$$P=F \cdot [1/(1+i)^n]$$

在财务管理中，我们将 $1/(1+i)^n$ 称为利率为 i，期限为 n 的复利现值系数，记作 PVIF(i,n)。因此 PVIF(5%,4)=$1/(1+5\%)^4$，PVIF(10%,8)=$1/(1+10\%)^8$。为了方便计算，本书列举了根据不同的利率和复利计算次数，计算出的各种情况下对应的复利现值系数，见附录复利现值系数表。

例 3-2 民营企业家周先生有闲置资金 2 000 万元，准备用来做风险投资。最近通过各地洽谈，有两个投资计划引起了他的注意。A 计划要求初始投资 2 000 万元，10 年后收回投资，并在第 3 年、第 6 年、第 9 年年末分别收到投资利润 500 万元。B 计划也要求初始投资 2 000 万元，10 年后一次性收回投资，并收到投资利润 1 950 万元。在不考虑投资风险的情况下分析以下问题。

（1）假设周先生在自身企业投资报酬率为每年 6%，周先生应投资哪个项目？
（2）假设周先生在自身企业投资报酬率为每年 7%，周先生应投资哪个项目？

要回答这两个问题，关键是要看 A 计划和 B 计划投资收回资金的价值大小。由于两个计划资金收回的时间不同，不能直接比较，因此我们可以考虑先将两个计划收回的投资分别折算为现值，再进行比较。

A 计划和 B 计划收取投资回报的时间和数额如图 3-1、图 3-2 所示。

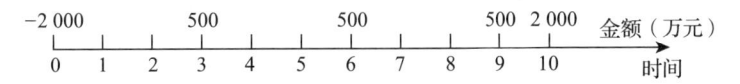

图 3-1 A 计划收取投资回报的时间和数额

图 3-2 B 计划收取投资回报的时间和数额

投资收回资金现值计算见表 3-1。

表 3-1 投资收回资金现值计算

时间	收回投资及利润/万元	复利现值系数（投资报酬率为6%）	复利现值系数值（投资报酬率为6%）	各年收回资金现值/万元	复利现值系数（投资报酬率为7%）	复利现值系数值（投资报酬率为7%）	各年收回资金现值/万元
A 计划							
第 3 年	500	PVIF(6%,3)	0.839 6	419.8	PVIF(7%,3)	0.816 3	408.15
第 6 年	500	PVIF(6%,6)	0.705 0	352.5	PVIF(7%,6)	0.666 3	333.15
第 9 年	500	PVIF(6%,9)	0.591 9	295.95	PVIF(7%,9)	0.543 9	271.95
第 10 年	2 000	PVIF(6%,10)	0.558 4	1 116.8	PVIF(7%,10)	0.508 4	1 016.8
合计	—	—	—	2 185.05	—	—	2 030.05
B 计划							
第 10 年	3 950	PVIF(6%,10)	0.558 4	2 205.68	PVIF(7%,10)	0.508 4	2 008.18

从上述计算中我们可看出，当投资报酬率为 6% 时，B 计划得到回报更多，而若投资报酬率为 7%，则 A 计划更佳。

❖ 阅读材料 3-1

购买阿拉斯加是不是个错误

阿拉斯加成为美国领土的过程曲折离奇。19世纪初，居住在阿拉斯加南部的特林吉特印第安人部落同入侵的俄国人接连进行了两次战争，最终败给俄国人，阿拉斯加成为俄国领土。但是，1856年克里米亚战争后，俄国元气大伤，沙皇亚历山大二世决心卖掉这块土地收回资金。由于阿拉斯加紧邻加拿大，加拿大当时属于英国控制，而英国和俄国当时处于敌对状态，因此沙皇希望美国人购买阿拉斯加，同时也可以牵制英国的发展。

1867年3月，俄国派官员到美国洽谈出售阿拉斯加的问题。时任美国国务卿威廉·西沃德代表美国同俄国谈判时，开始出价500万美元，后以720万美元的价格同俄国在一夜之间达成了购买协议，由于担心变故，西沃德与俄方代表第二天凌晨就在协议书上正式签字。终于，美国以绝对低廉的价格（每平方千米4.74美元），买到了面积达150多万平方千米的巨大半岛及其周边的阿留申群岛。

当时的美国，很多人对阿拉斯加一无所知。西沃德签订购买阿拉斯加协议后，国内一片反对声，说阿拉斯加是"西沃德的冰箱"，购买阿拉斯加是"一笔糟糕的交易""一个异乎寻常的错误。"西沃德被舆论骂得躲在家里许多天。

不过经过多方努力，西沃德还是争取到了国会的支持。1867年4月和7月，参众两院分别以多数票通过了这项协议。现在看来，美国人的确应该感谢西沃德这位政治家的远见。据估计，今天的阿拉斯加，"地价"约值3万亿美元。阿拉斯加地下埋藏着5.7万亿 m^3 的天然气和300亿桶原油，现在价值超过2万亿美元！更不用说阿拉斯加紧邻俄罗斯远东地区，具有优越的战略位置。

◎ 讨论题

从财务投资学角度，你认为美国政府购买阿拉斯加是不是"一笔糟糕的交易"（假设美国政府要求的投资报酬率为5%）？

3.1.3 年金的终值与现值计算

在现实生活中，由于大部分企业的业务是连续不断地发生的，所以有许多资金的收付不是一笔完成，而是一个系列的收付过程，其中还有些是等额的连续收付业务。比如，企业与国家签订合同、每年支付土地出租金或与员工签订等额报酬的固定劳动合同等。对于这些有规律的资金收付，如果按一次性收付款的规则来计算其终值或现值，势必非常麻烦。因此，在财务管理学中，对年金有专门的计算方法。在本节中，我们将根据年金的具体类型分别进行讨论。

1. 普通年金

普通年金也称后付年金，是指每期期末定期等额收付的资金。比如个人住房贷款中的等额还款或等额的租金支付等。普通年金的资金收付如图3-3所示（设年金的金额为 A，收付期数为 n）。

```
        A   A   A  ……                A      金额
    ├───┼───┼───┼───┼───┼───┼───┼───┼───→
    0   1   2   3  ……                n      时间
```

图 3-3 普通年金的资金收付

普通年金的计算分为年金终值和年金现值两种，分别讨论如下。

（1）普通年金终值。要计算普通年金的终值，先要弄清它的含义。我们先看一个例子。小吴是位热心公众事业的人，自 2018 年 12 月底开始，他每年都要向一位失学儿童捐款。小吴每年捐款 1 000 元，帮助这位失学儿童从小学一年级开始直至读完九年义务教育。假设每年定期存款利率都是 2%，则小吴 9 年的捐款在 2026 年年底相当于多少钱？

小吴的捐款时间和金额如图 3-4 所示。

```
        1 000 1 000 1 000 1 000 1 000 1 000 1 000 1 000 1 000  金额（元）
    ├────┼────┼────┼────┼────┼────┼────┼────┼────→
    2018  2019  2020  2021  2022  2023  2024  2025  2026  2027  年份
```

图 3-4 小吴的捐款时间和金额

上图中，每个节点的 1 000 元表示每年年底的捐款，9 年捐款的终值，相当于将 2018—2026 年每年年底的捐款 1 000 元都计算到 2026 年年底终值，然后再求和。普通年金终值是指对于设定每期收付款金额，在给定收付期数和利率的情况下，求年金在到期时的本利和。假设年金的金额为 A，收付期数为 n，利率为 i，则普通年金终值计算如图 3-5 所示。

```
        A   A   A  ……                A      金额
    ├───┼───┼───┼───┼───┼───┼───┼───┼───→
    0   1   2   3  ……                n      时间
                                    │── A(1+i)^{n-n}
                                    │────── A(1+i)^{n-2}
                                    │────── A(1+i)^{n-1}
```

图 3-5 普通年金终值计算

分别计算每一年收付款的终值，则

第 1 年收付款终值 $FV_1 = A(1+i)^{n-1}$

第 2 年收付款终值 $FV_2 = A(1+i)^{n-2}$

……

第 n 年收付款终值 $FV_n = A(1+i)^{n-n}$

普通年金终值 $FV_A = FV_1 + FV_2 + \cdots + FV_n = A(1+i)^{n-1} + A(1+i)^{n-2} + \cdots + A(1+i)^{n-n}$

$$= A[(1+i)^{n-1} + (1+i)^{n-2} + \cdots + (1+i) + 1]$$

按上式计算年金终值，比较复杂。我们可以简化它的计算公式。

$$FV_A(1+i) = A[(1+i)^{n-1} + (1+i)^{n-2} + \cdots + (1+i) + 1](1+i)$$

$$= A[(1+i)^n + (1+i)^{n-1} + \cdots + (1+i)^2 + (1+i)]$$

$$FV_A(1+i) - FV_A = A[(1+i)^n + (1+i)^{n-1} + \cdots + (1+i)^2 + (1+i)] - A[(1+i)^{n-1} + (1+i)^{n-2} + \cdots + (1+i) + 1]$$

$$= A[(1+i)^n - 1]$$

$$iFV_A = A[(1+i)^{n-1}]$$

$$FV_A = A[(1+i)^{n-1}]/i$$

上式中，$[(1+i)^n-1]/i$ 被称为普通年金终值，用 FVIFA(i,n) 表示，由于计算比较复杂，人们一般用电子计算机编制程序计算，或利用已编制完成的表格查表计算。书后附录列示了年金终值系数表。

上例中，小吴的 9 年捐款终值应为

$$1\,000 \times \text{FVIFA}(2\%,9) = 1\,000 \times 9.754\,6 = 9\,754.6（元）$$

例 3-3 （欠款支付问题）2008 年 12 月，俄罗斯与乌克兰两国关于天然气价格和天然气债务问题的争端再起。当月 18 日，俄罗斯天然气工业股份公司发言人透露，乌克兰石油天然气公司 2008 年 11 月和 12 月拖欠俄方欠款以及滞纳金合计超过 20 亿美元。31 日，俄罗斯天然气工业股份公司与乌克兰石油天然气公司有关 2009 年天然气供应的谈判无果而终，俄罗斯天然气工业股份公司总裁米勒随即表示，由于乌方未向俄方支付供气欠款，且俄乌双方未能签署新的供气合同，俄方于 2009 年 1 月 1 日莫斯科时间 10 时起中断对乌克兰供气。俄乌两国能源公司于 2009 年 1 月 8 日重开谈判。现假设乌克兰石油天然气公司在 2008 年 12 月 31 日欠俄罗斯天然气工业股份公司 20 亿美元，乌方在谈判时提出两种方案：方案一是从 2009 年 1 月起分 7 个月支付 21 亿美元，每个月末定期支付 3 亿美元；方案二是到 2009 年 7 月底，一次性支付 22 亿美元。试回答以下问题。

（1）如果俄方的投资报酬率为每月 1%，哪一个方案比较有利？

（2）如果俄方的投资报酬率为每月 2%，哪一个方案比较有利？

上述乌方提出的欠款偿是一个年金，从俄方角度看，哪个方案有利主要看它们在 2009 年 7 月底终值的大小。方案二的终值在 7 月底是确定的，即为 22 亿美元。方案一的终值有两种情况：①如果俄方要求的投资报酬率为每月 1%，则方案一的终值为 21.640 5 [=3×FVIFA(1%,7)=3×7.213 5] 亿美元；②如果俄方要求的投资报酬率为每月 2%，则方案一的终值为 22.302 9[=3×FVIFA(2%,7)=3×7.434 3] 亿美元。因此，如果俄方的投资报酬率为每月 1%，则方案二更有利，如果俄方的投资报酬率为每月 2%，则方案一更好。

（2）普通年金现值。普通年金的现值计算在现实生活中也比较常见。比如，赵小姐最近准备买房，她收集了好几家开发商的售房方案，其中一个方案是 A 开发商出售一套 100m² 的住房，要求首期支付 10 万元，然后分 10 年每年支付 3 万元，年底支付。另一个方案是 B 开发商出售 100m² 的住房，要求付现金，每 m² 的价格为 3 000 元。哪个方案价格更便宜呢？这就需要将每年支付的 3 万元折算为现值，然后再相加，得出年金的现值，再与首付款相加，得到平均价格，才能比较。

在财务管理学中，计算普通年金的现值，就是将普通年金的每一笔收付款折算为现值再求和。设有一笔普通年金，每年收付款金额为 A，期限为 n 期，利率为 i，则普通年金的现值的计算如图 3-6 所示。

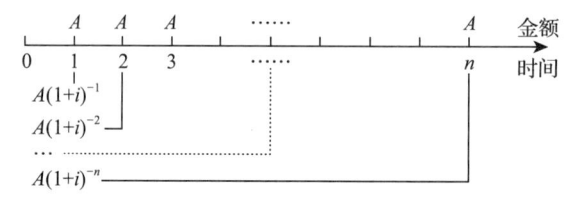

图 3-6 普通年金现值计算

如图 3-6 所示，普通年金现值 $PV_A = A(1+i)^{-1} + A(1+i)^{-2} + \cdots\cdots + A(1+i)^{-n}$

按照以上公式计算显然比较麻烦，我们可以对该公式进行推导。将上述等式两边同时乘以 $(1+i)$，得

$$(1+i)PV_A = [A(1+i)^{-1} + A(1+i)^{-2} + \cdots + A(1+i)^{-n}](1+i)$$
$$= [A + A(1+i)^{-1} + A(1+i)^{-2} + \cdots + A(1+i)^{-n+1}]$$
$$(1+i)PV_A - PV_A = [A + A(1+i)^{-1} + A(1+i)^{-2} + \cdots + A(1+i)^{-n+1}] - [A(1+i)^{-1} + A(1+i)^{-2} + \cdots + A(1+i)^{-n}]$$
$$= iPV_A$$
$$= A - A(1+i)^{-n}$$
$$= A[1-(1+i)^{-n}]$$
$$PV_A = A[1-(1+i)^{-n}]/i$$

如果不用数学推导，我们从年金的终值公式也能算出年金现值公式。设有一笔普通年金，每年收付款金额为 A，期限为 n 期，利率为 i，则年金终值为 $FV_A = A[(1+i)^n - 1]/i$。将该终值折算为现值，则 $PV_A = \{A[(1+i)^n - 1]/i\}(1+i)^{-n} = A[1-(1+i)^{-n}]/i$。

上式中，$[1-(1+i)^{-n}]/i$ 被称为年金现值系数，用 $PVIFA(i,n)$ 表示。比如 $PVIFA(6\%,6)$ 表示 $[1-(1+6\%)^{-6}]/6\%$。人们可以通过计算机编制程序进行计算，或者可以直接参考附录中的年金现值系数表。

根据上述公式，假设赵小姐的住房贷款年利率为 6%，则 6 年每年付 3 万元的现值为

$$PV_3 = 3 \cdot PVIFA(6\%,10) = 3 \times 7.360\ 1 = 22.080\ 3（万元）$$

A 开发商的总价款为 32.080 3 万元，每平方米 3 208 元，比 B 开发商的价格高。

例 3-4（出租出售问题）杨先生是一家建筑机械公司的总经理。公司主营水泥搅拌车、挖土机等机械业务。一天，他与一位客户谈一笔生意。客户是某镇建筑公司的业务代表，他想承租建筑机械公司的挖土机 10 台，每年租金为 60 000 元，租 10 年，租金在每年年末支付。杨先生对外出售挖土机的售价为 35 000 元/台，而 10 年后收回的挖土机也几乎毫无价值。假设杨先生认为企业每年的总资产报酬率应不低于 10%，则杨先生是否应该出租这 10 台挖土机？

要回答这个问题，主要是比较 10 台挖土机的出租收益和出售收益谁更大。由于出租的租金收入不是现值，而出售收入是现值，因此二者不能直接比较，但我们可以将出租的租金收入折算为现值，从而进行比较。在折算时，不能以银行一年定期存款利率进行折算，因为它是资金持有人投资银行时的货币时间价值，从企业的角度说，企业的资产并不投资于银行，而是在自身的经营中，因此它的货币时间价值不按银行利率计算，而是按自己的资产报酬率增长，因此在上例中，计算出租租金的现值，应该以企业的总资产报酬率作为计算 $PVIFA(i,n)$ 中的 i。

根据以上分析，计算如下：

$$10 年租金的现值 = 60\ 000 \times PVIFA(10\%,10) = 60\ 000 \times 6.144\ 6 = 368\ 676（元）$$
$$现在出售的价值 = 10 \times 35\ 000 = 350\ 000（元）$$

显然，如不考虑出租服务和市场影响问题，出租的收益更大，应该出租。

❖ 阅读材料 3-2

永煤集团债务重组

永城煤电控股集团有限公司（以下简称永煤集团）是河南省著名煤炭集团企业，因经营需要，永煤集团于 2020 年 2 月 12 日在上海证券交易所发行总额 10 亿元、利率为 4.39% 的超短期融资券"20 永煤 SCP003"，发行期限为 270 天，到期日为 2020 年 11 月 10 日。然而，因流动资金紧张，2020 年 11 月 10 日，永煤集团发布公告，称"20 永煤 SCP003"不能按期足额偿付本息，形成实质性违约。信息披露后，永煤集团的证券信用等级从 AAA 级下调到 BB 级，引发大型企业集团债券市价的震荡。自 11 月 10 日至 12 月 10 日，推迟或取消发行的信用债多达 143 只，涉及债券规模 1 107.2 亿元。

为解决债务危机，永煤集团提出了债务重组方案，12 月 16 日，永煤集团和债权人经协商达成重组协议，12 月 16 日支付 50% 的债券本金，余下的本金和利息展期 270 天支付。

● 讨论题

（1）画出永煤集团超短期融资券持有人投资债券的现金收支分布图。

（2）根据资料，假如债券投资者 2020 年 2 月 12 日购买永煤集团超短期融资券 10 000 元，投资必要报酬率为每年 3%，那么投资永煤超短期融资券所收到的本金和利息现值是多少？

2. 先付年金

所谓先付年金，是指在每期期初收付的年金。在现实生活中，先付年金的主要例子包括企业每个月月初预付租金、每年年初房产投保、学生每个学期期初预交学费等。与普通年金相比，其资金的收付相当于前移一期，两类年金的资金收付对比如图 3-7 所示。

图 3-7 普通年金和先付年金资金收付对比

先付年金货币时间价值的计算包括终值和现值。

（1）先付年金的终值。先付年金终值的计算其实就是将先付年金在某个时点的终值计算出来，这个时点就是最后一期收付款的期末。由于先付年金与普通年金之间存在一定的关系，我们可以通过普通年金的计算公式推导出先付年金的计算公式。从图 3-7 我们可看出，先付年金相当于普通年金整个往前推移了一期，因此它的终值理论上应该比期数、金额和利率完全相同的普通年金多计算一次复利。所以期数为 n、利率为 i、每期收付金额为 A 的先付年金终值应为 FVAD=A·FVIFA(i,n)·$(1+i)$。

例 3-5（特许权使用费问题）2015 年年初杨先生下岗，开始规划创业。他看到邻市一家瑜伽会馆搞得很红火，便与该会馆联系。馆主告诉他，如果杨先生愿意在所在地开设一家分馆，每年大约能得到 5% 左右的投资报酬。馆主可以帮助培训员工、设置会馆，广告联系会员，前提是杨先生需要先缴纳加盟费 50 000 元。杨先生提出如果投资会馆，就暂时没有那么多钱来付加盟费。馆主又提出加盟费可以从 2015 年年初到 2020 年年初的期间内分 6 次支付,每次支付 10 000 元。回家后杨先生联系政府失业人员创业扶持中心,中心人员告诉他下岗人员凭失业证可以申请 50 000 元以内的贷款,年利率为 3%,5 年后本利一次还清,采用复利计息。杨先生不知道是该用贷款一次性支付加盟费还是分次支付加盟费。

要解决这个问题,首先要确认杨先生投资的货币时间价值。假设投资每年得到 5% 的报酬,则选择贷款一次性支付还是分期支付加盟费主要看贷款或分期支付在第 5 年年末(2019 年年末)终值的大小,选择终值小的支付方式。两种方式下的终值计算见表 3-2。

表 3-2 两种方式下的终值计算　　　　　　　　　　　　金额单位:元

支付方式	还款年限	本金	复利终值系数	复利终值系数值	5 年末终值
贷款一次性支付	第 5 年年末	50 000	FVIF(3%,5)	1.159 3	57 965
分期付款	第 1 年年初	10 000	FVIF(5%,5)	1.276 3	12 763
	第 2 年年初	10 000	FVIF(5%,4)	1.215 5	12 155
	第 3 年年初	10 000	FVIF(5%,3)	1.157 6	11 576
	第 4 年年初	10 000	FVIF(5%,2)	1.102 5	11 025
	第 5 年年初	10 000	FVIF(5%,1)	1.050 0	10 500
	第 6 年年初	10 000	FVIF(5%,0)	1	10 000
分期付款终值合计	—	—	—	—	68 019

注意上述计算中,贷款偿还不应用 5% 的报酬率计算终值,而应按银行利率算;分期付款部分终值按 5% 计算,这是因为付款后这部分资金不能参与周转,因而损失 5% 的报酬。上述计算比较麻烦,考虑到分期付款其实就是一个 5 年期的先付年金再加最后一年的到期支付款,则分期付款方式的终值可用先付年金的终值计算方法来计算:

前 5 年年金终值 = 10 000×FVIFA(5%,5)×(1+5%) = 10 000×5.525 6×1.05 = 58 018.8(元)
最后一次支付的终值 10 000×FVIFA(5%,0) = 10 000(元)

总计终值为 65 018.8 元,与列表计算的结果相同。

(2) 先付年金的现值。先付年金的现值其实就是将先付年金的各项收付款的现值计算出来,再进行加总后得到的结果。从图 3-8 中我们可看出,期限为 n,每次收付额为 A 的先付年金可看成两个部分,一个部分是期初支付的年金 A,它的现值就是 A,另一部分是从第 1 年年末到第 $n-1$ 年年末的系列收付,它相当于一个 $n-1$ 年、每次收付额为 A 的普通年金。因此我们可以利用普通年金的计算方法来推导先付年金的现值。

先付年金现值的计算如图 3-8 所示。

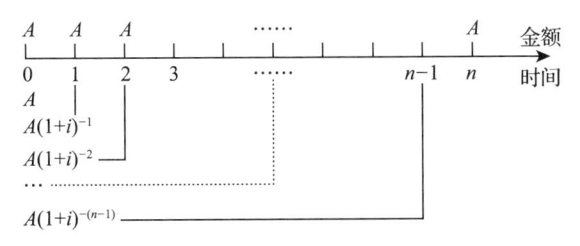

图 3-8 先付年金现值的计算

因为先付年金首次支付在年初，因此可以将它看成是现值，价值为 $A(1+i)^0$，从第 2 年年初到第 n 年年初支付的年金，相当于第 1 年年末到第 $n-1$ 年年末的普通年金，因此可以将这部分按 $n-1$ 年的普通年金现值计算，因此先付年金的现值为

$$\text{PVAD} = A+A[1-(1+i)^{-n+1}]/i = A\{1+[1-(1+i)^{-n+1}]/i\} = A[1+\text{PVIFA}(i,n-1)]$$

例 3-6 郑女士想在社区开一个服装干洗店，于是联系了几家干洗设备生产厂家。在一家工业洗涤设备有限公司网站上，郑女士看到开服装干洗店所需要的设备及价款见表 3-3。

表 3-3 服装干洗店所需要的设备及价款　　　　　　　　　　　单位：元

设备名称	型号	价格
全自动悬浮变频烷烃碳氢干洗机	SGX-12	28 000
全自动烘干机	HG-12	9 000
吸风烫台	YTT-1475A	1 600
蒸汽发生器（6kW）	LDR6-0.4-Z	3 500
熨斗（1把）/胶管（两根）	—	200
全自动立式变频洗脱机	XGQ-12	21 000
成衣立体包装机	FRB-1	4 600
多功能抽湿冷热去渍台	QZT-2	8 500
消毒柜	双门豪华型	2 800
衣物输送线	406	11 000
电脑管理系统（含加密狗软件）	—	8 500
合计	—	98 700

郑女士联系了厂家，询问设备价款是否可以分期支付，厂家答复可以分 6 年付款，每年年初支付 20 000 元。假设郑女士资金的投资报酬率为每年 5%，应一次支付还是分期支付？

要解决这一问题，主要看分 6 年支付的付款现值是否高于 98 700 元，由于分期支付属于先付年金，因此其现值为 106 590(=20 000+20 000×PVIFA(5%,5) = 20 000+20 000×4.329 5)元，高于一次支付金额，因此应一次性支付。

3. 递延年金

所谓递延年金，是指年金的收付不是从当期开始，而是从若干年以后开始，这在项目投资中经常出现。比如，赵先生现在有两个备选投资项目，初始投资都是 1 000 万元，但建设期不同。A 项目建设期 3 年，每年年末收回现金 200 万元，可经营 7 年；B 项目建设期 2 年，每年末可收回 150 万元，可经营 9 年。赵先生应选择哪个项目呢？上述 A、B 两个项目经营期收回现金就是一个递延年金问题。由于递延年金的前若干期无现金收付，因此其终值和现值的计算与普通年金不同，需要按特定的方式计算。

假设某递延年金每次收付金额为 A，在第 $m-n$ 期期末支付，其资金收付如图 3-9 所示。

图 3-9 递延年金资金收付

递延年金的计算也分终值和现值两个方面，分别讨论如下。

（1）递延年金终值。递延年金终值的计算就是将每次收付的资金价值折算到最后一期收付的期末，求其终值，然后再加总。考虑到递延年金可能有许多期，因此每次收付分别计算终值非常麻烦。我们可以利用普通年金终值的计算方法推导递延年金终值计算公式。

要利用普通年金终值计算公式计算递延年金终值，我们需要理解递延年金与普通年金的区别，如图3-10所示。

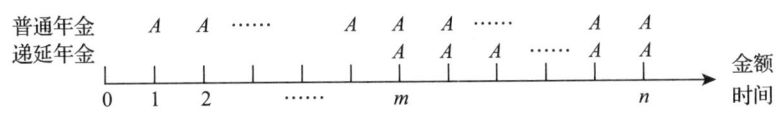

图3-10 递延年金与普通年金资金的区别

从上图中我们可看出，期限相同的普通年金与递延年金最大的区别，在于普通年金从第1年到第$m-1$年都有等额资金收付，而递延年金没有。实际上从第m年年初看，递延年金就是一个$n-m+1$年的普通年金，假设利率为i，则每次收付金额为A，在第$n-m$期期末支付的年金终值为$FV_A=A\cdot FVIFA(i,n-m+1)$。

仍以赵先生的两个备选投资项目为例，A项目投资收回资金的时间和金额分布如图3-11所示。

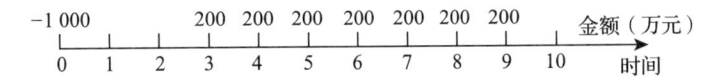

图3-11 A项目投资收回资金的时间和金额分布

假设赵先生要求的投资报酬率达到6%，则A项目第10年收回投资终值为1 678.76[=200×FVIFA(6%,10-4+1)=200×8.393 8]万元。

B项目投资收回资金的时间和金额分布如图3-12所示。

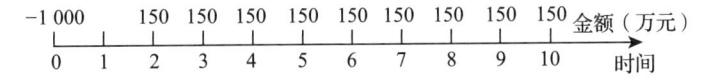

图3-12 B项目投资收回资金的时间和金额分布

假设赵先生要求的投资报酬率达到6%，则B项目第10年收回投资终值为1 484.625[=150×FVIFA(6%,10-3+1)=150×9.897 5]万元。

综合比较两个项目的终值，A项目更佳。

（2）递延年金现值。递延年金现值的计算比终值计算复杂。我们仍然利用普通年金的现值计算方法来计算递延年金现值。由于期限相同的普通年金与递延年金最大的区别，在于普通年金从第1年到第$m-1$年都有等额资金收付，而递延年金没有。因此，如果先求出期限为n的普通年金现值，再减去$m-1$期普通年金现值（$m-1$期年金实际未发生），就可以计算出每次收付金额为A，在第$m-n$期期末支付的递延年金现值，用公式表示如下。

$$PV_A(m-n)=A[PVIFA(i,n)-PVIFA(i,m-1)]$$

递延年金现值的计算如图3-13所示。

```
┌─────────────────────────────────┐
│         n期年金现值              │
├──────────────┬──────────────────┤
│ m-1期普通年金现值 │ m-n期递延年金现值 │
└──────────────┴──────────────────┘
```

```
                          A  A  A  ……  A         金额
├──┼──┼── …… ──┼──┼──┼────┼────────→
0  1  2        m              n          时间
```

图 3-13 递延年金现值的计算

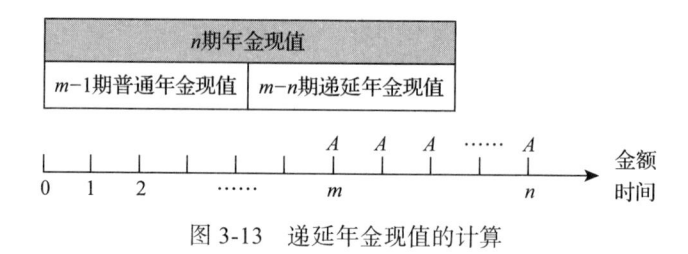

仍以赵先生的投资项目决策为例，A 项目投资收回现金的现值为

$$PV_A(4-10) = 200 \times [PVIFA(6\%,10) - PVIFA(6\%,3)]$$
$$= 200 \times [7.360\ 1 - 2.673\ 0]$$
$$= 937.42（万元）$$

B 项目投资收回现金的现值为

$$PV_A(3-10) = 150 \times [PVIFA(6\%,10) - PVIFA(6\%,2)]$$
$$= 150 \times [7.360\ 1 - 1.833\ 4]$$
$$= 829.005（万元）$$

A 项目的投资收回现值大于 B 项目，因此 A 项目比 B 项目好；但如果比较初始投资，两个项目都不可取（收回的现值都小于初始投资价值）。

4. 永续年金

一般情况下，年金的收付期数有一个确定的期限，但在经济生活中有些年金无法确定其收付期数。比如，某公司每年固定发放股利，每股价值 2 元，则股票持有人只要不转让股票，就可以每年获得 2 元收入，无限期延续下去。我们将无确定收付期限的年金称为永续年金。在财务管理中，股票定价、土地估价等都可能遇到永续年金问题。

（1）永续年金终值。永续年金的终值计算方式与普通年金相同。假设某永续年金的期限为 n（n 趋于无穷大），每次收付金额为 A，利率为 i，则永续年金的终值 $FV_{A(n=\infty)} = A[(1+i)^n - 1]/i$，当 n 趋于无穷大时，由于 A、i 都是有界量，$(1+i)^n$ 趋向无穷大，因此 $FV_{A(n=\infty)} = A[(1+i)^n - 1]/i$ 趋向无穷大。

（2）永续年金现值。永续年金的现值计算方式与普通年金相同。假设某永续年金的期限为 n（n 趋于无穷大），每次收付金额为 A，利率为 i，则永续年金的现值 $PV_{A(n=\infty)} = A[1-(1+i)^{-n}]/i$。当 n 趋向无穷大时，由于 A、i 都是有界量，$(1+i)^{-n}$ 趋向无穷小，因此 $PV_{A(n=\infty)} = A[1-(1+i)^{-n}]/i$ 趋向 A/i。因此，该永续年金现值等于 A/i。

例 3-7（奖学金问题）归国华侨冯先生想支持家乡建设，特地在祖籍所在县设立奖学金。奖学金每年发放一次，奖励该县每年高考的文、理科状元各 10 000 元。奖学金的基金设立在该省信托投资公司，信托投资公司承诺每年该奖学金基金投资报酬率达到 5%，问冯先生要投资多少钱作为奖励基金？

由于每年都要拿出 20 000 元，因此奖学金的性质是一项永续年金，其现值应为

$$20\ 000/5\% = 400\ 000（元）$$

也就是说，吴先生要存入 400 000 元作为基金，才能保证这一奖学金的成功运行。

❖ 阅读材料 3-3

诺贝尔奖与财务管理

诺贝尔奖是以瑞典化学家阿尔弗雷德·诺贝尔（Alfred B. Nobel, 1833—1896）的遗产设立的奖项。

诺贝尔是杰出的化学家，他于1833年10月出生在瑞典首都斯德哥尔摩。他的一生中有许多发明，其中最为主要的是安全炸药。这项发明使他获得了"炸药大王"的称号，并使他成为百万富翁。他希望他的这项发明能够给人类开创美好生活做出贡献，但事与愿违，炸药被广泛地使用于战争。这使他在人们心目中成了一个"贩卖死亡的商人"，为此，他深感失望和痛苦。诺贝尔在逝世前立下遗嘱，把遗产的一部分——920万美元作为基金，以其每年约为20万美元的利息作为奖金，奖励那些为人类的幸福和进步做出卓越贡献的科学家和学者。为此，瑞典于1900年6月29日专门成立了诺贝尔基金会，并由其董事会管理和发放奖金。

诺贝尔奖奖项分为物理学奖、化学奖、生理学或医学奖、文学奖以及和平奖五项。物理学奖和化学奖由瑞典皇家科学院负责颁发，生理学或医学奖由瑞典卡罗林斯卡医学研究院负责颁发，文学奖由瑞典文学院负责颁发，和平奖由挪威议会（当时挪威与瑞典同属于一个王国）负责颁发。1968年瑞典银行决定增设经济学奖，这项奖项的奖金由瑞典银行提供。2012年我国作家莫言获得诺贝尔文学奖，获得800万瑞典克朗（约合人民币750万元）奖金；2015年，我国女科学家屠呦呦获得诺贝尔生理学或医学奖，实现了中国本土科学家在自然科学领域诺贝尔奖零的突破。随着我国社会主义事业的发展，未来将会有更多的中国人获得诺贝尔奖。

资料来源：百度百科栏目词条。

◎ 讨论题

（1）如果诺贝尔奖以920万美元作为基金，基金年投资报酬率为5%，则每年可用于发放奖金的数额为多少才能保证奖金持续发放？

（2）2015年度诺贝尔生理学或医学奖奖金为92万美元，假设其他5个奖项的奖金都是92万美元，则2008年度诺贝尔基金会的总资产需要达到多少才能保证2015年度诺贝尔奖的正常发放？

3.1.4 一年内多次计息的问题

在之前的学习中，我们总假设利息的计算是一年一次。但在现实经济生活中，有时有半年或3个月计算一次利息的情况。由于利息的计算可能一年多次，因此可能出现按名义年利率折算出的货币时间价值与实际价值不符合的情况。我们来看下面的一个例子。

张先生于2015年1月1日存入2 000元，存期3个月，4月1日到期后，又转存3个月，如此往复，直到2016年1月1日取出，则该笔存款的到期本利和为多少？

由于月利率为0.142 5%，因此3个月的为0.427 5%，则1年后存款的本利和为

$$2\,000\times(1+0.427\,5\%)^4=2\,000\times1.017\,21=2\,034.4\text{（元）}$$

1年后的利息为34.4元，年利率为34.4/2 000=1.72%，与当时规定的1.71%(=0.142 5%×12)的年利率不相等。为什么会出现这种情况呢？这是因为1.71%是按每个月的单利计算方法

计算的，而我们计算出来的实际利率1.72%是按每3个月复利一次计算出来的，因此这二者有差别。

1. 名义利率

如果在计算利息时，每年计算 n 次，则我们将没有经过复利计算，而是根据具体计算利息期限的利率乘以年计息次数算出来的利率成为名义利率。比如，B公司债券半年计算一次利息，半年的票面利率为4%，则一年的名义利率为8%(=4%×2)。

在利息计算方法按单利计算的条件下，名义利率与实际利率相同，但在复利计算方法下，名义利率要小于实际利率。

2. 实际利率

实际利率是指当一笔资金的利息计算不是一年一次，而是一年多次的情况下，由于采用复利计算利息而计算出来的实际利率。假设一笔资金的名义利率为 i，每年计息 n 次，则每次计算利息的利率为 i/n，这相当于每年复利 n 次，每次复利的利率为 i/n。假设某人初始存款为 A，则年后存款本利和为 $A(1+i/n)^n$，实际利率为 $[A(1+i/n)^n-A]/A=(1+i/n)^n-1$。

例3-8 自某年10月15日起，我国境内美元存款利率见表3-4。

表3-4 我国境内美元存款利率

期限	活期	1个月	3个月	6个月	1年
利率（%）	0.775	1.75	2.25	2.375	2.5

周先生做出口生意获得美元10 000元，他不想将这些美元花掉，而想存下来以备不时之需，因此将美元存入银行，周先生应如何储蓄才能保证实际利率最大？

要解决这个问题，首先要计算各种不同储蓄方式在1年内增值的程度，该程度可以通过计算1年的实际利率进行比较，见表3-5。（为方便实际利率的计算，设年初存款为100元）

表3-5 不同储蓄方式储蓄1年的实际利率 单位：元

期限	活期	1个月	3个月	6个月	1年
名义年利率（%）	0.775	1.75	2.25	2.375	2.5
年初存款	100	100	100	100	100
年末利息	0.775	1.76	2.26	2.39	2.5
实际利率（%）	0.775	1.764 1	1.269 1	2.389 1	2.5

上表中，年末利息是根据名义年利率计算来的，比如1个月期的名义年利率为1.75%，1年后的利息为176.41[=10 000×(1+1.75%/12)^{12}-10 000]美元。从上表计算可看出，存1年期存款的到期转存实际利率最大，为2.5%。

3.2 风险价值观念

在企业的财务管理中，由于所处环境的不确定性，因此存在着很多的风险。党的二十大报告明确指出："我国发展进入战略机遇和风险挑战并存、不确定难预料因素增多的时期"，说明风险的存在和有效应对是未来我国发展的重要环境特点。本节我们主要讨论风险的概念及衡量、风险的分类以及组合投资的收益和风险计算等。

3.2.1 风险的概念及衡量

在日常生活中，风险往往被理解为不利事件出现的可能。在财务管理中，风险的概念也比较类似，风险是指企业在各项财务活动过程中，由于各种不确定性因素，导致企业的实际收益与预期收益发生背离，以至蒙受损失的可能性。要正确理解风险，我们需要进一步了解风险如何衡量。

1. 资产收益和资产收益率

在企业的生产经营过程中，需要投入一定数额的资产，资产在经过一定时期的经营后，会发生价值增值，这一增值被称为资产的收益。比如，某人于年初购买股票，花费1 000元，1年后出售股票，得到1 200元，所获取的利润200元就被称为收益。

资产的收益有两种表达方式，一种是绝对数形式，表现为资产购买和出售价格差异，或表现为资产期初和期末价值差异，当然也有可能是资产持有期间的利息或股利所得。另一种是相对数形式，通常用百分比表示，它是资产的增值部分同资产期初价值的比值。由于绝对数形式虽然能准确把握收益的具体数额，但却不利于不同投资规模的项目之间收益水平的比较，因此在财务管理中一般用相对数来表示资产收益，即资产收益率。

在资产收益率的计算和衡量过程中，由于收益率受到资产持有期间的影响而变动，因此为了收益率的直接可比，人们在计算收益率时一般要将不同时期的收益率转化为1年的收益率。

例 3-9 许先生 20×8 年年初投资股票，购买 A 公司股票 1 000 股，股价为每股 8 元，20×8 年 5 月收到每股现金股利 1 元，20×8 年年底股票价格为每股 6.5 元，许先生股票投资的收益率是多少？

解答：股票投资在 20×8 年 1 年的收益如下：

$$股利所得：1\,000 \times 1 = 1\,000（元）$$
$$资本利得（价差）：1\,000 \times (6.5-8) = -1\,500（元）$$
$$总收益：1\,000 - 1\,500 = -500（元）$$
$$资产收益率：-500/8\,000 = -6.25\%$$

例 3-10 魏先生 20×7 年 1 月投资房产 250 000 元，6 月出售该房产，价款为 300 000 元，求魏先生投资房产的收益率。

解答：魏先生投资房产收益总额为 50 000(=300 000−250 000) 元，半年投资收益率为 20%(=50 000/250 000)，如果按复利计算，1 年的投资收益率为 44%[=(1+20%)^2−1]。

2. 预期收益率

预期收益率也被称为期望收益率，是指在各种不确定性的情况下，某资产预期可能实现的收益率。在财务管理中，预期收益率的计算主要采用概率统计方法。具体做法如下：①预测某资产未来一年可能出现的经营状态；②预测各种可能出现的经营状态的概率；③预测各种经营状态下资产的可能收益率；④用各种状态下的经营收益率，乘以该状态可能出现的概率，将乘积加总，得到预期收益率。公式表示如下：

$$ER = \sum(P_i \cdot R_i)$$

式中，ER 为预期收益率，P_i 为第 i 种情况出现的可能性，R_i 为第 i 种情况下资产的收益率。

例 3-11 2023 年年初某公司有一笔闲置资金，总值 100 万元，准备投资股票市场。在投资之前，公司领导咨询了某信托投资公司有关我国股票市场未来发展趋势以及可能的投资收益，咨询结果见表 3-6。

表 3-6 咨询结果

股市 2023 年可能情况	每种情况相应概率	投资收益率
牛市	0.4	50%
熊市	0.3	5%
鹿市	0.3	20%

根据上述资料，试计算该公司 2023 年投资股票市场的预期收益率。

收益率计算结果见表 3-7。

表 3-7 收益率计算结果

股市 2023 年可能情况	每种情况相应概率	投资收益率	预期收益率（＝每种情况相应概率×投资收益率）
牛市	0.4	50%	20%
熊市	0.3	5%	1.5%
鹿市	0.3	20%	6%
合计	1	—	27.5%

3. 收益率的方差

收益率方差是用来表示某资产收益率的各种可能结果与其预期收益率之间的离散程度的一个指标，其计算公式如下：

$$\sigma^2 = \sum_{i=1}^{n}(R_i - \text{ER})^2 P_i$$

式中，σ^2 为收益率的方差，R_i 为第 i 种情况下资产的收益率，ER 为资产预期收益率，P_i 为第 i 种情况出现的可能性。方差越大，说明各种可能的收益率偏离预期收益率越大，风险越大。

仍以上例，方差计算结果见表 3-8。

表 3-8 方差计算结果

股市 2023 年可能情况	每种情况相应概率	投资收益率	预期收益率	R_i-ER	$(R_i$-ER$)^2$	$(R_i$-ER$)^2 \cdot P_i$
牛市	0.4	50%	0.2	22.50%	5.062 5%	0.020 25
熊市	0.3	5%	0.015	−22.50%	5.062 5%	0.015 187 5
鹿市	0.3	20%	0.06	−7.50%	0.562 5%	0.001 687 5
合计	1	—	27.50%	—	—	0.037 125

根据上述表格计算结果，收益率的方差为 3.712 5%。

4. 收益率的标准差

收益率的标准差是也用来表示某资产收益率的各种可能结果与其预期收益率之间的离散程度的一个指标，其计算公式为

$$\sigma = \sqrt{\sum_{i=1}^{n}(R_i - \mathrm{ER})^2 P_i}$$

式中，σ 为收益率的标准差。与方差相似，标准差越小，风险越小。上例中，股票投资的收益率标准差为 $0.037\,125^{1/2}$，即 19.27%。

由于方差或标准差都是用来衡量风险的绝对数值，因此它们不能用来衡量收益水平不同的资产风险。如果需要比较不同收益水平的项目风险，需要比较标准离差率。

5. 收益率的标准离差率

标准离差率也被称为变异系数，它是某项目的标准离差和期望值的比例。收益率的标准离差率的计算公式为

$$V = \sigma / \mathrm{ER}$$

与标准差相比，标准离差率是相对数，表示每单位预期收益所承担的风险程度，可以用来衡量不同收益水平项目的风险大小。

例 3-12 某公司正在考虑以下 3 个投资项目，预计未来的经济状况可能有 3 种，每种情况下的投资收益及概率分布见表 3-9。

表 3-9 3 种情况下的投资收益及概率分布

经济状况	概率	项目收益率		
		A 项目	B 项目	C 项目
好	0.5	20%	30%	10%
正常	0.3	15%	20%	9%
差	0.2	10%	10%	8%

试分析各项目的收益和风险情况。

各项目预期收益率见表 3-10。

表 3-10 各项目预期收益率

经济状况	概率	项目收益率			预期收益率		
		A 项目	B 项目	C 项目	A 项目	B 项目	C 项目
好	0.5	20%	30%	10%	0.1	0.15	0.05
正常	0.3	15%	20%	9%	0.045	0.06	0.027
差	0.2	10%	10%	8%	0.02	0.02	0.016
合计	—	—	—	—	0.165	0.23	0.093

计算各项目标准差、标准离差率如下：

项目 A 的收益率标准差

$$\sigma_A = [(20\%-16.5\%)^2 \times 0.5 + (15\%-16.5\%)^2 \times 0.3 + (10\%-16.5\%)^2 \times 0.2]^{1/2}$$
$$= 3.91\%$$

同理可求得 $\sigma_B = 7.81\%$，$\sigma_C = 0.78\%$。

项目 A 的标准离差率 = 3.91%/16.5% = 0.237 0

项目 B 的标准离差率 = 7.81%/23% = 0.339 6

项目 C 的标准离差率 = 0.78%/9.3% = 0.083 9

因此，A、B、C 三个项目中，B 项目收益最高，风险也最大。

3.2.2 风险的分类

风险可以按多个类别分类。在财务管理中，我们主要按风险产生的因素来源将风险分为系统风险和非系统风险。

1. 系统风险

所谓系统风险，是指对各种资产的预期收益率都有影响的风险因素。系统风险的因素来源有多个方面，主要如下。

（1）国际政治和经济因素。在经济全球化的今天，国际政治经济形势的重大变化对全球经济的发展有重大影响，从而影响资产的预期收益率。国际政治因素包括重大的战争和冲突因素、重大恐怖活动、超级大国政策变化、区域政治联盟的形成和政策等。例如 20 世纪后半叶的中东战争和苏联解体，对当时的全球经济都产生了一定的影响，从而对资产收益产生了影响。

❖ 阅读材料 3-4

俄乌冲突对全球经济的影响

2022 年 2 月，俄乌冲突爆发，截至 2023 年 12 月，冲突持续近 20 个月，目前仍未有明显结束的趋势。俄乌冲突对全球经济产生的影响主要包括以下一些方面。①冲突可能引发通货膨胀。许多专家认为，俄罗斯和乌克兰是农产品和矿产资源出口大国，冲突发生将导致全球农业和矿产品供应减少，引发生产资料和消费品物价上涨。②对全球贸易形成冲击，俄乌冲突爆发后多数西方国家对俄罗斯采取了贸易制裁，改变了这些西方国家和其他相关国家以及俄罗斯等贸易往来，同时俄罗斯为拓展外贸也加大了同亚非等国家的贸易交流，形成了新的外贸格局。③相关国家的财政支出增加，引发新一轮财政赤字政策。为应对冲突带来的巨大开支，俄罗斯和乌克兰都会大幅度增加军费开支，导致财政支出大幅度增加，而西方国家为向乌克兰提供军事援助，必然也会加大军事支出，导致财政压力增大。④经济发展不确定性增强，由于冲突发展形势尚未明朗，很多企业不能明确未来全球经济发展走势，对投资持观望态势。

● 讨论题

俄乌冲突对我国企业财务管理可能产生哪些影响？

（2）国内政治经济政策。针对不同的经济形势，各个国家政府都会采取一定的经济政策，这些经济政策主要包括财政政策和货币政策两个方面。由于政府经济政策涉及面广，因此它对大部分企业和资产的收益水平都会产生影响。例如，为避免2008年世界金融危机对我国经济的影响，我国政府施行了积极的财政政策，扩大投资，拉动内需，力图保证经济的稳定发展，这对宏观经济的走势乃至各个中小企业的发展都十分有利。

（3）金融市场环境。任何企业的生产经营都是在一定的金融市场环境中进行的，因此金融市场的利率、汇率和市场规制等因素都影响企业的行为，进而影响企业的资产收益率。例如，当市场利率上升时，大部分企业会减少投资；而当本币升值时，大部分企业会降低出口、增加进口。因此金融市场的许多因素变化都会引起企业财务决策的变化，进而产生系统影响。我国在2008年世界经济衰退的大环境下，连续5次降低利率，其目的就是利用这一系统因素，刺激企业投资，从而保障经济整体平稳发展。

除上述因素外，一些重大的突发事件，比如重大自然灾害、重大技术革新等，都是影响范围很广的系统风险因素。

2. 非系统风险

非系统风险是与系统风险相对而言的，是指不能影响所有的企业或资产的预期收益，但会对其中某一地区、行业或企业产生影响的因素。比如某地区发生局部自然灾害、某行业出现市场衰退，或某企业出现重大人事变更等。按照非系统风险的影响范围，可将非系统风险分为地区风险、行业风险和企业特有风险。地区风险是指对某一地区企业经营产生影响的因素，比如某地区的自然环境和经济政策发生变动。2008年四川发生特大地震，就属于地区风险因素。行业风险是指某一行业因市场供应、销售、相关科学技术发生重大变动而产生的风险。2008年我国奶粉行业因"三聚氰胺事件"而出现销量大幅度下滑，大部分企业短期内出现亏损，这就属于行业风险。企业特有风险是某个特定的企业经营和管理过程中产生的风险因素。比如某企业因火灾而造成重大损失，或因客户诉讼而被判处赔偿，都是企业特有风险因素。企业特有风险可进一步分为经营风险和财务风险。我们将在后面的章节中详细讨论。

3.2.3 组合投资的收益率和风险计算

所谓组合投资，是指投资主体将资金投放在不同的资产上，形成多元投资的整体。在证券投资和企业的项目投资中，人们往往将资金投放在不同的项目或证券上，形成所谓的多元化投资。在这种情况下，收益率和风险的计算将进一步复杂化。我们将在下面分别进行讨论。

1. 组合投资的收益率计算

组合投资的收益率计算比较简单，根据统计学的基本理论，组合投资的总收益率等于各组成投资的单个项目（资产）的收益率的加权平均数。用公式表示如下：

$$\mathrm{ER}_p = \sum_{i=1}^{n} w_i \mathrm{ER}_i$$

式中，ER_p 为组合投资的整体预期收益，ER_i 为第 i 项资产的预期收益率，w_i 为第 i 项资产在总资产中所占的比例。

例 3-13 20×7 年，我国股票市场进入了一个快速发展时期，股票价格大幅度上涨。小李在朋友的影响下，决定投资股票。在朋友小王的帮助下，小李购买了 A、B 和 C 3 家公司的股票，投资额和年预期收益率见表 3-11。

表 3-11 3 家公司股票的投资额和年预期收益率

股票种类	年预期收益率	投资额 / 万元
A 公司	25%	200
B 公司	20%	100
C 公司	15%	200
合计	—	500

求小李股票投资组合的年预期收益率。

股票投资组合的年预期收益率计算见表 3-12。

表 3-12 股票投资组合的年预期收益率计算

股票种类	年预期收益率	投资额 / 万元	投资比例	投资组合的年预期收益率（= 预期收益率 × 投资比例）
A 公司	25%	200	40%	10.0%
B 公司	20%	100	20%	4.0%
C 公司	15%	200	40%	6.0%
合计	—	500	100%	20.0%

根据上述投资组合的年预期收益率计算公式和例子我们可以看出，投资组合的年预期收益率并不因为投资种类的增加而增加，它只是各投资资产收益率的加权平均数，那为什么人们在投资时要进行组合投资呢？主要是因为组合投资的风险比单个投资项目的风险更低。我们将进一步讨论组合投资的风险。

2. 组合投资的风险计算

根据现代统计学研究结果，n 项资产形成的组合投资收益率的整体风险计算如下：

$$\sigma_p = \sqrt{\sum_{i=1}^{n}\sum_{j=1}^{n} w_i w_j \sigma_{ij}} \qquad i,j = 1,2,\cdots,n$$

式中，σ_p 为组合投资收益率的整体风险，w_i 为第 i 种资产在组合中所占的比例，w_j 为第 j 种资产在组合中所占的比例，σ_{ij} 为第 i 种和第 j 种资产收益率的协方差。当 i 与 j 相等时，σ_{ij} 为第 i 种资产投资收益率的方差。

σ_{ij} 表示第 i 种和第 j 种资产收益率在外界因素变动情况下的变动同步程度，具体计算公式如下：

$$\sigma_{ij} = \sigma_i \sigma_j \rho_{ij}$$

式中，σ_i 和 σ_j 分别是第 i 种和第 j 种资产收益率的标准差，ρ_{ij} 为第 i 种和第 j 种资产收益率的相关系数。

由于相关系数在 −1 和 1 之间，因此 $\sigma_{ij} \leqslant \sigma_i \sigma_j$，资产组合中任何两个资产的收益率协方

差总是小于等于这两个资产各自收益率的标准差的乘积。由此可得出资产组合的风险小于等于单个资产风险的加权平均数，即

$$\sigma_p \leqslant \sum_{i=1}^{n} w_i \sigma_i$$

例 3-14 仍以上例，假设小李投资的 A、B 和 C 3 家公司股票收益率标准差和预期收益率之间的相关系数见表 3-13。

表 3-13 3 家公司股票收益率标准差和预期收益率之间的相关系数

股票种类	预期收益率	收益率标准差	股票组合	相关系数
A 公司	25%	5%	AB	0.5
B 公司	20%	4%	BC	0.3
C 公司	15%	3%	AC	0.2

试求整个投资组合的风险，并与单个资产收益率风险的加权平均值做比较。

先计算不同两个股票收益率的协方差如下：

$$Cov_{AB} = \rho_{AB} \times \sigma_A \times \sigma_B = 0.5 \times 5\% \times 4\% = 0.001$$

同理可求得 σ_{BC} 和 σ_{AC} 分别为 0.000 36 和 0.000 3

因此，投资组合的收益率标准差，即投资组合的整体风险 σ_p 为

$$(40\% \times 40\% \times 5\% \times 5\% + 20\% \times 20\% \times 4\% \times 4\% + 40\% \times 40\% \times 3\% \times 3\% + 2 \times 40\% \times 20\% \times 0.001 + 2 \times 40\% \times 40\% \times 0.000\ 3 + 2 \times 20\% \times 40\% \times 0.000\ 36)^{1/2}$$

$$= 3.035\ 8\%$$

而 3 家公司股票收益率标准差的加权平均数为

$$40\% \times 5\% + 20\% \times 4\% + 40\% \times 3\% = 4\%$$

根据以上计算结果可看出，单个资产收益率风险的加权平均数大于组合投资收益率的风险，因而组合投资能够降低风险。

由于组合投资能够降低风险，因此组合中资产种类越多，整体风险越低。这是因为每种资产都存在系统风险和非系统风险，而每种资产的非系统风险因素各不相同，非系统风险因素的发生也是相互独立的，所以组合中资产种类越多，各种资产同时发生非系统风险的可能性越小。当组合中包括市场所有资产时，这些资产同时发生非系统风险的可能性几乎不存在，因此非系统风险因素被降到最低。

然而，即使投资组合包括所有资产，也不可能使整体风险降低为零，因为系统风险依然存在，而所有的资产都受系统风险的影响，因此投资组合中依然存在系统风险。

根据上述推论，投资组合中所含有资产种类与风险之间的关系如图 3-14 所示。

图 3-14 表明，随着投资组合中资产种类的逐渐增加，非系统风险发生的可能性逐渐减少。当组合中包括所有资产时，非系统风险接近于零；但系统风险仍不能随资产组合中资产种类的增加而降低。因此当组合中包括所有资产种类时，组合的风险主要是系统风险。

值得注意的是，在实务工作中，不应该过多强调资产组合的风险分散作用，这是因为根据统计研究的结果，资产组合在资产种类达到 20 个时，绝大多数非系统风险已被消除，继续增加资产种类并不能很大程度地降低风险。而且，随着资产种类的增加，管理成本将会上

升，从而降低投资收益。

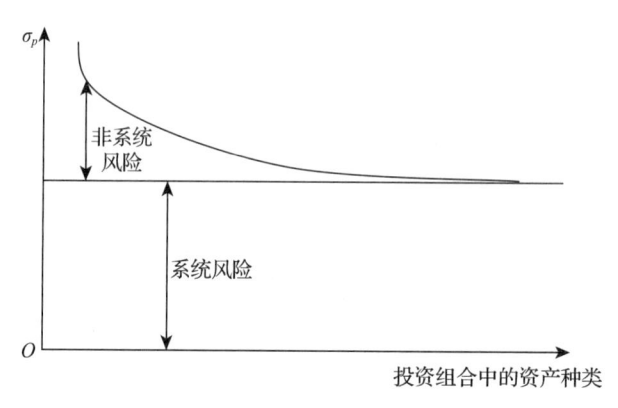

图 3-14 投资组合中所含有资产种类与风险之间的关系

3.2.4 系统风险的衡量

尽管所有企业和资产都受系统风险的影响，但它们受系统风险的影响程度不同。比如 2008 年金融危机对我国钢铁行业有巨大影响，大部分钢铁企业亏损，一部分中小型钢铁企业倒闭。但金融危机对于粮食、食品、民用消费品的影响并不大，有些企业甚至在当年盈利超过上年。为了描述系统风险对不同资产的影响，财务学上用 β 系数衡量系统风险对单项资产的收益影响。

1. 单项资产 β 系数的定义和计算

单项资产的 β 系数是指可以反映单项资产收益率与市场平均收益率之间变动关系的一个量化指标。具体计算公式如下：

$$\beta_i = \text{Cov}_{(r_i, r_m)} / \sigma_m^2 = \rho_{i,m} \cdot \sigma_i / \sigma_m$$

式中，β_i 是第 i 项资产的 β 系数，$\text{Cov}(r_i, r_m)$ 是第 i 项资产收益率和市场组合收益率的协方差，σ_m 是市场组合收益率的标准差，$\rho_{i,m}$ 是第 i 项资产收益率和市场组合收益率的相关系数，σ_i 是第 i 项资产收益率的标准差。

例 3-15 假定 2008 年我国股票市场整体资产收益率的标准差为 10%，某股票收益率与市场整体收益率相关系数为 0.6，该股票自身收益率的标准差为 8%，则该股票的 β 系数为

$$0.6 \times 8\% / 10\% = 0.48$$

在实际工作中，由于上述数据难以获得，因此人们往往根据每天交易的公开数据来近似估计某项资产或证券的 β 值。

例 3-16 2008 年 10 月的 10 个交易日，市场综合指数和 A 公司股票价格变动见表 3-14。

表 3-14 市场综合指数和 A 公司股票价格变动

交易日	市场综合指数	A 公司股票价格 / 元
1	2 000	10
2	1 980	9.8
3	1 950	9.5

(续)

交易日	市场综合指数	A公司股票价格/元
4	1 970	9.72
5	2 002	10.02
6	2 008	10.1
7	1 995	9.95
8	1 998	9.97
9	1 970	9.9
10	2 020	10.2

求A公司股票β系数。

根据上述数据，计算市场收益率和A公司股票价格收益率见表3-15。

表3-15 市场收益率和A公司股票价格收益率

交易日	市场综合指数	A公司股票价格/元	市场收益率	A公司股票价格收益率
1	2 000	10	0	0
2	1 980	9.80	−0.010	−0.020
3	1 950	9.50	−0.015	−0.031
4	1 970	9.72	0.010	0.023
5	2 002	10.02	0.016	0.031
6	2 008	10.10	0.003	0.008
7	1 995	9.95	−0.006	−0.015
8	1 998	9.97	0.002	0.002
9	1 970	9.90	−0.014	−0.007
10	2 020	10.20	0.025	0.030

根据上述市场收益率和A公司股票收益率的分布，以市场收益率作为自变量，A公司股票价格收益率作为因变量，进行一元回归分析，得到β=1.507。也就是说，市场收益率每上升1%，A公司股票收益率要上升1.507%。

2. 投资组合的β系数计算

如果投资者持有一个投资组合，则投资组合的整体β系数计算公式如下。

$$\beta_p = \Sigma w_i \beta_i$$

式中，β_p为投资组合的β系数，w_i为第i项资产的权数，β_i为第i项资产的β系数。

例3-17 在例3-13中，小李投资的A、B、C 3家公司股票的β系数见表3-16。

表3-16 3家公司股票的β系数

股票种类	β系数	投资金额/万元
A公司	1.05	200
B公司	2.00	100
C公司	3.20	200
合计	—	500

试计算整个投资组合的β系数。

计算整个投资组合的β系数见表3-17。

表 3-17　整个投资组合的 β 系数

股票种类	β 系数	投资金额/万元	权数	加权 β 系数
A 公司	1.05	200	0.40	0.42
B 公司	2.00	100	0.20	0.40
C 公司	3.20	200	0.40	1.28
合计	—	500	1.00	2.10

根据计算结果，整个投资组合的 β 系数为 2.1。

从投资组合的 β 系数计算公式和上述例题的计算结果中可以看出，整个投资组合的 β 系数是投资组合中各个资产 β 系数的加权平均数，也就是说，组合投资不能降低投资整体 β 系数，这与我们前面所说的投资组合不能降低系统风险的结论是一致的。

3.2.5　风险与收益的关系

由于市场投资者大部分都是风险厌恶的，因此与低风险的投资项目相比，高风险的项目必须要有更高的投资收益率，才能够获得市场投资者的资本，也就是说风险越高，收益越高。但风险与收益之间具体的函数关系却非常难以确定。为了解决上述问题，哈里·马科维茨和威廉·夏普（Harry Markowitz and William Sharpe）于 1964 年提出资本资产定价模型。他们也因为这一重要贡献而获得 1990 年的诺贝尔经济学奖。

资本资产定价模型（capital assets pricing model，CAPM）的基本原理主要来自人们对风险与收益之间关系的认识。由于人们的风险厌恶，投资者对某一资产要求的收益率（必要收益率）会随着资产风险的提高而增加，具体地说，资产风险与必要收益率之间存在如下关系

$$必要收益率 = 无风险收益率 + 风险溢价 \times 风险水平$$

式中，无风险收益率是指没有任何风险的资产所给予投资者的收益率，它通常是短期国债的利率；风险溢价是指单位风险所应得到的收益增长幅度；风险水平是指某资产本身的风险水平。

资本资产定价模型将上述公式具体化，形成一个具体的函数关系，即

$$R = R_f + \beta(R_m - R_f)$$

式中，R 为某资产的必要收益率；R_f 为无风险收益率；R_m 市场组合收益率；β 为某资产的 β 系数。$(R_m - R_f)$ 被称为市场风险溢价，它是由于承担系统风险（市场组合基本不承担非系统风险）而要求得到的超过无风险收益率的收益，它体现的是市场全体投资者对系统风险的态度。$(R_m - R_f)$ 越高，说明市场投资者越厌恶风险，相反，则说明市场投资者越敢于冒险。

值得注意的是，在 CAPM 中，某资产必要收益率不受非系统风险的影响，这是因为 CAPM 假设所有投资者都是理性投资者，在进行投资时会尽可能降低风险，而能够降低的风险就是非系统风险，投资者可以通过多样化的投资方式将非系统风险降低为零，因此承担非系统风险不应获得风险溢价。

为了利用 CAPM 来描述资产风险和收益之间的关系，人们用证券市场线来形象描绘。

在一个直角坐标系中，如果把 CAPM 中的 β 看成是横坐标，把资产必要收益率看成纵坐标，则 CAPM 就是直角坐标系中的一个一次函数关系 [$R_i=R_f+\beta_i(R_m-R_f)$]，其图像是一条直线，称为证券市场线（security market line，SML）。在这个一次函数中，(R_m-R_f) 是它的斜率，R_f 是它的截距，如图 3-15 所示。

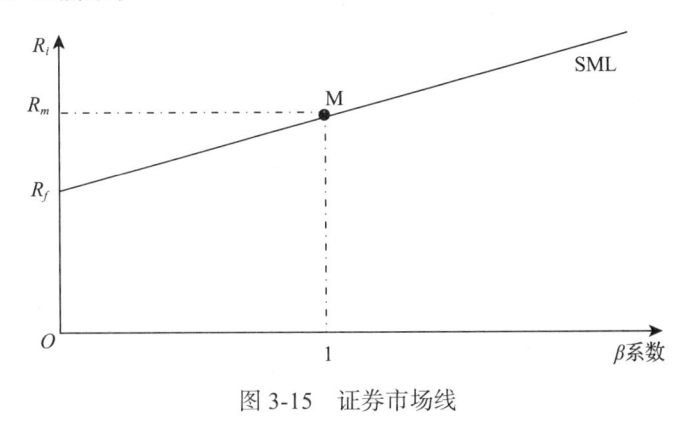

图 3-15　证券市场线

图 3-15 中，SML 上斜率和截距都是确定的，只要选定 β 系数，就可以确定某资产的必要收益率。每一个证券都可以在 SML 上找到对应的一点。

例 3-18　表 3-18 是某年度美国纽约证券交易所上市的六大公司股票的 β 系数，假定美国纽约证券交易所股票投资平均收益率为 10%，美国某年度短期国债利率为每年 4%，求该年度上述六大公司股票的必要收益率。

表 3-18　某年度美国纽约证券交易所上市的六大公司股票的 β 系数

公司	华纳媒体	IBM	通用电气	微软	可口可乐	宝洁
β 系数	1.94	1.00	0.81	0.94	0.70	0.27

必要收益率的计算见表 3-19。

表 3-19　必要收益率的计算

公司	华纳媒体	IBM	通用电气	微软	可口可乐	宝洁
β_i	1.94	1.00	0.81	0.94	0.70	0.27
R_f	4.00%	4.00%	4.00%	4.00%	4.00%	4.00%
R_m-R_f	6.00%	6.00%	6.00%	6.00%	6.00%	6.00%
$\beta i(R_m-R_f)$	11.64%	6.00%	4.86%	5.64%	4.20%	1.62%
R_i	15.64%	10.00%	8.86%	9.64%	8.20%	5.62%

SML 不是固定不变的，它受到无风险收益率 R_f 和市场组合收益率 R_m 两个因素的影响，分别讨论如下。

1. 无风险收益率变动对 SML 的影响

无风险收益率是 SML 的截距，因此它的变动会导致整个 SML 上下移动（假定市场组合收益率同步变动），如图 3-16 所示。在经济生活中，经济的衰退或扩张、中央银行基准利率的变动，都可能导致无风险收益率的变动。

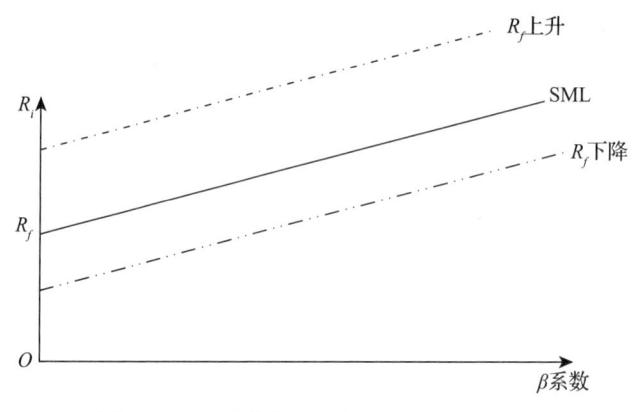

图 3-16　无风险收益率变动对 SML 的影响

2. 市场组合收益率变动对 SML 的影响

当无风险收益率不变动而市场组合收益率变动时，$(R_m - R_f)$ 发生变动，导致整个 SML 的斜率发生变动，SML 以截距为中心进行旋转，如图 3-17 所示。

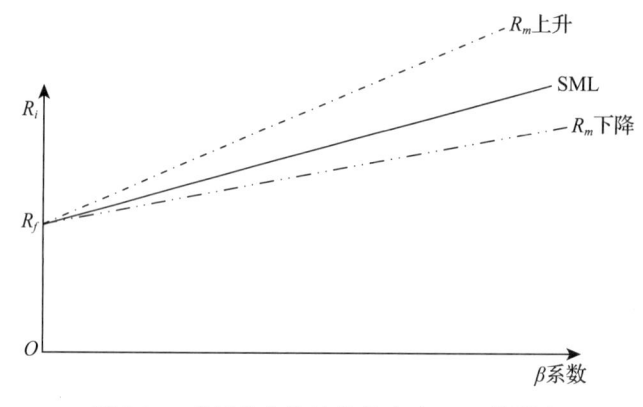

图 3-17　市场组合收益率变动对 SML 的影响

在现实经济生活中，经济趋势变化、市场风险变化，都可能导致市场组合收益率的变动。一般来说，当宏观经济趋向快速发展时，市场组合收益率会上升，反之则可能下降。

资本资产定价模型从理论上说是比较完美的，但在现实经济生活中它的运用还存在一些问题，比如，有许多资产都没有公开市场，因此无法发现其 β 系数；资本资产定价模型假设无交易成本、可自由套利等，这些条件往往在现实中不具备；许多非系统风险对资产的收益影响很大，不能忽视它们的存在，等等。

本章小结

1. 在经济学理论中，我们常常把货币时间价值定义为货币经过一段时间后所发生的价值增值。马克思主义经济学认为，货币产生时间价值的原因是货币本身是一种资本形式，当它参与社会资本运转时，就会发生增值。在财务管理中，货币时间价值的计算一般采用复利方式。

2. 在财务管理中，我们将一笔货币资产现时的价值称为现值，而将一笔货币资产在经过一段时间后未来的价值量称为终值。根据货币资产的收支方式不同，终值和现值的计算包括一次性收支和年金收支的终值和现值的计算。

3. 在财务管理中，风险是指企业在各项财务活动过程中，由于各种不确定性因素，导致企业的实际收益与预期收益发生背离，以致蒙受损失的可能性。由于人们的风险厌恶，资产的必要收益率与风险成正相关关系。按照资本资产定价模型，某资产的必要收益率等于 $R_f+\beta(R_m-R_f)$。

复习思考

1. 为什么说货币时间价值的产生与社会资金运动有关？
2. 单利与复利计算的理论依据有什么不同？
3. 相同期数和收付款的先付年金和普通年金的终值哪个更大？为什么？
4. 某企业在2021年度的经营中遇到如下问题：①借款利率下降；②市场需求降低；③公司发生火灾；④公司受到新冠疫情影响，原材料供应和产品生产有困难。试说明上述情况哪些是系统风险，哪些是行业风险，哪些是企业特有风险？

练习题

1. 某公司要在5年后筹集190万元用于增加投资，因此现在准备投入一笔资金进入信托投资公司。假设信托投资公司保证每年的投资收益率不低于10%，问该公司现在需要在信托投资公司投入多少资金？
2. 上例中，如果某公司不是投入一笔资金，而是于每年年末定期投入资金，那么，需要在每年年末投入多少资金（假设其他条件相同）？
3. 李先生的公司准备投资某高速公路项目，政府允许其3年建设期完成后，每年收取过路费，共收取10年。李先生估计初始投资为1 000万元，3年后每年可能收到过路费200万元。假设李先生需要实现的投资收益率为8%。

要求：
（1）计算该公司每年收回过路费的现值总和。
（2）如果考虑到初始投资，这一项目是否可行？

4. 张先生2023年购买了3项证券，其中包括短期国债100万元，投资收益率为5%；A公司股票100万元；B公司股票200万元。A、B两家公司股票的β系数分别为0.8和1.5。

要求：
（1）计算组合投资的β系数。
（2）假设2023年市场投资组合收益率为8%，试估计张先生的投资组合的预期收益率。

5. 李先生2023年投资甲、乙、丙三家公司的股票，投资额分别为100万元、100万元、300万元。3只股票的预期收益率、标准差和组合相关系数见表3-20。

表3-20　3只股票的预期收益率、标准差和组合相关系数

股票种类	预期收益率	收益率标准差	股票组合	相关系数
甲公司	20%	8%	甲乙	0.6
乙公司	15%	5%	乙丙	0.7
丙公司	18%	7%	甲丙	0.3

要求：计算整个投资组合的预期收益率和风险。

案例分析

为了参加"喜迎二十大"主题运动会，小张决定加强锻炼。他去了一家健身馆，健身馆的负责人告诉他，如果要成为健身馆的会员，可以在5年内免费享受各种锻炼设施，但需一次支付会员费15 000元。此外，小张也可以选择每年年初支付4 000元，享受会员待遇。如果小张想在这5年内在健身馆锻炼，应该选择哪种方式更合适呢（假定小张的资金投资收益率为每年5%）？

货币时间价值计算时折现率的选择问题

证券组合投资的收益率测算

第 4 章　证券投资原理

○ **本章学习要点**

√ 证券投资的基本概念　　　　　　√ 权益类证券估价方法

√ 债权类证券估价方法　　　　　　√ 混合证券和其他证券估价方法

○ **引例**

"贵州茅台"股票真的值那么多钱吗

由于宏观经济增速放缓等诸多原因，我国 A 股市场多数公司股票表现不佳，但有一只股票却在不利的经济环境中价格节节攀升，成为当前股市的"股王"，它就是"贵州茅台"（600519）。在 2021 年，该股票最高价格达到 2 627.88 元 / 股，2008—2023 年该股票每股现金股利和股票年末收盘价见表 4-1。

表 4-1　2008—2023 年贵州茅台每股现金股利和股票年末收盘价

年份	每股现金股利 / 元	股票年末收盘价 / 元
2008	0.836	108.7
2009	1.156	169.82
2010	1.185	183.92
2011	2.300	193.3
2012	3.997	209.02
2013	6.419	128.38
2014	4.374	189.62
2015	4.374	218.19
2016	6.171	334.15
2017	6.787	697.49
2018	10.999	590.01
2019	14.539	1 183
2020	17.025	1 998

(续)

年份	每股现金股利/元	股票年末收盘价/元
2021	19.293	2 050
2022	43.585	1 701
2023	45.017	1 726

由于其股价几乎是其他许多上市公司的近百倍,该公司股票被市场誉为"股王"。同时这一现象也引起许多相关人士的质疑:贵州茅台酒股份有限公司(以下简称"贵州茅台")只是一家酿酒企业,没有高科技产品,也缺少令人振奋的发展战略潜力,何以能长期称霸我国股票市场?当然也有人认为,该公司在白酒市场的龙头地位,是其股票价格的保证。若说起市场垄断地位,贵州茅台似乎与"中石油""中石化"等不能相提并论,然而在证券市场上,这并未影响多数投资者长期的选择。因此,如何从证券投资的基本理论视角分析这一现象,成为一个值得思考的问题。

讨论题

如何根据贵州茅台的每股现金股利数据,评估其股价是否合理?

股票等证券投资是企业财务管理经常选择的投资方式,其投资价值主要受投资未来现金流量及投资必要收益率的影响。引例中贵州茅台股票价格远远高于我国其他上市公司一般股票价格水平,主要原因之一就是该公司高额的现金股利。本章我们将主要讨论各种证券的估价原理。

4.1 证券及证券估价

在企业财务管理的实际工作中,经常有利用闲置资金短期投资证券或进行长期投资的活动。在进行这些财务决策时,财务管理人员需要对将要投资的证券进行正确估价,从而发现获利机会。本节我们将对证券投资中的一些基本概念进行介绍。

4.1.1 证券及其种类

所谓证券,是指用以证明或设定权利所做成的凭证,它表明证券持有人或第三者有权取得该证券所拥有的特定权益。证券在一般情况下采用书面形式,随着信息产业的发展,许多公开上市的证券采取了电子形式。

证券可以根据不同的特征进行分类,主要的分类方式如下。

(1)按发行主体分类。按照证券发行主体不同,可将证券分为政府证券、金融证券和公司证券。

政府证券是中央政府或地方政府为筹集资金而发行的证券;金融证券是金融机构为筹集资金而发行的证券;公司证券是工商企业为筹集资金而发行的证券。不同发行主体的偿债能力不同,证券的风险也不同。

(2)按持有人与发行主体的关系分类。按照证券所体现的持有人与发行主体之间的关系不同,可将证券分为债权类证券、所有权证券和混合证券。债权类证券是指证券的持有人是证券发行人的债权人的证券,比如债券;所有权证券又称为权益类证券,是指证券持有人是证券发行人的所有者的证券,比如股票;混合证券是指证券持有人既可能是发行人的所有者也可能是其债权人的证券,比如可转换债券。

(3)按收益的稳定性分类。按照证券收益的稳定性不同,可将证券分为固定收益证券和变动收益证券。固定收益证券是指证券持有人可根据证券发行时的规定获得固定收益的证券,比如债券;变动收益证券是指证券不明确规定向持有人支付收益,持有人的收益随发行企业的经营状况以及市场变动而变动的证券,比如股票、期权等。

(4)按到期日分类。按证券到期日的长短,可将证券分为短期证券和长期证券。短期证券一般是指到期日在一年之内的证券,比如短期国债和短期融资券;长期证券是指到期日在一年以上的证券,大部分公司债券和股票都属于长期证券。

(5)按收益的决定因素分类。按照证券收益的决定因素,可将证券分为基础证券和衍生证券。基础证券的收益主要取决于发行人的财务状况,如股票和债券;衍生证券包括期货合约和期权合约,收益主要取决于其设定合约对象的基础证券收益。比如某股票期权的收益主要取决于基础股票的收益。

❖ 阅读材料 4-1

"基建投资基金":PE 信托两不像

土地财政低迷、平台贷款严控,地方政府如何开源?在 2012 年左右,安徽省淮南市潘集区正在探索"基建投资基金"。这一"创新金融产品"的全称是潘集区基础设施建设投资基金。根据当地官方的说法,该基金由潘集区政府、中国银行全程参与运作。基金规模为 4 亿元,一期为 2 亿元,期限为 2 年,预期收益率为 8%。一份关于该基金的募集简介显示,潘集区工会被明确为代持投资人。

值得关注的是,这一基金被官方明确为"政府支持、财政兜底的政府项目"。当地主要领导要求领导干部要带头募集、率先募集。

潘集区教育信息网显示,当地教育部门早在 2012 年 8 月就已经下发基金募集通知,称这是一次福利性待遇,其对象限于区财政供给的行政、事业单位的工作人员。

年息 8%,每半年结息一次,时限 2 年。这样的福利来源于规划项目的高收益。

上述通知中附带的基金简介显示,区政府联系人是一位李姓总经理,该人士称,基金将主要投资于潘集区一些规划的道路建设,"道路建成后周边土地必然会升值,政府将通过出让土地偿还本息"。

对于财政兜底,该人士解释称,这个基金是由潘集区政府常务会议和区长办公会议研究,然后经过潘集区委常委会、潘集区人大常委会的表决通过。"区人大要求列入当地财政预算,最终由财政兜底"。

资料来源:刘冬,董云峰.地方政府另类融资:PE 信托两不像[N].第一财经日报,2012-11-21.

● 讨论题

(1)"基建投资基金"属于什么类型证券?

(2)"基建投资基金"的投资风险与一般证券的风险有什么区别?

4.1.2 证券投资的目的

党的二十大报告明确指出要"健全资本市场功能",这就需要大力发展证券市场。证券市场的发展离不开证券投资。在不同的情况下,企业进行证券投资,有不同的目的和动机,主要如下。

1. 通过短期证券投资充分利用闲置资金

企业在经营过程中,有时候由于季节性需要或短时期资金积累需要,可能会形成一部分短期的闲置资金,这些资金如果存放在银行,所获得的收益很小,因此企业可能会将短期内闲置的资金投放在证券市场,以获取比较高的收益。

2. 通过长期股票投资获得被投资企业的控制权

企业为获得更高的收益,往往通过与关联企业结成一定形式的联盟,而这其中通过收购被投资企业的股票,达到对其的控股或重大影响,就可以利用股东大会或董事会等形式对被投资企业进行控制或施加重大影响,从而获得控制权收益。

3. 进行多样化化投资,分散投资风险

根据资产组合的风险理论,资产组合中的种类越多,组合的非系统风险越小。因此很多企业为避免在某一单一行业进行经营的风险,往往会收购其他企业的证券,以达到多元化投资、分散风险的目的。

❖ 阅读材料 4-2

上市公司购买理财产品到底是好还是不好

徐业坤、安素霞(2021)认为,一方面,上市公司等企业购买理财产品有助于提高资金使用效率和投资效率。第一,企业利用闲置资金购买理财产品能够盘活资金,增加企业资产的流动性,为未来的投资项目提供资金储备,这种"蓄水池"效应有利于缓解融资约束,改善投资效率。第二,企业购买理财产品能够拓宽融资渠道。理财产品的发行主体主要是银行,企业通过购买理财产品能够改善银企关系。另一方面,企业借购买理财产品之名将本应投向实体项目的资金用于金融资产的投资也可能会损害实体投资的效率。第一,企业存在大量现金资产会增加管理层对资源的控制力,导致严重的代理问题。企业购买理财产品说明企业自由现金流量较多,这会造成管理者对自由现金流量的滥用,导致投资效率下降。第二,企业购买理财产品属于金融资产配置,而过度配置理财产品会挤占实体投资,最终影响主营业务的发展。论文实证研究发现:企业购买理财产品对于投资效率会产生"损害效应",表现为购买理财产品与非效率投资显著正相关,且民营企业购买理财产品对投资效率的损害更严重。

资料来源:徐业坤,安素霞. 购买理财产品与上市公司投资效率:增益还是损害[J]. 现代财经,2021(4):18-36.

◆ 讨论题

(1) 从理论上来说,上市公司购买理财产品可能有哪些动机?
(2) 你认为上市公司购买理财产品应遵循哪些原则?

4.1.3 证券投资中几种价值的概念

在证券投资中,经常会涉及多种价值概念,由于这些概念比较近似,需要进行明确界定,才能在证券估价中进行正确应用。

1. 账面价值

账面价值(book value)也被称为面值,是指某证券首次发行时,发行人承诺到期支付的价值。比如,某公司发行债券,面值为 100 元,则该债券到期时,发行公司要支付债券持有人 100 元。在西方的一些国家中,有些股票无面值,则被称为无面值股票。除此以外,大部分证券都有面值。

2. 市场价值

市场价值(market value)也被称为市价或市值,是指某证券在交易市场上交易的价格。证券的市场价值受市场供求关系、投机炒作行为以及发行公司的经济状况影响,大多数情况下与账面价值不相等。

3. 内在价值

内在价值(intrinsic value)是指某证券理论上应该具有的价值。从理论上说,某证券应该具有的价值,是该证券给持有人提供的未来现金流量的现值。例如,某人购买了一张债券,该债券 2 年后到期,每年年末支付利息 10 元,第 2 年年末支付本金 100 元,某人需要的投资收益率为 5%,则该债券的内在价值应为 109.29{=[10/(1+5%)]+[10/(1+5%)^2]+[100/(1+5%)^2]} 元。根据上述定义,假设某证券第 i 年给持有人带来的现金流入量为 CF_i,持有人需要的投资收益率为 r,则该证券的内在价值 IV 的计算如下:

$$IV = \sum_{i=1}^{n} \frac{CF_i}{(1+r)^i}$$

在完美市场状态下,每个投资者对证券未来的必要收益率相同、证券未来现金流入量确定,不存在流动性限制,因此证券的市场价值达到均衡,即证券市场价值等于内在价值。但在实际经济条件中,由于投机行为、信息不对称、投资者风险厌恶程度不同等情况存在,证券的市场价值往往不等于内在价值。

4.2 债权类证券投资

债权类证券主要是债券,包括国债、金融债券和公司债券等多个类型。在债券投资中,主要应考虑债券的内在价值和投资收益率。本节我们将重点讨论这两个问题。

4.2.1 债券内在价值的估计

所谓债券,是指约定票面价值、到期日以及票面利率,按期还本付息的证券。其中,票面价值(face value)是债券票面注明的价值,它是债券到期后发行人需要向持有人归还的本金。到期日是指债券约定的还本日期，一般来说普通债券的到期日大于一年。票面利率是指债券约定向债券持有人支付的利率。

除票面价值、到期日和票面利率外，还有一些影响债券内在价值的因素，主要包括以下几个因素。

1. 市场利率

所谓市场利率，是指由资金市场上的供求关系所决定的利率。市场利率因受到资金市场上的供求变化而经常变化。在市场机制发挥作用的情况下，由于自由竞争，信贷资金的供求会逐渐趋于平衡，经济学家这将种状态的市场利率称为"均衡利率"。与市场利率对应的概念是官定利率，所谓官定利率是指由货币当局规定的利率。货币当局可以是中央银行，也可以是具有实际金融管理职能的政府部门。

市场利率对债券价值的影响，主要在于市场利率影响债券持有人投资债券的必要收益率。一般来说，市场利率越高，债券持有人的必要收益率就越高，从而降低对债券的估价结果。

2. 利息支付方式

多数情况下，债券都是每年定期支付利息，到期偿还本金的。但有些债券利息半年支付一次，在这种情况下，由于复利次数增加，债券的价值也会增加。

3. 债券信用级别

为了明确债券的违约风险，债券发行人需要在发行债券时聘请专门的评级机构对债券进行信用评级。债券的信用评级越高，则表明债券的违约风险越小，从而债券投资人的必要收益率也越低，最终提升债券的价值。

❖ 阅读材料 4-3

债券信用评级

债券信用评级是指专门从事信用评级的机构依据被广大投资者和筹资者共同认可的标准，独立对债券的信用等级进行评定的行为。进行债券信用评级的最主要原因是方便投资者进行债券投资决策。投资者购买债券是要承担一定风险的，如果发行者到期不能偿还本息，投资者就会蒙受损失，这种风险被称为信用风险。债的信用风险因发行者偿还能力的不同而有所差异。对广大投资者尤其是中小投资者来说，由于受到时间、专业知识和信息的限制，无法对众多债券进行分析和选择，因此需要专业机构对债券进行信用评级，以方便投资者决策。债券信用评级的另一个重要原因是减少信誉高的发行人的筹资成本。一般来说，信用等级越高的债券，越容易得到投资者的信任，能够以较低的利率发行；而信用等级低的债券，风险较大，只能以较高的利率发行。评级机构一般会根据债券的投资价值和偿债能力等指标对债券进行信用评级，信用等级标准从高到低可划分为 Aaa 级、Aa 级、A 级、Baa 级、Ba 级、B 级、Caa 级、Ca 级和 C 级。前四级债券信誉高，违约风险小，是"投资级债券"，第五级开始的债券信誉低,是"投机级债券"。评级机构中最著名的两家是美国的标准普尔和穆迪投资者服务公司,由于它们占有详尽的资料,采用先进科学的分析技术,又有丰富的实践经验和大量的专门人才,因此它们所给出的信用评级具有很高的权威性。

我国《公司债券发行试点办法》第七条(三)表明,"经资信评级机构评级,债券信用级别良好"是公司发行公司债券规定之一;第十条规定,公司债券的信用评级,应当委托经中国证监会认定、具有从事证券服务业务资格的资信评级机构进行。公司与资信评级机构应当约定,在债券有效存续期间,资信评级机构每年至少公告一次跟踪评级报告。

讨论题

(1)为什么债券评级需要由专门的资信评级机构进行?

(2)为什么我国《公司债券发行试点办法》要求在债券有效存续期间,资信评级机构每年至少公告一次跟踪评级报告?

在上述因素确定的情况下,债券投资人可以根据不同的债券种类进行具体的债券估价。我们分几种情况进行讨论。

(1)每年定期一次支付利息、到期还本的债券。这类债券是最常见的债券,它既符合大部分投资人的需求,也便于公司进行理财活动。这类债券对于持有人来说有两部分未来现金流入,第一部分是每年收到的利息,是普通年金,第二部分是到期收到的本金,是一次性收到的终值。因此,根据内在价值的计算公式,对于这类债券的估价公式如下:

$$V = FV \cdot i \cdot PVIFA(r,n) + FV \cdot PVIF(r,n)$$

式中,FV 为债券票面价值,i 为票面利率,$FV \cdot i$ 为根据票面利率和票面价值计算的债券投资人每年得到的利息收入,r 为债券投资人的必要收益率,它是计算债券价值的折现率。

例 4-1 张先生和李先生各自拥有一笔闲置资金,想进行债券投资。某年年初两位先生得知 B 公司公开发行债券,债券面值为 100 元,每年年末定期支付利息,年利率为 5%。6 年后归还本金 100 元。张先生要求的必要收益率为 5%,李先生要求的必要收益率为 6%,问该债券对张先生和李先生而言,价值各是多少?

张先生估计的债券价值计算如下:

$$100 \times 5\% \times PVIFA(5\%,6) + 100 \times PVIF(5\%,6) = 25.38 + 74.62 = 100 \text{(元)}$$

李先生估计的债券价值计算如下:

$$100 \times 5\% \times PVIFA(6\%,6) + 100 \times PVIF(6\%,6) = 24.59 + 70.50 = 95.09 \text{(元)}$$

虽然两位先生准备购买的债券相同,但他们对其的估价不同。造成这种不同的原因在于他们两人的必要收益率不同。

(2)到期一次还本付息的债券。一些债券发行人为了充分使用资金,将债券设置成到期一次还本付息的形式。在这种情况下,债券持有人的未来现金流入只有到期一次,因此其债券估价的公式如下:

$$V = (FV \cdot i \cdot n + FV) \cdot PVIF(r,n)$$

仍以上例来说明，假定 B 公司规定利息到期一次支付，则该债券对张先生而言的价值为 97.01[=(100×5%×6+100)×PVIF(6%,6)=130×0.746 2] 元。

由于利息的支付方式发生变化，即使张先生的必要收益率不变，债券的价值依然发生了变化，对投资人的吸引力下降。

（3）零息债券。所谓零息债券，是指债券不支付利息，而是在到期后支付债券票面价值的债券。这类债券一般会折价发行，债券持有人通过折价和面值之间的差异获取投资收益。由于零息债券不支付利息，债券持有人未来的现金流入只有到期的票面金额，因此其债券估价的公式如下：

$$V=FV \cdot PVIF(r,n)$$

仍以上例，假定 B 公司发行零息债券，则该债券对张先生而言的价值为 74.62[=100×PVIF(5%,6)] 元。

（4）每年定期多次支付利息、到期还本的债券。一些债券发行人为了增加债券对市场的吸引力，提高发行成功的概率，会增加债券利息支付的频率，这实际上造成了债券计息期的缩短，从而增加复利次数。这类债券价值的计算思路与每年定期一次支付利息，到期还本的债券相似，我们分析如下：

设某债券的面值为 FV，每年定期支付利息 m 次，名义年利率为 i，n 年到期，则债券持有人每年获利息 m 次，每次利息收入为 $MV \cdot i/m$，债券持有期间收利息 $m \cdot n$ 次。n 年后收回面值 FV。假定该债券持有人需要的年必要收益率为 r，在一年计息 m 次的条件下，每次计息期的必要收益率为 r/m。根据这一推论，债券价值的计算包括两个部分，一是利息价值的折现，二是到期值的折现。因此，这类债券的估价公式如下：

$$V=FV \cdot i/m \cdot PVIFA(r/m, m \cdot n)+FV \cdot PVIF(r/m, m \cdot n)$$

仍以上例来说明，假定 B 公司每半年支付一次利息，其他条件同例 4-1，则该债券对李先生而言的价值为 95.03[=100×5%/2×PVIFA(6%/2,12)+100×PVIF(6%/2,12)=2.5×9.954 0+100×0.701 4=24.89+70.14] 元。

❖ 阅读材料 4-4

人民胜利折实公债

1950 年新中国成立初期，全国经济刚刚起步，百废待兴，国家各方面建设急需资金，而全国的税收收入因经济总量薄弱而难以满足资金需求。为弥补资金缺口，中央人民政府决定于 1950 年发行人民胜利折实公债。公债总额为 2 亿分，每分以上海、天津、汉口（现属武汉市）、西安、广州、重庆六大城市的大米（天津为小米）六斤（3kg）、面粉一斤半（0.75kg）、白细布四尺（1.33m）和煤炭十六斤（8kg）之平均批发价的总和计算。这一平均市价每 10 天计算一次，由中国人民银行公布。年息 5%，分 5 年偿还，每满一年付息一次。发行债券的消息一经传出，即受到全国广大人民群众的大力支持，很快完成发行任务。人民胜利折实公债的发行，为解决财政赤字、抑制通货膨胀、推动经济建设提供了重大支持，充分显示了全国人民对新中国的爱国热情。

● 讨论题

如何客观正确评估人民胜利折实公债的投资价值？

根据债券估计的价值，结合债券的市场价格，投资人可以做出是否投资该债券的决策。如果债券对于投资人而言的价值高于债券的市场价格，投资人可以购买该债券，以获取收益。否则，就不能购买该债券。在例4-1中，如果B公司的债券发行价格为每份98元，则张先生可以购买该债券，而李先生不能购买。

4.2.2 债券收益率的计算

在第3章我们讨论到资产收益率，债券作为一种证券资产，也存在收益率的计算问题。所谓债券收益率，是指投资人通过债券投资获取收益的水平。从数学的角度说，债券收益率是一个折现率，利用这个折现率将债券持有人投资债券获取的现金流入折算到投资期，使得折算现值等于投资本金的比率。假设债券持有人期初用 P_0 的价格购买债券，该债券每年支付的利息为 I_t，到期值为 MV，持有期限为 n 年，则债券收益率 r_0 的计算就是求解下列等式中的未知数 r_0：

$$P_0 = \sum_{i=1}^{n} \frac{I_t}{(1+r_0)^t} + \frac{MV}{(1+r_0)^n}$$

根据债券投资人具体持有债券的计划不同，债券收益率的计算有不同情况，我们分几种情况讨论。

1. 持有至到期

在持有债券至到期日的情况下，计算债券收益率就是求债券投资的内部收益率。我们可以根据上述债券收益率的计算公式进行计算。

例4-2 A企业债券的面值为10 000元，票面利率为12%，每年年末定期支付利息，期限为8年，陶先生以10 600元的价格购买该债券并持有该债券至到期，试计算陶先生投资该债券的收益率。

根据上述债券收益率的计算公式，我们得到以下等式：

$$10\ 600 = 1\ 200 \times PVIFA(r_0, 8) + 10\ 000 \times PVIF(r_0, 8)$$

直接求解 r_0 比较困难，可以用试误法先估计 r_0 的可能范围，再运用插值法进行估计。

假设 $r_0 = 10\%$，将其带入上述等式右边，得到右边的和为11 067元，大于等式左边的10 600元，根据折现率越大，现值越小的现值计算公式，可知求解的 r_0 应大于10%。

再假设 $r_0 = 11\%$，将其带入上述等式右边，得到右边的和为10 515元，小于等式左边的10 600元。根据上述计算，可以确认求解的 r_0 应在10%和11%之间。

我们再运用插值法具体求解 r_0，如图4-1所示。

上图中直线ABC表示的是折现率与债券未来现金流量现值之间的线性关系（假定其为直线，但实际上是一个上凸曲线），折现率越高，现值越小。由于三角形AEC和ADB为相似三角形，我们可以先求出DB的长度，再利用它求出 r_0 的值。

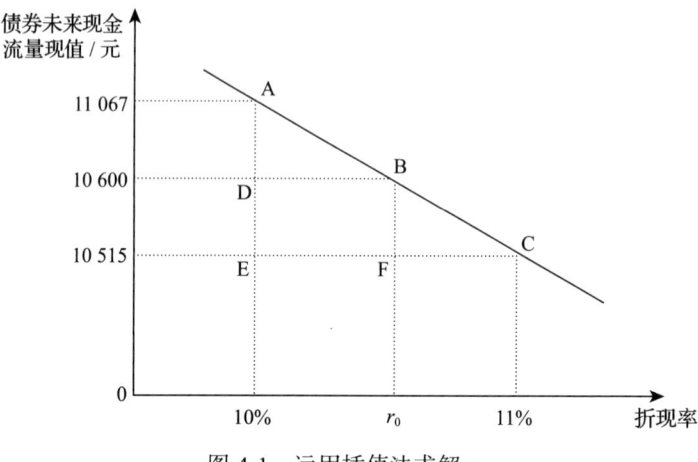

图 4-1 运用插值法求解 r_0

根据相似三角形原理，我们得到：

$$AE/AD=EC/DB$$

由此我们可得：

$$(11\,067-10\,515)/(11\,067-10\,600)=(11\%-10\%)/(r_0-10\%)$$

求解上述方程式，得：

$$552/467=1\%/(r_0-10\%)$$
$$(r_0-10\%)=1\%/1.182=0.85\%$$
$$r_0=10.85\%$$

2. 在到期前出售

若债券持有人计划在到期前出售债券，则其可获得出售前的利息和售价收入，假设债券持有人在第 m 年出售债券，售价为 P_m，则债券收益率的计算变成求解下列等式中的未知数 r_0：

$$P_0 = \sum_{t=1}^{m}\frac{I_t}{(1+r_0)^t}+\frac{P_m}{(1+r_0)^m}$$

例 4-3 A 企业的债券面值为 10 000 元，票面利率为 12%，每年年末定期支付利息，期限为 8 年，陶先生以 10 600 元的价格购买该债券并持有该债券到第 5 年年底出售，售价为 10 100 元，试计算陶先生投资该债券的收益率。

根据上述债券收益率的计算公式，我们得到以下等式：

$$10\,600=1\,200\times \text{PVIFA}(r_0,5)+10\,100\times \text{PVIF}(r_0,5)$$

假设 $r_0=10\%$，将其带入上述等式右边，得到右边的和为 10 820 元，大于等式左边的 10 600 元；再假设 $r_0=12\%$，将其带入上述等式右边，得到右边的和为 10 056 元，小于等式左边的 10 600 元。根据上述计算，可以确认求解的 r_0 应在 10% 和 12% 之间。

运用插值法，得

$$(10\,820-10\,056)/(10\,820-10\,600)=(12\%-10\%)/(r_0-10\%)$$

$$764/220=2\%/(r_0-10\%)$$
$$(r_0-10\%)=2\%\times 220/764=0.58\%$$
$$r_0=10.58\%$$

根据以上计算结果,陶先生应持有债券至到期,因为这可以比在第 5 年年底出售获得更多的收益。

通过以上计算公式我们可初步得到以下结论:
①债券购买价格越高,债券收益率越低;②债券票面利率越高,债券收益率越高。

债券投资收益的影响因素有很多,除了上述债券的购买价格、持有期间、债券票面利率等因素外,还包括债券市场的投机程度、市场流动性以及国家金融政策等。

4.3 权益类证券投资

权益类证券主要是股票,包括普通股和优先股等。在股票投资中,主要也应考虑股票的内在价值(即估价)和投资收益率。本节我们将重点讨论这两个问题。

4.3.1 优先股的估价和投资收益率的计算

所谓优先股,是指西方国家一些公司在普通股之外发行的具有某些优惠条件的股票。优先股的优惠条件一般包括优先分得股利、优先分配剩余财产等。《中华人民共和国证券法》于 1998 年实施之前,我国曾经有个别公司发行了优先股,如万科等。但因为我国当时的相关法规不认可优先股的地位,这些优先股先后被赎回注销。2014 年,在中国证监会颁布《优先股试点管理办法》后,一些企业陆续发行优先股。

投资者投资优先股的主要原因在于优先股的股利比较稳定,可以一定程度上避免普通股的高风险。此外,在特定时期优先股的投资具有一些特别意义。比如,美国政府在 2009 年 1 月 9 日曾购买美国银行 100 亿美元的优先股,用以救助金融危机下的美国金融业。

1. 优先股的估价

与债券相比,优先股的相似之处在于一般优先股投资人每年可以获得固定的股利收入,两者的区别在于优先股股东除出售优先股外没有优先股的到期价值收入。根据这一分析思路,优先股的估价有以下两种类型。

(1)准备长期持有的优先股。投资者如长期持有优先股,其未来现金流入就只有优先股股利,假设优先股股利每年支付(一般情况下只要企业正常盈利都会按约定利率支付优先股股利),则优先股股利收入对投资人来说相当于一个永续年金。假定某优先股每份每年支付股利一次,金额为 D_p,优先股投资人的必要收益率为 r,则优先股的估价公式为

$$V=D_p/r$$

例 4-4 美国银行(Bank of America)董事会于 2008 年 12 月 17 日宣布,对 L 系列非累积可转换优先股每股支付 18.125 美元股利。假定该公司每年都向这一系列优先股支付这一固定数额股利,而某投资者长期持有美国银行的优先股,其必要收益率为 10%,则这一系

列股票对该投资者的价值是多少？

根据优先股的估价公式，可得到

$$V=18.125/10\%=181.25（美元）$$

（2）持有一段时期后出售的优先股。投资者如持有一段时期，例如 n 年后出售优先股，其未来现金流入包括持有期间股利 D_p 和到期出售收入 P_n，其中 D_p 近似为普通年金，而 P_n 为一次性收入终值。根据上述分析，假定优先股每份每年支付股利一次，金额为 D_p，优先股投资人的必要收益率为 r，这类优先股的估价公式为

$$V = \sum_{t=1}^{n} \frac{D_p}{(1+r)^t} + \frac{P_n}{(1+r)^n}$$

例 4-5　沃顿先生于 2005 年年初购买美国银行优先股，每股面值为 100 美元，股利支付率为每年 18%。沃顿先生准备持有该优先股到 2008 年年底出售，预计售价为 200 美元。假定沃顿先生投资的必要收益率为 10%，则该股票对沃顿先生的价值是多少？

根据上述计算公式，可得：

$$V=100\times18\%\times \text{PVIFA}(10\%,4)+200\times \text{PVIF}(10\%,4)$$
$$=18\times3.169\,9+200\times0.683\,0$$
$$=193.66（美元）$$

2. 优先股的投资收益率

与债券的投资收益率含义相似，优先股的投资收益率也是一个折现率，利用这个折现率将优先股持有人投资优先股获取的现金流入折算到投资期，可使得折算现值等于投资本金。如果投资人期初用 P_0 的价格购买优先股，该优先股第 t 年 ($t=1,2,\cdots,n$) 支付的股利为 D_t，则优先股的投资收益率 r_0 的计算就是求解以下等式中的未知数 r_0：

$$P_0 = \sum_{t=1}^{n} \frac{D_t}{(1+r_0)^t}$$

由于优先股投资人的投资处理方式不同，优先股的投资收益率的计算有两种情况。

（1）准备长期持有的优先股。如果投资人长期持有优先股，则未来主要现金流入只有股利，其投资收益率的计算如上一个公式所示。考虑到优先股的股利大都固定不变，即 $D_1=D_2=\cdots=D_n$，当 n 逐渐增大时，优先股股利可近似看作永续年金，因此上式可简化为

$$P_0=D_p/r_0$$

因此，$r_0=D_p/P_0$

式中，D_p 为优先股每年固定支付的股利。

例 4-6　摩根大通公司（JPMorgan Chase & Co.）董事会 2008 年 9 月 17 日公布，E 系列累积优先股股利为 3.075 美元，假定该公司每年都固定支付这一股利。斯科特先生 2008 年年初以 50 美元的价格购买了该系列优先股，贾斯丁先生在 2009 年年初以 40 美元的价格购买了该系列优先股，则斯科特先生和贾斯丁先生的投资收益率各是多少？

斯科特先生的投资收益率为 3.075/50=6.15%

贾斯丁先生的投资收益率为 3.075/40=7.69%

由于贾斯丁先生的投资成本低，因此他的投资收益率更高。

（2）持有一段时期后出售的优先股。如投资者在持有优先股一段时期后出售，则未来现金流入包括股利和出售收入两个部分，应分别将这两部分现金流入折现，使得现值之和等于投资成本。假定投资者以 P_0 的价格购买优先股股票，股票每年支付股利 D_p，投资者 n 年后出售优先股，价格为 P_n，则优先股的投资收益率 r_0 的计算就是求解下列等式中的未知数 r_0：

$$P_0 = \sum_{t=1}^{n} \frac{D_p}{(1+r_0)^t} + \frac{P_n}{(1+r_0)^n}$$

仍以上例来说明，假定斯科特先生准备在 2010 年年底按每股 60 美元的价格出售优先股，则斯科特先生的优先股投资收益率可用以下等式计算。

$$50=3.075 \times \text{PVIFA}(r_0,3)+60 \times \text{PVIF}(r_0,3)$$

假设 r_0=12%，将其带入上述等式右边，得到右边的和为 50.09 美元，大于等式左边的 50 美元；再假设 r_0=14%，将其带入上述等式右边，得到右边的和为 47.41 美元，小于等式左边的 50。根据上述计算，可以确认求解的 r_0 应在 12% 和 14% 之间。

利用插值法计算，得

$$(50.09-50)/(50.09-47.41)=(r_0-12\%)/(14\%-12\%)$$

$$r_0=12.01\%$$

❖ 阅读材料 4-5

中建优 1

中国建筑股份有限公司（以下简称"中国建筑"）（601668）在 2015 年 3 月 2 日非公开发行优先股，其主要数据见表 4-2。

表 4-2 中国建筑优先股数据

项目	数据
优先股代码	360007
优先股简称	中建优 1
发行人全称	中国建筑股份有限公司
发行人公司代码	601668
发行方式	非公开发行
发行价格/元	100
发行数量/万股	15 000
发行日期	2015 年 3 月 2 日
上市/挂牌日期	2015 年 3 月 20 日
每股面值/元	100
初始票面股息率	5.80%
股息类型	固定股息

(续)

项目	数据
每年股息支付次数	1次
股东大会是否有权取消股息支付	是
股息是否可累积	否
是否可回售	否
回售条款	—
是否可赎回	是
赎回条款	发行人有权自计息起始日起期满5年之日起(即2020年3月2日)起(含该日),于每年的优先股股息支付日(即每年3月2日)全部或部分赎回注销该期优先股,如该日为法定节假日或休息日,则顺延至下一个工作日。发行人决定执行部分赎回时,应对所有优先股股东进行等比例赎回
是否有权参与剩余利润分配	否
是否可转换为普通股	否

◆ 讨论题

根据上述资料,假定某公司在2015年3月2日按面值购买中建优1并持有至2020年3月2日,其投资收益率要求达到5%,在股利所得税税率为20%的情况下,该优先股价值是多少?

4.3.2 普通股的估价和投资收益率的计算

普通股是股份制公司中最终享有剩余索取权,并享有参与公司重大经营决策和选举权的股东所持有的公司股票。股东购买公司普通股,可以参与公司重大经营决策、享受公司业绩增长的成果、获取股利、同时也承担公司的经营和财务风险。为了充分利用社会资金,增加公民投资机会,我国于1989年开始建立公开交易的股票市场。

1. 普通股的估价

与债券和优先股相比,普通股的估价难度大得多,这主要是因为普通股投资者未来能获得的现金流入不确定:普通股没有固定股利,也没有到期日,此外普通股的股票价格也经常发生变化。因此,对普通股的估价要根据不同的情况进行具体处理。在财务管理中,普通股的估价主要采用股利折现模型和市盈率估价模型。

(1) 股利折现模型。主要适用于定期支付股利的股份公司股票,股东持有这类股票,未来股利收入可进行近似估计。股利折现模型的估价思想是将普通股各年股利按投资者要求的必要收益率进行折现,并将股票最终出售价格折算为现值,这些现值之和就是股票的内在价值。假设某投资者持有一种股票,该股票每年支付的股利为$D_t(t=1,2,\cdots,n)$,在第n年末投资者按P_n的价格出售股票,投资者投资股票的必要收益率为r,则股利折现模型的估价公式如下:

$$V = \sum_{t=1}^{n} \frac{D_t}{(1+r)^t} + \frac{P_n}{(1+r)^n}$$

由于各股份公司股利支付的具体情况不同,投资者投资股票的期限不同,股利折现模型有多种不同情况的运用,分别介绍如下。

第一种是投资者长期持有股票的情况。

如投资者长期持有股票，则未来投资者从股票中获得的收益主要是股利，股票出售收入由于是很长时间以后的收入，其折现系数 $(1+r)^{-n}$ 的值很小，因此其现值可忽略不计。在这一情况下，上述公式变为

$$V = \sum_{t=1}^{n} \frac{D_t}{(1+r)^t}$$

由于股利不确定，我们还需要对股利的发放进行一些设定，以便更方便地计算股票价值。假设该股票每年的股利固定不变，即 $D_1=D_2=\cdots=D_n$，则投资者的股利收入形成一项永续年金，按照永续年金现值计算公式，上述公式变成 $V=D/r$。

例 4-7 微软公司（Microsoft Corp.）董事会于 2007 年 12 月 19 日宣布，该公司支付季度股利 0.11 美元。假定该公司每年支付一次股利，合计 0.44 美元，股利固定不变。某投资者购买微软公司股票，长期持有，要求的必要收益率为 5%，则微软公司普通股股票价值对这个投资者来说是多少？

根据上述公式，可得

$$V=0.44/5\%=8.8（美元）$$

也有一些公司股利不是固定不变的，而是按一个比例固定增长。比如，某公司第 1 年每股股利为 1 元，第 2 年每股股利为 $(1+10\%)$，第 3 年每股股利为 $(1+10\%)^2$，第 4 年每股股利为 $(1+10\%)^3$，即股利按 10% 的比例增长。现假设某公司普通股最近一期股利为 D，以后每年按 g 的比例增长，则该公司普通股股票的估价公式变为

$$V = \sum_{t=1}^{n} \frac{D(1+g)^t}{(1+r)^t}$$

将上式进行数学简化，得：

$$V = \frac{D(1+g)}{r-g}$$

例 4-8 宝山钢铁股份有限公司（以下简称"宝钢公司"）2019 年每股派发现金股利 0.32 元，2023 年每股派发现金 0.35 元，4 年平均每年股利增长 2.27%。假定该公司普通股股利每股按 2.27% 固定幅度增长，投资者 2024 年 1 月购买该公司股票，必要收益率为 5%，则该公司股票对该投资者的价值是多少？

根据上述公式，得：

$$V = 0.35(1+2.27\%)/(5\%-2.27\%)$$
$$= 0.357\,945/2.73\% = 13.11（元）$$

第二种是投资者持有一段时间后出售股票的情况。

一些投资者购买股票后，并不准备长期持有，而是期待未来价格上涨后出售获利。在这种情况下，出售价格就成为普通股持有人未来现金流入中重要的组成部分，需要在计算股票

价值时予以考虑。

例 4-9 某投资者于 2020 年 4 月购买宝钢公司股票，准备持有至 2022 年（两年后）4 月底，预计 2021—2022 年每年 4 月支付股利，每股预计股利 0.35 元。估计 2020 年 4 月宝钢公司股票价格为每股 10 元。若该投资者投资股票的必要收益率为 8%，试为该投资者估计宝钢公司普通股股票的价值。

根据股利折现模型的基本公式，宝钢公司股票对该投资者的价值计算如下：

$$V = 0.35/(1+8\%)+0.35/(1+8\%)^2+10/(1+8\%)^2$$
$$= 0.32+0.30+8.57$$
$$= 9.19（元）$$

如果 2020 年 4 月宝钢公司的普通股股票价格为 8 元，则该投资者可以购买宝钢公司股票。

（2）市盈率估价模型。市盈率估价模型主要应用于那些股利支付没有规则的公司股票估价，其基本原理是：市场投资者对某一行业或某一家特定企业持有一个比较稳定的市盈率定位。在这种情况下，公司股票价值主要取决于公司的每股盈余。其计算公式为

$$V = \text{EPS} \times (P/E)$$

式中，EPS 为公司的每股收益，P/E 为公司的市盈率。

例 4-10 某公司 20×2—20×8 年的每股收益和股票市场平均价格数据见表 4-3。

表 4-3　某公司 20×2—20×8 年的每股收益和股票市场平均价格

年份	20×2	20×3	20×4	20×5	20×6	20×7	20×8
EPS	2	1.5	0.8	1	1.2	1.5	0.9
P	20	14	8	9	10	13	9

假定某投资者预计 20×9 年该公司每股收益为 1.4 元，试运用市盈率估价模型预计该公司股票 2009 年价格水平。

本题的主要难度在于估计 20×9 年该公司的市盈率，我们可以先计算 20×2—20×8 年市盈率，并用 20×2—20×8 年市盈率的平均数近似估计 20×9 年市盈率水平。而 20×2—20×8 年市盈率可以用每年的股票价格除以每股收益来计算。

计算 20×2—20×8 年市盈率见表 4-4。

表 4-4　20×2—20×8 年市盈率

年份	20×2	20×3	20×4	20×5	20×6	20×7	20×8
EPS	2	1.5	0.8	1	1.2	1.5	0.9
P	20	14	8	9	10	13	9
P/E	10	9.33	10	9	8.33	8.67	10

求 20×2—20×8 年每年市盈率的平均数，得到平均市盈率为 9.33。因此，预计 20×9 年的股票价格为 13.06(=9.33×1.4) 元。

运用市盈率估价模型估计股票价值需要有两个基本条件，一是公司股票上市，并有稳定的市盈率；二是投资者可以比较准确地预计公司未来的经营业绩。这两个条件有时难以实

现，使得这一模式的运用受到一定的限制。

2. 普通股收益率的计算

普通股收益率与债券收益率含义相似，普通股收益率也是一个折现率，利用这个折现率将普通股持有人投资普通股获取的现金流入折算到投资期，可使得折算现值等于投资本金。如果普通股持有人按 P_0 的价格购买股票，持有 n 年，预计第 t 年 ($t=1,2,\cdots,n$) 普通股股利为 D_t，第 n 年按 P_n 的价格出售股票，则普通股收益率 r_0 的计算就是求解下列等式中的未知数 r_0：

$$P_0 = \sum_{t=1}^{n} \frac{D_t}{(1+r_0)^t} + \frac{P_n}{(1+r_0)^n}$$

例 4-11 宝钢公司 20×2—20×8 年每年支付的每股股利数据见表 4-5（假定股利都在年末支付）。

表 4-5 宝钢公司 20×2—20×8 年每年支付的每股股利

年份	20×2	20×3	20×4	20×5	20×6	20×7	20×8
股利（元/股）	0.2	0.25	0.32	0.29	0.35	0.35	0.3

某人在 20×2 年年初以每股 5.2 元的价格购买宝钢公司的股票，并在 20×8 年年末以 5.6 元的价格出售股票，该投资者想知道投资宝钢公司股票的收益是否高于定期存款的收益水平（假定一年期定期存款利率为 4%），试帮助该投资者进行分析。

要判断投资股票和定期存款收益的高低，就是要比较股票投资收益率和一年期定期存款的利率水平，因此要解决上述问题，首先要计算宝钢公司股票的投资收益率。

根据上述数据，投资者在对宝钢公司的股票投资中每股每年收入的现金见表 4-6。

表 4-6 投资者在对宝钢公司的股票投资中每股每年收入的现金

年份	20×2	20×3	20×4	20×5	20×6	20×7	20×8
现金收入（元/股）	0.2	0.25	0.32	0.29	0.35	0.35	5.9

表中 20×8 年的 5.9 元是 20×8 年的股利和出售股票的价格收入。根据投资收益率计算公式，利用试误法首先估计投资收益率的范围。

先以 6% 作为折现率，对上述每年现金收入进行折现，计算其现值见表 4-7。

表 4-7 现值计算表（6%）

年份	20×2	20×3	20×4	20×5	20×6	20×7	20×8
股利（元/股）	0.2	0.25	0.32	0.29	0.35	0.35	5.9
折现年限	1	2	3	4	5	6	7
折现率	0.943 4	0.89	0.839 6	0.792 1	0.747 3	0.705	0.665 1
现值（元）	0.19	0.22	0.27	0.23	0.26	0.25	3.92

将上述各年现金流入现值加总，得到总和为 5.34 元，大于初始投资的 5.2 元，说明实际收益率大于 6%，再以 7% 作为折现率，对上述每年现金收入进行折现，计算其现值见表 4-8。

将上述各年现金流入现值加总，得到总和为 5.05 元，小于初始投资的 5.2 元，说明实际收益率在 6% 和 7% 之间。使用插值法求解收益率，得到如下等式：

$$(5.34-5.20)/(5.34-5.05)=(r_0-6\%)/(7\%-6\%)$$

表 4-8　现值计算表（7%）

年份	20×2	20×3	20×4	20×5	20×6	20×7	20×8
股利（元/股）	0.2	0.25	0.32	0.29	0.35	0.35	5.9
折现年限	1	2	3	4	5	6	7
折现率	0.934 6	0.873 4	0.816 3	0.792 6	0.713	0.666 3	0.622 7
现值（元）	0.19	0.22	0.26	0.23	0.25	0.23	3.67

求解上述等式，得 r_0=6.48%。

根据上述计算结果可看出，宝钢公司股票的投资收益率大于一年期定期存款利率。

3. 普通股投资收益率的影响因素

普通股投资收益率受很多因素的影响，主要的影响因素有以下几个方面。

（1）国家宏观经济形势。宏观经济形势对大部分公司的经营有重大影响，如果宏观经济处于快速发展阶段，大部分公司都会有比较好的业绩，因此会支付比较多的股利；相反如果经济形势处于收缩阶段，许多公司出现经营亏损，就不可能有比较高的股票投资收益。我国股市在 2007 年的快速成长之后，2008 年进入衰退，许多股民都有亏损。曾有专门机构对 2008 年股民投资收益情况进行调查，截至 2008 年 12 月 28 日 10 时，全国共有 25 110 位股民参加了 2008 年股民生存现状大调查。在接受调查的股民中，当年在股市中亏损幅度超过 70% 的，占比多达 60%；亏损幅度在 50%～70% 的，占比为 22%；亏损幅度在 30%～50% 的，占比为 7%；亏损幅度在 30% 以下的股民，占比为 5%；至调查截止日还有盈利的股民仅占 6%。这种低收益水平虽然与我国股市的非流通股解禁压力有关，但更重要的因素是 2008 年后期，我国经济形势严峻。

（2）市场投机气氛。股票的投资收益率固然受其业绩的影响，市场投机气氛也会在很大程度上改变单个股票的收益水平。在我国股票市场的发展初期，市场投机气氛比较重，这在很大程度上改变了不同股票的收益水平。

❖ 阅读材料 4-6

杭萧钢构事件

2007 年 3 月 13 日，杭萧钢构股份有限公司（以下简称"杭萧钢构"）发布公告，称公司（卖方及承包方）与中基金（买方及发包方）签订了《安哥拉共和国—安哥拉安居家园建设工程—产品销售合同》《安哥拉共和国—安哥拉安居家园建设工程施工合同》，产品销售合同总价为人民币 248.26 亿元，施工合同总价为人民币 95.75 亿元。

消息一出便立刻有人提出质疑，称杭萧钢构 2005 年的主营业务收入为 15.16 亿元、2006 年前三季度的主营业务收入为 12.15 亿元，350 亿元的合同大大超出了其目前的生产能力。

对此，杭萧钢构在 2007 年 3 月 15 日发布提示性公告称，合同尚未实质性履行，如对方未支付相应款项，公司存在不持续执行的可能。此外上述建设工程项目合同签订后，公司近期内没有形成收益。项目的进度和收益均存在不确定性，对公司的影响还需要一定时间和过程才能逐步体现。

然而这个提示性公告及相关事项似乎丝毫没有影响到杭萧钢构股票的市场表现，在市场上，杭萧钢构的股票开始了疯狂表演，2007年2月12日，该公司股票早盘高开后，买盘异常踊跃，仅仅13分钟后就站住了涨停位，虽然曾短暂打开了涨停，但随后又被死死封在了涨停榜上。至此，杭萧钢构的股票便开始了梦幻般的连续10个涨停表演，其股价也从2007年2月9日的4.14元，飙升至2007年3月16日的10.75元，涨幅高达159.66%。

在经过长达数月的审查之后，浙江省丽水市人民检察院于2007年12月3日下午依法分别以涉嫌泄露内幕信息罪对杭萧钢构的证券办副主任、证券事务代表罗高峰和涉嫌内幕交易罪对公司原证券办主任陈玉兴、专职股民王向东提起公诉。

◉ 讨论题

2007年2—4月杭萧钢构股票投资收益率异常波动的原因与公司的业绩是否有关？

（3）市场利率水平。市场利率水平反映了社会平均资本利润率的高低以及资金供求关系，同时也影响着普通股股票投资收益率。一般来说，当市场利率上升时，社会资本投资于债券等债权类证券的积极性增加，投资于股票的资金量减少，从而带来股票价格下降，降低了股票的投资收益率；而市场利率水平降低可能表示市场投资机会减少，从而降低股份公司的收益，这在另一方面也可能会降低股票的投资收益率。

❖ 阅读材料 4-7

中国人民银行近期加息对证券市场的影响

为活跃消费市场，拉动内需，中国人民银行近期对我国商业银行存贷款利率进行了多次调整，每次调整都对证券市场产生了一定的影响。

2023年6月8日，根据央行政策，各大国有商业银行存款利率下调，其中活期存款利率下调5个基点，降至0.20%，两年期人民币定期存款利率下调10个基点，降至2.05%，三年期和五年期挂牌利率均下调15个基点，分别降至2.45%和2.5%。当天上证综合指数上涨0.58%。

2023年9月1日，根据中国人民银行政策，招商银行等六大国有和股份制商业银行均将一年期存款挂牌利率从2.25%降至2.10%，三年期存款挂牌利率从2.75%降至2.55%，五年期存款挂牌利率从3.00%降至2.80%。当天上证综合指数上涨0.43%。

2023年12月21日，根据央行政策，各大国有商业银行存款利率下调，以工商银行为例，工商银行通知存款挂牌利率下调0.2个百分点，零存整取、整存零取、存本取息等挂牌利率下调0.1个百分点，3个月、6个月、一年期定期存款挂牌利率下调0.1个百分点，两年定期存款挂牌利率下调0.2个百分点，三年期、五年期定期存款挂牌利率下调0.25个百分点。当天上证综合指数上涨0.14%。

2024年2月20日，中国人民银行授权全国银行间同业拆借中心公布，2024年2月20日贷款市场报价利率（LPR）：1年期LPR为3.45%，维持不变；5年期以上LPR为3.95%，较前值下行25个基点。当天上证综合指数上涨0.42%。

◉ 讨论题

试分析每次利息政策调整导致上证指数上涨的内在原因。

4.4 混合证券和其他证券投资

混合证券是指既有债权性质又有所有权性质的证券。这类证券既可能获得利息收入，也可能变成股票获得股利收入。混合证券的主要形式是可转换债券，本节我们将重点讨论这一形式。此外期权等衍生性证券也是我国近期发展比较快的证券投资形式，本节我们一并讨论。

4.4.1 可转换债券

可转换债券是一种特殊的证券，债券持有人在约定的时期内可以持有该债券，获得约定的利息收入；也可以按约定的转换率将债券转换为一定数量的发行公司普通股股票。投资人购买可转换债券，既能确保获得一定比例的利息收入，又可以在发行公司股票价格比较高的时候将债券转换为一定数量的股票，从而获得更多的收益。

1. 可转换债券的估价

根据证券估价的基本原理，可转换债券的估价实际上是计算可转换债券持有人投资可转换债券获得的未来现金流量的现值，并求和。从理论上说，可转换债券的价值是以下两个价值中金额较大的那一个：①不考虑转换情况下的价值，这个价值可按普通债券的估价公式进行计算；②转换为普通股的价值，它的计算思路是估计将债券转换为普通股后的价值，并将这一价值折算为投资可转换债券时点的价值，在此基础上再将转换前获得的利息收入折算为现值，将利息现值和普通股价值现值求和，得到可转换债券价值。

例 4-12 A 公司发行可转换债券，每张债券面值为 100 元，期限为 5 年，债券可在发行 3 年后转换为 A 公司普通股股票 10 股。票面利率为 3%，利息于每年年末支付一次。冯先生先准备投资该债券，假定他预计 3 年后 A 公司股票市场价格为每股 12 元，且他投资的必要收益率为 5%，试估计 A 公司可转换债券对冯先生的价值。

如不考虑转换，则该债券的价值为

$$V = 3 \times \text{PVIFA}(5\%,5) + 100 \times \text{PVIF}(5\%,5) = 12.99 + 78.35 = 91.34 \text{（元）}$$

如考虑转换，则为

$$V = 3 \times \text{PVIFA}(5\%,3) + 120 \times \text{PVIF}(5\%,3) = 8.17 + 103.56 = 111.73 \text{（元）}$$

由于转换时债券的价值大于不转换价值，因此以转换价值 111.73 元作为债券的价值。

2. 可转换债券的投资收益率

与普通债券的投资收益率相似，可转换债券的投资收益率也是将债券持有人持有债券获得的现金流入折算为现值，使现值等于初始投资成本时的折现率。由于大多数情况下可转换债券投资者并不是将债券持有到期收回本金，而是在转换期内将债券转换为股票，因此可转换债券的收益率计算公式如下：

$$P_0 = \sum_{t=1}^{m} \frac{I}{(1+r_0)^t} + \frac{P_s}{(1+r_0)^m}$$

式中，P_0 为可转换债券初始购买价格债券，I 为该债券每年支付的利息，m 为持有期限，m 年后投资者将债券转换为股票，r_0 为债券投资收益率，P_s 为债券转换股票的市场价格。

在例 4-12 中，假定冯先生按每张 100 元的价格购买 A 公司可转换债券，则冯先生投资可转换债券的投资收益率计算如下：

$$100=3\times\text{PVIFA}(r_0,3)+120\times\text{PVIF}(r_0,3)$$

根据上面的计算，假设 $r_0=5\%$ 时，等式右边的值为 111.73 元，大于 100 元，说明债券投资收益率大于 5%，仍用试误法，假设 $r_0=9\%$，带入等式右边，得到右边的值为 100.23 元，再假设 $r_0=10\%$，带入等式右边，得到右边的值为 97.62 元。由此可知，r_0 在 9% 和 10% 之间。

使用插值法，得到如下等式：

$$(100.23-100)/(100.23-97.62)=(r_0-9\%)/(10\%-9\%)$$

求解上述等式，得 $r_0=9.09\%$。

4.4.2 认股权证的估价

认股权证是一种衍生性证券，它赋予持有者按约定的价格购买发行公司的一定数量股票的权利。投资者购买认股权证，可以以比较小的价格获取按比较低价格购买某公司股票的权利，在此基础上，投资者可以选择在发行公司股票价格高时按约定价格购买公司股票，并以市场价格出售，从而获得收益。

认股权证的价值主要受其目标股票价格的影响，从理论上说，认股权证的价值计算公式如下：

$$V=\max[0,(P_n-P_s)m]$$

式中，P_n 为预计认股权行使时的股票市场价格，P_s 为持有认股权证购买股票的价格，m 为一份认股权证购买普通股的份数。

如果认股权证行使的时间超出一年，就要考虑将未来认股权证的价值进行折现，上式变为

$$V=\max[0,(P_n-P_s)m]/(1+r)^s$$

式中，s 为认股权的行权时间。

例 4-13 B 公司发行认股权证，该权证持有人可按 10 元／股的价格购买 B 公司的股票 2 张。洪女士想投资该认股权证，预计 1 年后认股权证可行权，行权时 B 公司股票市场价格预计为 12 元，如果洪女士需要的必要收益率为 6%，问该认股权证的价值是多少？

根据计算公式，该认股权证的价值为

$$2\times(12-10)/(1+6\%)=3.77\,(\text{元})$$

认股权证的投资收益率与债券的投资收益率计算类似，即求解一个折现率，行使认股权证获得的收益折算的现值等于认股权证的购买成本。在例 4-13 中，假定洪女士的认股权证购买价格为每股 2 元，则该权证的投资收益率的计算为求解下列等式中的 r_0。

$$2=2\times(12-10)/(1+r_0)$$

解上述等式，得 $(1+r_0)=2$，$r_0=100\%$。

本章小结

1. 所谓证券，是指用以证明或设定权利所做成的凭证，它表明证券持有人或第三者有权取得该证券所拥有的特定权益。证券可以根据不同的特征进行分类，主要的分类方式有：①按照证券发行主体不同，可将证券分为政府证券、金融证券和公司证券；②按照证券所体现的持有人与发行主体之间的关系不同，可将证券分为债权类证券、所有权证券和混合证券；③按照证券收益的稳定性不同，可将证券分为固定收益证券和变动收益证券；④按证券到期日的长短，可将证券分为短期证券和长期证券；⑤按照证券收益的决定因素，可将证券分为基础证券和衍生证券。

2. 债权类证券主要是债券，包括国债、金融债券和公司债券等多个类型。在债券投资中，主要应考虑债券的内在价值和投资收益率。债券投资收益的影响因素有很多，除了债券的购买价格、持有期间、债券票面利率等因素外，还包括债券市场的投机程度、市场流动性以及国家金融政策等。

3. 所有权证券主要是股票，包括普通股和优先股等。优先股的估价方法主要是将优先股的股利按永续年金的方式折算为现值；普通股的估价方法有很多，投资者需要根据股利折现模型或市盈率估价模型进行估算。

4. 混合证券是指既有债权性质又有所有权性质的证券。这类证券既可能获得利息收入，也可能变成股票获得股利收入。混合证券的主要形式是可转换债券，其价值估计思路主要是将利息收入和转换股票价值收入折算为现值。

复习思考

1. 企业进行证券投资的主要目的是什么？
2. 在现代经济生活中，哪些因素影响债券的投资收益率？
3. 普通股的股票价值受哪些因素的影响？
4. 影响可转换债券投资收益的主要因素有哪些？

练习题

1. 某公司 20×6 年年初发行债券，票面利率为 5%，期限为 3 年，每年付息一次，到期一次还本，票面价值为 100 元。张先生以 99 元每份的价格购买该公司债券，他的期望投资收益率为 6%，试回答以下问题。
   （1）按张先生的期望投资收益率 6% 来估计，该债券的价值是多少？
   （2）如果张先生按 99 元每份的价格购买该债券，则其实际投资收益率是多少？

2. 某公司股票最近一次支付的股利为每股 0.2 元，未来预计该公司股票每股股利按 5% 的比例增长。投资者李先生要求的投资收益率为 11%，并按每股 4 元的价格购买该公司股票。试回答如下问题。
   （1）该公司股票按每年 11% 的预期收益率估计价值是多少？
   （2）李先生按每股 4 元投资该股票的实际投资收益率是多少？

3. 某公司发行认股权证，每份权证可按 9.5 元/股的价格购买该公司股票 2 张。目前该公司股票市场价格为 10.8 元，试计算该公司认股权证的理论价值。

4. 李女士 3 年前购买 B 公司可转换债券 10 000 元，年票面利率为 2.5%，还有 2 年到期，现在债券已经可以转换为 B 公司股票了。按照可转换债券发行条款，10 000 元可转换债券可以转换 B 公司股票 500 股，目前 B 公司股票每股市价约为 18 元，最近一年股利为每股 1 元，估计以后每年股利大约都能保持在每股 1 元。李女士十分犹豫，不知道是应该持有债券还是转换为股票。假定目前李女士的投资必要报酬率为每年 5%，请你为李女士做出投资决策。

案例分析

金融界网站 2008 年 11 月 17 日消息：据《香港大公报》报道，作为三九集团债务重组的一部分，华润集团旗下的新三九控股有限公司（以下简称"新三九"）即将完成对三九医药股份有限公司（000999）的股权收购，收购完成后，新三九将取代三九集团和深圳三九药业有限公司的大股东之位，对上市公司三九医药持股 70.44%。

截至 2008 年年底，三九医药股份有限公司的相关数据见表 4-9。

表 4-9 三九医药股份有限公司的相关数据

项目	数据	项目	数据
所属地区	中国	每股收益/元	0.51
上市时间	2000 年 3 月 9 日	每股净资产/元	3.27
总股本/亿元	9.79	净资产收益率（%）	15.63
流通 A 股/亿股	3.38	主营收入增长率（%）	0.00
最新分配预案（20×8 年度）	20×8 年第三季度利润不分配不转增	净利润增长率（%）	0.00
		每股未分配利润/元	0.00
所属行业	医药、生物制品	市值及收入排名标准行业市值排名第 33 位，营业收入排名第 10 位；ICB 行业市值排名第 33 位，营业收入排名第 10 位	
ICB 行业	医药与生物科技		

和讯网 20×9 年 3 月对三九医药股份有限公司的价值评估数据见表 4-10。

表 4-10 三九医药股份有限公司的价值评估数据

	项目	得分	行业均值	市场均值	项目	得分	行业均值	市场均值
三九医药 000999	市盈率	66.78	50.41	54.11	市现率	81.37	53.52	55.38
	市净率	27.07	40.75	47.35	PEG	84.50	67.74	75.68
	市售率	35.73	41.73	53.53	—	—	—	—

试利用上述数据，按行业基本水平，估计华润集团收购三九股份的总价值。

不固定利率的可转换债券估价

收益率计算

第5章 财务分析原理

○ **本章学习要点**

✓ 财务分析概述　　　　　　　✓ 综合财务能力分析
✓ 基本财务能力分析

○ **引例**

董明珠与珠海银隆的收购

2016年10月28日,珠海格力电器股份有限公司(以下简称"格力电器")股东大会对130亿收购珠海银隆新能源有限公司(以下简称"珠海银隆")给出了意外答案:收购方案通过,配套定增被否,130亿收购珠海银隆未能通过。

根据收购议案,格力电器拟以15.57元/股发行8.35亿股,作价130亿元收购银通投资集团等21名交易对方持有的珠海银隆100%的股权。同时,拟以15.57元/股向8名特定对象非公开发行股份配套募资不超过97亿元,全部用于珠海银隆项目建设,其中公司控股股东格力集团拟认购41.88亿元,员工持股计划拟认购不超过23.8亿元。珠海银隆2014年12月—2016年6月部分财务数据见表5-1。

表5-1　珠海银隆2014年12月—2016年6月部分财务数据　　单位:万元

项目	时间		
	2016.6.30	2015.12.31	2014.12.31
资产总额	1 126 031.64	987 406.34	451 538.01
所有者权益合计	420 000.02	373 574.24	-16 729.88
营业收入	248 417.48	386 185.79	34 770.54
营业利润	41 579.99	47 071.71	-33 263.08
经营活动产生的现金流量净额	-13 541.02	-54 118.11	-55 526.24

董明珠并未轻易放弃收购珠海银隆的计划。2016年12月15日,在北京人民大会堂举行的中国制造高峰论坛放出消息,董明珠个人、大连万达集团股份有限公司、中集集团下属

企业、北京燕赵汇金国际投资有限责任公司、江苏京东邦能投资管理有限公司等已与珠海银隆签署增资协议，共同增资 30 亿元，获得珠海银隆 22.388% 的股权。

讨论题

（1）作为格力电器的总裁，为什么董明珠对收购珠海银隆格外重视？能否从珠海银隆财务数据中找到支持理由？

（2）作为格力电器的股东，为什么会在股东大会上否决收购银隆的配套定增方案？能否从珠海银隆财务数据中找到支持理由？

（3）针对同一家收购对象，为什么总裁和股东的看法不一致？能否从财务报告分析的不同目的角度找到思路？

5.1 财务分析概述

财务报表是企业经营和发展的财务历史，而历史的价值绝不只是对过去事迹的记录。管理者可以在通晓历史的基础上，实现"究天人之际，通古今之变，成一家之言"。所谓"究天人之际"，就是一家企业的财务绩效，受到外在大环境（"天"）与企业本身（"人"）互动的影响。所谓"通古今之变"，就是一家企业要创造财务绩效，不能固守过去的成功模式，必须要有高度的应变能力。所谓"成一家之言"，就是企业经理人即使面对同样的信息，往往也会做出不同的判断，管理者必须进行独立的分析思考。所以财务分析是经济组织对其生产经营事项及财务状况进行分解剖析的行为。从本质上看，财务分析既是一项分析和解释的技术，又是一种判断过程。

所谓财务分析，一般是指以企业会计信息系统所提供的核算和报表资料及其他相关资料为依据，采用一系列定性与定量的分析技术和方法，对企业等经济组织过去、现在的有关筹资活动、投资活动、经营活动的偿债能力、盈利能力和营运能力状况等进行分析与评价，为企业投资者、债权人、经营者及其他关心企业的组织或个人了解企业过去、评价企业现状、预测企业未来，进而做出正确决策提供准确信息或依据的一项活动。也有人认为，财务分析是通过对财务数据和相关信息的汇总、计算、对比和说明，借以揭示和评价企业的财务状况、经营成果、现金流量和企业风险，为财务报表使用者进行投资、筹资和经营决策提供财务信息。引例中，对于收购珠海银隆的事项，董明珠和格力电器股东代表做出了不同的选择，其主要原因之一在于他们对珠海银隆财务分析的侧重点和目的存在差异。

5.1.1 财务分析的目的

人们进行财务分析，一般都是为了评价分析对象以往经营的业绩、衡量其当前的财务状况，以便为预测其未来发展趋势提供依据。在具体的财务实践中，不同的会计信息使用者有着不同的分析目的和侧重点。

1. 基于投资者视角的财务分析目的

从投资者的角度来看，他们最为关心的是投资回报，为此，他们要通过财务分析，考评财务报告期企业投资收益、所有者收益分配和资本安全等财务责任目标的实现情况，评价这些责任目标的实现情况，肯定成绩、发现问题，为企业持续经营重大决策、所有者权力组织、董事会成员的物质奖罚提供依据。

2. 基于经营者视角的财务分析目的

经营者的任务是要履行受托经济责任，因此他们也需要进行财务分析，以便全面观察企业生产经营的全过程，及时发现问题，查错纠偏。为此，我们把经营者的财务分析目的概括为考评财务报告期企业经营业绩和经营安全财务责任目标的实现情况，为经营者的日常经营决策和业绩管理提供依据。

3. 基于作业者视角的财务分析目的

作业者在企业生产经营的第一线从事工作，企业的业绩好坏与作业者的经济利益密切相关。他们进行财务分析的目的在于，通过考评财务报告期作业者相关生产经营作业财务指标完成情况，肯定成绩，发现问题，使得"千斤重担众人挑，人人身上有指标"能够落到实处，让每位作业者运用相关作业财务指标的完成情况，实现自我约束和激励。

5.1.2 财务分析的方法

为达成财务分析的目的，必须采取一定的途径、步骤和手段等，这就是财务分析的方法。在财务分析工作中，最重要的并不是财务报表及其他相关信息载体所提供的各项具体数据，而是各项数据之间的联系、结构及其变动趋势。这些联系、结构及其变动趋势，不是简单或汇总就能看见的，而是要进行细致的分析，才能有所发现。在长期的实践中，人们已经探索形成了一整套科学的技术方法用以揭示这些数据的联系结构及其变动趋势，如比较分析法、比率分析法、趋势分析法和因素分析法。

1. 比较分析法

比较分析法是将某项财务指标与性质相同的指标标准进行对比，来揭示财务指标的数量关系和数量差异的一种方法，它通过财务指标对比，计算出指标变动值的大小。比较分析法是其他分析方法运用的基础，比较的结果可以反映差异大小、差异方向和差异性质。比较分析法的重要作用在于揭示财务指标客观存在的差距以及形成这种差距的原因，帮助人们发现问题、挖掘潜力、改进工作。根据分析内容的不同，比较分析法可以单独使用，也可以与其他分析方法结合使用。

在实际工作中，采用比较分析法进行财务分析，必须选择适当的评价指标和标准，同时还应注意财务指标与标准的可比性。实际财务指标与标准指标的计算口径必须一致，也就是说，实际财务指标和标准指标在内容、范围、时间跨度、计算方法等方面必须一致。

关于财务评价标准，一般有以下几类。

（1）经验标准。经验标准是指依据大量且长期的实践经验而形成的财务比率标准值。西方国家20世纪70年代的财务实践就形成了2∶1的流动比率经验标准和1∶1的速动比率经验标等。必须注意的是，西方的经验标准主要是就制造业企业的平均状况而言的，不适用于一切领域和一切情况的绝对标准。在具体应用经验标准进行财务分析时，还必须结合一些更为具体的信息。

（2）行业标准。行业标准是指企业所在行业的特定指标，它们也可以作为财务分析的标准。在实际工作中，行业标准具体的使用方式有多种。行业标准可以是同行业公认的标准，也可以是同行业的先进水平，或者行业财务状况的平均水平。通过与行业标准相比较，可以反映企业在行业中所处的地位和水平，有利于揭示本企业与同行业其他企业的差距，也可用于判断企业的发展趋势。实务中需要注意的是同行业内的两家企业并不一定是完全可比的，多元化经营以及同行业企业存在的会计核算差异会为行业标准的适用带来一定困难。此外，还必须注意不同的经济发展时期对行业标准的影响。比如在经济萧条时期，企业的利润率从15%下降为9%，而同期该企业所在行业的平均利润率由12%下降为3%，那么从行业来看，该企业的盈利状况还是相当好的。

（3）预算标准。预算标准主要是指实行预算管理的企业所制定的预算指标。如果企业的实际财务数据与预算指标相比有差距，应尽快查明原因，采取措施改进，以便不断改善企业的财务管理工作。预算标准的优点是符合战略及目标管理的要求，对于新建企业和垄断性企业尤其适用。但也存在相关的不足，比如外部分析通常无法利用预算标准，且预算标准的主观性也是值得重视的问题。

（4）历史标准。历史标准是指企业过去某一时期（如上年同期）该指标的实际值。历史标准在具体实务中有多种运用方式：可以选择本企业历史最好的水平、也可以选择企业正常经营条件下的业绩水平，或取以往连续多年的平均水平等历史标准作为标准。在财务分析实践中，还经常将企业本年业绩与上年实际业绩做比较。通过这种比较，可以确定不同时期有关指标的变动情况，了解企业生产经营活动的发展趋势和管理工作的改进情况。比如，经常采用的财务报表比较法，就是将连续数期的财务报表金额并列起来，比较其相同指标的增减变动金额和幅度，据以判断企业财务状况和经营成果发展变化的一种方法。再比如，财务报表项目构成比较法，是将财务报表中的某个项目的总体指标设为100%，再将该项目各个组成部分与总体相比较得出百分比，从而比较各个项目百分比的增减变动情况，以此来判断有关财务活动的变化趋势。

2. 比率分析法

比率分析法是将同一期间内彼此存在关联的项目进行比较，得出它们的比率，以说明财务报表所列各有关项目的相互关系、分析评价企业财务状况和经营水平的一种方法。一般认为，比率分析法相对比较分析法而言更具有科学性、可比性，它揭示了数据之间的内在联系，同时也克服了绝对值给人们带来的误区，适用于不同经营规模企业之间的对比。财务比率主要有结构比率、效率比率和相关比率三种类型。

结构比率主要用于计算部分占总体的比重。这类比率揭示了部分与整体的关系，如资本结构、盈利结构。通过结构比率指标，可以考察总体中某个部分的形成和安排是否合理，从而协调各项财务活动。

效率比率用于计算某项经济活动中所费与所得的比例。这类比率指标可反映投入与产出的关系，如成本费用利润率、总资产报酬率、净资产收益率等。利用效率比率指标，可以进行得失比较，从而考察经营成果，评价经济效益。

相关比率主要是用以计算在部分与整体关系、所费与所得关系之外具有相关关系的两项指标的比率，这类比率指标可反映有关经济活动之间的联系。相关比率包括：反映偿债能力的比率，如流动比率、资产负债率等；反映营运能力的比率，如应收账款周转率、存货周转率等；反映盈利能力的比率，如净资产收益率等；反映成长能力的比率，如销售增长率、资产增长率等。利用相关比率指标，可以考察有关联的各项业务安排是否合理，以保障企业生产经营活动能够顺利进行。

3. 趋势分析法

趋势分析法是通过对比两期或连续数期财务报告中的相同指标，确定其增减变动的方向、数额和幅度，进而说明企业财务状况和经营成果的变动趋势的一种方法。采用该种方法可以分析企业的财务状况和经营成果发展变化的原因和变动性质，并由此预测企业未来的发展前景。运用趋势分析法主要可以进行以下三类比较：比较财务指标和财务比率分析；比较财务报表分析；结构百分比分析。

4. 因素分析法

因素分析法是指在分析某一因素变化时，假定其他因素不变，然后分别测定各个因素变化对分析指标的影响程度的分析方法，主要用来分析引起变化的原因、变动的性质，以便预测企业未来发展前景。因素分析法具体可以划分为以下几种：①差额分析法（如固定资产净值增加的原因分析，可将固定资产的增加分解为原值增加和折旧增加两部分）；②指标分解法（如资产利润率，可分解为资产周转率和销售利润率的乘积）；③连环替代法（依次用分析值替代标准值，测定各因素对财务指标的影响，例如影响成本降低的因素分析）；④定基替代法（分别用分析值替代标准值，测定各因素对财务指标的影响，如标准成本的差异分析）等。

企业的活动是一个有机整体，每个指标的高低，都会受到若干因素的影响。从数量上测定各因素的影响程度，可以帮助人们抓住主要矛盾，或更有说服力地评价经营状况。

在实际的分析中，各种方法通常是结合使用的。分析的核心问题在于解释原因，并不断深化，寻找最根本、最直接的原因。财务分析是个研究过程，分析得越具体、越深入，则越有价值。如果仅仅只计算出财务比率，不进行分析和解释，就可能什么问题也说明不了。

5.1.3 财务分析的步骤

为了使财务分析与评价工作顺利进行，有效实现预定目标，财务分析与评价的主体必须事前对分析的全过程妥善组织和规划，并认真按照计划开展工作。不同的财务分析中，分析主体的目的、分析形式和分析方法等均不同，财务分析程序没有一个固定模式。财务分析的具体步骤和程序，是根据分析目的、分析方法和特定的分析对象，由分析人员个别设计的。

财务分析的一般步骤包括以下几步。

（1）明确分析目的。财务分析的目的不同，会影响所要收集信息的详细性，所以每次进行财务分析之前，一般都要明确财务分析的目的。

（2）收集有关的信息。根据财务分析的目的，确定收集分析信息的财务报表，以及业务数据的详细程度，以便更好地体现财务与业务一体化的思想。

（3）局部分析报表。根据分析目的把整体的财务报表各个部分分割开来，予以适当安排，使之符合分析需要。采用不同的分析方法，进行分析，以便揭示更细致的财务信息。

（4）深入研究报表各构成部分的特殊本质。根据财务信息来自业务运营结果这一逻辑关系，分析业务运营影响财务信息的特殊本质。

（5）进一步研究财务报表各构成部分的联系。将各自独立的分析联系起来，建立整体分析体系（比如杜邦分析体系、哈佛分析框架），通过构建相互关联的指标分析框架，为形成整体分析结论奠定基础。

（6）揭示结果，提供对决策有帮助的信息。

5.1.4　财务分析的基础

财务分析主要以财务报告为基础，日常核算资料只能作为财务分析的一种补充资料。财务报告是指企业对外提供的、反映企业某一特定日期的财务状况和某一会计期间的经营成果、现金流量等会计信息的文件。财务报告包括财务报表、财务报表附注和其他应当在财务报告中披露的相关信息和资料。财务报表至少应当包括资产负债表、利润表、现金流量表等报表。在这些报表中，概括地反映了企业的财务状况、经营成果和现金流量状况等财务信息，通过对其进行分析，可以更加系统地揭示企业的财务状况。

1. 资产负债表："企业的健康证明"

资产负债表是反映企业在某一特定日期财务状况的报表，是一种静态财务状况表。它以"资产＝负债＋所有者权益"这一会计等式为根据，按照一定的分类标准和次序反映企业在某一时点上的资产、负债及所有者权益的基本状况。

资产负债表提供了企业财务状况（企业的经济资源、债务负担和自身实力）、资产的质量与流动性、偿债能力（信贷风险）、管理水平、潜在的财务危机等财务信息，我们从资产负债表中可以看出企业财务结构、财务实力、偿债能力、营运能力等信息。通过浏览资产负债表，可以对企业的资产、负债及所有者权益的总额及其内部各项目的构成和增减变化有一个初步的认识。由于企业资产总额在一定程度上反映了企业的经营规模，而它的增减变化与企业负债与所有者权益的变化有极大的关系，当企业所有者权益的增长幅度高于资产总额的增长幅度时，说明企业的资金实力有了相对的提高；反之则说明企业规模扩大的主要原因是来自负债的大规模上升，进而说明企业的资金实力在相对降低、偿还债务的安全性亦在下降。对资产负债表的一些重要项目，尤其是期末与期初数据变化很大，或出现大额红字的项目要进行进一步分析，可以深入了解企业的偿债能力、资金营运情况等财务状况，为债权人、投资者以及企业管理者提供决策依据。标准格式的资产负债表见表5-2。

表 5-2 资产负债表

会企 01 表

编制单位：　　　　　　　　　　　　　　年　月　日　　　　　　　　　　　　　　单位：元

资产	期末余额	上年年末余额	负债和所有者权益（或股东权益）	期末余额	上年年末余额
流动资产：			流动负债：		
货币资金			短期借款		
交易性金融资产			交易性金融负债		
衍生金融资产			衍生金融负债		
应收票据			应付票据		
应收账款			应付账款		
应收款项融资			预收款项		
预付款项			合同负债		
其他应收款			应付职工薪酬		
存货			应交税费		
合同资产			其他应付款		
持有待售资产			持有待售负债		
一年内到期的非流动资产			一年内到期的非流动负债		
其他流动资产			其他流动负债		
流动资产合计			流动负债合计		
非流动资产：			非流动负债：		
债权投资			长期借款		
其他债权投资			应付债券		
长期应收款			其中：优先股		
长期股权投资			永续债		
其他权益工具投资			租赁负债		
其他非流动金融资产			长期应付款		
投资性房地产			预计负债		
固定资产			递延收益		
在建工程			递延所得税负债		
生产性生物资产			其他非流动负债		
油气资产			非流动负债合计		
无形资产			负债合计		
开发支出			所有者权益（或股东权益）：		
商誉			实收资本（或股本）		
长期待摊费用			其他权益工具		
递延所得税资产			其中：优先股		
其他非流动资产			永续债		
非流动资产合计			资本公积		
			减：库存股		
			其他综合收益		
			专项储备		
			盈余公积		
			未分配利润		
			所有者权益（或股东权益）合计		
资产总计			负债和所有者权益（或股东权益）总计		

2. 利润表："真金不怕火炼"

利润表也称损益表，是反映企业在一定期间内生产经营成果的财务报表，是动态财务报表。利润表是以"利润＝收入－费用"这一会计等式为依据编制而成的，综合反映了企业在一定时期内的主营业务收入、主营业务成本、主营业务利润、投资收益、利润总额及净利润等经营成果，帮助报表使用者了解企业的经营业绩。

由于利润表能够反映过去一定时间的经营成果，说明主营业务是否突出、毛利率[⊖]的高低、利润结构是否合理、费用开支所折射出管理水平和经营风格、所得税等实质财务信息。因而，我们可以从利润表中看出企业的经营实力、经营成长性、盈利能力、偿债能力以及经营结构。通过浏览利润表，可以从总体上观察企业全年所取的利润金额及其组成是否合理；还可以评价一家企业的经营效率和经营成果方面的信息，考评企业利润计划完成情况，分析企业获利能力以及利润增减变化的原因，预测企业利润的发展趋势，为投资者及企业管理者等各方面提供有关企业经营成果的财务信息。标准格式的利润表见表5-3。

表 5-3 利润表

会企 02 表

编制单位：　　　　　　　　　　　　　　年　　月　　　　　　　　　　　　　单位：元

项目	本期金额	上期金额
一、营业收入		
减：营业成本		
税金及附加		
销售费用		
管理费用		
研发费用		
财务费用		
其中：利息费用		
利息收入		
加：其他收益		
投资收益（损失以"－"号填列）		
其中：对联营企业和合营企业的投资收益		
以摊余成本计量的金融资产终止确认收益（损失以"－"号填列）		
净敞口套期收益（损失以"－"号填列）		
公允价值变动收益（损失以"－"号填列）		
信用减值损失（损失以"－"号填列）		
资产减值损失（损失以"－"号填列）		
资产处置收益（损失以"－"号填列）		
二、营业利润（亏损以"－"号填列）		
加：营业外收入		
减：营业外支出		
三、利润总额（亏损总额以"－"号填列）		
减：所得税费用		
四、净利润（净亏损以"－"号填列）		

⊖ 毛利率＝（主营业务收入－主营业务成本）÷主营业务收入×100%＝毛利润÷主营业务收入×100%。

(续)

项目	本期金额	上期金额
（一）持续经营净利润（净亏损以"-"号填列）		
（二）终止经营净利润（净亏损以"-"号填列）		
五、其他综合收益的税后净额		
（一）不能重分类进损益的其他综合收益		
1. 重新计量设定受益计划变动额		
2. 权益法下不能转损益的其他综合收益		
3. 其他权益工具投资公允价值变动		
4. 企业自身信用风险公允价值变动		
……		
（二）将重分类进损益的其他综合收益		
1. 权益法下可转损益的其他综合收益		
2. 其他债权投资公允价值变动		
3. 金融资产重分类计入其他综合收益的金额		
4. 其他债权投资信用减值准备		
5. 现金流量套期储备		
6. 外币财务报表折算差额		
……		
六、综合收益总额		
七、每股收益：		
（一）基本每股收益		
（二）稀释每股收益		

3. 现金流量表："一表人财"

现金流量表是以现金及现金等价物为基础编制的财务状况变动表，是企业对外报送的一张重要财务报表，它为财务报表使用者提供企业在一定会计期间内现金和现金等价物的收支变动及变动原因的信息。其中的现金是指库存现金及可以随时用于支付的存款和现金等价物。库存现金主要是可以随时用于支付的存款，一般为资产负债表上"货币资金"项目的内容。准确地说，还应剔除那些不能随时动用的存款，如保证金专项存款等。现金等价物主要是在资产负债表中符合以下条件的投资：持有的期限短、流动性强、易于转换为已知金额的现金、价值变动风险很小。在我国，现金等价物通常是指从购入日至到期日在3个月或3个月以内能转换为已知现金金额的债券投资。例如，公司在编制2023年中期现金流量表时，对于2023年6月1日购入2020年8月1日发行的期限为3年的国债，因购买时还有两个月到期，可视为现金等价物。

由于现金流量表可以反映主营业务的实际经营情况（经营活动特别关键收入、费用和利润真实情况）、真实的税负状况、投资规模及实际效果、筹资的实际进展情况、债务清偿的具体情况、实际的股利支付情况等实质财务信息，因而，我们可以透过现金流量表看到企业现金流量结构、财务适应能力、真实收益能力、企业管理效率以及企业成长能力。正是因为现金流量表提供了企业资金来源与运用的信息，它便于分析企业资金来源与运用的合理性，判断企业的营运情况和效果，评价企业的经营业绩。现金流量表还提供了企业现金增减变动原因的信息，可分析企业现金增减变动的具体原因，明确企业当期现金增减的合理性，可为改善企业资金管理指明方向。同时，由于现金流量表提供资产负债表和利润表分析所需要的信息，将资产负债表与利润表衔接起来，可说明利润形成与分配和资金来源与运用的关系，对于分析研究企业总体经营与财务状况有重要意义。标准格式的现金流量表见表5-4。

表 5-4 现金流量表

编制单位：　　　　　　　　　　　　　年　月　　　　　　　　　　　会企03表
　　　　　　　　　　　　　　　　　　　　　　　　　　　　　　　　　　单位：元

项目	本期金额	上期金额
一、经营活动产生的现金流量：		
销售商品、提供劳务收到的现金		
收到的税费返还		
收到其他与经营活动有关的现金		
经营活动现金流入小计		
购买商品、接受劳务支付的现金		
支付给职工以及为职工支付的现金		
支付的各项税费		
支付其他与经营活动有关的现金		
经营活动现金流出小计		
经营活动产生的现金流量净额		
二、投资活动产生的现金流量：		
收回投资收到的现金		
取得投资收益收到的现金		
处置固定资产、无形资产和其他长期资产收回的现金净额		
处置子公司及其他营业单位收到的现金净额		
收到其他与投资活动有关的现金		
投资活动现金流入小计		
购建固定资产、无形资产和其他长期资产支付的现金		
投资支付的现金		
取得子公司及其他营业单位支付的现金净额		
支付其他与投资活动有关的现金		
投资活动现金流出小计		
投资活动产生的现金流量净额		
三、筹资活动产生的现金流量：		
吸收投资收到的现金		
取得借款收到的现金		
收到其他与筹资活动有关的现金		
筹资活动现金流入小计		
偿还债务支付的现金		
分配股利、利润或偿付利息支付的现金		
支付其他与筹资活动有关的现金		
筹资活动现金流出小计		
筹资活动产生的现金流量净额		
四、汇率变动对现金及现金等价物的影响		
五、现金及现金等价物净增加额		
加：期初现金及现金等价物余额		
六、期末现金及现金等价物余额		

目前，我国财务管理理论在继承和完善国内传统财务管理理论与实践的基础上，正在经历一个不断引进、借鉴西方现代财务理论与实践的最新成果并加以发展和创新的过程，探索建立中国式财务报表分析体系与方法。财务理论研究的视野已逐步拓展到与整个社会经济运行过程密切相关的资金运动及其规律等方面。财务分析是现代企业财务管理不可或缺的环节，我们必须适应新形势下企业高质量发展的需要，从内容、方法、指标体系等方面大力推进财务分析改革，特别是要将财务分析延伸到对市场调查分析和技术、产品开发决策的论证分析中，做好将财务分析用于生产经营中的人流、物流和信息流的使用及利用状况等方面的决策制定的工作。具体到财务分析中的财务指标体系，必须要克服只是针对单一财务主体来设计相关指标，而没有很好地考虑到多元化财务主体对相关财务分析信息的现实和潜在需求的问题。比如在委托—代理关系普遍存在的现代企业中，一般投资者和债权人主要靠定期公布的"中报""年报"或"临时财务报告"来获得财务信息，而经营者则可以获得大量的、经常性的财务分析信息（其中有相当一部分不为之所用），但信息浪费和不对称状况客观存在。因此，我们认为，在当前财务与业务一体化进程加快、财务共享中心建设的进一步推进、计算机及其网络技术为财务分析模式的建立和数据深度挖掘提供极大便利的条件下，财务分析多元化发展势在必行。

5.2 基本财务能力分析

报表使用者进行财务分析，就是要通过分析来了解分析对象的财务能力，以便为其所进行的财务决策提供依据，那么，采用什么样的分析方法可以帮助报表使用者了解分析对象的财务能力呢？在长期的财务实践中，人们创造了财务分析指标体系，并研究出财务分析理论来指导财务分析工作。通常，基本财务能力分析包括偿债能力分析、营运能力分析、盈利能力分析和发展能力分析等。

5.2.1 偿债能力分析

偿债能力是指企业对债务清偿的承受能力或保证程度。其中，"债务"包括各种长期借款、短期借款、应付债券、长期应付款、各种短期结算债务等一般性债务及依法履行的应纳税款义务，债务中构成偿付压力的仅是其中的到期债务；"清偿"指的是偿还所有到期的债务；"承受能力或保证程度"是指企业是否有足够的现金流入量来偿付各项到期债务。按照债务偿付期限的不同，企业的偿债能力可分为短期偿债能力和长期偿债能力。

1. 短期偿债能力分析

短期偿债能力是指企业以流动资产支付流动负债的能力。短期偿债能力对于企业来说相当重要，企业一旦缺乏短期偿债能力，不仅无法获得有利的机会，而且还会因无力支付短期债务，被迫出售股票、债券，或拍卖固定资产，甚至导致企业破产。因此，企业财务管理当局必须重视短期偿债能力。

衡量和评价企业短期偿债能力的比率即为流动性比率。主要包括：流动比率、速动比率、现金比率和现金流量比率。通过分析流动性比率，可以看出企业现有的现金支付能力和应对逆境的能力。

（1）流动比率。流动比率是衡量短期偿债能力最简单和最常使用的一项比率，它是企业流动资产总额与流动负债总额之比，其计算公式为

$$流动比率 = 流动资产 \div 流动负债$$

流动比率表明了企业对于一年内到期的每单位流动负债，有多少一年内可变现的流动资产作为保障。因此，这个比率越高，说明企业可以变现的资产数额越大，企业的短期偿债能力越强，流动负债获得清偿的机会越大，债权人的风险也越小。但是，流动比率也不是越高越好。因为该比率过高，可能使企业过多的资金滞留在流动资产上，未能有效地得到利用，从而使资金的机会成本增加，进而影响其获利能力。如果企业长久的获利能力低下，就必然反过来影响企业的长期偿债能力。

需要注意的是，企业的流动比率高，并不一定说明其债务一定能够偿还。因为，该比率没有进一步考虑流动资产各项目的构成情况及各项流动资产的实际变现能力。若在企业流动资产总额中，过期的应收账款和滞销的存货所占的比重很大，则企业的偿债能力就很差。而且，即使流动比率相同的企业，其偿债能力也不一定相同。一般地说，在流动资产总额中，现金和应收账款占比较大的企业较存货占比较大的企业具有更强的短期偿债能力，因为，应收账款比存货转换成现金的能力更强。虽然流动比率的理想状态是2，即1单位的流动负债要有2单位的流动资产来抵偿。但是不同的行业有不同的标准，它不是完全统一的。一般来说，工业加工制造业由于生产周期较长，存货变现的时间也较长，流动比率要适当地高一些；而商业零售业、服务业存货的变现速度较快，因此流动比率通常可以低一些。也就是说，在利用流动比率来分析企业的短期偿债能力时，一定要结合所在行业的平均标准。此外，还要注意人为因素对流动比率的影响。如期末还债，下期期初继续举债，刻意调节期末流动负债，从而人为提高流动比率。例如，某企业期末流动资产为40万元，流动负债为20万元，流动比率为2，期末用10万元银行存款偿还10万元短期借款，则流动资产变为30万元，流动负债为10万元，流动比率为3。此外，企业还可以在期末采用增加长期负债或募集资本等方式来增加当期的流动资产，而不会影响当期的流动负债水平；或者在期末推迟进货或大量赊销来减少当期的存货金额，从而使流动比率保持在适当水平，造成一种虚假的合理现象。

（2）速动比率。为了弥补流动比率没有揭示流动资产的分布和构成的缺陷，人们提出了速动比率，也称为酸性测试比率，它是速动资产与流动负债的比值。与流动比率相比较，速动比率可以更加直接、明确地衡量企业的短期偿债能力。一般通过以下公式计算：

$$速动比率 = 速动资产 \div 流动负债$$
$$= (流动资产 - 存货) \div 流动负债$$

一般认为，速动比率为1较为适宜。理论上看，速动比率为1，即速动资产等于流动负债时，企业偿还流动负债的能力应该是较强的。但是，速动比率也不是绝对的，不同行业也有所差别，所以要参照同行业的资料和本企业的历史情况进行判断。商业零售业、服务业的速动比率可以低一些，因为这些行业的业务大多数是现金交易，应收账款不多，速动比率相对较低，而且这些行业的存货变现速度通常比工业加工制造业的存货变现速度快。影响速动比率可信度的重要因素是应收账款的变现能力。账面上的应收账款不一定都能变成现金，如

果企业的应收账款中,有较大部分不易收回,可能会成为坏账,速动比率就不能真实地反映企业的偿债能力。此外,季节性的变化,可能使财务报表中的应收账款不反映平均水平,进而影响速动比率的可信度。

需要说明的是,速动资产应该包括哪几项流动资产,目前尚有不同的观点。有观点认为不仅要扣除存货,还应扣除预付账款等其他流动性能较差的项目。

(3)现金比率。现金比率是企业的现金类资产与流动负债的比率,反映流动资产中有多少现金能用于偿债。现金类资产包括企业的库存现金、随时可以用于支付的存款和现金等价物,即现金流量表中所反映的现金。其计算公式为

$$现金比率 = (现金 + 现金等价物) \div 流动负债 \times 100\%$$

现金比率是对流动比率和速动比率的进一步分析,因为现金流量是企业偿还债务的直接手段,所以现金比率较之于流动比率和速动比率而言则更为严格。如果企业现金匮乏,就可能发生支付困难,面临财务危机,因而现金比率高,说明企业有较好的支付能力,对短期债权人的保障程度高。但是,如果现金比率过高,也可能是由于企业拥有大量不能盈利的现金和银行存款所致,表明企业的资产未得到有效的运用,会影响企业流动资产的盈利能力。

一般来说,现金比率在 0.2 以上比较好。需要注意的是采用现金比率评价企业的偿债能力时,应与流动比率和速动比率的分析相结合。

(4)现金流量比率。现金流量比率是企业经营活动产生的现金流量净额与流动负债的比率,它反映的是企业在本期经营活动所产生的现金流量净额偿还短期负债的能力。其计算公式为

$$现金流量比率 = 经营活动产生的现金流量净额 \div 流动负债$$

与流动比率和速动比率相比,现金流量比率不受那些不易变现的或容易引起沉淀的存货和应收款项的影响,因而更能准确地反映企业的短期偿债能力。该比率数值越大越能体现企业较充足的现金或现金流量对应偿还短期债务的保障能力。一般来说,债权人希望该比率高一些,因为只有该比率大于或等于 1 时,债权人的全部流动负债才有现金保障。但有些季节性销售的企业有时会出现现金流量比率小于 1 的情况,在使用该比率时,要综合企业各方面的具体情况进行分析。

必须注意的是,经营活动产生的现金流量净额是过去一个会计年度的经营结果,而流动负债则是未来一个会计年度需要偿还的债务,二者计算所依据的会计期间不同。因此,这个指标是建立在以过去一年的现金流量来估计未来一年现金流量的假设基础之上的,使用这一财务比率时,需要考虑未来一个会计年度影响经营活动产生的现金流量净额变动的因素。

例 5-1 表 5-5 是格力电器股份有限公司(以下简称"格力电器")2017—2022 年部分财务报表数据,试根据这些数据对该公司的短期偿债能力进行分析。

表 5-5 格力电器 2017—2022 年部分财务报表数据

单位:亿元

会计期间	存货净额	流动资产合计	资产总计	流动负债合计	负债总计	营业收入	营业成本	营业利润	利润总额	净利润
2017	165.68	1 715.35	2 149.68	1 474.91	1 481.33	1 482.86	995.63	261.27	266.17	225.09
2018	200.12	1 997.11	2 512.34	1 576.86	1 585.19	1 981.23	1 382.34	309.97	312.74	263.79

(续)

会计期间	存货净额	流动资产合计	资产总计	流动负债合计	负债总计	营业收入	营业成本	营业利润	利润总额	净利润
2019	240.85	2 133.64	2 829.72	1 695.68	1 709.25	1 981.53	1 434.99	296.05	293.53	248.27
2020	278.80	2 136.33	2 792.18	1 584.79	1 623.37	1 681.99	1 242.29	260.44	263.09	222.79
2021	427.66	2 258.50	3 195.98	1 971.01	2 116.73	1 878.69	1 422.52	266.77	268.03	228.32
2022	383.14	2 551.40	3 550.25	2 163.72	2 531.49	1 889.88	1 397.84	272.84	272.17	230.11

数据来源：CSMAR 数据库。

根据表 5-5，该公司各年度流动比率、速动比率计算结果见表 5-6。

表 5-6　格力电器各年度流动比率、速动比率

会计期间	流动比率（＝流动资产÷流动负债）	速动比率［＝（流动资产－存货）÷流动负债］
2017	1.16	1.05
2018	1.26	1.14
2019	1.25	1.12
2020	1.32	1.17
2021	1.07	0.93
2022	1.18	1.00

从上述数据看，该公司流动比率低于 2，但速度比率接近于 1，说明其存货控制比较严格，也可能是存货以外的其他流动资产占比较大。

2. 长期偿债能力分析

长期偿债能力是指企业偿还长期债务的能力，或者是指在企业长期债务到期时，以企业盈利或资产偿还其长期债务的能力。对企业的长期偿债能力进行分析，需要结合长期债务的特点，在明确影响长期偿债能力因素的基础上，从企业盈利能力和资产规模两方面对企业偿还长期债务的能力进行计算与分析，说明企业长期偿债能力的基本状况及其变动原因，为企业进行正确的债务经营指明方向。一般来说，长期偿债能力不同于短期偿债能力分析，它更加重视资本结构和盈利能力。反映长期偿债能力的主要财务指标有资产负债率、权益负债率、利息保障倍数和现金总负债比率。

（1）资产负债率。资产负债率是企业负债总额与资产总额的比率，也称为负债比率或举债经营率，反映的是债权人为企业提供的资金占企业资产总额的比重和企业负债经营的程度，它是衡量企业全部偿债能力的主要和常用的指标。其计算公式为

$$资产负债率 =（负债总额 \div 资产总额）\times 100\%$$

作为表明企业资产总额中负债总额所占比例的财务指标，资产负债率反映了企业长期偿债能力强弱，通过这个指标的分析可以衡量企业资产总额中权益所有者（股东）与债权人所投资金是否合理，但是，不同的报表使用者对该指标有不同的理解。

从债权人的角度看，资产负债率是长期债权人依赖企业资产提供的安全边际，可以说明企业信用的物质保障程度，衡量企业举债经营的风险程度。资产负债率越低，债权资金的安全边际越高，企业信用的物质保障程度越高，风险越小。因此，对债权人来说，资产负债率越低越好。

从股东的角度看，资产负债率则是一把"双刃剑"。由于企业通过举债筹措的资金与股东提供的资金在经营中发挥同样的作用。因此，股东所关心的是全部资本利润率是否超过借入款项的利率，即借入资本的代价。若运用全部资本所得的利润率高于借款利息率，股东就可以利用举债经营获得更多的投资收益。此时股东希望此比率越高越好；若相反，运用全部资本所得的利润率低于借款利息率，则对股东不利，因为借入资本的多余的利息要用股东所得的利润份额来弥补，此时股东希望此比率越低越好。

从经营者的角度看，他们既要考虑企业的盈利，又要顾及企业所承担的财务风险。资产负债率作为财务杠杆不仅反映企业的资本结构状况，也反映了管理当局的进取精神。如果企业不利用举债经营或资产负债率过小，则说明企业比较保守，对前途没有信心，利用债权人资本进行经营活动的能力较差。但是，负债必须有一定限度，超出债权人的心理承受程度，企业就会举债失败。而且资产负债率过高，出于财务杠杆效应，企业的财务风险将增大，一旦资产负债率超过1，就说明企业资不抵债，有濒临倒闭的危险。

（2）权益负债率。权益负债率又称产权比率、负债权益比率是负债总额与所有者权益总额的比率，反映了债权人所提供的资金（借入资本）与所有者提供的资金（股东资本）之间的比例及企业投资者承担风险的大小。其计算公式为

$$权益负债率 = (负债总额 \div 所有者权益总额) \times 100\%$$

该项指标反映了企业的基本财务结构是否稳定。一般来说，股东资本大于借入资本较好，但也不能一概而论。从股东的立场看，在通货膨胀加剧时期，企业多借债可以把损失和风险转嫁给债权人；在经济繁荣时期，多借债可以获得额外的利润；在经济萎缩时期，企业少借债则可以减少利息负担和财务风险。权益负债率高，是高风险、高报酬的财务结构；权益负债率低，是低风险、低报酬的财务结构。此外，企业性质不同，获得的现金流量不同，权益负债率也会有所区别。一般来说，现金流量比较稳定的企业权益负债率相对较大；通过同类企业权益负债率的对比，往往可以反映出企业的信用和财务风险，该指标越大的企业财务风险越大。

此外，权益负债率也表明债权人投入的资本受到股东权益保障的程度，或者说企业清算时对债权人利益的保障程度。权益负债率与资产负债率具有同一范畴的经济意义，两个指标可以相互补充。由于权益负债率与资产负债率之和为100%，因此，在实际应用时，只要计算其中之一即可。

（3）利息保障倍数。利息保障倍数也称利息支付倍数，是企业一定时期内所获得的息税前利润与当期支付利息费用的比率，常用以测定企业以所获取的利润来支付利息的能力。其计算公式为

$$利息保障倍数 = 息税前利润 \div 利息费用$$
$$= (税前利润 + 利息费用) \div 利息费用$$

利息保障倍数反映了企业偿还负债利息的能力。利息保障倍数越大，说明企业支付利息的能力越强，财务风险越小，即偿债能力越强；反之，企业偿债能力就越弱。该指标表面上是从企业偿债资金来源的角度去揭示企业对负债利息的支付能力，实际上也有助于揭示企业偿还全部负债的能力。一般而言，该指标越高，说明企业的长期偿债能力越强；该指标越

低，说明企业的长期偿债能力越弱。

那么，如何合理确定企业利息保障倍数的标准呢？一般需要将企业的这一指标和同行业内其他企业进行对比，同时从稳健性的角度出发，最好先比较本企业连续几年的该项指标，并选择指标数值最低年度的数据作为比较标准。这是由于企业不仅要在经营好的年份偿债，在经营不好的年份同样需要偿还等额的债务。某个会计年度利润较高常常会导致利息保障倍数指标也高，但不会年年如此。采用指标数值最低年度的数据作为标准，可以保障企业最低的偿债能力。一般情况下，均应采用这一原则，但也需注意具体情况具体分析。

应当看到，利息实际上并不是由息税前利润支付的，而是由现金支付的，而且除了利息，企业还必须用现金支付债务本金。因此，利息保障倍数只是对企业付息能力的一个大致评估。而且，由于财务人员在分析时需要结合企业实际，有效区分"资本化的利息费用"和"费用化的利息费用"，以便更为精确地计算利息保障倍数这个指标，提升财务决策的精准性，这在一定程度上增大了该指标的适用难度。

（4）现金总负债比率。现金总负债比率是企业经营活动产生的现金流量净额与负债总额的比率，它反映的是企业经营活动产生的现金流量净额偿还全部债务的能力。其计算公式为

$$现金总负债比率 = 经营活动产生的现金流量净额 \div 负债总额$$

该指标表明经营活动产生的现金流量净额对全部流动债务偿还需求的满足程度。该指标数值越大，经营活动产生的现金流量净额对负债清偿的保证越强，企业偿还全部债务的能力越强。

例5-2 根据表5-5，请分析格力电器2017—2022年的长期偿债能力。

根据财务数据，格力电器各年度资产负债率见表5-7。

表5-7 格力电器各年度资产负债率

会计期间	资产负债率（= 负债总额/资产总额×100%）
2017	68.91%
2018	63.10%
2019	60.40%
2020	58.14%
2021	66.23%
2022	71.30%

从计算结果看，格力电器2017—2022年每年的资产负债率都超过50%，说明该公司负债水平高，有一定的偿债压力，从趋势看，资产负债率先降后升，说明该公司需要关注其偿债能力的发展趋势。

5.2.2 营运能力分析

企业拥有负债和所有者权益是为了形成足够的营运能力。营运能力是指企业对其现有经济资源的配置和利用能力，从价值的角度看，就是企业资金的利用效果。它主要表现为资产管理即资产利用的效率，反映企业资金周转状况。对此进行分析，可以了解企业的营运状况及经营管理水平。通常来说，资金周转地越快，说明资金利用效率越高，企业的管理水平也

越好。反之，说明资金的利用效率低，需要改进。企业营运能力分析的内容主要包括流动资产营运能力分析、固定资产营运能力分析和总资产营运能力分析。

1. 流动资产营运能力分析

流动资产营运能力是决定企业总资产营运能力高低的重要因素，流动资产在企业中能否从根本上发挥出应有的营运能力，主要取决于企业对流动资产营运能力的作用程度以及流动资产本身营运能力的高低。因此，分析和评价流动资产的营运能力，有助于更好地了解企业整体营运能力的变动状况。流动资产营运能力的评价指标有：流动资产周转率、存货周转率、应收账款周转率。

（1）流动资产周转率。流动资产周转率是销售收入净额与流动资产平均余额的比率，反映的是流动资产的周转速度和营运能力。其计算公式如下：

$$流动资产周转率 = 销售收入净额 \div 流动资产平均余额$$

式中，流动资产平均余额 =（流动资产期初余额 + 流动资产期末余额）÷ 2。

流动资产周转率越高，说明企业流动资产周转速度越快，资源利用效率越好，会相对节约流动资金，等于相对扩大资产投入，增强企业的盈利能力。它也表示企业的流动资产营运能力好，流动资产的管理效率高。反之，流动资产周转率越低时，就需要补充流动资产参加周转，可能会造成资金浪费，降低企业盈利能力。为查明流动资产周转速度提高或降低的原因，还可进一步分析流动资产平均余额构成项目变动以及流动资金周转额等构成因素的影响。

（2）存货周转率。存货周转率是销售成本与存货平均余额的比率，反映了企业存货经过销售环节转换为现金或应收账款的速度快慢，即企业存货转为产品并销售出去的速度的快慢。其计算公式如下：

$$存货周转率 = 销售成本 \div 存货平均余额$$

式中，存货平均余额 =（存货期初余额 + 存货期末余额）÷ 2。

存货周转率说明了一定时期内企业存货周转的次数，可以用来测定企业存货的变现速度，衡量企业的销售能力及存货的适量程度。一般来说，存货周转率越大，反映存货变现速度越快，说明企业销售能力越强，资产的流动性越强，营运资金被存货所占压的量越小，企业存货管理的效率越高。反之，则说明营运资金沉淀在存货上的量过大，存货积压或滞销。

但是，存货周转率过高，也可能反映企业管理方面存在一些问题。例如，这可能是存货水平过低或库存经常不足造成的结果，这样可能导致出现缺货损失；或者采购次数过多，批量太小，相应增加了订货成本等。这两种情况下的相关成本都可能会高于加大存货投资进而维持较低存货周转率的成本。因此，对存货周转率的评价应注意存货的结构，在看是否有积压、滞销的存货的同时，也不应忽视缺货的问题。此外，还要注意存货的计价方法对该指标的影响。

除了存货周转率，存货周转状况也可以用存货周转天数来表示。其计算公式为

$$存货周转天数 = 360 \div 存货周转率$$
$$= （存货平均余额 \times 360） \div 销售成本$$

存货周转天数表示存货周转一次所需要的时间，存货周转天数越短，表示存货周转速度越快，利用效率越好。

需要注意的是，存货周转速度的快慢与企业的经营性质有关，不同行业的企业在这一速度上没有可比性。因此，不能将不同行业企业的存货周转速度进行比较。

（3）应收账款周转率。应收账款周转率是企业一定时期内赊销收入净额与应收账款平均余额的比率，是反映企业应收账款的流动程度的指标，其计算公式为

$$应收账款周转率 = 赊销收入净额 \div 应收账款平均余额$$

式中，应收账款平均余额 =（应收账款期初余额 + 应收账款期末余额）÷ 2。

式中，赊销收入净额是指销售收入扣除了销售退回、销售折扣及折让后的赊销净额。应收账款周转率应用在企业内部分析时，分子采用赊销总额比较合适，因为只有赊销才会引起应收账款的产生，现销则不会。但是，在与其他企业进行比较时，一般公式的分子采用赊销收入净额比较合适。因为其他企业对外公布的财务报表较少标明赊销的数据。此外，公式中的应收账款不仅包括扣除坏账准备后的应收账款净额，还包括应收票据。

应收账款周转率是衡量企业应收账款变现能力及管理效率的重要指标。一般来说，应收账款周转率越高，说明企业组织收回货款的速度越快，造成坏账损失的可能性越小，流动资产的流动性越好，短期偿债能力越强，管理效率越高。但也不能绝对地看待这个问题。因为应收账款周转率的高低，不仅直接地取决于赊销收入的多少和应收账款占用数额的合理与否，而且间接地取决于应收账款的账龄分布、企业的信用政策和客户的信用状况。从商业信用的角度看，企业之所以愿意赊销，其主要目的在于争取客户，扩大销售。企业应收账款占用数额的大小，可能是企业所采纳的一种信用政策策略。这就需要在分析过程中，仔细研究企业管理的相关层面，如战略、环境与行业影响等。

实务中，人们还经常使用平均收账期来反映应收账款的周转状况。平均收账期所反映的是应收账款存续的平均天数，或者说是应收账款转换成现金所需要的平均天数。平均收账期越短，说明企业的应收账款周转速度越快。其计算公式为

$$平均收账期 = 360 \div 应收账款周转率$$
$$= （应收账款平均余额 \times 360）\div 赊销收入净额$$

应收账款平均收账期和应收账款周转率成反比例变化，并且与应收账款周转率有着相同的作用，对该指标进行分析是制定企业信用政策的一个重要依据。

影响该指标准确计算的因素有：①季节性经营的企业使用这个指标时不能反映实际情况；②大量使用分期付款结算方式的企业；③大量地使用现金结算的企业；④年末大量销售或年末销售大幅度下降的企业。这些因素都会对该指标计算结果产生较大的影响。此外，还要注意财务报表的坏账准备核算方法的影响，一般而言，采用"直接转销法"比"备抵法"的应收账款净额要小，从而计算出的应收账款周转率更大。

实务中还需要结合企业财务报表格式的修订情况进行及时调整，比如2019年财政部发布了《关于修订印发2019年度一般企业财务报表格式的通知》（财会〔2019〕6号），"应收款项融资""合同负债"等项目进入企业资产负债表（适用于已执行新金融准则、新收入准则和新租赁准则的企业），那么在进行比较财务分析时，需要关注到项目取数的变化和调整。

2. 固定资产营运能力分析

衡量固定资产营运能力的指标有固定资产周转率、固定资产净值率和固定资产增长率。其中，固定资产周转率是主要指标。

固定资产周转率是指销售收入净额与固定资产平均净值的比率，它是反映企业固定资产周转情况，从而衡量固定资产利用效率的一项指标。其计算公式为：

$$固定资产周转率 = 销售收入净额 \div 固定资产平均净值$$

式中，固定资产平均净值 =（固定资产期初净值 + 固定资产期末净值）÷ 2。

一般地，固定资产周转率越高，表明企业固定资产利用越充分，同时也表明企业固定资产投资得当，固定资产结构合理，能够充分发挥效率；反之，如果固定资产周转率不高，则表明固定资产使用效率不高，提供的生产成果不多，企业的营运能力不强。但需要注意的是，固定资产周转率是由固定资产的特点所决定的，企业不宜简单地追求所谓的周转速度。在进行固定资产周转率分析时，需要考虑固定资产净值因计提折旧而逐年减少、因更新重置而突然增加的影响。在不同企业间进行分析、比较时，还要考虑采用不同折旧方法对固定资产净值的影响。这一指标在大量使用固定资产的重工业企业的财务分析中被经常使用。

3. 总资产营运能力分析

总资产营运能力主要是衡量企业投入或占用全部资产取得产出的能力。反映总资产营运能力的指标主要是总资产周转率。

总资产周转率是销售收入与平均资产总额的比率，反映了企业销售收入与资产占用之间的关系，可用来分析企业全部资产的使用效率，是反映企业经营者工作绩效的重要指标。其计算公式为

$$总资产周转率 = 销售收入 \div 资产平均总额$$

式中，资产平均总额 =（资产期初总额 + 资产期末总额）÷ 2。

总资产周转率从一般意义上反映了企业全部资产的周转速度，从理论上讲，总资产周转率越高，总资产周转速度越快，反映企业全部资产营运能力越强，营运效率越高，全部资产的利用效率越高。反之，如果这个比率较低，说明企业利用其资产经营的效率较差，会影响企业的获利能力，企业应该采取措施提高销售收入或处置资产，以提高总资产利用效率。

总资产周转率是从资产投入的总体及主要形态来分析评价资产利用效率的，其高低取决于各项经营资产的周转率，包括应收账款周转率、存货周转率、固定资产的生产能力利用率或销售收入对固定资产净额的比率。由此可见，它是由多种原因决定的，在评价企业营运能力时，不能简单以周转速度论成败。

此外，总资产周转率衡量的是企业管理层经营企业资产赚取销售收入效率的高低，企业可以通过薄利多销的办法来提高总资产周转率。如果 A 企业能从 1 元资产中赚取 3 元的销售收入，而 B 企业仅能从中赚取 2 元的销售收入，则可以认为 A 企业营运资产赚取销售收入的能力高于 B 企业。

例 5-3 根据表 5-5，请分析格力电器 2018—2022 年的营运能力。

根据财务数据，格力电器各年度营运能力分析指标见表 5-8。

表 5-8　格力电器各年度营运能力分析指标　　　　　单位：亿元

年份	存货平均余额	流动资产平均余额	总资产平均余额	存货周转率[一]	流动资产周转率	总资产周转率
2017	—	—	—	—	—	—
2018	182.90	1 856.23	2 331.01	7.56	1.07	0.85
2019	220.48	2 065.38	2 671.03	6.51	0.96	0.74
2020	259.82	2 134.99	2 810.95	4.78	0.79	0.60
2021	353.23	2 197.42	2 994.08	4.03	0.85	0.63
2022	405.40	2 404.95	3 373.12	3.45	0.79	0.56

从各种指标值看，存货周转率有下降的趋势，主要原因是存货量的增加；流动资产周转速度下降，主要原因是流动资产占用比较多；总资产周转速度也呈现下降趋势，主要原因也是总资产平均余额逐年增加造成的。

5.2.3　盈利能力分析

盈利能力是指企业获取利润的能力，其大小是一个相对的概念，即利润是相对于一定资源投入、一定的收入而言的。利润率越高，盈利能力越强；利润率越低，盈利能力越差。因此，企业的盈利能力反映企业的财务状况和经营绩效，是企业偿债能力和营运能力的综合体现。企业在资源的配置上是否高效，直接从资产结构的状况、资产运用效率、资产周转速度以及偿债能力等各方面表现出来，从而决定着企业的盈利水平。

值得注意的是，对企业盈利能力的分析一般只分析正常的经营活动的获利能力，不涉及非正常经营活动。这是因为非正常的、特殊的经营活动，虽然也会给企业带来收益或损失，但通常只是特殊情况下的个别结果，不能说明企业的正常盈利能力。对企业盈利能力的评价可以从资产的盈利能力、经营活动流转额的盈利能力和股权资本的盈利能力等方面进行。

1. 资产的盈利能力

资产是指企业过去的交易或者事项形成的、由企业拥有或者控制的、预期会给企业带来经济利益的资源。资产的盈利能力就是企业运用资产获取利润的能力，它可以通过以下指标来体现。

（1）总资产报酬率。总资产报酬率是企业一定时期的利润总额与资产总额的比率，反映了企业运用资本总额（借入资本和自有资本）获得报酬的情况，体现企业全部资产创造经营效益的能力。其计算公式为

$$总资产报酬率 = (利润总额 \div 资产平均总额) \times 100\%$$

总资产报酬率反映企业资产总额利用的综合效果。该指标数值越高，表明资产的资产利用效果越好，说明企业在增加收益和节约资金等方面取得了良好的效果，否则相反。

企业的资产由投资者投入或企业举债而来，利润的多少与企业资产的规模、资产的结构、资产经营水平等有着密切的关系。因此，总资产报酬率是一个综合性的指标，可以运用该项指标与本企业前期、计划、本行业平均水平和本行业内先进企业进行比较，分析形成差

[一] 为方便计算，用表 5-5 中的"营业收入""营业成本"数据作为公式中的"销售收入""销售成本"，余同。

异的原因，正确评价企业的盈利能力和经济效益，挖掘提高利润水平的潜力。

（2）总资产净利率。总资产净利率，也称资产报酬率、资产利润率或投资报酬率，是企业一定时期内的净利润与资产平均总额的比率。反映了企业一定时期资产平均总额创造净利润的能力。其计算公式为

$$总资产净利率 =（净利润 \div 平均资产总额）\times 100\%$$

总资产净利率主要用来衡量企业利用资产获取净利润的能力，它反映了企业资产的利用效率。该指标数值越高，表明企业的获利能力越强，资产的利用效率越高，说明企业在节约资金、增加收入等方面取得了良好的效果，否则相反。在实际应用时，将该比率与总资产报酬率结合起来，可以反映财务杠杆及所得税对企业最终的资产获利水平的影响。

总资产净利率反映了企业资产利用的综合效果，它取决于销售净利率和总资产周转率。企业总资产净利率的提高要么是由于总资产周转率的提高，要么是由于销售净利率的提高，或者是由于两者同时提高。此外，销售净利率和总资产周转率都不同的两个企业也许具有相同的盈利能力。

（3）净资产收益率。净资产收益率，也称权益净利率、净值报酬率或股东权益报酬率，是企业一定时期内的净利润（扣除优先股股利）与平均净资产总额的比率，反映了投资者投入资本的获利能力与企业资本运营水平的综合效益。其计算公式为

$$净资产收益率 =（净利润 - 优先股股利）\div 平均净资产总额 \times 100\%$$

净资产收益率反映了企业自有资本的获利能力，是反映企业盈利能力的核心指标。因为企业的根本目标之一是所有者权益或股东财富最大化，而净资产收益率既可以直接反映资本的增值能力，也可以反映企业股东财富的大小。该指标越高，说明资本带来的利润越多，盈利能力越好，资本利用效率越高。此外，净资产收益率还是企业决定是否举债的一个标准，只有当净资产收益率高于银行利率时，适当举债可以提高净资产收益率，对投资者才是有利的；反之，净资产收益率低于银行利率，则过多负债会影响投资者收益，企业不应当过多举债。

净资产收益率说明了股东账面投资额的盈利能力，它在同行业两家或两家以上企业比较时被经常使用。较高的净资产收益率通常反映出企业接受了好的投资机会，并且对费用进行了有效的管理。但是，如果企业选择适用比行业标准更高的债务水平，则此时高的净资产收益率可能就是过高财务风险的结果。

需要说明的是，对于股份制企业该公式的分母可以采用"年末净资产"。这主要是基于股份制企业的特殊性：在增加股份时新股东要超面值缴入资本并获得同股同权的地位，从而实现在期末分配本年利润时与原股东拥有同等权利。

（4）成本费用利润率。成本费用利润率是企业一定期间的利润总额与成本费用总额的比率。该指标反映企业生产经营中发生的各种成本耗费与获得利润之间的关系，表明每付出一单位成本费用可获得多少利润，体现了经营耗费所带来的经营成果。该项指标越高，反映企业的经济效益越好。其计算公式为

$$成本费用利润率 = 利润总额 \div 成本费用总额 \times 100\%$$

其中利润总额和成本费用总额来自企业的利润表。成本费用一般指主营业务成本和三项

期间费用之和。

2. 经营活动流转额的盈利能力

（1）毛利率。毛利率是企业一定时期的毛利润（也称"毛利"）与销售收入（一般是指销售收入净额，不含销售退回等金额）的比率，反映了企业实现商品增值，即获利的水平。其计算公式为

$$毛利率 = 毛利润 \div 销售收入 \times 100\%$$
$$= (营业收入 - 销售成本) \div 销售收入 \times 100\%$$

毛利率表示每一单位营业收入扣除营业成本后，还有多少剩余可以用于支付各项期间费用和形成盈余，反映了销售收入扣除销售成本后的获利水平，它不仅集中体现了企业的经营效率，而且也揭示了企业的定价政策。毛利率是企业净利率（实务中也有人习惯性地称之为"销售净利率"）的最初基础，没有足够大的毛利率企业便不能盈利。毛利润是利润形成的基础，一般企业能否实现利润，首先要看毛利润的实现情况。毛利率高，说明营业收入中营业成本所占的比重小，毛利润大，实现价值的盈利水平高。

此外，该指标还有助于找出经营中存在的具体问题。如毛利率下降，则表明营业成本的比重加大，可能是销售价格下降，也可能是制造成本上升造成的。

（2）净利率。净利率是企业一定时期净利润与营业收入（一般指净额）的比率，反映了企业的营业收入在扣除所有费用及所得税后实现净利润的水平。其计算公式为

$$净利率 = (净利润 \div 销售收入) \times 100\%$$

净利率表示每一单位销售收入可带来的净利润。一般来说，净利率越高，说明企业单位收入所实现净利润越多，企业获取净利润的能力越强。在利用净利率分析时，通过和毛利率结合起来考虑，便能够对企业的经营情况有相当程度的理解。在没有非正常经营业务或其所占比例很小，或非正常经营业务总额基本不变的情况下，若企业连续几年毛利率基本没有变化，而净利率却不断下降，我们就可以判断原因，要么是期间费用相对于销售收入提高了，要么是所得税税率提高了。若是毛利率下降，则可能是因为相对于销售收入来说，销售成本提高了。其具体原因，可能是由于降低了价格，也可能是由于相对于产量而言经营效率下降了。通过对净利率的变动分析，可以促使企业在扩大销售的同时，注意改进经营管理，提高盈利水平。

需要说明的是，分析企业的盈利能力，一般可使用净利润，但在企业投资收益或营业外收支较大的情况下，也可使用营业利润，若企业其他业务利润较大时，可使用主营业务利润，以便得到更为客观的盈利能力分析结果。

3. 股权资本的盈利能力

（1）每股收益。每股收益，也称每股净利润、每股盈余，是指普通股每股可分配的净利润额，是衡量上市公司盈利能力最常用的财务指标，它反映普通股的获利水平。其计算公式为

$$每股收益 = (净利润 - 优先股股利) \div 发行在外的普通股加权平均数$$

式中，发行在外的普通股加权平均数＝Σ（发行在外的普通股股数 × 发行在外的月份数）÷12

发行在外月份数是指发行已满一个月的月份数，例如股票在某年的 3 月发行，则当年"发行在外月份数"按 9 个月计算。或者说，发行当月不计入"发行在外月份数"。

每股收益是普通股股东最为关心的指标，被认为是管理效率、盈利能力和股利分配来源的显示器，也是衡量企业经营业绩的重要依据。每股收益越高，每一股可得的利润越多，说明企业的盈利能力越强，股东的投资效益越好。在分析时，可以进行不同企业间的比较，评价某一企业相对其他企业的盈利能力；也可以进行同一企业不同时期的比较，了解某一企业盈利能力的变化趋势；还可以进行实际经营业绩和盈利预测的比较，掌握某一企业的管理能力。

在使用每股收益分析盈利能力时要注意以下问题：①每股收益并不反映股票所含有的风险。对于每股收益相同的两家企业来说，投资者当然更愿意选择经营业务风险小的企业进行投资。但是，每股收益在计算时由于综合性较强，依据它是不能分析出一家企业经营业务风险的。同样对于一家企业的不同时期来说，它的经营业务可能发生变化，经营风险也在随之发生变化，但是它的每股收益却能保持不变，甚至有所提高。例如，假设 A 公司原来经营日用品的产销，最近转向房地产投资，公司的经营风险增大了许多，但每股收益可能不变或提高，并没有反映风险增加的不利变化。②股票是一个"份额"概念，不同公司的股票每一股份额在经济上是不等量的，它们所含有的净资产和市价不同，即换取每股收益的投入量不同，不同公司的每股收益不一定具有可比性。③每股收益与其他财务比率一样，也是由各种财务数据综合而成的，计算时含有一些主观估计和假定因素，而且每股收益与股利、股票价格之间不存在必然的联系，这会减弱每股收益信息的有用性。同时，不排除公司管理当局在列报每股收益时涉及粉饰行为。此外，还需注意具有潜在盈利的有价证券的情况。

（2）市盈率。市盈率又称价格与收益比率，是指普通股每股市价与普通股每股收益的比率，反映了股份制企业的获利情况。其计算公式为

$$市盈率 = 普通股每股市价 \div 普通股每股收益$$

市盈率是人们普遍关注的指标，有关证券刊物几乎每天都会报道各类股票的市盈率。该比率是对利率、股票成长预期以及投资者风险态度等多种因素的综合反映，反映投资者对每一单位净利润所愿支付的价格，可以用来估计股票的投资报酬率和风险。它是市场对公司的共同期望指标，市盈率越高，表明市场对公司的未来越看好，由未来收益（而非当前收益）所决定的股票价值越大。在市价确定的情况下，每股收益越高，市盈率越低，投资风险越小；反之亦然。仅从市盈率高低的横向比较来看，高市盈率说明企业得到社会信赖，具有良好的前景。

此外，市盈率经常被投资者用来判断股票市场价格是否具有吸引力。把许多企业的市盈率进行比较，并结合对其所属行业的经营前景的了解，就可以作为选择投资项目的参考。市盈率一般在 10～30 之间，过高的市盈率，说明该股票市场价格过高，风险较大；过低的市盈率，说明股东对该企业缺乏信心。由于股市的市场价格是波动的，因此市盈率也是经常变动的。

使用市盈率指标时应注意以下问题：①该指标不能用于不同行业企业的比较，充满扩展机会的新兴行业市盈率普遍较高，而成熟行业的市盈率普遍较低，这并不说明后者的股票没有投资价值；②在每股收益很小或亏损时，股票市场价格不会降至零，因而很高的市盈率往

往不能说明全部问题；③市盈率高低会受到净利润的影响，而净利润受可选择的会计政策的影响，从而使得不同企业之间市盈率的比较受到限制。此外，市盈率高低还受总体市价的影响，总体市价变动的影响因素很多，包括投机炒作等，因此观察市盈率的长期趋势很重要。通常，投资者要结合其他有关信息，才能合理运用市盈率指标判断股票的价值。

（3）每股股利。每股股利是指企业支付给普通股的现金股利总额与期末普通股股份总数的比率，反映的是每股普通股获取的现金股利的多少。其计算公式为

$$每股股利 = 支付给普通股的现金股利总额 \div 期末普通股股份总数$$

该指标数值越大，意味着股东所持有的每股普通股所分得的现金股利越多，它比每股收益更能直接地体现股东所得到的当前利益。股东得到的每股股利的多少，不但受企业获利能力高低的影响，而且受企业股利发放政策的影响。当有较高收益的投资项目时，企业将把利润用来进行项目投资，就会采取低股利政策，减少或停止股利的发放。如果企业找不到收益较高的投资项目，就会采用高股利政策，将利润用于发放股利。另外，从资本成本的角度出发，如果企业一方面大量发放股利，另一方面又用较高的成本筹集资金，那就不如以留用利润的方式筹资，减少股利的发放。

（4）每股净资产。每股净资产，是期末净资产（即年度末股东权益）与年度末普通股股数的比值，也称为每股账面价值、每股净值或每股权益。该指标反映发行在外的每股普通股所代表的净资产的历史成本。其计算公式为

$$每股净资产 = 年度末股东权益 \div 年度末普通股股数$$

式中，年度末股东权益是指扣除优先股权益后的余额。

该指标反映企业的每股股票在企业之中有多大的资产获得权。该值越大，企业的股票越有保障。因此，投资者做决策时往往首先关注这一指标。这个指标有时也是新股发行的基础。因为老股东投在企业发挥效用的资产值不应被新股东的投资所稀释，因而，每股净资产就是最低新股发行价。

这个指标是用历史成本计量的，既不反映净资产的变现价值，也不反映净资产的产出能力。因此在投资分析中，它只能被有限地使用。每股净资产，在理论上提供了股票的最低价值。如果某企业的股票价格低于净资产的成本，成本又接近变现价值，一定程度上说明该企业已无存在价值，清算是股东最好的选择。

（5）市净率。把每股净资产和每股市价联系起来，可以说明市场对企业资产质量的评价。反映每股市价和每股净资产关系的比率称为市净率。其计算公式为

$$市净率 = 每股市价 \div 每股净资产$$

市净率是依据企业账面资产确定其增长期权价值的相对指标。企业的预期增长越大，价值越多，该比率就越高。国外现有企业的市净率从 0.5 到 8.0 不等，如果市净率只有 0.5，说明企业的获利能力远未达到资本市场的预期，属于收获时期的企业。如果市净率很高，则说明企业的获利能力相当高，该企业具有行业吸引力和较强的竞争优势。

市净率可用于投资分析。每股净资产是股票的账面价值，它是用成本计量的；每股市价是这些资产的现时价值，它是证券市场上交易的结果。当每股市价高于每股账面价值时说明企业资产质量好，有发展潜力；反之则说明企业资产质量差，没有发展前景。优质股票

的每股市价都超出每股净资产许多,一般来说市净率达到3,可以树立较好的企业形象。但是,每股市价低于每股净资产的股票也不是没有购买价值,如果该企业今后经营有改善的可能,或者被其他企业购入后经过资产重组能提高获利能力,则该公司的股票仍然可以投资。

例 5-4 根据表 5-5,请分析格力电器 2017—2022 年的盈利能力。

根据表格财务数据,格力电器各年度盈利能力分析指标见表 5-9。

表 5-9 格力电器各年度盈利能力分析指标

年份	总资产报酬率 [=(利润总额÷资产平均总额)×100%]	净资产收益率 [=(净利润－优先股股利)÷净资产平均总额×100%]	净利率 [=(净利润÷销售收入净额)×100%]
2017	—	—	15.18%
2018	13.42%	33.07%	13.31%
2019	10.99%	24.25%	12.53%
2020	9.36%	19.46%	13.25%
2021	8.95%	20.31%	12.15%
2022	8.07%	21.94%	12.18%

根据计算结果,格力电器 2017—2022 年间,总资产报酬率在 9% 左右,净资产收益率平均达到 23.81%,超出大部分上市公司的盈利水平;净利率都超过 12%,但有下降趋势,说明受市场竞争影响,总体盈利能力受限制。

5.2.4 发展能力分析

发展能力是指企业通过自身的生产经营活动,通过企业内部资金积累而形成的发展潜能。企业未来的获利能力和资本实力是衡量和评价企业持续发展的根据。通过企业发展能力的分析,能够使经营者更好地了解企业的经济实力和持续发展的趋势。企业的发展能力可以通过以下指标来体现。

1. 营业增长率

营业增长率是指企业本期营业收入增长额与前期营业收入的比率。它表明企业营业收入的增减变动情况,是评价企业发展能力的重要指标,其计算公式为

$$营业增长率 = 本期营业收入增长额 \div 前期营业收入 \times 100\%$$

该指标数值越高,表明企业的产品适销对路、价格合理,产品质量和性能得到了社会的认可,企业未来有较好的发展前景。反之,该指标数值低,则说明企业未来的发展令人担忧。

2. 总资产增长率

总资产增长率是指企业本期总资产增长额与期初资产总额的比率。该指标用资产规模来衡量企业的发展能力,表明企业规模增长水平对企业发展的影响,其计算公式为

$$总资产增长率 = 本期总资产增长额 \div 期初资产总额 \times 100\%$$

该指标数值越高,表明企业一定经营周期内的资产规模的扩张速度越快。如果企业能在一段较长时期内持续稳定地保持总资产的增长,有助于企业增强竞争实力。

3. 可持续增长率

可持续增长率是指企业在保持目前经营策略和财务策略的情况下能够实现的增长速度。它与企业的融资和股利政策密切相关。其计算公式为

$$可持续增长率 = 净资产收益率 \times (1 - 股利支付率)$$

可持续增长率越高，表明企业收益的未来增长速度越快。反之，则表明企业收益的未来增长速度越慢。

❖ 阅读材料 5-1

格力电器的发展前景如何

"格力做汽车不是想找新的增长点，而是要进军不同领域"。2016 年 8 月 23 日，刚公布收购珠海银隆具体方案的格力电器董事长董明珠首次对外详细剖析此起收购背后的逻辑。事实上，随着国内空调市场逐步进入成熟饱和阶段，格力近年来正迫切寻求转型，希望可以及时切入既具有增长潜力、又与自身核心竞争能力相匹配的领域。从 2012 年开始，格力电器已先后进入模具、智能装备以及手机领域，此次进军新能源汽车领域有望进一步打开格力电器的多元化版图。

多元化发展是一些核心产业发展受到限制的企业所做的战略抉择，从格力电器当下的情况来看，虽然在空调行业仍处于市场领导地位，但由于市场容量限制等原因，寻求发展突破点是必然选择，从这一点来看，"格力做汽车不是想寻找新的增长点"一定程度上反而通过否定印证了其战略抉择的主要动机。格力电器 2021—2022 年收入及成本的主要数据见表 5-10。

表 5-10　2021—2022 年格力电器收入及成本的主要数据

单位：亿元

项目	2022 年 收入	2022 年 成本	2021 年 收入	2021 年 成本
按行业分类				
制造业	1 532	1 056	1 448	1 010
合计	1 532	1 056	1 448	1 010
按商品类型分类				
其中：空调	1 349	911	1 317	906
生活电器	46	31	49	33
工业制品	76	61	32	26
智能装备	4	3	9	6
绿色能源	47	41	29	27
其他	10	10	13	12
合计	1 532⊖	1 056	1 448	1 010
按地区分类				
其中：内销	1 299	857	1 223	801

⊖ 合计与单项求和差异的产生原因为数据保留至"亿元"时省略的部分，下同。

(续)

项目	2022年		2021年	
	收入	成本	收入	成本
外销	233	199	225	203
合计	1 532	1 056	1 448	1 010

资料来源：格力电器2022年度财务报告。

● 讨论题

结合案例所给资料，运用本章格力电器有关财务数据，评价格力电器发展前景。

5.2.5 关于基本财务能力评价的注意事项

公司持续发展的关键在于偿债能力、营运能力、盈利能力的协调程度。若片面追求偿债能力的提高，增大易变现资产的占用，势必会使资产的收益水平下降，影响公司的营运能力和盈利能力；若只追求提高资产的营运能力，就可能片面地重视公司在一定时期内获取的销售收入规模，相应增大应收账款形成的资金占用，而忽略公司资产的流动性和创造利润的水平；若仅单纯地追求公司的盈利能力，又可能增大不易变现资产的占用而忽略资产的流动性，对公司的偿债能力构成不利影响。

财务比率的计算只考虑了数量方面的因素，未顾及管理层素质等质量因素，而对公司进行评价时，缺乏质量因素的考虑是不完全的；管理层的财务报告策略可能会轻易地改变这些比率，如报表日前突击偿付负债，达到提高"流动比率"的目的；会计政策选择上的差异也会使不同公司财务比率的比较具有误导性；不同分析者对财务比率的理解不同，导致对财务报告的解读产生歧义；在通货膨胀时期，按历史成本原则，那些收益对资本或资产的比率会扭曲性上升；孤立的、单一的比率几乎无意义，符合行业特点、管理策略和总体经济状态的比率才是合适的；依据公开财务报表计算出的比率只反映公司过去的情况，对未来进行预测时，分析人员可能也不会轻信过去的数据可以反映未来的经济状况。

5.3 综合财务能力分析

基本财务能力分析是从企业经营成果和财务状况的某一个方面独立进行分析与评价，据此还难以全面系统地对企业的财务状况和经营成果以及现金流量状况做出评价。财务分析的一个重要目的就是要全方位地分析企业经营理财状况，进而对企业的经济效益做出正确合理的判断，为企业资金的筹集、投放、运用、分配等一系列财务活动的决策提供有力的支持。因此，必须进行多种指标的相关分析或者采用适当的标准对企业状况进行综合分析，才能从整体角度对企业的财务状况和经营成果进行客观评价。财务综合分析的方法主要有杜邦分析法和沃尔比重评分法等。

5.3.1 杜邦分析法

杜邦分析法是利用各种财务比率指标之间的内在联系，对企业财务状况和经营成果进行综合分析与评价的一种系统分析方法。该方法是由美国杜邦公司的经理创造出来的，故又称为杜邦系统，是财务综合分析的重要方法之一。杜邦分析法的基本原理为将净资产收益率分解为多项财务比率的乘积，有助于深入分析及比较企业的经营业绩。例如，净资产收益率可进行如下变换：

$$\begin{aligned}
净资产收益率 &= 净利润 \div 净资产平均总额 \\
&= (净利润 \div 平均资产总额) \times (平均资产总额 \div 平均净资产总额) \\
&= 总资产净利率 \times 权益乘数
\end{aligned} \quad (5\text{-}1)$$

总资产净利率又可表达为

$$\begin{aligned}
总资产净利率 &= (净利润 \div 销售收入) \times (销售收入 \div 平均资产总额) \\
&= 净利率^{\ominus} \times 总资产周转率
\end{aligned} \quad (5\text{-}2)$$

综合式（5-1）和式（5-2），可以得出企业净资产收益率的杜邦等式：

$$\begin{aligned}
净资产收益率 &= (净利润 \div 营业收入) \times (营业收入 \div 平均资产总额) \times \\
&\quad (平均资产总额 \div 平均净资产总额) \\
&= 营业净利率 \times 总资产周转率 \times 权益乘数
\end{aligned}$$

其中，权益乘数是资产总额与净资产总额的比率，表示企业的负债程度。权益乘数越大，说明企业的负债程度越高，这给企业带来了较多的杠杆利益，同时也给企业带来了较大的风险。企业既要充分有效地利用全部资产，提高资产利用率，又要妥善安排资金结构。权益乘数的计算公式为

$$权益乘数 = 平均资产总额 \div 平均净资产总额 = 1 \div (1 - 资产负债率)$$

应注意的是此处的资产负债率指的是全年平均资产负债率，它是企业全年平均负债总额与全年平均资产总额的比值。

杜邦分析评价体系的基本原理可以用"杜邦分析图"来展现，如图5-1所示，杜邦分析图的左边部分，主要分析企业的营运能力和盈利能力，并展示出企业的营运能力和盈利能力两者之间的内在联系；杜邦分析图的右边部分，主要分析企业的偿债能力、财务结构、资本结构和资产结构，亦展示出其内在的关系。两部分共同作用的结果导致企业净资产收益率的变动。因此，净资产收益率是杜邦分析评价体系的核心，是一个综合性很强的指标，它反映着公司财务管理目标的实现情况。

利用杜邦等式和图5-1，可以帮助企业管理层更加清晰地看到净资产收益率的决定因素，以及净利率与总资产周转率、资产负债率之间的相互关联，给管理层提供了一张考察企业资产管理效率是否最大化股东投资回报的路线图。如果一家企业的管理层的管理目标是提高企业的净资产收益率，从杜邦分析图中可以发现提高净资产收益率的四种途径：

（1）使营业收入增长幅度高于成本费用的增长幅度。
（2）减少企业的营业成本或经营费用（如图5-1左边部分所示）。
（3）提高总资产周转率。在现有资产基础上，增加营业收入，或者减少企业资产。
（4）在不危及企业财务安全前提下，增加债务规模，提高资产负债率。

$\ominus$ 考虑到这里的"净利率"容易被误解为"利润与收入"的比值，也有人习惯性地采用"销售净利率"这样的表述。实际上，这里的"净利率"是"净利润与销售收入"的比值，当其他业务收入比例较小时，该比率也可用营业收入来计算。

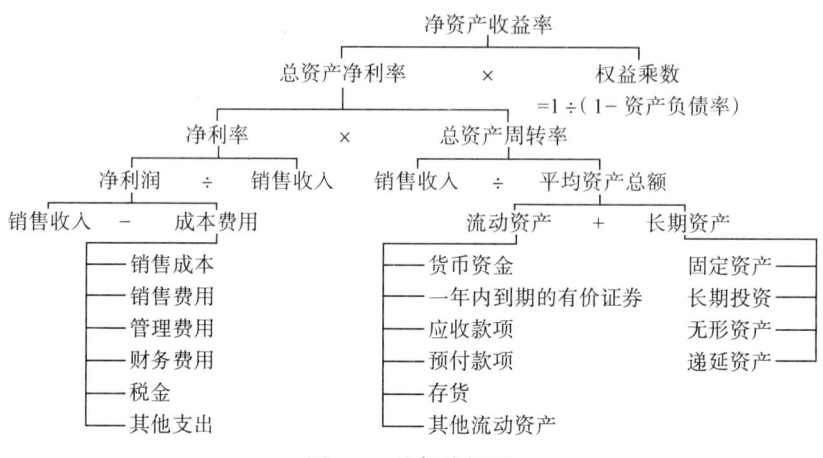

图 5-1 杜邦分析图

可见，杜邦分析是一个以净资产收益率为核心的财务分析框架，如图 5-2 所示。同时，这个分析框架也是一个以净资产收益率为核心的财务分析路径，如图 5-3 所示。

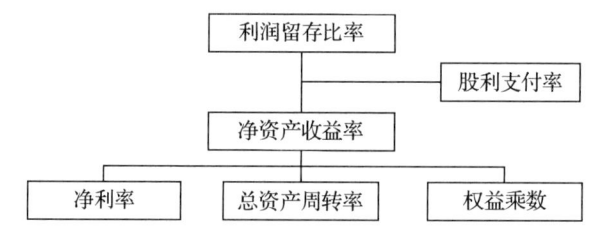

图 5-2 以净资产收益率为核心的财务分析框架

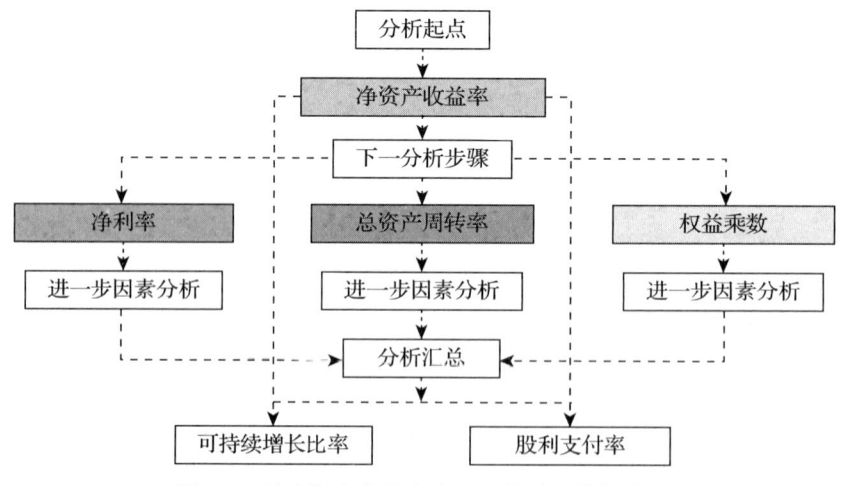

图 5-3 以净资产收益率为核心的财务分析路径

5.3.2 沃尔比重评分法

沃尔比重评分法是亚历山大·沃尔（Alexander.Wole）在 20 世纪初创立的一种分析方法。在《信用晴雨表研究》和《财务报表比率分析》中，他提出了信用能力指数的概念，把若干个有代表性的财务比率用线性结合起来，以评价企业的信用水平。他选择了以下 7 个财务比率：流动比率、产权比率、固定资产比率、存货周转率、应收账款周转率、固定资产周转率和自有资金周转率，分别给定各指标的分值比重，总分值为100分。然后确定标准比率（以行业平均值为基础），并计算实际比率与标准比率的比值（相对比率），评出每项指标的得分，最后求出总评分。

因而，沃尔比重评分法的基本原理是将选定的具有代表性的财务指标与行业平均值（或标准值）进行比较，以确定公司各项指标占标准值的比重，并结合标准分值来确定公司实际得分值。其评价标准如下：若公司某项财务指标的实际得分值高于标准分值，则表明该指标所对应的财务状况较好；反之，若某项财务指标的实际得分值低于标准分值，表明该指标所对应的财务状况较差；公司的总得分值体现了公司财务状况在同行业中所处位置。用沃尔比重评分法给M公司的财务状况进行总评分的结果见表5-11。

表5-11 沃尔比重评分法下的M公司财务状况

财务比率	比重（1）	标准比率（2）	实际比率（3）	相对比率（4）[=（3）÷（2）]	评分（5）[=（1）×（4）]
流动比率	25	2.00	2.33	1.17	29.25
产权比率	25	1.50	0.88	0.59	14.75
固定资产比率	15	2.50	3.33	1.33	19.95
存货周转率	10	8.00	12.00	1.50	15.00
应收账款周转率	10	6.00	10.00	1.70	17.00
固定资产周转率	10	4.00	2.66	0.67	6.70
自有资金周转率	5	3.00	1.63	0.54	2.70
合计	100	—	—	—	105.35

沃尔比重评分法解决了在分析公司各项财务指标时如何评价其指标所对应的财务状况，以及公司整体财务状况在同行业中的地位等问题。但原始意义上的沃尔比重评分法有两个缺陷：一是选择这7个比率及给定的比重，其内在机制的合理性在理论上难以证明，缺乏说服力；二是从技术上讲，由于评分是以相对比率与比重相"乘"计算出来的，当某一个指标严重异常（过高或过低，甚至是负数）时，会对总评分产生不合逻辑的重大影响。因而，在采用此方法进行财务状况综合分析和评价时，应注意以下几个方面的问题：①同行业的标准值必须准确无误；②标准分值的规定应根据指标的重要程度合理确定；③分析指标应尽可能全面，所引入指标越多，分析的结果越接近现实。尽管沃尔比重评分法的科学性在理论上还有待得以完全证明，但它在实践中被广泛应用。

根据财政部1995年公布的企业经济效益评价指标体系，利用沃尔比重评分法，可对我国企业经济效益进行综合评分。这套体系中的指标包括：销售利润率、总资产报酬率、资本收益率、资本保值增值率、资产负债率、流动比率（或速动比率）、应收账款周转率、存货周转率、社会贡献率和社会积累率10个指标来对企业的财务状况进行综合评分。这里的关键技术是"标准评分法"和"标准比率"的建立。只有长期连续实践、不断修正，这种评价体系才能在财务分析中取得较好效果。标准比率应以本行业平均值为基础，适当进行理论修正。在给每个指标评分时，应规定上限（最高评分）和下限（最低评分），以减少个别指标异常对总评分造成不合理的影响。上限可定为正常评分值的1.5倍，下限定为正常评分值的1/2。此外，给分时不采用"乘"的关系，而采用"加"或"减"的关系来处理，以克服沃尔比重评分法的缺点。

在实际分析时，是使用基本财务能力分析还是综合财务能力分析。在很大程度上是个人偏好问题。两种方法都有助于我们理解决定企业的各项财务能力。需要指出的是，这两种方法都有局限性，这是由财务比率分析自身的局限性所造成的。这些局限主要表现在以下几个方面。

第一，当企业业务多元化时，往往很难确定企业应当属于哪个行业范畴。因此，常常需要分析者自己进行行业归类并制定行业比较标准。

第二，现有公布的行业平均值只是一个大概数字，仅仅给分析者提供了一般性指导，而且所选择的样本企业中，不一定包括了行业内有代表性的企业。

第三，企业之间的会计核算方法可能差异很大，从而导致比率计算上的差异。例如，在价格上涨期间，采用后进先出法进行存货计价的企业的存货价值会低于采用先进先出法进行存货计价的企业，因而该企业的存货周转率会相对较高。此外，不同企业还可能选择不同的固定资产折旧方法，从而影响固定资产净值和相关比率的计算。

第四，行业平均值可能并没有提供一个合适的目标比率或标准。此时，分析者可以把自己选出的一组企业数据作为比较对象，甚至只与构成竞争对手关系的企业进行比较。

第五，许多企业的经营具有季节性，因此，资产负债表以及相关的比率会因制表时间的不同而产生差异。为避免这种问题，应当选择反映企业经营季节特征的期限（如几个月或几个季度）计算财务比率并进行比较，而不是机械地以年度为计算和比较期限。例如，当一家企业的销售季节性很强时，其存货投资相应也有很强的季节性，此时，最好采用平均月末存货余额来计算存货周转率。

尽管有以上种种内在的局限性，但到目前为止，财务比率仍然是评价企业经营成果和财务状况的主要工具。当然，在应用财务比率分析时也要注意到它们潜在的一些缺陷。值得一提的是，国内有学者把财务比率评价指标统一到了如图 5-4 所示的一个分析框架中，在此列示以供参考。

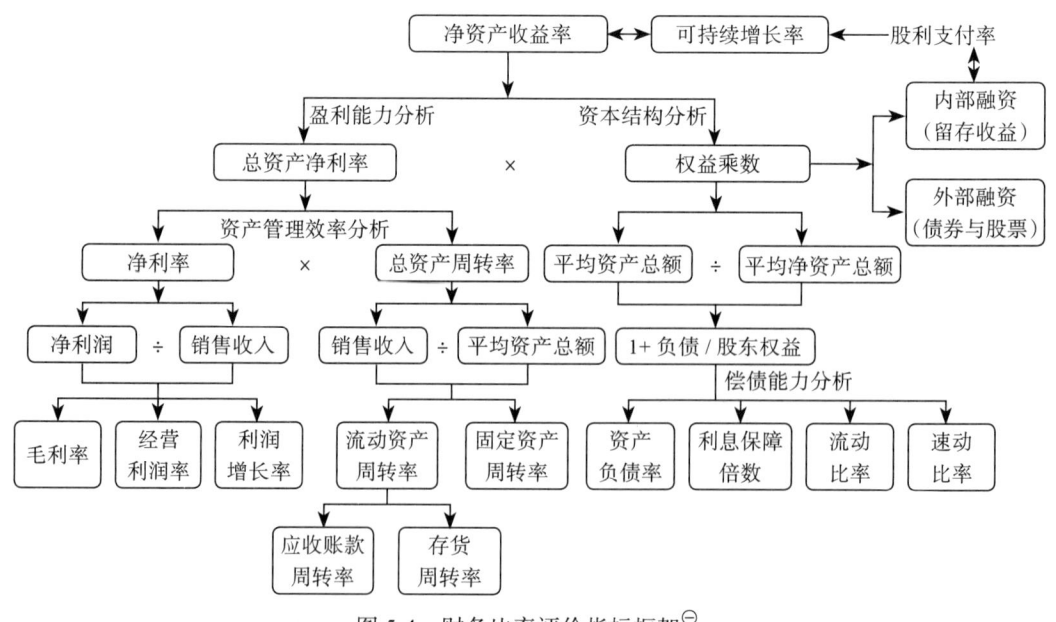

图 5-4 财务比率评价指标框架[一]

[一] 谷祺，刘淑莲. 财务管理 [M]. 大连：东北财经大学出版社，2007.

本章小结

1. 财务报表是企业经营和发展的财务历史，财务分析是经济组织对其生产经营事项及财务状况进行分解剖析的行为。从本质上看，财务分析既是一项分析和解释的技术，又是一种判断过程。人们进行财务分析，一般都是为了评价分析对象以往经营的业绩、衡量其当前的财务状况，以便为预测其未来发展趋势提供依据。在长期的实践中，人们已经探索形成了一整套科学的技术方法用以揭示这些数据的联系、结构及其变动趋势，如比较分析法、比率分析法、趋势分析法和因素分析法。财务分析主要以财务报告为基础，日常核算资料只能作为财务分析的一种补充资料。财务报告是指企业对外提供的、反映企业某一特定日期的财务状况和某一会计期间的经营成果、现金流量等会计信息的文件。财务报告包括财务报表、财务报表附注和其他应当在财务会计报告中披露的相关信息和资料。财务报表至少应当包括资产负债表、利润表、现金流量表等报表。在这些报表中，概括地反映了企业的财务状况、经营成果和现金流量状况等财务信息，通过对其进行分析，可以更加系统地揭示企业的综合状况。

2. 报表使用者进行财务分析，就是要通过分析来了解分析对象的财务能力，以便为其所进行的财务决策提供依据。在长期的财务实践中，人们创造了财务分析的指标体系，如偿债能力分析、营运能力分析、盈利能力分析、发展能力分析，并上升到财务分析理论层面来指导财务分析工作。公司持续发展的关键在于偿债能力、营运能力、盈利能力的协调程度。若片面追求偿债能力的提高，增大易变现资产的占用，势必会使资产的收益水平下降，影响公司的营运能力和盈利能力；若只追求提高资产的营运能力，就可能片面地重视公司在一定时期内获取的销售收入规模，相应增大应收账款形成的资金占用，而忽略公司资产的流动性和创造利润的水平；若仅单纯地追求公司的盈利能力，又可能增大不易变现资产的占用而忽略资产的流动性，对公司的偿债能力构成不利影响。

3. 基本财务能力分析是从企业经营成果和财务状况的某一个方面独立进行分析与评价，难以全面系统地对企业的财务状况和经营成果以及现金流量状况做出评价。财务分析的一个重要目的就是要全方位地分析企业经营理财状况，进而对企业的经济效益做出正确合理的判断，为企业资金的筹集、投放、运用、分配等一系列财务活动的决策提供有力的支持。因此，必须进行多种指标的相关分析或者采用适当的标准对企业的各项数据进行综合分析，才能从整体角度对企业的财务状况、经营成果现金流量等进行客观评价。财务综合分析的方法主要有杜邦分析法和沃尔比重评分法等。

4. 杜邦分析法是利用各种财务比率指标之间的内在联系，对企业财务状况、经营成果和现金流量进行综合分析与评价的一种系统分析方法。杜邦分析法的基本原理为将净资产收益率分解为多项财务比率的乘积，有助于深入分析及比较企业的经营业绩。净资产收益率是杜邦财务分析体系的核心，是一个综合性很强的指标，反映着公司财务管理目标的实现情况。沃尔比重评分法的基本原理是将选定的具有代表性的财务指标与行业平均值（或标准值）进行比较，以确定公司各项指标占标准值的比重，并结合标准分值来确定公司实际得分值。沃尔比重评分法的评价标准是若公司某项财务指标的实际得分值高于标准分值，则表明该指标所对应方面的财务状况较好；反之，若某项财务指标的实际得分值低于标准分值，表明该指标所对应方面的财务状况较差；公司的总得分值体现了公司财务状况在同行业中所处位置。

复习思考

1. 为什么被引入多项财务指标的计算公式中的不是"全部现金流量"而是"经营活动产生的现金流量"？
2. 财务报告、财务报表和会计报表有无区别？
3. 请分别从股东、总经理、债权人视角谈谈如何运用杜邦分析体系进行财务分析？
4. 如果所有人都用标准财务分析指标进行财务分析，那么财务分析还有效吗？
5. 财务分析指标是否必须是固定的，管理者能否自创财务分析指标用于管理分析？

练习题

1. 华天公司2023年有关财务资料如下：速动比率为2，长期借款的数额是交易性金融资产的4倍；应收账款为4 000元，是速动资产的50%、流动资产的25%，同固定资产相等。股东权益总额等于营运资金，实收资本是未分配利润的2倍。要求：填列该公司2023年年末的资产负债表（简化）的相关项目（见表5-12）。

表5-12 华天公司2023年度资产负债表（简化）

资产	金额/元	负债和所有者权益	金额/元
货币资金		应付账款	
交易性金融资产		长期借款	
应收账款			
存货		实收资本	
固定资产		未分配利润	
合计		合计	

2. 某公司的流动资产为2 000 000元，流动负债为500 000元。该公司的流动比率是多少？若其他条件不变，分别讨论下列各种情况下该公司的流动比率将如何变化？用现金100 000元来购置设备；购买存货1 200 000元，款项未付；用现金偿付购货款50 000元；收回应收账款75 000元；增加长期负债200 000元，其中100 000元用来购买存货，另100 000元用来归还短期借款。

3. 某公司的年销售收入（全部赊销）为400 000元，毛利率为15%。资产负债表中流动资产项目的金额为80 000元，流动负债项目的金额为60 000元，存货项目的金额为30 000元，现金项目的金额为10 000元。

要求：

（1）若管理部门要求的存货周转率为3，则该公司的平均存货应为多少（假定全年的天数为360天）？

（2）若该公司的应收账款平均余额为50 000元，则应收账款周转率为多少？平均收账期为多少天（假定全年的天数为360天）？

4. 新安公司近3年的主要财务指标数据见表5-13。假设该公司没有营业外收支和投资收益，各年所得税税率不变。

表 5-13　新安公司近 3 年的主要财务指标数据

财务指标	2021 年	2022 年	2023 年
销售额/万元	4 000.00	4 300.00	3 800.00
资产/万元	1 430.00	1 560.00	1 695.00
普通股/万股	100.00	100.00	100.00
留存收益/万元	500.00	550.00	550.00
股东权益/万元	600.00	650.00	650.00
权益乘数	—	2.39	2.50
流动比率	1.19	1.25	1.20
平均收账期/天	18.00	22.00	27.00
存货周转率	8.00	7.50	5.50
长期债务/股东权益	0.50	0.46	0.46
毛利率	20.00%	16.30%	13.20%
净利率	7.50%	4.70%	2.60%

要求：分析说明该公司 3 年间资产、负债和所有者权益的变化及其原因。假如你是该公司的财务经理，在 2024 年应从哪方面改善公司的财务状况和经营业绩。

5. 幸福公司 2023 年资产负债表（简化）及利润表（简化）有关项目资料见表 5-14 和表 5-15。

表 5-14　幸福公司 2023 年资产负债表（简化）
2023 年 12 月 31 日　　　　　　　　　　　　　　单位：万元

资产	金额	负债和所有者权益	金额
流动资产：		流动负债：	
货币资金	41.00	短期借款	25.00
应收账款	25.00	应付账款	65.00
应收票据	5.40	应交税费	21.00
存货	128.00	非流动负债：	
预付款项	4.00	长期借款	60.00
非流动资产：			
长期股权投资	12.50	所有者权益	
固定资产	71.50	实收资本	100.00
无形资产	8.60	资本公积	10.00
		未分配利润	15.00
资产总计	296.00	负债和所有者权益合计	296.00

表 5-15　幸福公司 2023 利润表（简化）
2023 年度　　　　　　　　　　　　　　单位金额：万元

项目	金额
一、营业收入	625.00
减：营业成本	375.00
税金及附加	25.00
销售费用	10.00
管理费用	55.00
财务费用	20.00
加：投资收益（损失以"－"号填列）	25.00
二、营业利润（亏损以"－"号填列）	165.00
加：营业外收入	15.00
减：营业外支出	12.50
三、利润总额（亏损总额以"－"号填列）	167.50
减：所得税费用	55.00
四、净利润（净亏损以"－"号填列）	112.50

要求：根据上表提供的内容计算下列各项财务指标：①流动比率；②速动比率；③现金比率；④资产负债率；⑤产权比率；⑥总资产报酬率；⑦净资产收益率；⑧存货周转率；⑨流动资产周转率。

案例分析

云辉电子是一家主要生产小型及微处理电子器件的上市公司，市场定位主要服务于小规模企业及个人用户。由于公司产品质量优良，价格合理，深受市场欢迎。假设该公司正在做 2023 年的财务状况分析，财务总监必须向董事会汇报 2023 年公司经营成果及相关财务状况。恰好你入职该公司工作，财务总监指派你对公司 2023 年度有关的经营成果的资料进行整理和分析，写出书面的财务情况说明书，制作 PPT，以便于向董事会汇报。为此，他提供给你该公司利润表（简化，见表 5-16）。

表 5-16 云辉电子利润表（简化）

编制单位：云辉电子　　　2023 年度　　　单位：万元

项目	本期金额	上期金额
一、营业收入	6 000	5 000
减：营业成本	3 400	2 800
税金及附加	360	300
销售费用	540	400
管理费用	660	500
财务费用	160	200
加：投资收益（损失以"-"号填列）	140	110
公允价值变动收益（损失以"-"号填列）	—	—
资产减值损失（损失以"-"号填列）	20	10
二、营业利润（亏损以"-"号填列）	1 000	900
加：营业外收入	160	50
减：营业外支出	60	50
三、利润总额（亏损总额以"-"号填列）	1 100	900
减：所得税费用	275	225
四、净利润（净亏损以"-"号填列）	825	675

要求：请运用案例中提供的信息，做好该公司 2023 年度的利润完成情况的综合分析评价并制作成 PPT。

Z-score 模型与财务风险评估

如何评估企业的盈利质量

第 6 章　项目投资原理

○ **本章学习要点**

- √ 项目投资决策概述
- √ 项目投资决策基本评价方法
- √ 项目投资决策组合分析方法

○ **引例**

现在开发还是推迟开发

2017 年 10 月，国内重晶石粉价格上涨，河北省灵寿县一家矿山公司发现附近有这种矿山。公司生产技术部门估计矿石储备为 1 000 万 t，4 年可以开采完，每年的开采成本为 100 万元，此外需要先支付采矿权使用费 20 000 万元。从当时的情况看，该矿山矿石品位比较高，每吨市场价格约为 200 元。但考虑到未来这类矿石需求量增加，4 年后每吨的价格约为 400 元，如果 4 年以后再开采，市场销售收入更高，但支付的采矿权使用费也将达到近 30 000 万元。针对这一情况，公司内部有两种不同的意见，一种意见认为应该当下支付采矿权使用费，开采矿石对外销售，4 年后结束项目；另一种意见认为应该等 4 年后矿石价格上涨支付采矿权使用费并开采，可以赚更多的钱。总经理一时不知该采纳哪一种意见，就决定咨询财务部门。

讨论题

如果你是企业财务部门负责人，你应该如何帮助总经理分析这一问题，并提出政策建议？

6.1　项目投资决策概述

在企业管理实践中，决策涉及整个管理过程中的每一个环节。在诺贝尔经济学奖得主赫伯特·亚历山大·西蒙（Herbert Alexander Simon）看来，组织就是作为决策的个人所组成的系统，决策贯彻于管理的全过程，管理就是决策，组织中每个成员的第一个决策就是决定参加或不参加这个组织。引例中，选择开采矿石的时点涉及财务方面的重要决策——项目投资决策，本章着重对项目投资决策的基本原理进行概括表述，并通过实例让读者了解和掌握项目投资决策的方法。

6.1.1 决策与投资决策

实际工作中，管理者所面对的问题可以说是方方面面的，妥善解决这些问题就需要管理者做出不同的抉择，这将可能导致不同的结果。其中，有很多结果是当时做抉择时无法准确预知的，所以在管理过程中，管理者需要根据环境的变化不断做出新的决定。在这个意义上，我们说，决策就是对需要处理的事情做出策略上的决定。从学术意义上看，决策是人们为实现预期的目标，运用一定的科学理论、方法和手段，通过一定的程序，对若干个可行性的行动方案进行研究论证，从中选出最满意的方案的过程。决策是行动的基础，没有正确的决策就没有合理的行动。

投资是投资主体为获得未来的、不确定的收益而支付即期价值（成本）的行为，它有以下三个特征：第一，投资是部分或全部不可逆的，也就是说已投入的资金是沉没成本；第二，来自投资的未来回报是不确定的，也就是说在投资决策中，只能做到评估代表较高或较低收益结果的概率；第三，投资在时机和方式方面存在一定的回旋余地，也就是说决策者可以选择是否要推迟行动以获得更多的信息，或者是否采取某一特定的方式进行投资。

一项好的投资决策应当是一个能提高公司权益的市场价值，因而能为公司的股东创造价值的决策。也就是说，投资决策必须考虑到财务目标，偏离财务目标或者不能为股东创造价值的投资决策一定要尽量避免。当然，在这个问题上，需要投资者敏锐的思考和全面的分析，有时需要在决策中引入战略性思考。从这个意义上来看，对于企业来说，创造性投资非常重要，它不仅关系到企业财务数据的变化，而且关系到企业未来生存发展的关键，涉及重大决策时，需要企业高管和股东共同做出选择，而不仅仅将其视为财务人员的工作。

6.1.2 项目投资决策的概念与要素

项目投资决策的前提是要有相应的投资项目可供选择。所谓投资项目是指在规定期限内完成某一项开发目标（或一组目标）而规划的投资活动、政策活动以及组织活动等的综合体。只有有了相应的投资项目，才能进行是否进行项目投资的决策。那么，什么是项目投资决策呢？项目投资决策是指在项目投资活动中，为实现投资主体（投资者）预期的投资目标，在获取大量信息的基础上，运用一定的科学理论、方法和手段，通过一定的程序，对若干个可行项目的投资方案进行研究论证，从中选出最满意的投资方案的过程。

项目投资决策的根本目的是扩大生产经营能力，它在形式上主要表现为固定资产投资。一般来说，固定资产投资具有不经常发生、投资金额大、投资回收期长、影响时间长远、投资风险大、对企业收益影响大等特点，所以必须引起决策者的高度重视，在对一项固定资产投资项目进行决策时，必须对其必要性和可行性进行技术经济论证，对不同的项目投资方案进行比较选择，并做出判断和决定。

从构成要素上看，项目投资决策应当包括如下4个基本要素。①决策者。投资项目的决策者也是项目投资的主体，是具有资金使用权和投资决策权的法人。②决策目标。项目投资决策的目标就是要求在项目开发经营的过程中，在投资风险尽可能小的前提下以最少的投入实现最大的产出。③决策变量。决策变量是指决策者可能采取的各种行动方案，这些方案可以由决策者自己制订，因此，决策变量是可以人为地进行调控的因素。④状态变量。状态变量是指项目决策者所面临的各种自然状态。许多状态包含着各种不确定性因素，项目决策者必须对项目开发过程中可能出现的不确定性因素加深了解，并利用科学的分析方法，分析不确定因素变化对项目投资可能产生的影响。

为此，我们必须强调，正确的项目投资决策取决于决策者个人的素质、知识、能力、经验以及审时度势和妥善判断的能力，同时又与其认识和掌握投资决策理论的程度，以及对科学决策方法的应用水平有着密切的关系。决策者在进行投资决策时，必须具备一些条件：如有明确的项目投资决策目标；有两个或两个以上可供选择和比较的决策方案；有评价方案优劣的标准；有真实反映客观实际的数据资料。

6.1.3 项目投资决策的基本原则

对于企业而言，项目投资决策极有可能决定企业在未来期间的发展，为此，在决策过程中必须要慎重对待每一个投资项目。从总体上看，项目投资决策应当注意以下几点。

（1）注重项目的投入产出，把握投资项目的价值增值原则。企业存在的价值是通过为社会提供人们所需要的产品或服务，从而获取经济利益，所以必须重视投资项目的投入产出，尽量做到在投入较少的前提下取得较大的产出效益，实现价值增值的财务目标。

（2）考虑项目的长远利益，把握经济效益与社会效益双赢原则。企业的投资行为需要以维护投资者的长远利益和企业整体发展战略为出发点，因而在考虑投资项目时，需要正确处理当前利益和长远利益之间的关系，对于即使能够导致企业短期内取得较好效益，但会影响企业长远利益的投资项目坚决予以否决。对于能够影响企业长期可持续发展、实现经济效益与社会效益良性循环的投资项目，即使短期内难以见到成效，也应当尽力组织人力、物力和财力，进行投资，以获取经济效益与社会效益的双赢。当然，当企业面对的投资项目出现经济效益和社会效益的冲突时，还需要在考虑企业伦理的基础上，恰当评估投资项目给社会带来的影响程度，并尽量将负面影响降到最低。当项目实在是对自然环境或社会发展带来较大的负面影响时，而又无法回避或降低这种影响的，企业就应当选择放弃对该项目的投资。也就是说，在项目投资决策问题上，企业需要破除单纯追求经济利益或利润的思想，不能为了挣钱而挣钱，否则，就很容易做出错误的决策，形成决策前处处是"馅饼"，决策后时时是"陷阱"的尴尬局面。

（3）重视项目的风险评估，把握投资项目的风险控制原则。在项目投资决策过程中，投资项目的品质对投资决策结果具有重要影响。投资必然面临着风险，对于任何一家企业而言，都必须非常重视项目投资管理，也就是要在各种可供选择的项目投资方案中选择最恰当的投资方案，在成本与效益、风险与收益最优组合的条件下使用资金。在企业的项目投资决策中唯一能够确定有效的工作就是重视项目的风险评估，做好风险控制。实际上，每一个投资项目的选择决策，都是权衡概率的结果，当市场机会出现的时候，必须果断决策并采取行动。

❖ 阅读材料 6-1

中石油投资新能源

2023年3月17日，吉林油田美字风电场成功并网发电，这是中国石油集团（以下简称"中石油"）首个风电项目建成投产。它标志着中石油向油气热电氢综合性能源公司战略转型的计划迈入了全面实施阶段。2023年6月29日，由中石油承建的我国首个万吨级新能源制氢项目——内蒙古鄂尔多斯市准格尔旗纳日松光伏制氢产业示范项目成功投产，总投资额为23亿元。

显然，上述项目与中石油传统经营的项目没有明显联系，那为什么中石油要做出上述行动呢？中石油上述战略转型行为与我国政府提出的系列发展理念和措施有密切关系，同时也表明该企业对未来经济社会发展的关注。2020年9月22日，国家主席习近平在第七十五届联合国大会一般性辩论上发表重要讲话，中国"二氧化碳排放力争于2030年前达到峰值，努力争取2060年前实现碳中和"。在"双碳"背景下，为适应未来发展需要，中石油作为我国石化行业的领军企业，未雨绸缪，提出了油气热电氢综合发展的战略设想，并积极付诸行动。仅2022年，中石油在地热、风电、光电、氢能等新能源方面的总投资达76.7亿元人民币，投资同比增幅为252%。

● 讨论题

（1）吉林油田美字风电场建设项目和内蒙古鄂尔多斯市准格尔旗纳日松光伏制氢产业示范项目是否属于中石油的投资项目？

（2）中石油投资上述项目的依据是什么？

6.1.4 项目投资决策的一般程序

企业要做出科学的决策，必须从客观实际情况出发，遵循科学的决策程序。因此，项目投资决策也必须遵循一定的投资决策程序。一方面，这是为了明确决策责任，提高决策效率，克服决策者个人凭主观想象轻率拍板的顽疾；另一方面，也是为了确保项目投资决策的科学性，降低项目投资的风险。从财务角度看，项目投资决策一般应遵循下列程序。

（1）估算投资方案的预期现金流量。企业进行项目投资是为了获取未来经济利益，这种经济利益一般表现为预期现金流量。在项目投资决策过程中，必须对项目投资所导致的现金流量的变动给予定量的估算，这是项目投资决策的前提。

（2）估计预期现金流量的风险。考虑到预期现金流量是基于当下对未来的预计，必然包含不同程度的风险因素，为此，企业必须对这种风险程度给出较为客观的估计，以便为资本成本的确定奠定基础。

（3）确定资本成本的一般水平。确定资本成本，也就是要确定相应的贴现率（折现率）。按照财务管理的货币时间价值原理，处于不同时点的货币资金无法进行比较，但可以以一定的贴现率将不同时点的货币资金换算到同一时点进行比较。为此，对于项目投资决策而言，估算未来的现金流量需要按资本成本进行换算，也就是要确定一个相应的贴现率。一般情况下，企业可以以同期银行存款利率或国债利率为基础，再考虑风险大小的基础上对贴现率进行确定。

（4）确定投资方案的现金流量现值。企业运用贴现（折现）的方法将未来现金流量折算为当前现金流量，从而得到不同投资方案所带来现金流量的现值，为决策奠定基础。

（5）通过比较来决定选择或拒绝某项投资方案。企业可以比较项目未来现金流量现值与所需资本支出的大小，如果项目未来现金净流量现值大于所需资本支出，则可认为该项目可行，否则该项目不可行。

6.2 项目投资决策的基本评价方法

投资是要讲求效益的，任何投资都不例外。企业进行项目投资的根本目的是实现企业价值的增长，促进财务管理目标的实现。企业能否实现这一目标，关键在于能否在变化迅速的市场环境下，抓住有利时机，做出合理的投资决策，而合理的投资决策又必须以科学的项目投资决策评价为依据。本节将从财务管理角度介绍项目投资决策的定量评价方法。

6.2.1 项目投资决策的评价基础

1. 评价基础的确定

要进行项目投资决策定量评价，必须确定其评价的基础。从财务管理角度看，该评价基础可以是会计上的利润指标，也可以是现金流量指标。利润和现金流量并不是同一个层面上的问题，利润是企业的经营目的和结果，而现金流量则是经营的过程和条件。

柯林斯在《基业长青》中写道，企业的利润就像人体所需要的氧气、食物和水一样，没有它们就没有生命，尽管这些不是生命的目的和意义。企业与人一样，人体靠血液输送养分与氧气，才能维持生命活力，如果人体发生动脉硬化、血管阻塞等状况，便有休克性死亡的危险，而现金流量就像人体的血液。对于企业而言，利润固然很重要，但现代管理者更想知道利润是怎么产生的。他们更看重现金流量，因为他们知道没有现金流量企业必然出现危机甚至走向死亡。在这一点上，现代管理学之父德鲁克也曾指出，那些仅仅把眼光盯在利润上的企业总会有一天会没有利润可赚的。

从财务管理角度讲，利润只是一个结果，企业真正要控制的是实现利润过程中的其他财务指标，如果过程失控，那么利润不可能得到长久维持。美国财务学家莫迪利亚尼认为，利润不是一个有价值的概念，企业管理者应该做的是使企业的价值最大化，这也是 MM 理论[⊖]最重要的贡献。该理论指出了经营管理的核心不应是基于利润最大化的观念，而是更有意义的观念，即努力使股东所拥有的公司价值最大化。当然，要体现股东所拥有的公司价值最大化，最好采用现金流量指标。一方面，利润是按权责发生制计算的，如果把未收到的现金收入作为收益，包含较大的潜在风险；另一方面，利润指标的计算易受会计政策的影响，而现

⊖ 美国财务学家米勒（Miller）和莫迪利亚尼（Modigliani）1961 年发表《股利政策，增长和股票价值》一文，指出在完全资本市场中，股份公司的股利政策与公司普通股每股市价无关，公司派发股利的高低不会对股东的财富产生实质性的影响，公司决策者不必考虑公司的股利分配方式，公司的股利政策将随公司投资、融资方案的制定而确定。后来，人们将该理论简称为"MM 理论"。

金流量更为客观一些。就项目投资而言，现金流量指标不仅涵盖了投资项目的寿命周期，从现金流量的时间域，还可以看出发生在各个时间点上的现金流量。为此，财务管理学在确定项目投资决策评价基础时将现金流量（这里的现金主要指货币资金）作为计算与投资决策相关的其他指标的基础。

综合来看，企业管理者在投资决策中重视现金流量，而把利润放在次要地位，主要是考虑以下几点原因。

第一，在投资项目的整个投资有效年限内，利润总计与现金净流量总计是相等的，从而使得以现金净流量取代利润作为评价净收益的指标不仅是可行的而且也是符合现实需求的。

第二，按权责发生制计算出来的利润因受折旧方法等会计政策选择因素的影响，存在一定程度的主观性，相对而言，采用现金流量指标可以更加有效地保证评价结果的客观性。

第三，在项目投资的分析过程中，项目的现金流动状况比盈利状况更加重要。可以说，有利润的年份并不意味着企业有充足的现金流量进行其他项目的再投资，而一个投资项目能否维持下去，并不取决于一定期间是否有利润，更多地取决于是否有充足的现金流量用于各种成本费用的支付。

2. 现金流量的构成与计算

一般地，可以按动态的现金变化状况将现金流量划分为现金流出量、现金流入量和现金净流量。其中现金流出量主要表现为投资项目所引起的货币资金的减少额，如购置生产线支付的价款、垫支的流动资金等。现金流入量主要表现为投资项目所引起的货币资金的增加额，如营业收入（补贴收入）、回收固定资产残值收入、收回垫支的流动资金等。现金净流量则表现为一定时期与项目投资有联系的货币资金的增加额与减少额的差额。通常意义上的现金流量，指的就是现金净流量（一般用 NCF 表示）。也可以按项目投资过程将现金流量划分为初始现金流量、营业现金流量和终结现金流量。

$$\text{营业现金流量} = \text{营业收入（或经营收入）} - \text{付现成本（或经营成本）} - \text{所得税费用}$$
$$= \text{营业收入} - (\text{营运成本} - \text{折旧} - \text{摊销}) - \text{所得税费用}$$
$$= \text{净利润} + \text{折旧} + \text{摊销}$$

例 6-1 西敏公司准备购入一套机械设备，现有甲、乙两个方案可供选择。甲方案需投资 20 万元，设备使用寿命为 5 年，采用直线法计提折旧，5 年后设备无残值。5 年中每年的销售收入 8 万元，每年付现成本为 3 万元。乙方案需投资 24 万元，采用直线法计提折旧，设备使用寿命为 5 年，5 年后有残值收入 4 万元，5 年中每年的销售收入为 10 万元，每年付现成本为 4 万元，从第 2 年开始逐年增加日常修理费 0.2 万元，另需垫支营运资金 3 万元，5 年后可收回。假设两方案的所得税税率均为 25%，试计算两方案的现金流量。

方法一（公式计算法）：

（1）甲方案。

$$\text{每年计提的折旧额} = 20 \div 5 = 4 \text{（万元）}$$
$$\text{净利润} = (8 - 3 - 4) \times (1 - 25\%) = 0.75 \text{（万元）}$$
$$\text{第 1 年年初现金流量} = -20 \text{ 万元}$$

第 1～5 年年末每年现金流量 = 4+0.75=4.75（万元）

（2）乙方案。

每年计提的折旧额 =（24-4）÷5=4（万元）
第 1 年年初现金流出流量 = 0 －（24+3）= －27（万元）
第 1 年年末现金流入流量 =（10-4-4）×（1-25%）+4=5.50（万元）
第 2 年年末现金流入流量 =（10-4-4-0.2）×（1-25%）+4=5.35（万元）
第 3 年年末现金流入流量 =（10-4-4-0.4）×（1-25%）+4=5.20（万元）
第 4 年年末现金流入流量 =（10-4-4-0.6）×（1-25%）+4=5.05（万元）
第 5 年年末现金流入流量 =（10-4-4-0.8）×（1-25%）+4+4+3=11.90（万元）

方法二（表格计算法）：

甲、乙两方案营业现金流量计算分别见表 6-1、表 6-2。

表 6-1　甲方案营业现金流量计算表　　　　　　　单位：万元

项目		第 0 年	第 1 年	第 2 年	第 3 年	第 4 年	第 5 年
固定资产投资		-20.00					
营业现金流量	营业收入（1）		8.00	8.00	8.00	8.00	8.00
	付现成本（2）		3.00	3.00	3.00	3.00	3.00
	折旧（3）		4.00	4.00	4.00	4.00	4.00
	税前利润（4）[=（1）-（2）-（3）]		1.00	1.00	1.00	1.00	1.00
	所得税费用（5）[=（4）×25%]		0.25	0.25	0.25	0.25	0.25
	净利润（6）[=（4）-（5）]		0.75	0.75	0.75	0.75	0.75
	营业现金流量（7）[=（3）+（6）]		4.75	4.75	4.75	4.75	4.75
营业现金流量合计		-20.00	4.75	4.75	4.75	4.75	4.75

表 6-2　乙方案营业现金流量计算表　　　　　　　单位：万元

项目		第 0 年	第 1 年	第 2 年	第 3 年	第 4 年	第 5 年
固定资产投资		-24.00					
营运资金垫支		-3.00					
营业现金流量	营业收入（1）		10.00	10.00	10.00	10.00	10.00
	付现成本（2）		4.00	4.20	4.40	4.60	4.80
	折旧（3）		4.00	4.00	4.00	4.00	4.00
	税前利润（4）[=（1）-（2）-（3）]		2.00	1.80	1.60	1.40	1.20
	所得税费用（5）[=（4）×25%]		0.50	0.45	0.40	0.35	0.30
	净利润（6）[=（4）-（5）]		1.50	1.35	1.20	1.05	0.90
	营业现金流量（7）[=（3）+（6）]		5.50	5.35	5.20	5.05	4.90
固定资产残值							4.00
营运资金回收							3.00
营业现金流量合计		-27.00	5.50	5.35	5.20	5.05	11.90

6.2.2　项目投资决策基本评价的非贴现现金流量方法

项目投资决策基本评价的非贴现现金流量方法，是比较传统的项目投资决策评价方法，其基本特征是在进行项目投资决策指标的计算中不考虑投资项目未来现金流量的时间价值，主要决策方法包括投资回收期法和会计收益率法。

1. 投资回收期法

投资回收期是指从项目投建之日起，用项目所得的净收益偿还原始投资额所需要的年限，即由投资项目引起的现金流入累计到与投资额相等时所需要的时间期。一般情况下投资回收期以年为计量单位。该方法关注投资流动性，比较简便易懂，在项目投资决策中应用较早，运用也较普遍。但在经济业务发展的过程中，人们逐渐认识到投资回收期法存在诸多缺陷，比如没有全面地考虑投资方案整个计算期内的现金流量；无法准确衡量方案在整个计算期内的经济效果；忽略货币时间价值等。此外，该方法忽略了回收期后的收益，容易造成项目决策者的短视。毕竟，资本投资的全部目的在于创造价值增值，而不只是为了保本。当决策者以回收期作参数，往往容易优先考虑急功近利的项目，导致放弃长远成功的方案。为此，在现代财务管理中，一般将该方法作为一种辅助决策的方法。投资回收期法的基本计算公式如下：

$$投资回收期 = (n-1) \frac{|第n-1年尚未收回的投资额|}{第n年的现金净流量}$$

式中，n 为累计现金净流量开始出现正数的年份。

例6-2 假设香泉股份有限公司面临一项固定资产投资决策，项目初始投资为100万元，项目建设期为2年，经营期为4年，第3年~第6年所产生的现金流量分别为30万元、40万元、50万元和20万元，试计算该投资项目的投资回收期。

该投资项目所产生的现金流量（NCF）如图6-1所示。

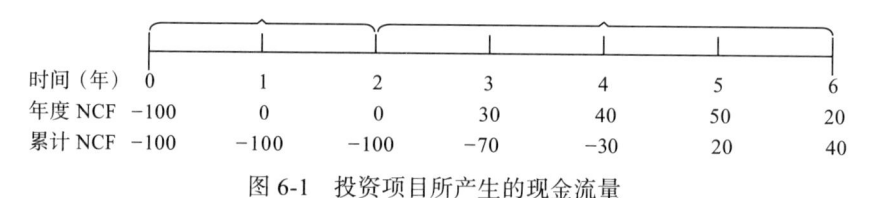

时间（年）	0	1	2	3	4	5	6
年度NCF	−100	0	0	30	40	50	20
累计NCF	−100	−100	−100	−70	−30	20	40

图6-1 投资项目所产生的现金流量

$$投资回收期 = (5-1) + |-30| \div 50 = 4.6（年）$$

当投资项目每年获取的现金流量相等时，也可以采用下面的公式计算投资回收期。

$$投资回收期 = \frac{原始投资额}{年现金净额量}$$

可见，投资回收期法计算简便，容易理解；项目投资回收期在一定程度上显示了资本的周转速度。资本周转速度越快，投资回收期越短，风险越小，盈利越多。投资回收期法的上述特点决定了它对于那些技术上更新迅速的项目、资金相当短缺的项目或未来的情况很难预测而投资者又特别关心资金补偿的项目来说是特别有用的。

为了进一步丰富和发展该决策方法，人们又将投资回收期进一步划分为静态投资回收期和动态投资回收期。

静态投资回收期是指在不考虑资金时间价值的条件下，以项目的净收益回收其全部投资额所需要的时间。投资回收期可以自项目建设开始年算起，也可以自项目投产年开始算起，但必须口径可比且在分析中予以说明。

动态投资回收期是把投资项目各年的净现金流量按基准收益率折算成现值之后，再计算出来的投资回收期，这种计算方法决定了它与静态投资回收期的根本区别。也可以说，动态投资回收期就是净现金流量累计现值等于零时的年份。

在进行财务分析时，可以将计算出的动态投资回收期与行业标准动态投资回收期或行业平均动态投资回收期进行比较，低于相应的标准则认为项目可行。投资者一般都十分关心投资的回收速度，为了减少投资风险，都希望越早收回投资越好。动态投资回收期是一个常用的经济评价指标，弥补了静态投资回收期没有考虑资金时间价值这一缺点，使用于分析的投资回收期数值更符合实际情况。

2. 会计收益率法

会计收益率（也称投资收益率）是投资项目经济寿命期限内的平均每年获得的税后利润（会计收益）与初始投资额之比，⊖这是一项反映投资获利能力的相对数指标。在计算时，通常使用财务报表上的数据即可，即基于普通会计的收益和成本观念。会计收益率的基本计算公式为

$$会计收益率 = 年平均收益 \div 初始投资额$$

该方法的基本决策规则为会计收益率越高，投资收益越高，投资方案越有利；反之，会计收益率越低，投资收益越低，投资方案越不利。企业在进行项目投资决策时，首先需要确定一个自身要求达到的会计收益率的最低标准，然后将有关投资项目所能达到的会计收益率与该标准比较，若超出该标准，则该投资项目是可取的；若是达不到该标准，则应该放弃该投资项目。在有多个投资项目的互斥选择中，选择会计收益率最高的项目。

也有人将会计收益率法引申为投资回报率法，并把投资回报率定义为由投资项目所引起的平均现金净流量与原始投资额之比。

6.2.3 项目投资决策基本评价的贴现现金流量方法

贴现现金流量方法是在项目投资决策中考虑投资项目所带来现金流量的时间价值，通过计算相应指标进行财务决策的方法。其中，最常用的有净现值法、现值指数法和内部报酬率法。

1. 净现值法

净现值法是运用投资项目的净现值进行投资评估的基本方法。在财务分析中，一般把投资项目投入使用后的净现金流量，按资金成本或企业要求达到的报酬率折算为现值，减去初始投资现值以后的余额，称为净现值（net present value，NPV）。也有人认为，净现值是从投资开始至项目寿命终结时所有现金流量（包括现金流入和现金流出）的现值之和。净现值

⊖ 在实际分析中，也有使用投资现金流量来计算会计收益率的。我们主张，无论是采用税后利润还是采用投资现金流量，都应当本着一致性和可比性原则进行实践操作。

的一般计算公式为

$$\text{NPV} = \sum_{t=1}^{n} \frac{\text{CI}_t - \text{CO}_t}{(1+i)^t} - C_0 = \sum_{t=1}^{n} \frac{\text{NCF}_t}{(1+i)^t} - C_0$$

式中，CI_t 表示投资项目在第 t 期所产生的现金流入量（CI 即 cash input 的缩写），CO_t 表示投资项目在第 t 期所产生的现金流出量（CO 即 cash output 的缩写），C_0 表示投资项目的初始投资额（cost），i 表示资本成本或企业要求达到的报酬率，n 表示投资项目终结期，NCF_t 表示投资项目在第 t 期所产生的现金净流量。

根据 $\text{NPV} = \sum_{t=1}^{n} \frac{\text{CI}_t - \text{CO}_t}{(1+i)^t} - C_0$ 这一公式，可知：

$$\text{NPV} > 0 \Leftrightarrow \sum_{t=1}^{n} \frac{\text{CI}_t - \text{CO}_t}{(1+i)^t} > C_0$$

$$\text{NPV} = 0 \Leftrightarrow \sum_{t=1}^{n} \frac{\text{CI}_t - \text{CO}_t}{(1+i)^t} = C_0$$

$$\text{NPV} < 0 \Leftrightarrow \sum_{t=1}^{n} \frac{\text{CI}_t - \text{CO}_t}{(1+i)^t} < C_0$$

运用净现值法时，一般需要经过以下几个步骤。

第一步，估算投资项目每年的营业净现金流量。必须注意的是，对某一投资方案的现金流量估算涉及很多因素（变量），需要销售、技术、生产等各部门共同参与，财务人员需要做的是为他们的预测建立共同的假设条件（如物价水平、贴现率等）。只有增量现金流量才是与投资项目相关的现金流量。所谓增量现金流量是指接受或拒绝某个投资方案后，企业会因此而发生的现金流量的变动量。也就是说，只有那些因采纳某个投资项目引起的现金支出增加额，才是该投资项目的现金流出；只有那些因采纳某个投资项目引起的现金收入增加额，才是该投资项目的现金流入。

第二步，按资金成本或企业要求达到的报酬率计算投资项目未来现金流量的总现值。若投资项目每年所产生的现金流量相等，可以采用计算现金现值的方法；若不等，则采用复利现值的方法，分别对每年产生的现金流量折现后，再计算出合计数。

第三步，按上述公式计算投资项目的净现值。

净现值法的决策规则是：当只有一个投资方案时，净现值为正则采纳，净现值为负则不采纳；存在多个投资方案选择时，一般采纳净现值为正且其值最大的方案。

例 6-3 继续沿用例 6-1 的资料，假设甲、乙两个方案的资金成本均为 8%，分别计算甲、乙方案的净现值。

$$\text{甲方案的净现值} = \sum_{t=1}^{5} \frac{4.75}{(1+8\%)^t} - 20$$

$$= 4.75 \times \text{PVIFA}_{(8\%,5)} - 20$$

$$= 4.75 \times 3.992\ 71 - 20$$

$$= -1.034\ 6\ (\text{万元})$$

$$\text{乙方案的净现值} = \frac{5.5}{(1+8\%)^1} + \frac{5.35}{(1+8\%)^2} + \frac{5.20}{(1+8\%)^3} + \frac{5.05}{(1+8\%)^4} + \frac{11.90}{(1+8\%)^5} - 27$$

$$= 5.5 \times \text{PVIF}_{(8\%,1)} + 5.35 \times \text{PVIF}_{(8\%,2)} + 5.2 \times \text{PVIF}_{(8\%,3)} + 5.05 \times \text{PVIF}_{(8\%,4)} +$$
$$11.9 \times \text{PVIF}_{(8\%,5)} - 27$$
$$= 5.5 \times 0.925\,93 + 5.35 \times 0.857\,34 + 5.2 \times 0.793\,83 + 5.05 \times 0.735\,03 + 11.9 \times$$
$$0.680\,58 - 27$$
$$= -1.381\,9\,(万元)$$

需要注意的是，财务管理中的计算，目的是为财务决策提供依据。财务分析工作不是算出一个数据之后就完成了，而是要依据该计算结果进行财务决策。由上述计算结果可知，甲方案的净现值为 −1.034 6 万元，小于 0，从财务角度看，应该拒绝该方案。乙方案的净现值为 −1.381 9 万元，小于 0，则也应该拒绝该方案。若是二者必选其一，则选择甲方案，损失较小。

可见，在固定资产投资决策中，净现值法不仅可以告诉我们是否接受某一个项目（这里既考虑了货币时间价值，又兼顾了项目的投资风险），而且可以告诉我们，该投资项目对股东财富的经济贡献，因而该方法与企业财务目标密切相关。

值得一提的是，在实际工作中，人们一般式在 Excel 中完成投资项目净现值的计算。若是投资项目各年的折现率相同，可在 Excel 中直接采用函数"NPV（）"来完成，其基本表达式为

$$= \text{NPV}(rate, value1, value2, \cdots)$$

式中，rate 表示折现率，value1，value2，…表示从第 1 笔到最后一笔现金流量的参数值，要求这些现金流量发生的时间均匀分布并出现在每期期末。

不过，Excel 中的函数符号与财务教材通用的符号所代表的含义不完全相同。NPV 在财务中表示净现值，在 Excel 中表示的却是现值（意味着在 Excel 中"NPV（）"函数假定投资现金流量发生在第 1 期期末，而在我们的分析中，通常假设投资现金流量发生在第 0 期，即初始投资时点），为此在 Excel 中计算净现值时，应将项目未来现金流量用"NPV（）"函数求出的现值再减去该项目的初始投资的现值。

2. 现值指数法

现值指数法是通过计算比较现值指数指标判断决策方案好坏的方法。这里的现值指数（profitability index，PI）是指未来收益（现金流量）的现值总额和初始投资现值总额之比，也有人称之为现值比率或获利指数。现值指数的计算公式为

$$\text{PI} = \frac{\sum_{t=1}^{n} \dfrac{\text{NCF}_t}{(1+i)^t}}{C_0}$$

式中，C_0 表示投资项目的初始投资额，i 表示资本成本或企业要求达到的报酬率，n 表示投资项目终结期，NCF_t 表示投资项目在第 t 期所产生的现金净流量。

例 6-4 继续沿用例 6-1 的资料，假设甲、乙两个方案的资本成本均为 8%，分别计算甲、乙方案的现值指数。

$$\text{甲方案的现值指数} = \frac{\sum_{t=1}^{5} \frac{4.75}{(1+8\%)^t}}{20}$$

$$= 4.75 \times \text{PVIFA}_{(8\%,5)} \div 20$$

$$= 4.75 \times 3.99271 \div 20$$

$$= 0.9483$$

$$\text{乙方案的现值指数} = \frac{\frac{5.5}{(1+8\%)^1} + \frac{5.35}{(1+8\%)^2} + \frac{5.2}{(1+8\%)^3} + \frac{5.05}{(1+8\%)^4} + \frac{11.9}{(1+8\%)^5}}{27}$$

$$= [5.5 \times \text{PVIF}_{(8\%,1)} + 5.35 \times \text{PVIF}_{(8\%,2)} + 5.2 \times \text{PVIF}_{(8\%,3)} + 5.05 \times \text{PVIF}_{(8\%,4)} +$$
$$11.9 \times \text{PVIF}_{(8\%,5)}] \div 27$$

$$= (5.5 \times 0.92593 + 5.35 \times 0.85734 + 5.20 \times 0.79383 + 5.05 \times 0.73503 +$$
$$11.90 \times 0.68058) \div 27$$

$$= 0.9488$$

从财务学含义来看，现值指数实质上表示的是每 1 元初始投资所能获取的未来收益（现金流量）的现值额。若现值指数小于 1，说明贴现后现金流入小于贴现后现金流出，该投资项目的报酬率小于预定的贴现率，项目是不可行的；若现值指数大于 1，说明贴现后现金流入大于贴现后现金流出，该投资项目的报酬率大于预定的贴现率，项目是可行的。从例题的计算结果来看，可以得到和净现值法下同样的决策结论，即甲、乙两方案均不可行。可见，由于 NPV 与 PI 使用相同的信息进行投资项目的评价，得出的结论常常是一致的，但在投资规模不同的互斥项目的选择中，则有可能得出不同的结论。

但是与 NPV 指标所不同的是，PI 指标的计算结果是一个相对数，NPV 指标是一个绝对数。不过 PI 指标计算仍然无法确定各投资方案本身能达到多大的报酬率，从而使决策者不能明确肯定地指出各个方案的投资利润率可达到多少，以便依据利润率选取以最小的投资获得最大的投资报酬的方案。

3. 内部报酬率法

内部报酬率又称内含报酬率（internal rate of return，IRR），是指一个投资项目的逐期现金净流量换算为现值之和正好等于原始投资金额时的利息率，实质上就是使投资项目的净现值等于零的贴现率。内部报酬率实际上反映了投资项目的真实报酬率，已经有越来越多的企业使用该项指标对投资项目进行评价。内部报酬率的计算公式为

$$\text{NPV} = \sum_{t=1}^{n} \frac{\text{NCF}_t}{(1+\text{IRR})^t} - C_0 = \sum_{t=1}^{n} \text{NCF}_t (1+\text{IRR})^{-t} - C_0 = 0$$

式中，符号的含义与前式相同。

内部报酬率法的决策规则是，当 IRR 大于或等于企业所要求的最低报酬率（即净现值中的贴现率）时，接受该项目；当 IRR 小于企业所要求的最低报酬率时，放弃该项目。由于 IRR 本身不受资本市场利率的影响，完全取决于项目的现金流量，因此 IRR 反映了项目内在的或者说真实的报酬率。也就是说，该指标可直接根据投资项目本身的参数（现金流量）

计算，在一般情况下，它能够正确反映项目本身的获利能力，但在互斥项目的选择中，利用 IRR 有时会得出与净现值法不同的结论。

IRR 的计算比较复杂，一般分为以下两种情况。

第一种情况：当投资项目各期现金流量相等时，即：NCF$_1$=NCF$_2$=…=NCF$_n$=NCF，则公式可以写为

$$NCF \times PVIFA_{(IRR,n)} - C_0 = 0$$

$$PVIFA_{(IRR,n)} = C_0 \div NCF$$

这里的 C_0、NCF 和 n 都是已知的，根据 $C_0 \div NCF$ 的计算结果，对照年金现值系数表，即可确定 IRR 的值。若所涉及的数据未在年金现值系数表上列示，则可使用插值法计算 IRR。

第二种情况：当投资项目各期现金流量不相等时，IRR 的计算，通常需要运用"逐步测试法"（也称试错法）。该方法的基本步骤是，首先估计一个折现率，用它来计算方案的净现值；如果净现值为正数，说明方案本身的报酬率超过估计的折现率，应提高折现率后进一步测试；如果净现值为负数，说明方案本身的报酬率低于估计的折现率，应降低折现率后进一步测试。经过多次测试，寻找出使净现值接近于零的折现率，即为方案本身的 IRR。一般地，利用插值法计算 IRR 的基本计算公式如下：

$$\frac{IRR - i_1}{i_2 - i_1} = \frac{NPV_1}{NPV_1 + |NPV_2|}$$

$$IRR = i_1 + \frac{NPV_1}{NPV_1 + |NPV_2|} \times (i_2 - i_1)$$

式中，i_1 和 i_2 为估计的折现率，NPV$_1$ 和 NPV$_2$ 分别为 i_1 和 i_2 所对应的净现值，其中一个为正数，一个为负数。该公式可以通过图 6-2 来说明，也可对照该图来记忆。

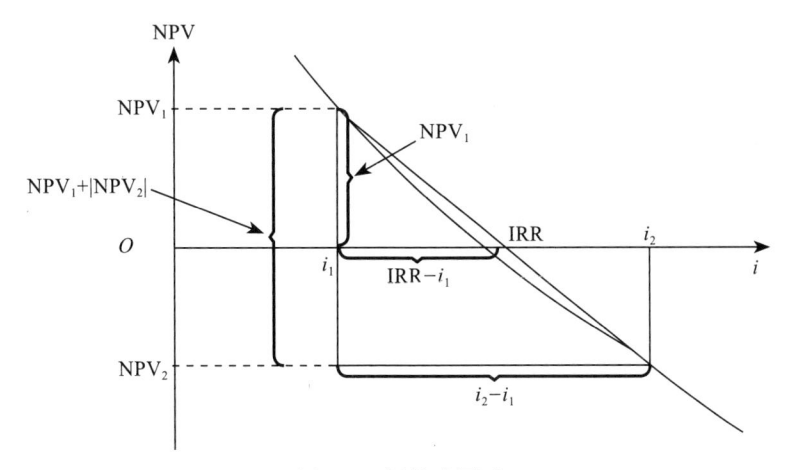

图 6-2 插值法图示

例 6-5 继续沿用例 6-1 的资料，分别计算甲、乙两方案的内部报酬率。

（1）甲方案的各期现金流量相等，即 NCF$_1$=NCF$_2$=NCF$_3$=NCF$_4$=NCF$_5$=4.75（万元）

代入公式 NCF$\times$PVIFA$_{(IRR,n)}$ $- C_0$=0，则有：PVIFA$_{(IRR,5)}$= 20 $\div$ 4.75=4.210 53

即有：PVIFA$_{(IRR,5)}$=4.210 5，查询年金现值系数表，在年数为 5 的那一栏，找出与上述年金

现值系数相邻近的两个折现率，即 6% 和 7%，其年金现值系数分别为 4.212 36 和 4.100 20。依据这两个相邻的折现率及其对应的年金现值系数，采用插值法可以计算出甲方案的内部报酬率。

$$甲方案的内部报酬率 = 6\% + \frac{7\% - 6\%}{4.100\ 20 - 4.212\ 36} \times (4.210\ 53 - 4.212\ 36) = 6.02\%$$

（2）乙方案的各期现金流量不等，需要采用逐步测试法来确定内部报酬率。要想估计一个折现率使净现值为零，是非常困难的，只有在不断调整中逐渐使之接近零。测算过程见表 6-3。

表 6-3 逐步测试法下的测算过程

时间	现金净流量	10% 现值系数	现值	8% 现值系数	现值	6% 现值系数	现值
第 0 年	−27	1	−27	1	−27	1	−27
第 1 年	5.5	0.909 09	4.999 995	0.925 93	5.092 615	0.943 396 2	5.188 679 2
第 2 年	5.35	0.826 45	4.421 508	0.857 34	4.586 769	0.889 996 4	4.761 481
第 3 年	5.2	0.751 31	3.906 812	0.793 83	4.127 916	0.839 619 3	4.366 020 3
第 4 年	5.05	0.683 01	3.449 201	0.735 03	3.711 902	0.792 093 7	4.000 073
第 5 年	11.9	0.620 92	7.388 948	0.680 58	8.098 902	0.747 258 2	8.892 372 3
净现值	—	—	−2.833 536		−1.381 896		0.208 625 7

从上表的测试值来看，假设折现率为 8% 时，净现值为 −1.381 896，小于 0；假设折现率为 6% 时，折现率大于 0，乙方案的折现率应当在 8% 与 6% 之间，代入上述公式进行计算，则有

$$乙方案的内部报酬率 = 6\% + \frac{0.208\ 625\ 7}{0.208\ 625\ 7 + 1.381\ 896} \times (8\% - 6\%) = 6.262\ 3\%$$

实务中，人们经常用 Excel 中的函数"IRR（ ）"来计算内部报酬率，该函数的功能是返回由相应数值所代表的一组现金流量的内部报酬率，这些现金流量不一定必须是均衡或相等的，但它们必须按固定的时间间隔发生（按月或年），该函数的一般表达式为

$$IRR（value,guess）$$

式中，value 为数组或单元格，包含用来计算内部报酬率的数字。value 必须包含至少一个正值和一个负值。函数"IRR（ ）"根据数值的顺序来解释现金流量的顺序，因此在计算时应确保按需要的顺序输入数值。guess 是对函数"IRR（ ）"计算结果的估计值。

需要注意的是，投资项目的内部报酬率与资本成本是不同的，IRR 用来衡量项目的获利能力，它是根据项目本身的现金流量计算的；资本成本是投资者进行项目投资要求的最低报酬率。IRR 的计算与资本成本无关，但与项目决策有关。

❖ 阅读材料 6-2

投资效率和会计信息质量有关吗

根据安徽工业大学吴良海教授等（2016）对制度环境、信息透明度与企业投资效率的关系所进行的研究，会计信息透明度与企业投资效率负相关，即会计信息透明度越高，企业投资效率越低；进一步检验发现，企业面临的风险越高，这一负相关关系越明显。同时，金融业的市场化对信息透明度与企业投资效率之间的负相关关系发挥了显著的正向调节作用。

◆ 讨论题

你认为会计信息透明度越高，投资效率越高的这种情况是否也有可能存在？

6.2.4 项目投资决策基本评价方法的选择与比较

通常，对于独立投资项目的评估，运用任何一个指标都能够做出一致的取舍决策。但对于互斥项目，按不同的标准，有时会得出不同甚至是完全相反的结论。为此，学习了投资项目评价的基本方法后，财务管理者必须了解相关评价指标的联系和区别，以便选择合适的评价方法。评价一个好的投资项目时，一般应考虑三个条件，即必须考虑项目周期内的全部现金流量；必须考虑资本成本或投资者要求达到的报酬率，以便将不同时点上的现金流量调整到同一时点进行比较；必须与公司的目标相一致，即进行互斥项目的选择时，能选出使公司价值最大化的项目。按照这样的标准，实际投资决策中基本上可以排除投资回收期和会计收益率这两个指标的单独应用。

下面我们着重进行净现值、现值指数和内部报酬率指标的比较分析。

1. 净现值与内部报酬率的比较

对于一个投资项目，人们可以根据项目净现值与折现率之间的关系，绘制一条净现值曲线，如图 6-3 所示。

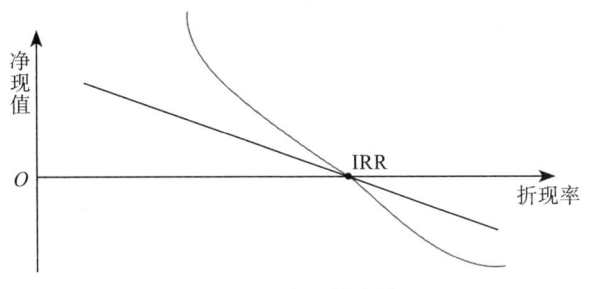

图 6-3　净现值曲线

图中净现值曲线与横轴的交点（点 IRR）就是内部报酬率，如果资本成本小于点 IRR 所对应的数值，则净现值大于零，无论是按净现值还是内部报酬率判断，均应接受该投资项目。如果资本成本大于点 IRR 所对应的数值，则净现值小于零，按以上两种标准判断，均应放弃该投资项目。

在图 6-3 中，点 IRR 左边的净现值均为正数，右边的净现值均为负数。这说明净现值大于零，内部报酬率必然大于资本成本；净现值小于零，内部报酬率必然小于资本成本。可见，当净现值标准得到满足时，内部报酬率标准也必然得到满足时，反之亦同。不论采取哪种判断标准，其结论是一致的。

在以下两种情况下，运用净现值与内部报酬率指标决策，结果可能存在差异：一是初始投资不一致，一个项目的初始投资大于另一项目的初始投资；二是现金流入的时间不一致，一个项目在最初几年流入较多，另一个项目在最后几年流入较多。究其原因，主要是两种方法都假定用项目运营过程中产生的现金流入进行再投资时，会产生不同的报酬率。净现值法假定产生的现金流入，进行再投资会产生相当于企业资本成本（必要报酬率）的报酬率。内部报酬率法却假定现金流入，进行再投资产生的报酬率与此项目的特定内部报酬率相同。在这两种假定条件下，净现值法的假定条件更容易满足。

2. 净现值与现值指数的比较

一般情况下，采用净现值与现值指数的评价投资项目，得出的结论常常是一致的，因为净现值 >0，则现值指数 >1；净现值 =0，则现值指数 =1；净现值 <0，则现值指数 <1。但在投资规模不同的互斥项目的选择中，则有可能得出相反的结论。

3. 项目投资评价指标的选择

从理论上说，在项目投资决策中，净现值指标要优于内部报酬率或现值指数，但在投资实践中，决策者对内部报酬率或现值指数却有着强烈的偏好。一方面，这是因为内部报酬率标准不需要事先确定资本成本，实务操作较为方便；另一方面，内部报酬率和现值指数是相对数指标，进行不同投资规模的比较和评价时更为直观。实际上，内部报酬率和现值指数最大的投资项目不一定是最优的项目。净现值虽然是一个绝对数，但在分析时已考虑到投资的机会成本，只要净现值大于 0，该项目就可以为公司创造更多的价值。

总之，若项目相互独立，净现值、内部报酬率、现值指数可做出完全一致的接受或舍弃的决策，但在评估互斥项目时，则应以净现值标准为基准。

❖ 阅读材料 6-3

不同项目投资的必要报酬率是否相同

企业发展到一定阶段，当主要业务发展受到限制时，就需要拓展其他业务。在第 5 章的案例材料中，格力电器为拓展发展路径，试图收购珠海银隆，但这一项目的融资计划被否决，一些股东代表认为，在当时的技术和市场条件下，收购珠海银隆风险太大。

在本章的讨论中，我们假设不同投资项目的必要报酬率相同，因此在计算不同项目的净现值时，所采用的折现率相同。在实际生活中，不同项目投资的风险差异会导致项目必要报酬率差异吗？根据资本资产定价模型，证券投资的必要报酬率受其 β 值的影响，β 值越大，投资必要报酬率越高，这就体现了不同风险投资对象的风险差异对投资者必要投资报酬的影响。这对项目投资也同样适用。以格力电器收购珠海银隆的计划为例，考虑到新能源汽车市场需求的不确定性、珠海银隆公司开发锂电池的技术风险等因素，如果格力电器收购珠海银隆，其风险必然要大于投资于空调、小家电甚至格力手机的风险。

根据格力电器 2016 年公布收购珠海银隆计划公告数据，格力电器以 130 亿元估值发行股份收购珠海银隆 100% 股权。根据格力电器 2015 年净资产收益率达到 27% 的必要报酬率来看，收购珠海银隆的项目每年至少要实现 35.1 亿元投资收益，才有可能勉强达到投资格力电器同类项目的股东满意的收益水平。而根据珠海银隆 2015 年的年度报告数据，该公司的总资产收益率仅为 3.69%。也就是说，除非珠海银隆能在格力电器入主后将总资产收益率提高近 10 倍，才能勉强达到格力电器股东要求的投资报酬水平，显然，这是一个非常有风险的投资项目。

讨论题

根据上述案例和相关理论，你能否提出一个平衡不同投资项目风险和必要报酬率水平的方案？

本章小结

1. 投资是投资主体为获得未来的、不确定的收益而支付即期价值（成本）的行为。项目投资决策的前提是要有相应的投资项目可供选择。投资项目是指在规定期限内完成某一项开发目标（或一组目标）而规划的投资活动、政策活动以及组织活动等的综合体。项目投资决策是指在项目投资活动中，为实现投资主体（投资者）预期的投资目标，在获取大量信息的基础上，运用一定的科学理论、方法和手段，通过一定的程序，对若干个可行项目的投资方案进行研究论证，从中选出最满意的投资方案的过程。项目投资决策的根本目的是扩大生产经营能力，它在形式上主要表现为固定资产投资。

2. 项目投资决策应当注意以下几点：注重项目的投入产出，把握投资项目的价值增值原则；考虑项目的长远利益，把握经济效益与社会效益双赢原则；重视项目的风险评估，把握投资项目的风险控制原则。项目投资决策的一般程序包括：估算投资方案的预期现金流量；估计预期现金流量的风险；确定资本成本的一般水平；确定投资方案的现金流量现值；通过比较来决定选择或拒绝某项投资方案。

3. 企业项目投资的根本目的是实现企业价值的增长，促进财务管理目标的实现。实现这一目标的关键在于其能否在变化迅速的市场环境下，抓住有利时机，做出合理的投资决策。要进行项目投资决策定量评价，必须确定其评价的基础。一般地，可以按动态的现金变化状况将现金流量划分为现金流出量、现金流入量和现金净流量。也可以按项目投资过程将现金流量划分为初始现金流量、营业现金流量和终结现金流量。

4. 项目投资决策的基本评价方法，分为非贴现现金流量方法和贴现现金流量方法。项目投资决策基本评价的非贴现现金流量方法，是比较传统的项目投资决策的评价方法，其基本特征是在进行项目投资决策指标的计算中不考虑投资项目未来现金流量的时间价值，主要决策方法包括投资回收期法和会计收益率法。贴现现金流量方法是在项目投资决策中考虑投资项目所带来现金流量的时间价值，通过计算相应指标进行财务决策的方法。最常用的有净现值法、现值指数法和内部报酬率法。

5. 净现值（NPV）是投资项目投入使用后的净现金流量，按资本成本或企业要求达到的报酬率折算为现值，减去初始投资以后的余额。净现值法的决策规则是：当只有一个投资方案时，净现值为正则采纳，净现值为负则不采纳；存在多个投资方案选择时，一般采纳净现值为正且最大的方案。现值指数（PI）是指未来收益（现金流量）的现值总额和初始投资现值总额之比。现值指数实质上表示的是每1元初始投资所能获取的未来收益（现金流量）的现值金额。若现值指数小于1，说明贴现后现金流入小于贴现后现金流出，该投资项目的报酬率小于预定的贴现率，项目是不可行的；若现值指数大于1，说明贴现后现金流入大于贴现后现金流出，该投资项目的报酬率大于预定的贴现率，项目是可行的。内部报酬率（IRR），指的是一个投资项目的逐期现金净流量换算为现值之和正好等于原始投资金额时的利息率，实质上就是使投资项目的净现值等于零的贴现率。内部报酬率反映了投资项目的真实报酬率,已经有越来越多的企业使用该项指标对投资项目进行评价。运用内部报酬率法的决策规则是,当 IRR 大于或等于企业所要求的最低报酬率(即净现值中的贴现率),时接受该项目;当 IRR 小于企业所要求的最低报酬率时,放弃该项目。若项目相互独立,NPV、IRR、PI 可做出完全一致的接受或舍弃的决策,但在评估互斥项目时,则应以 NPV 标准为基准。

复习思考

1. 为什么投资决策中现金流量比利润更重要?
2. 投资决策中,如何评价投资项目的风险程度?
3. 项目投资的各种评价方法有何特点?决策时如何选择相应的评价方法?
4. 如何在实际工作中把握投资决策的基本原则?
5. 当不同项目之间的初始投资额不同时,如何比较项目之间的优劣?

练习题

1. 甲公司打算投资 20 万元建设一个项目,预计投产后的年均收入为 96 000 元,付现成本为 26 000 元,预计有效期为 10 年,按直线法提折旧,无残值,所得税税率是 25%,请计算该项目的年现金流量。
2. 皖南股份有限公司拟用自有资金购置设备一台,财务部经理李军经过咨询和测算得知,该设备需一次性支付 1 200 万元,只能使用 5 年(假设税法亦允许按 5 年计提折旧);设备投入运营后每年可新增利润 50 万元。假定该设备按直线法折旧,预计净残值率为 5%(假设不考虑设备的建设安装期和企业所得税)。要求:
(1)计算使用期内各年净现金流量。
(2)如果资本成本为 10%,请计算净现值,并判断该设备是否应该购置。
3. 时代公司是一家专业生产矿泉水的公司,近年市场销路良好,限于生产能力不足,公司产品一定程度上呈供不应求的状态。为此,经董事会研究决定,为适应市场需求,准备再购入一条矿泉水生产线用以扩大生产能力。根据市场调研信息,该生产线需投资 100 万元,使用寿命为 5 年,无残值。经预测,该设备在 5 年中每年可创造销售收入 60 万元,相应的每年付现成本为 20 万元。由于公司资金紧张,于是董事会决定通过发行长期债券的方式筹集购入生产线的资金。后经过国家有关部门批准,债券按面值发行,票面利率为 12%,筹资费率为 1%,假设企业所得税税率为 25%,请问该公司投资矿泉水生产线的方案是否可行(提示:要求根据计算结果回答。计算过程中所用的年金现值系数见表 6-4)?

表 6-4　年金现值系数

折现率	5%	6%	7%	8%	9%
年金现值系数(5 年)	4.329	4.212	4.100	3.993	3.890

4. 某投资者准备从证券市场购买 A、B、C、D 四种股票组成投资组合。已知 A、B、C、D 四种股票的 β 系数分别为 0.7、1.2、1.6、2.1。假设现行国库券的收益率为 8%,市

场平均股票的必要报酬率为15%。

要求：

（1）采用资本资产定价模型分别计算这4种股票的预期收益率。

（2）假设该投资者准备投资并长期持有A股票。A股票上年的每股股利为4元，预计年股利增长率为6%，现在每股市价为58元。那么，该投资者是否可以购买这只股票？

（3）若该投资者按5∶2∶3的比例分别购买了A、B、C 3种股票，计算该投资组合的β系数和必要收益率。

（4）若该投资者按3∶2∶5的比例分别购买了B、C、D 3种股票，计算该投资组合的β系数和必要报酬率。

（5）根据上述（3）和（4）中的计算，如果该投资者想降低风险，应选择哪种投资组合？

5. 西夏公司研制成功一台新产品，现在需要决定是否大规模投产，有关资料如下。

（1）公司的销售部门预计，如果该产品每台定价3万元，销售量每年可达10 000台；销售量不会逐年上升，但价格可以每年提高2%；生产部门预计，该产品的变动制造成本为每台2.1万元，且每年增加2%；不含折旧费用的固定制造成本为每年4 000万元，且每年增加1%，新业务将在20×7年1月1日开始，假设营业现金流量发生在每年年底。

（2）为生产该产品，需要添置一台生产设备，预计其购置成本为4 000万元。该设备可以在20×6年年底前安装完毕，并在20×6年年底支付设备购置款。该设备按税法规定折旧年限为5年，预计净残值率为5%；经济寿命为4年，4年后即20×0年年底该项设备的市场价值预计为500万元。如果决定投产该产品，公司将可以连续经营4年，预计不会出现提前中止的情况。

（3）生产该产品所需的厂房可以用8 000万元购买，在20×6年年底付款并交付使用。该厂房按税法规定的折旧年限为20年，预计净残值率为5%。4年后该厂房的市场价值预计为7 000万元。

（4）生产该产品需要的净营运资本随销售额的变化而变化，预计为销售额的10%。假设这些净营运资本在年初投入，项目结束时收回。

（5）假设公司的所得税税率为25%。

（6）该项目的成功概率很大，风险水平与公司平均风险相同，可以使用公司的加权平均资本成本10%作为折现率。新项目的销售收入在公司总销售额中只占较小比重，并且公司每年有若干新项目投入生产，因此该项目万一失败不会危及整个公司的生存。

要求：

（1）计算项目的初始投资总额，包括与项目有关的固定资产购置支出以及净营运资本增加额。

（2）分别计算厂房和设备的年折旧额以及第4年年末的账面价值（提示：折旧按年提取，投入使用的当年提取全年折旧）。

（3）分别计算第4年年末处置厂房和设备引起的税后净现金流量。

（4）计算各年项目现金净流量以及项目的净现值和投资回收期（计算时折现系数保留至小数点后4位）。

6. 2016年8月，格力电器除了准备收购珠海银隆以外，还准备投资其他项目。假设公司管理层通过浏览各种产权交易中心公布的投资项目信息，发现有一个生产无人机的项目非常有吸引力，其具体情况见表6-5。假定格力电器要求的投资必要报酬率为15%。

要求：

（1）计算该项目投资的净现值和内部报酬率；

（2）为格力电器评估该投资项目的可行性。

表 6-5 投资项目具体情况　　　　　　　　　　　金额单位：万元

年份	投资（年初）	营业收入（年末）	付现成本（年末）	收回投资（年末）
2017	10 000			
2018		5 000	3 000	
2019		7 000	4 000	
2020		9 000	5 000	
2021		11 000	6 000	10 000

案例分析

盛唐葡萄酒厂是一家专门生产葡萄酒的中型企业，该企业已有 36 年的历史，生产的葡萄酒酒香醇正，价格合理，长期以来供不应求。为了扩大生产能力，盛唐葡萄酒厂准备新建一条生产线。

徐明是某大学毕业的高才生，去年刚进该企业财务部门工作，主要负责筹资和投资方面的业务。这天，财务主管王庆要求徐明搜集建设新生产线的有关资料，并对投资项目进行财务评价，以供厂领导决策参考。徐明接受任务后，经过了十几天的调查研究，得到以下有关资料：

（1）投资建设新的生产线需要一次性投入 1 000 万元，建设期为 1 年，预计生产线可使用 10 年，报废时没有残值收入；按税法规定，该生产线的折旧年限为 8 年，使用直线法计提折旧，残值率为 10%。

（2）由于该厂的现有资金需要投放到更有用的业务，购置该生产线设备所需的资金拟通过银行借款筹措。经与银行协商，借款期限为 4 年，每年年末支付利息 100 万元，第 4 年年末起用税后利润偿付本金。

（3）该生产线投入使用后，预计可使该厂第 1~5 年的销售收入每年增长 1 000 万元，第 6~10 年的销售收入每年增长 800 万元，每年耗用的人工和原材料等成本为收入的 60%。

（4）生产线建设期满后，企业还需垫支流动资金 200 万元。

（5）企业所得税税率为 25%。

（6）银行借款的资金成本为 10%。

假如你是徐明，请利用所学知识，完成以下工作：①预测新的生产线投入使用后，该企业未来 10 年增加的净利润；②预测该项目各年的现金净流量；③计算该项目的净现值，以评价项目是否可行。

相关计算（1）　　相关计算（2）

第7章 筹资原理

本章学习要点

- √ 基本筹资方式
- √ 加权资本成本
- √ 财务杠杆原理
- √ 最佳资本结构

引例

俏江南对赌协议融资

1991年，张兰投资13万元在北京开设了一家名叫"阿兰酒家"的川菜馆，由于服务质量和经营管理方面的成就，她的川菜馆经营规模越来越大。2000年，张兰开办"俏江南"精品川菜餐厅（以下简称"俏江南"），开启了连锁经营快速发展的经营模式。由于规模扩张迅速，公司经营资金缺乏，俏江南于2008年引进鼎晖创投作为战略投资者，获得资金2亿元人民币，其中条件之一是俏江南必须能在2012年前上市，这样鼎晖创投所持有的俏江南的10.5%股份就可以在证券市场推出并转让，否则张兰必须要将这些股权高价回购。然而，由于2008年以后市场竞争激烈，餐饮行业发展也受到一定的政策冲击，俏江南未能上市成功。为履行鼎晖创投融资时所签署协议中的"股份回购条款"及"领售权条款"，俏江南于2014年引进CVC私募股权基金购买鼎晖创投所持有的股份，并向CVC转让张兰持有的控股股份。经过一系列交易，CVC以3亿美元获得俏江南82.7%的股权，至此，张兰一手创立的"俏江南"控股权易手。

讨论题

俏江南对赌协议融资的目的是什么？有什么风险？

筹资是企业发展的基础，不同的筹资方式具有不同的优点和缺点。引例中俏江南在2008年进行对赌协议融资，是一种比较特殊的筹资方式，它与IPO上市筹资有联系也有区别。本章我们将主要讨论企业筹资的基本理论和方法。

7.1 基本筹资方式

筹资管理是指企业根据其生产经营、对外投资及调整资本结构的需要，对比分析所拟定的不同筹资方案的资金成本高低与财务风险大小，选择最佳筹资方案，通过金融机构和金融市场筹措企业所需资金的一种财务决策活动。整个筹资决策的过程实质上包含了一系列决策，需要制定一系列筹资政策，因而要求企业统筹考虑各种影响因素，估测权衡资金成本与财务风险，进行最佳筹资决策。

筹资方式是指企业筹集资金时所采取的具体形式，体现着资金的属性。如果说筹资渠道属于客观存在，那么筹资方式则属于企业主观能动行为。企业筹资管理的重要内容之一，就是如何针对客观存在的筹资渠道，选择合理的筹资方式，并有效地进行组合筹资，降低筹资成本，提高筹资效益。

目前，我国企业可以利用的筹资方式主要有以下7种。

（1）吸收直接投资。吸收直接投资是指企业以协议等形式吸收国家、其他法人单位、个人和外商直接投入的资金，形成企业资本的一种筹资方式。这种筹资方式不以股票为媒介，主要适用于非股份制企业，是非股份制企业取得权益资本的基本方式。

（2）发行股票。股票是股份制企业为筹措股本而发行的有价证券，是持有人拥有企业股份的凭证。这种筹资方式是股份有限公司筹措股权资本的主要方式。

（3）发行债券。债券是企业为筹集债务资本而发行的、约定在一定期限内向债权人还本付息的有价证券。这种筹资方式是企业负债经营时筹集借入资金的重要方式。目前，我国企业可发行的债券包括公司债券、企业债（企业债一般是由中央政府部门所属机构、国有独资企业或国有控股企业发行的，最终由国家发改委核准）、中小企业集合债券、中期票据等不同种类。

（4）银行或非银行金融机构借款。银行或非银行金融机构借款是指企业向银行或非银行金融机构借入的、按规定期限还本付息的款项。这种筹资方式也是企业负债经营时常采用的筹资方式之一。

（5）融资租赁。融资租赁是指出租人按照承租企业的要求筹资购买资产，并以收取租金为条件，在契约或合同规定的期限内，将资产租借给承租人使用的一种经济行为。融资租赁直接涉及的是物而不是钱，但它在实质上具有借贷属性，是承租企业筹借长期资金的一种特殊方式。

（6）商业信用。商业信用是指商品交易中的延期付款或预收货款所形成的借贷关系，是企业之间的一种直接信用关系。它是商品交易中钱与货在时间上的分离而产生的，因为商业信用与商品买卖同时进行，属于一种自然性筹资，无须做非常正规的安排，因而筹资较为便利，是企业筹措短期资金的重要方式，包括使用承兑汇票等商业票据。

（7）可转换债券。可转换债券简称可转债，是指由公司发行并规定债券持有人在一定期限内按约定的条件可将其转换为发行公司普通股的债券。从筹资企业的角度看，可转换债券具有债务筹资与权益筹资的双重属性，是一种混合性的筹资方式。可转换债券是企业筹措长期资金的一种特殊的筹资方式。

各种筹资渠道与筹资方式之间的关系如图7-1所示。

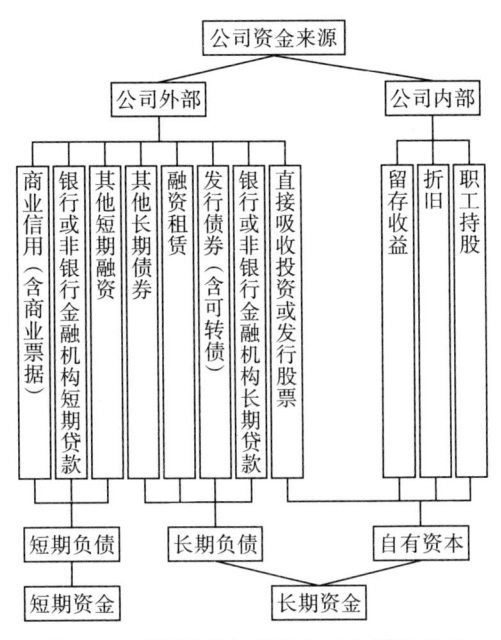

图 7-1　筹资渠道与筹资方式之间的关系

7.2　资金成本

在财务管理理论研究中资金成本是一个基础概念，在企业理财实践中资金成本是企业筹资、投资决策的主要依据。显然，在财务管理中科学认识资金成本的性质并正确计算资金成本是相当重要的。

7.2.1　资金成本的概念

资金成本是指资本的价格，它是企业为取得和使用资本而支付的各种费用，又称资本成本。这一概念可以从筹资和投资两个角度进行阐述。从筹资角度看，资金成本是指企业筹措资金所需支付的最低价格，即资本提供者（股东与债权人）所预期获得的报酬，可用比率来表示；从投资角度看，资金成本是指企业投资所要求的最低可接受报酬，可用比率来表示。实践中，投资中的资金成本多取决于投资本项目（或本企业）的机会成本。资金成本是一个重要的经济范畴，它是在商品经济条件下，由于资本所有权和资本使用权相分离而形成的一种财务概念。

资金成本是资本使用者向资本所有者和中介人支付的资金使用费和筹资费。在商品经济条件下，企业作为资本使用者通过各种方式从资本所有者那里筹集资本。资本作为一种特殊的商品也有其使用价值，即能保证生产经营活动顺利进行，也能与其他生产要素相结合而使自己增值。企业筹集资本以后，暂时地取得了这些资本的使用价值，就要为资本所有者暂时丧失使用价值而付出代价，因而要承担资金成本。所以，资金成本概念是商品经济条件下资本所有权和使用权分离的必然结果。

资金成本既具有一般产品成本的基本属性，又具有不同于产品成本的某些特性。产品成本是资金耗费，又是补偿价值。资金成本也是企业的耗费，企业是要为此付出代价、支出费用的，而这种代价最终也要作为企业收益的扣除额来得到补偿。但是资金成本又不同于账面成本，资金成本（率）只是一个估计的预测值，而不是精确的计算值。因为据以测定资金成本的各项因素都不是按过去发生的数字确定的，而是根据现在和未来的情况确定的，今后可能发生变动。

资金成本与资金的时间价值既有联系又有区别。资金成本的基础是资金的时间价值，但两者在数量上是不一致的。资金成本既包括资金的时间价值，又包括投资的风险价值。此外，资金的时间价值，除用以确定资金成本以外，还广泛用于其他方面。

资金成本有多种计量形式。在选择资金来源、比较各种筹资方式时，使用个别资金成本，例如普通股成本、债券成本、长期借款成本、留存利润成本等；在进行资本结构决策时，使用加权平均资本成本；在进行追加筹资决策时，使用边际资金成本。

7.2.2 估测资金成本的一般公式

为便于定量分析研究资金成本，有必要将发生的资金成本按其特点区分为用资费用（D）和筹资费用（F）两类。用资费用是企业在生产经营、投资过程中因使用资本而付出的费用，例如，向股东支付的股利、向债权人支付的利息等，这是资金成本的主要内容。长期资本的用资费用随资本使用量的多少和时期的长短而变动，是资本运用过程中的一项经常性开支，在资本筹集到位之前一般不会发生。筹资费用是指企业在筹措资本过程中为获取资本而付出的费用，例如，向银行支付的借款手续费，因发行股票、债券而支付的发行费等均属于筹资费用。筹资费用与用资费用不同，它通常是在筹措资本时一次性支付的，在之后的用资过程中不再发生，因此，可视为筹资额（P）的一项扣除。为估测筹资费用一般需引入筹资费用率（f）指标。筹资费用率是筹资费用与筹资额的比率，通常可依据经验数据与筹资方案具体情况估计确定。

资金成本可以用绝对数来表示，也可用相对数来表示，但在财务管理中一般用其相对数——资金成本率（K）来表示，即表示为用资费用与实际筹资额的百分比。资金成本率的通用计算公式为

$$K=D/[P(1-f)] \times 100\%$$

或

$$K=D/(P-F) \times 100\%$$

将上述公式稍做变换可得：

$$P(1-f)=D/K$$

即实际筹资额（现值）是未来各期固定用资费用（永续年金）的资本化价值。这表明资金成本是基于贴现法（考虑资金的时间价值）下的财务估价模型而确定的。显然，当 D 确定时，融资期限越长，根据上式计算的资金成本率就越准确；反之，融资期限越短，据以计算的资金成本率的准确性就越低。由于权益资本的融资期限远比债务资本长，因此由上式决定的企业权益资金成本率（优先股成本、普通股成本、留存利润成本）较企业债务资金成本率（长期借款成本、债券成本）更为准确。这一结论是我们在利用资金成本率进行投资和融资决策中需要加以注意的。

从上述计算公式出发，可分门别类推演出各单项（个别）资金成本率的计算公式，因此，这一公式是计算资金成本的一般公式。不过也有部分学者曾对该计算公式提出质疑，比如有人认为资金成本率应按下式计算：

$$K = (\overline{F} + \overline{D}) / P - F \times 100\%$$

编者认为，这一计算方式未区分两类性质截然不同的资金成本，未遵从贴现法下的财务估价模型计算资金成本的原理，因而并非科学的计算方法。

7.2.3 资金成本的作用

资金成本是企业筹资决策的主要依据，是投资方案的评价标准，也是衡量企业经营业绩的基准。

1. 筹资决策的主要依据

企业的资金有多种来源和筹集方式，不同来源资金的数量及其成本的大小会影响企业总的资金成本，进而影响企业的价值。因此，企业进行资金筹集必须正确估算各种资金成本的高低，并加以合理配置。资金成本对企业筹资决策的影响主要有以下几个方面。

（1）个别资金成本是选择资金来源、比较各种筹资方式优劣的依据之一。企业的资金可以从不同的途径取得，就长期借款来说，可以向银行借款，也可向保险公司或其他金融机构借款，企业究竟选用哪种方式，首先要考虑的因素就是资金成本的高低。企业筹集长期资金有多种方式可供选择，如长期借款、发行债券、发行股票等，它们的成本是不同的，资金成本的高低可作为比较各种筹资方式优劣的一个尺度，成为企业选用筹资方式时必须要考虑的一个经济标准。

（2）综合资金成本是进行资本结构决策的基本依据。企业的全部长期资金可采用多种方式筹资组合构成，不同的资本结构，会给企业带来不同的风险和成本，从而引起股票价格的变动。综合资金成本的高低是比较各个筹资组合方案，做出资本结构决策的基本依据。

（3）边际资金成本是选择追加筹资方案、影响企业筹资额的重要因素。当企业因增加经营所需资产、扩大生产经营规模或增加对外投资需要追加筹集资金时，为了保持企业理想的资本结构，边际资金成本成为选择最佳追加筹资方案的重要依据。另外，随着企业资金的增加，资金成本不断变化，当企业筹资数量很大，边际资金成本超过企业承受能力时，企业便不能再增加筹资额。因此，边际资金成本是限制企业筹资额的一个重要因素。

2. 投资方案的评价标准

投资方案的选择取决于项目的投资报酬率是否大于资金成本。如果企业项目投资所赚取的报酬率小于资金成本率，那么企业价值将减少；如果企业项目投资所赚取的报酬率等于资金成本率，企业价值将维持不变；如果企业项目投资所赚取的报酬率大于资金成本率，则超额报酬会增加企业价值。因此，在企业的长期投资决策中，常以资金成本率作为折现率，计算各投资方案的净现值，以评价各投资方案的优劣。

3. 衡量企业经营业绩的基准

企业经营获取的利润应高于其使用资金所付出的代价，即利润率应高于资金成本率，而且利润率越是高于资金成本率，表明企业的经营业绩越好。反之，如果利润率低于资金成本率，则表明企业经营业绩不佳，需要改善经营管理，提高利润率并降低资金成本。

❖ 阅读材料 7-1

如果企业不支付股利，权益资金有成本吗

根据定义，资金成本是资本使用者向资本所有者和中介人支付的资金使用费和筹资费。在股份制企业中，股东向企业投入资本，但企业并不一定向股东支付股利。细心的读者可能会想到一个问题：如果企业不向股东支付股利，而股东向企业投资时企业没有支付筹资费用，这种情况下是否意味着股东投资的这部分权益资金的成本为零呢？

现实生活中，对于这种企业没有向股东支付股利的情况要分两种不同类型进行讨论。一类情况是，企业盈利，但因为未来发展需要资金，因此没有向股东支付股利。这类情况下，企业盈利会导致股票价格上涨，隐含在股票价格上涨中的未支付股利部分构成股票的资金成本。另一类情况是企业亏损，不能支付股利。这类情况下，企业股票价格通常会下跌，下跌部分的股价构成资金成本，由股东代公司承担。股东承担了这部分资金成本，也会通过改组董事会、解聘经理等方法激励企业高管层努力工作，为以后股票价值增值创造条件。

考虑到这两类情况，股票的资金成本一直是存在的，只不过表现为不同形式而已。

● 讨论题

根据上述观点，企业的留存收益作为一种资金，是否也有资金成本？如果有资金成本，其表现形式是什么？

7.2.4 影响企业资金成本的因素

1. 宏观经济环境

宏观经济环境决定了整个市场中资本的供给和需求，以及预期通货膨胀的水平，它们对资金成本的影响反映在无风险收益率上。如果整个社会经济中的资金需求和供给发生变动，或者通货膨胀水平发生变化，投资者也会相应改变其所要求的投资报酬率。具体来说，如果货币需求增加，而供给没有相应增加，投资者便会提高其要求的投资报酬率，企业的资金成本就会上升；反之，则会降低其要求的投资报酬率，使资金成本下降。如果预期通货膨胀水平上升，货币购买力下降，投资者也会要求提高其要求的投资报酬率以补偿预期的投资损失，导致企业资金成本上升。反之，预期通货膨胀水平下降，货币购买力上升，投资者则会降低其要求的投资报酬率，导致企业资金成本下降。

2. 证券市场条件

证券市场条件包括证券的市场流动性大小和价格波动程度，其影响证券投资的风险。如

果证券市场的流动性差，或价格波动大，投资者的风险就大，要求的投资报酬率就高，企业资金成本就会上升；反之，如果证券投资风险小，要求的投资报酬率就低，企业的资金成本就会下降。

3. 企业经营决策和筹资决策

企业经营决策和筹资决策会影响经营风险和财务风险的大小。经营风险是企业投资决策的结果，表现在资产收益率［以息税前利润（EBIT）来计算］的变动上；财务风险是企业筹资决策的结果，表现在普通股收益率的变动上。如果企业的经营风险和财务风险大，投资者便会要求较高的投资报酬率，企业资金成本上升；反之，投资者要求的投资报酬率低，企业资金成本下降。

4. 筹资规模

不同的筹资规模，其资金成本也不同。随着企业筹资规模的扩大，债务偿还的保证程度下降，投资者承受的风险上升，同时各项筹资和用资费用也会上升，从而企业的资金成本上升。

7.2.5 运用资金成本进行财务决策应注意的问题

1. 筹资决策应注意的问题

加权平均资本成本通常是以各种个别资金成本占全部资本的比重为权数，对个别资金成本进行加权平均确定的综合资金成本。目前，不少财务管理教材在讲述如何利用加权平均资本成本进行筹资决策时，将预测的资本投资报酬率与加权平均资本成本（率）进行比较，从而评价筹资方案的财务可行性。如认真分析会发现这一决策方法至少存在以下两个问题，其一，预测资本投资报酬率指标时，预期投资收益额的口径不明确；其二，所预测的资本投资报酬率指标与加权平均资本成本（率）指标并不具有可比性。为剔除不同筹资方案利息支出不同于所得税因素的影响，反映权益资本所有者的获利水平，遵从国际惯例，预测并计算资本投资报酬率指标时投资收益额的口径应确定为息税前利润。因投资收益指息税前利润，则资本投资报酬率指标没有考虑所得税因素，但是，对于应纳税所得额为正的企业，加权平均资本成本率是考虑了所得税因素的一个指标，故而筹资决策中不能简单地将资本投资报酬率与加权平均资本成本率进行比较，据以评价筹资方案的财务可行性。正确的决策方法应该是，先计算权益资本可获得的加权平均净资产收益率，然后计算权益资本的加权平均资本成本率，最后将权益资本的加权平均净资产收益率与其加权平均资本成本率两相比较，若前者大于后者，则可相应做出该筹资方案财务上具备可行性的决策结论。

2. 投资决策应注意的问题

在利用净现值指标进行投资项目决策时，常以资金成本率作为贴现率；在利用内部收益率指标进行投资项目决策时，一般以资金成本率作为基准率。但是，资金成本率有多种表现形式，如个别资金成本率、全部资本（权益资本与债务资本之和）加权平均资本成本率，还有上文提到的"权益资本加权平均资本成本率"。现在的问题是，这里作为贴现率或基准率的资金成本率到底是指哪一种形式？显然，个别资金成本可剔除在外，因为资本来源多元化，投资项目所需资本很少依赖单一的资本来源与筹资方式。那么，能否以全部资本的加权平均资本成本率作为贴现率或基准率进行投资项目决策选优的标准呢？这需要做认真分析。

在长期投资决策中通常以现金流入作为项目的收入，以现金流出作为项目的支出，以净现金流量作为项目的净收益，即以按收付实现制计算的现金流量作为评价投资项目经济效益的基础。由于在项目现金流量计算中，项目融资利息和所得税付现均作为现金流出项目，因此投资项目的净收益是税后净收益。与税后净收益指标相对应，贴现率或基准率亦应确定为税后口径。虽然全部资本的加权平均资本成本是税后指标[⊖]，但这一指标是权益资本与债务资本的综合资金成本，显然这一规定与应仅归属于权益资本的税后净收益指标计算口径不相吻合。故而不宜选用全部资本的加权平均资本成本率作为贴现率或基准率。通过上述分析编者以为，应以权益资本（普通股、留存利润）的加权平均资本成本率作为贴现率或基准率进行投资项目决策选优。如果在项目现金流量计算中不考虑与项目融资相关的利息支出，则可以考虑采用全部资本加权平均资本成本率。

此外，由于权益资金成本率通常高于债务资金成本率，因而权益资本的加权平均资本成本率大于全部资本的加权平均资本成本率。在利用净现值指标进行决策时，以权益资本成本率而不以全部资本的加权平均资本成本率作为贴现率测算的净现值偏低，投资决策较为稳健；在利用内部收益率指标进行决策时，以权益资本成本率而不以全部资本的加权平均资本成本率作为基准率，可保证内部收益率较高的投资方案入选，有利于降低投资风险，增加股东财富。由此可见，以权益资本的加权平均资本成本率作为贴现率或基准率进行投资项目决策选优，符合股东财富最大化（所有者权益报酬率最大化）的理财目标。

7.2.6 个别资金成本

个别资金成本是指各种筹资方式的成本。其中主要包括银行借款成本、债券成本、优先股成本、普通股成本和留存收益成本。前两者可统称为债务资金成本，后三者统称为权益资金成本。其估算方法分别说明如下。

1. 银行借款成本

银行借款成本包括借款利息和筹资费用，由于短期借款的利息和手续费较低，可以忽略不计，故银行借款成本主要是长期借款成本。借款利息可在企业所得税税前列支，减少应缴纳的企业所得税税额，从现金流量角度看，这一节税效应降低了企业的用资费用，故长期借款成本计算公式为

$$K_i = I_i(1-T)/[L(1-F_i)]$$

式中，K_i 为长期借款成本；I_i 为长期借款年利息；T 为企业所得税税率；L 为长期借款总额；F_i 为长期借款筹资费用率。

⊖ 全部资本的加权平均资金成本 = 股本占融资总额的百分比 × 股本成本 + 债务占融资总额的百分比 × 债务成本 ×（1-所得税税率）。

❖ 阅读材料 7-2

如何估计我国上市公司银行借款资本成本

马钢股份 2021 年和 2022 年部分财务报告数据见表 7-1。

表 7-1 马钢股份 2021 年和 2022 年部分财务报告数据　　单位：亿元

年份	短期借款	长期借款	应付债券	财务费用
2021	90	55	0	6
2022	92	80	0	5

由于从表 7-1 中不能准确区分财务费用的具体构成（实际上，该数据为抵减了利息收入后的金额，在此简化讨论，不予考虑利息收入），因此首先将 2022 年 5 亿元的财务费用全部视为长短期借款利息。计算长短期借款平均余额为（92+80+90+55）/2 = 158.5 亿元，银行借款年度资本成本为（5/158.5）×（1–25%）≈ 2.37%。稍低于中国人民银行公布的一年期贷款基准利率 4.35%。

在这个计算过程中，我们要把短期借款本金和利息也分别计入公式中，因为在我国大多数企业的长期债务资本是通过短期银行借款方式来实现的，这与国外有一些区别。

🖉 讨论题

上述估计上市公司银行借款资金成本的方法可能存在哪些问题？

2. 债券成本

债券成本包括债券利息和筹资费用。债券利息亦可在企业所得税税前列支，故债券成本中利息处理与长期借款利息的处理相同，即依据税后债务成本计算。债券筹资费用主要包括申请发行债券的手续费、债券注册费、印刷费、上市费及推销费用等，该类费用一般较高，不可忽略不计。债券成本的计算公式为

$$K_b = \frac{I_b(1-T)}{B(1-F_b)} \times 100\%$$

式中，K_b 为债券成本；I_b 为债券年利息；B 为债券发行总额；F_b 为债券筹资费用率。T 为企业所得税税率。

债券的发行可按面值、溢价、折价三种价格发行，计算债券成本时应以实际发行价格作为债券的筹资额。

3. 优先股成本

优先股股息通常固定，且没有固定到期日，可按永续年金现值计算优先股价格，优先股成本的计算公式为

$$P_p = \frac{D_p}{K_p}$$

式中，P_p 为优先股股票价格，即优先股筹资额；D_p 为优先股年股利；K_p 为优先股股东

要求的报酬率，即优先股成本。

优先股成本计算不同于债券成本。由于优先股股利是税后支付，K_p 属税后成本。优先股筹资时需支付筹资费用，按上述计算公式，优先股成本可计算如下：

$$K_p = \frac{D_p}{P_p(1-F_p)} \times 100\%$$

式中，F_p 为优先股筹资费用率。

4. 普通股成本

与优先股相比，普通股股东的收益随企业的经营状况而改变，一般不固定。普通股股东承担的企业风险比债权人和优先股股东的要大，因此，普通股股东要求的投资报酬率也较高。通常可用三种方法估算，然后相互验证，取一合理数值。

（1）股利增长模型法（折现现金流量法）。根据普通股股票估值公式，普通股股票每股当前市场价格等于预期每股股利现金流量的现值之和，计算公式为

$$P_c = \sum_{t=1}^{\infty} \frac{D_t}{(1+K_c)^t}$$

式中，P_c 为普通股价格，即普通股筹资额；D_t 为第 t 年普通股股利；K_c 为普通股成本。公司预期股利按一固定比率 G 增长，则有：

$$P_c = D_0 \sum_{t=1}^{\infty} \frac{(1+G)^t}{(1+K_c)^t}$$

普通股价格的计算公式经推导可简化如下：

$$P_c = \frac{D_1}{K_c - G}$$

式中，D_1 为普通股第 1 年的预期股利。

则普通股成本计算公式为

$$K_c = \frac{D_1}{P_c} \times 100\% + G$$

此法的难点在于股利增长率 G 的合理确定，而 G 对 K_c 的影响又很大，故此法对 K_c 的计算也只是估算。

对于新发行的普通股，需调整发行时的筹资费用对资金成本的影响，计算公式为

$$K_c = \frac{D_1}{P_c(1-F_c)} \times 100\% + G$$

式中，F_c 为普通股筹资费率。

（2）资本资产定价模型法（CAPM 法）。按照资本资产定价模型，普通股股东对某种股票期望收益率，即 K_c 的计算公式为

$$K_c = R_F + \beta(K_m - R_F)$$

式中：R_F 为无风险收益率；β 为股票的贝塔系数（即系统风险）；K_m 为证券市场预期收益率。

此方法关键是在市场预期的基础上，估测 R_F、K_m 和公司股票的 β 值，但要获得有关投资者预期的信息是比较困难的。实务中可采用一年期国债利率作为 R_F，K_m 和 β 可采用历史数据分析。

（3）风险溢价法。对股票未上市或非股份制企业，以上两种方法都不适用于计算普通股资金成本，这时可采用债务成本加风险报酬率的方法。若公司发行债券，债务成本为债券报酬率，若无公司债券，则可用企业的平均债务成本。根据风险与报酬匹配的原理，普通股股东对企业的投资风险大于债券投资者，因而会在债券投资者要求的报酬率上再加上一定的风险溢价。依据这一原理，普通股成本计算公式为

$$K_c = K_b + \text{RP}_c$$

式中，RP_c 为股东比债权人承担更大风险所要求追加的风险溢价。

例 7-1 某企业股票市场价格为 24 元，第 1 年预期股利为 2 元，以后每年增长 4%。市场平均股票收益率为 12%，政府 1 年期国债的利率为 4%，企业股票的 β 值为 0.9，企业债券收益率为 8%，普通股风险溢价为 4%。试估算该企业普通股资金成本。

（1）按股利增长模型法：

$$K_c = \frac{2}{24} + 4\% = 12.33\%$$

（2）按资本资产定价模型法：

$$K_c = 4\% + 0.9 \times (12\% - 4\%) = 11.2\%$$

（3）按风险溢价法：

$$K_c = 8\% + 4\% = 12\%$$

根据三种方法的计算结果，该企业普通股成本在 11% ～ 13% 之间，通常可取其算术平均值作为其最终的普通股成本，计算如下：

$$K_c = \frac{12.33\% + 11.2\% + 12\%}{3} = 11.84\%$$

❖ 阅读材料 7-3

对赌协议融资的资本成本究竟有多大

A 公司总资本为 1 亿元，2018 年因发展需要资金，向私募股权基金 B 发售 2 000 万股股票，融入资金 10 000 万元，融资期限为 5 年。5 年后私募股权基金 B 退出股份的方式包括：①若 5 年内 A 公司上市成功，则私募股权基金 B 将在 5 年后从证券市场转让持有 A 公司的 2 000 万股股票，预计每股市价为 10 元；②若 5 年内 A 公司未能上市，则 A 公司需要以每股 8 元的价格回购私募股权基金 B 持有的全部股票，在这种情况下，若 A 公司不能回

购,则大股东将负有股票回购的连带责任。2023年融资期限截止,A公司未能成功上市,按协议规定以每股8元的价格回购私募股权基金B持有的全部股票。

● 讨论题

根据上述资料,A公司对赌协议融资的资金成本是多少?

5. 留存收益成本

留存收益又称保留盈余或留用利润,属于企业内部股权资本,是企业资金的一种重要来源。留存收益等于股东对企业进行投资追加,股东对这部分投资要求与普通股等价的报酬。留存收益成本也是一种机会成本。

留存收益成本的计算与普通股基本相同,但不用考虑筹资费用。以股利增长模型法为例,其计算公式如下:

$$K_r = \frac{D}{P_c} \times 100\% + G$$

式中,K_r 为留存收益成本。

7.2.7 综合资金成本

企业可以通过多种渠道、多种方式筹集资金,但是各种渠道与方式筹措资金的成本是不同的。为了正确进行筹资和投资决策,就必须计算企业的综合资金成本。综合资金成本是以各种资金所占的比重为权数,对个别资金成本进行加权平均计算出来的,故也称为加权平均资本成本。其计算公式为

$$K_w = \sum_{j=1}^{n} K_j W_j$$

式中,K_w 为综合资金成本,即加权平均资本成本;K_j 为第 j 种个别资金成本;W_j 为第 j 种个别资金成本占全部资金的比重。

例 7-2 某企业共有资本 1 000 万元,其中银行借款 100 万元,资金成本率为 6.73%;债券 300 万元,资金成本率为 7.42%;优先股 100 万元,资金成本率为 10.42%;普通股 400 万元,资金成本率为 14.57%;留存收益 100 万元,资金成本率为 14%。试列表计算该企业的加权平均资本成本。

该企业的加权平均资本成本见表 7-2。

表 7-2 加权平均资本成本

筹资方式	资金成本率(%)	资本数额/万元	所占比重(%)	加权平均资本成本(%)
银行借款	6.73	100.00	10.00	0.67
债券	7.42	300.00	30.00	2.23
优先股	10.42	100.00	10.00	1.04
普通股	14.57	400.00	40.00	5.83
留存收益	14.00	100.00	10.00	1.40
合　　计	—	1 000.00	100.00	11.17

7.2.8 边际资金成本

边际资金成本是指每增加一个单位筹资时，资金成本的增加数额。它是企业追加筹资的成本，也即企业追加筹资时所使用的加权平均资本成本。边际资金成本是财务管理中的重要概念，是企业投资、筹资过程中必须加以考虑的问题。

对于任何一个企业来说，都不可能以固定的资金成本筹措无限的资金，当其筹措的资金超过一定限度时，资金成本就会增加，而且随着时间的推移或筹资条件的变化，个别资金成本也会随之变化。随着新资本的扩大，企业经营规模增大，经营风险增加，如企业债务继续增加，新债权人考虑到财务风险，则会要求更高的利率，从而使债务成本提高；如增加发行普通股，投资者风险增加，也会要求更高的风险补偿，导致权益资金成本提高。可见，新资本增加会引起边际资金成本上升。因此，企业在追加筹资时，就需要考虑新资本的资金成本，需要知道增加一定的筹资额会引起资金成本相应发生怎样的变化。

边际资金成本的计算步骤如下。

第一步，确定最优资本结构。企业在追加筹资时有两种情况，一是改变现行的资本结构，如增加举债或增加股本，在这种情况下，企业按新的目标资本结构进行筹资；二是不改变资本结构，即认为现行资本结构为理想资本结构，仍按此资本结构追加筹资。

第二步，确定个别资金成本。一般情况下，随着企业筹资规模的不断增加，各种筹资成本也会增加。

第三步，计算筹资额分界点。一定的资金成本率只能筹集到一定限度的资金，超过这一限度再增加筹资，将引起原资金成本率的变化。我们把在现有资本结构下保持某资金成本率不变，可以筹集到的资金总限度称为筹资额分界点，也称为筹资突破点。在筹资额分界点范围内筹资，原来的资金成本率不会改变，一旦筹资额突破分界点，即使维持现有的资本结构，其资金成本率也会上升。

根据目标资本结构和筹资方式资金成本变化的分界点，计算筹资额分界点，其计算公式为

$$筹资额分界点 = \frac{第j种筹资方式的成本分界点}{目标资本结构中第j种筹资方式所占的比例}$$

第四步，计算边际资金成本。根据计算出的筹资额分界点，可得出新的筹资范围，对筹资范围计算加权平均资本成本，便可得到各种筹资范围资金的边际成本。

例 7-3 某公司拥有长期资金 400 万元，其中长期借款 100 万元，普通股 300 万元。该资本结构为公司理想的目标结构。公司拟筹集新的资金 200 万元，并维持目前的资本结构。随着筹资额的增加，该公司筹资范围和各种资金成本的变化见表 7-3。

表 7-3 某公司筹资范围和各种资金成本的变化

资金种类	新筹资额 / 万元	资金成本率
长期借款	≤ 40	4%
	> 40	8%
普通股	≤ 75	10%
	> 75	12%

要求：计算各筹资额分界点及相应各筹资范围的边际资金成本。

筹资额分界点（1）= 40/25%=160（万元）

筹资额分界点（2）= 75/75%=100（万元）

边际资金成本（0～100万元）= 25%×4%+75%×10%=8.5%

边际资金成本（100～160万元）= 25%×4%+75%×12%=10%

边际资金成本（160万元以上）= 25%×8%+75%×12%=11%

7.3 杠杆原理

物理学中的杠杆原理，是指通过杠杆的使用，只用较小的力量便可以产生较大的效果。财务管理中的杠杆原理，则是指由于生产经营或财务方面固定成本（费用）的存在，当业务量发生较小的变化时，利润会产生较大的变化。

由于成本按习性的分类是研究杠杆问题的基础，所以，这里有必要首先介绍成本习性问题，然后依次阐明经营杠杆、财务杠杆和复合杠杆的原理。

7.3.1 成本按习性的分类

成本习性，是指成本与业务量之间的依存关系，也称成本性态。

业务量是指企业在一定的生产经营期内向客户提供产品或服务量的统称。它可以使用绝对量和相对量加以衡量。绝对量可细分为实物量、价值量和时间量三种形式，相对量可以用百分比或比率的形式反映。在最简单的条件下，业务量通常是指生产量或销售量。

按成本习性可将成本划分为固定成本、变动成本和混合成本3类。

1. 固定成本

固定成本是指成本总额在一定时期和一定业务量范围内，不受业务量增减变动影响而保持不变的成本。其特点可概括如下：①固定成本总额不变；②单位固定成本与业务量呈反比例变动。比如，制造费用中不随产量变动的办公费、差旅费、折旧费，销售费用中不受销量影响的广告费等。

2. 变动成本

变动成本是指在一定时期和一定业务量范围内，成本总额随业务量成正比例变化的那部分成本。其特点可概括如下：①变动成本总额与业务量呈正比例变动；②单位变动成本不变。比如，直接用于产品制造的、与产量成正比的原材料、燃料及动力费，外部加工费，外购半成品成本，按产量法计提的折旧费，生产工人计件工资等。

3. 混合成本

混合成本是指介于固定成本和变动成本之间，既随业务量变动又不与之成正比例的那部分成本。如检验人员工资、企业通信费等。混合成本可以按一定方法分解为变动成本和固定成本。

企业总成本习性模型可用下式表示：

$$y=a+bx$$

式中，y 为总成本；a 为固定成本；b 为单位变动成本；x 为产量。

可通过一定的方法计算出 a 和 b 的值，并利用该直线方程进行成本预测、成本决策和其他短期决策。

成本按习性分类后，又引出一个新概念——边际贡献。边际贡献是指销售收入减去变动成本以后的差额，计算公式为

$$M=S-V=(p-v)Q=mQ$$

式中，M 为边际贡献总额；S 为销售收入总额；V 为变动成本总额；p 为销售单价；v 为单位变动成本；Q 为产销数量；m 为单位边际贡献。

研究杠杆问题所涉及的利润一般指息税前利润，即支付利息和缴纳企业所得税之前的利润。成本按习性分类后，息税前利润可用下列公式计算：

$$EBIT=S-V-a=(p-v)\times Q-a=M-a$$

式中，EBIT 为息税前利润，a 为固定成本总额其他符号含义同上。

7.3.2 经营杠杆

在一定业务量范围内，产销量增加一般不会改变固定成本总额，但会降低单位固定成本，从而提高单位利润，使息税前利润增长率大于产销量的增长率。反之，产销量减少会使单位固定成本上升，单位利润降低，使息税前利润下降率也大于产销量下降率。假设不存在固定成本，所有成本都是变动成本，那么边际贡献就是息税前利润，则息税前利润变动率就同产销量变动率完全一致。这种由于存在固定成本而造成的息税前利润变动率大于产销量变动率的现象，被称为经营杠杆（operating leverage）或营业杠杆。

只要企业存在固定成本，就存在经营杠杆的作用。但在不同企业中，经营杠杆作用的程度是不同的，为此，需要对经营杠杆进行度量，以确定企业经营杠杆作用程度大小。对经营杠杆进行度量的指标是经营杠杆系数（经营杠杆度）。所谓经营杠杆系数，是指息税前利润变动率相当于产销量变动率的倍数。其计算公式为

$$DOL=\frac{\Delta EBIT/EBIT}{\Delta Q/Q}$$

式中，DOL 为经营杠杆系数；EBIT 为变动前息税前利润；Q 为变动前的产销量；ΔEBIT 为息税前利润变动额；ΔQ 为产销量的变动额。

经推导，经营杠杆系数简化计算公式为

$$DOL=\frac{M}{M-a}$$

式中，M 为边际贡献总额；a 为固定成本总额。

例 7-4 某企业生产经营中的固定成本总额为 80 万元，变动成本率为 60%，销售额为

400万元。计算经营杠杆系数。

$$边际贡献总额 = 400 \times (1-60\%) = 160（万元）$$

$$DOL = \frac{160}{160-80} = 2$$

经营杠杆系数等于 2 的意义是：当企业销售额增长 10% 时，息税前利润将增长 20%；反之，当企业销售额下降 10% 时，息税前利润将下降 20%。

因此，经营杠杆扩大了市场和生产等不确定因素对利润变动的影响。经营杠杆系数越大，经营利润变动越剧烈，企业的经营风险就越大。企业经营风险大小和经营杠杆有着重要关系，如下所示。

- 在固定成本不变的情况下，经营杠杆系数反映了业务量变动所引起息税前利润变动的幅度。
- 经营杠杆系数反映了企业所面临的经营风险。在固定成本不变的情况下，销售额越小，经营杠杆系数越大，经营利润对业务量的变动越敏感，经营风险越大；反之，销售额越大，经营杠杆系数越小，经营风险越小。
- 当销售额处于盈亏临界点的之前的阶段（销售额小于盈亏临界点），经营杠杆系数随销售额的增加而递增；当销售额处于盈亏临界点的之后的阶段（销售额大于盈亏临界点），经营杠杆系数随销售额的增加而递减；当销售额达到盈亏临界点时，经营杠杆系数趋近于无穷大，此时企业在保本的状态下经营，利润对销售量的变动极为敏感，销售量的微小变动，便会使企业出现盈利或亏损，经营风险极高。
- 在同等销售额的条件下，固定成本比重越高的企业，其经营杠杆系数越大，经营风险越大；反之，固定成本比重较低的企业，其经受经营杠杆的作用也较低，经营杠杆系数较小，经营风险较小。

企业一般可以通过增加业务量、降低产品单位变动成本、降低固定成本比重等措施使经营杠杆系数减小，从而降低经营风险。

7.3.3 财务杠杆

在资本结构一定的条件下，企业支付的债务利息和优先股股利等资金成本通常是相对固定的，并不随企业经营利润的变化而变化。当息税前利润增长时，每一单位利润所负担的固定资金成本就相应减少，普通股的收益就会较大幅度增长；反之，当息税前利润减少时，每一单位利润所负担的固定资金成本就相应增加，普通股的收益就会随之以更大幅度减少。我们把这种由于筹集资金成本固定引起的普通股每股收益的变动幅度大于息税前利润变动幅度的现象，称为财务杠杆（financial leverage）。

财务杠杆既有给企业带来利益的一面，也有存在风险的一面。财务风险（financial risk）也称融资风险或筹资风险，是指企业为取得财务杠杆利益而利用债务资本时，增加了破产机会或普通股盈余大幅度变动的机会，企业投资者和普通股股东所需负担的额外风险。企业为取得财务杠杆利益，就要增加负债，一旦企业息税前利润下降，不足以补偿固定利息支出，企业的每股收益就会下降得更快，甚至会引起企业破产。影响财务风险的因素主要有：①资本供求的变化；②利率水平的变动；③获利能力的变化；④资本结构的变化。资本结构的变化即企业负债比率的变化，或者说财务杠杆利用程度变化，它会引起投资者所获收益的变动。财务杠杆水平越高，股东收益及公司破产的风险越大；反之，随着负债比率的降低，财务杠杆的作用减弱，企业的财务风险随之降低。在财务风险的影响因素中，财务杠杆对财务风险的影响最为综合。企业股东欲获得财务杠杆利益，需要承担由此引起的财务风险，因此，必须在财务杠杆利益与财务风险与之间做出合理的权衡。

由上述分析可知，只要企业的融资方式中有固定财务支出的债务和优先股，就存在财务杠杆的作用。但不同的企业财务杠杆的作用程度是不一样的，为此，需要对财务杠杆进行度量。对财务杠杆的度量常用的指标是财务杠杆系数。所谓财务杠杆系数，是普通股每股收益的变动率相当于息税前利润变动率的倍数，又称财务杠杆度。其计算公式为

$$DFL = \frac{\Delta EPS / EPS}{\Delta EBIT / EBIT}$$

式中，DFL 为财务杠杆系数；ΔEPS 为普通股每股收益变动额；EPS 为普通股每股收益。

经推导，财务杠杆系数的简化计算公式为

$$DFL = \frac{EBIT}{EBIT - I}$$

在有优先股的情况下，上式应变为

$$DFL = \frac{EBIT}{EBIT - I - D/(1-T)}$$

式中，I 为债务利息；D 为优先股股利；T 为企业所得税税率。

财务杠杆作用的强弱取决于企业的资本结构。在资本结构中负债资本所占比例越大，财务杠杆作用越强，财务风险越大。

例 7-5 假设某公司年度固定债务利息为 300 万元，优先股股利支出为 140 万元，公司所适用的企业所得税税率为 25%，当息税前利润为 1 500 万元时，计算该公司的财务杠杆系数。

$$财务杠杆系数 = \frac{EBIT}{EBIT - I - D/(1-T)} = \frac{1\,500}{1\,500 - 300 - 140/(1-25\%)} = 1.48$$

在公司息税前利润较大，经营风险较小时，适当地利用负债，发挥财务杠杆的作用，可以增加股东每股收益，使股票价格上涨，提高公司价值。

财务杠杆系数定量描述了企业在负债经营的条件下股东收益率与经营收益率之间的关系。在企业筹资决策中，要通过财务杠杆作用使普通股股东收益得到提高。

由财务杠杆的原理可知，当企业息税前利润增加时，股东的每股收益的增加幅度为息税前利润增加幅度的财务杠杆系数倍；而当企业息税前利润减少时，股东的每股收益的降低幅度也为息税前利润降低幅度的财务杠杆系数倍。可见，财务杠杆扩大了经营利润和举债等不确定因素对股东收益变动的影响。而且，企业举债越多，财务杠杆系数越高，每股收益变动越剧烈，企业的财务风险就越大。企业财务风险的大小和财务杠杆有着重要关系。

- 财务杠杆系数说明了息税前利润变动所引起每股收益变动的幅度。财务杠杆系数增大时，单位息税前利润变动所引发的每股收益变动幅度增大。
- 财务杠杆系数的大小反映了企业所面临的财务风险的高低。在资本总额、息税前利润相同的情况下，负债比率越高，财务杠杆系数越高，企业的财务风险越大，单位息税前利润增加时预期每股收益增加幅度也越大；反之，在资本总额、息税前利润相同的情况下，负债比率越低，财务杠杆系数越低，企业的财务风险越小，单位息税前利润增加时预期每股收益增加幅度也越小。

❖ 阅读材料 7-4

银行竞争与企业"杠杆操纵"

所谓"杠杆操纵"，是指企业通过表外融资、"明股实债"等融资方式，减少资产负债表账面负债水平，从形式上减少企业资产负债率的行为。在我国目前的情况下，由于证券市场融资的难度较大，银行借款成为企业融资的首选。为达到银行借款的目的，很多企业都进行一定形式的杠杆操纵，比如采用资产证券化、发行永续债等方式。随着我国银行业的逐步发展，银行之间竞争程度提高。银行业企业为获得更大的市场，会逐步放宽对企业风险容忍度，这使得企业杠杆操纵的必要性降低；随着企业杠杆操纵的减少，信贷违约风险也将会降低，这对我国整体金融风险的降低有一定的积极作用。

资料来源：李晓溪，饶品贵，岳衡. 银行竞争与企业杠杆操纵[J]. 经济研究，2023（5）：172-189.

● 讨论题

（1）"杠杆操纵"能否降低企业财务杠杆系数？
（2）你认为企业应该如何切实降低自身的财务杠杆系数？

7.3.4 复合杠杆

根据前文内容，由于固定生产经营成本的存在，产生经营杠杆的作用，从而使息税前利润的变动率大于业务量的变动率；同时，在负债经营情况下，由于固定债务成本的存在，产生财务杠杆的作用，从而使普通股每股收益的变动率大于息税前利润的变动率。由这两个杠杆可知，经营杠杆是通过扩大销售影响息税前利润的，而财务杠杆则是通过扩大息税前利润影响普通股每股收益的，两者最终都影响到普通股每股收益。如果两种杠杆共同起作用，那么销售额较小的变动就会使普通股每股收益产生较大的变动。通常把经营杠杆与财务杠杆的联合效应称为复合杠杆（combined leverage），也称为总杠杆。

因此，只要企业同时存在固定的生产经营成本和固定的利息费用等资金成本，就会存在复合杠杆的作用。但不同企业，复合杠杆作用程度是不同的。为此，需要对复合杠杆作用程度大小进行度量，通常用复合杠杆系数来衡量复合杠杆的作用程度。所谓复合杠杆系数，是指普通股每股收益变动率相当于业务量变动率的倍数，其计算公式为

$$DCL = \frac{\Delta EPS/EPS}{\Delta Q/Q}$$

式中，DCL 为复合杠杆系数。

上式可做以下变换：

$$\text{DCL} = \frac{\Delta \text{EPS}/\text{EPS}}{\Delta Q/Q} \times \frac{\Delta \text{EBIT}/\text{EBIT}}{\Delta \text{EBIT}/\text{EBIT}} = \text{DOL} \times \text{DFL}$$

经推导，复合杠杆系数的简化计算公式是：

$$\text{DCL} = \frac{M}{\text{EBIT} - I - D/(1-T)}$$

例 7-6 某公司长期资金总额为 200 万元，其中长期负债的比重为 50%，利率为 10%，公司销售额为 50 万元，固定成本总额为 5 万元，变动成本率为 60%。不考虑优先股及所得税影响，计算该公司复合杠杆系数。

$$\text{DCL} = \frac{50 \times (1 - 60\%)}{50 \times (1 - 60\%) - 5 - 200 \times 50\% \times 10\%} = 4$$

计算结果显示，该公司复合杠杆系数为 4，表明企业的业务量每变动 1%，每股收益 EPS 将变动 4%。

有兴趣的读者可以按上题资料计算该公司经营杠杆系数、财务杠杆系数，并验证二者与复合杠杆系数的关系。

由复合杠杆的原理可知，在复合杠杆的作用下，当企业经济效益良好时，每股收益会大幅度上升；反之，当企业经济效益差时，每股收益会大幅度下降。企业复合杠杆系数越大，每股收益的波动幅度越大。由复合杠杆作用使每股收益大幅度波动而造成的风险，称为联合风险，它是经营风险和财务风险共同作用的结果。

- 复合杠杆系数说明了业务量变动所引起每股收益变动的幅度。
- 复合杠杆系数反映了企业所面临的联合风险。在负债经营情况下，企业同时承受经营风险和财务风险。在复合杠杆作用下，业务量的变动会引起每股收益大幅度的变动。企业复合杠杆系数越大，每股收益随业务量波动而波动的幅度越大，企业所承担的联合风险越大。
- 复合杠杆系数揭示了经营杠杆系数与财务杠杆系数的相互关系。企业如果具有较高经营风险，则应在较低的程度上使用财务杠杆；反之，如果企业具有较低的经营风险，可以使用较高的财务杠杆来增加每股收益。

7.4 资本结构

7.4.1 资本结构的基本含义

在我国，资本结构主要是指企业全部资本来源中权益资本与负债资本的比例关系。在西方，资本结构一般是指长期资本中权益资本与负债资本的比例关系。该比例的高低，通过综合资本成本的变化，直接影响企业价值高低。因此，优化资本结构，以最低的综合资金成本，实现企业价值最大化，是资本结构理论研究的核心问题。

❖ 阅读材料 7-5

从贵州茅台的财务保守行为看企业的资本结构选择

自 2001 年上市以来，贵州茅台股份有限公司（以下简称"贵州茅台"）的净资产收益率始终保持在 10% 以上，符合证监会有关发行和配股的规定。

该公司的资产负债率从 2016 年的 32.79% 到 2021 年 12 月 31 日的 22.81%（见表 7-4），中间虽有小幅度波动，但总体上呈逐年下降态势，且整体资产负债率较低。此外，贵州茅台的负债绝大部分是短期负债，长期负债占总资产的比重较低。

表 7-4　贵州茅台各年度负债水平

项目	2021年12月31日	2020年12月31日	2019年12月31日	2018年12月31日	2017年12月31日	2016年12月31日
资产负债率（%）	22.81	21.40	22.49	26.55	28.67	32.79
流动负债/总负债（%）	99.49	99.99	99.82	100	99.95	99.96

贵州茅台的流动比率和主营业务利润率见表 7-5，资产负债率的对标情况见表 7-6。

表 7-5　贵州茅台的流动比率和主营业务利润率

项目	2021年12月31日	2020年12月31日	2019年12月31日	2018年12月31日	2017年12月31日	2016年12月31日
流动比率（%）	3.81	4.07	3.87	3.25	2.91	2.44
主营业务利润率（%）	77.13	76.78	76.4	75.81	75.36	74.48

表 7-6　贵州茅台的资产负债率对标情况

项目	2021年12月31日	2020年12月31日	2019年12月31日	2018年12月31日	2017年12月31日	2016年12月31日
贵州茅台资产负债率（%）	22.81	21.40	22.49	26.55	28.67	32.79
五粮液资产负债率（%）	25.24	22.94	28.47	24.36	22.91	22.47
古井贡酒资产负债率（%）	32.12	31.20	32.00	35.81	32.62	31.99

由以上数据可知，贵州茅台的流动比率不断上升，短期偿债能力较强；主营业务利润率在近 5 年也有较大幅度的提高。可见贵州茅台属于"现金充足型"企业，内部融资能力较强。

流动比率反映企业经营方面的财务能力，资产负债率则反映资本运作方面的财务能力。从我国白酒行业几家主要公司的资产负债率对标情况来看：贵州茅台的资产负债率呈逐年下降的趋势，而且贵州茅台的资产负债率明显低于古井贡酒和五粮液，与行业平均资产负债率相比更低。由此可见，贵州茅台的财务政策偏向于保守。

● 讨论题

（1）收集相关资料，分析贵州茅台财务政策保守的原因？

（2）结合资本结构理论，讨论保守的财务政策的利与弊？

7.4.2 主要资本结构理论

资本结构理论是财务管理理论体系中的三大核心理论之一,学术领域对其已有相当广泛的研究,并形成了各种各样的理论流派,主要包括净收益理论、净营业收益理论 MM 理论、权衡理论、信息不对称理论、代理成本理论、啄序理论等。

1. 净收益理论

净收益理论认为,在公司的资本结构中,债权资本的比例越大,公司的净收益或税后利润就越多,从而公司的价值就越高。按照这种观点,公司获取资本的来源和数量不受限制,并且债权资本成本率和股权资本成本率都是固定不变的,不受财务杠杆的影响。

2. 净营业收益理论

净营业收益理论认为,在公司的资本结构中,债权资本的多寡、比例的高低、与公司的价值并没有关系。按照这种观点,公司债权资本成本率是固定的,但股权资本成本率是变动的,公司的债权资本越多,公司的财务风险就越大,股权资本成本率就越高;反之亦然。经加权平均计算后,公司的综合资本成本率不变,是常数。因此,资本结构与公司价值无关,决定公司价值的真正因素应该是公司的净营业收益。

3. MM 理论

最初的 MM 理论,即由美国的莫迪利亚尼(Modigliani)和米勒(Miller)于 1958 年 6 月发表于《美国经济评论》的《资本成本、公司财务和投资理论》一文中所阐述的基本思想。该理论认为,在不考虑公司所得税且企业经营风险相同而只有资本结构不同时,公司的市场价值与公司的资本结构无关。或者说,当公司的债务比率由零增加到 100% 时,企业的资本总成本及总价值不会发生任何变动,即不存在最佳资本结构问题。修正的 MM 理论(含税条件下的资本结构理论),是这两位学者于 1963 年共同发表的另一篇与资本结构有关的论文中的基本思想。他们发现,在考虑公司所得税的情况下,由于负债的利息是免税支出,可以降低综合资本成本,增加企业的价值。因此,公司可以通过财务杠杆利益的不断增加,而不断降低其资本成本,负债越多,杠杆作用越明显,公司价值越大。当债务资本在资本结构中趋近 100% 时,才是最佳的资本结构,此时公司价值达到最大,最初的 MM 理论和修正的 MM 理论是资本结构理论中关于债务配置的两个极端看法。

MM 理论的发展大致经历了 3 个阶段。

(1) MM 的无税模型。1958 年,莫迪利亚尼和米勒在合作的《资本成本、公司财务和投资理论》一文中,在没有考虑所得税的情况下,根据套利理论提出了两个基本命题。

命题一:负债经营企业的价值等同于无负债企业的价值。其计算公式为

$$V_L = V_U = \text{EBIT} / K_O = \text{EBIT} / K_{SU}$$

式中,EBIT 为税息前利润;K_O 为加权平均资本成本;K_{SU} 为无负债企业权益资本成本。

当公司增加债务时,剩余权益的风险变大,权益资本的成本也随之增大,与低成本的债务带来的利益相抵销,因此,公司的价值不受资本结构影响。

命题二:负债企业的权益资本成本等于处于同一风险等级的无负债企业的权益资本成本再

加上与其财务风险相联系的风险溢价,而风险溢价的多寡则视负债融资程度而定。其计算公式为

$$K_{SL} = K_{SU} + D/S \times (K_{SU} - K_D)$$

式中,K_{SL} 为负债企业的股权成本;K_D 为负债成本;D 为负债;S 为权益资本。

(2)MM 的有税模型。1963 年莫迪格亚尼和米勒发表了《企业所得税和资本成本:一种修正》一文,放宽了其初始模型的假设条件,首次将企业所得税引入 MM 定理,并在此基础上重新得出两个命题。

命题一:有负债的公司的价值等于风险等级相同但未使用负债公司的价值加上负债的节税作用。其计算公式为

$$V_L = V_U + T_C \times D$$

式中,T_C 为企业所得税税率。

命题二:有负债的公司的权益成本等于无负债公司的权益成本加上一笔风险报酬,而风险报酬的多少视负债融资程度与企业所得税而定。其计算公式为

$$K_{SL} = K_{SU} + D/S \times (K_{SU} - K_D) \times (1 - T_C)$$

从上述两个命题可以看出,在存在企业所得税的情况下,公司应最大限度地提高负债比重,尽可能多的获得节税利益,从而最大限度地增加投资者的财富。由于负债重的提高,股东面临的风险增大,使股权成本上升。根据上述两个命题可以得出:当企业的负债比重为 100% 时,企业价值最大。

(3)米勒模型。1976 年,米勒在美国金融学会所做的一次报告中提出了一个把企业所得税和个人所得税都包括在内的模型来估计负债杠杆对企业价值的影响,即所谓的"米勒模型"。其计算公式为

$$V_L = V_U + [1 - (1 - T_C)(1 - T_S)/(1 - T_D)] \times D$$

式中,T_S 为股票收入的个人所得税税率;T_D 为利息收入的个人所得税税率。

米勒模型的结果表明,MM 的有税模型高估了企业负债的好处,因为个人所得税在某种程度上抵销了企业利息支付的节税利益,降低了负债企业的价值。不过,同有税模型相似,米勒模型的结论是 100% 负债时企业市场价值达到最大。

4. 权衡理论

权衡理论发展了 MM 理论,这一理论所确定的最佳资本结构是建立在节税利益和财务危机成本与代理成本相互权衡的基础上。权衡理论认为,随着负债比例的增加,会产生两种变化,一方面是税盾价值(利息费用可以抵减的所得税费用部分)增加,另一方面是破产成本的增加。刚开始增加负债时由于破产成本增长幅度较低而税盾价值增加较大,因此企业价值增加;然而随着企业负债的增加,破产风险快速增加,导致破产成本加速增长。到一定的阶段时,如果再增加负债,破产成本的增加幅度超过了税盾价值的增加幅度,导致企业总价值降低。此时企业应停止增加负债。这时的负债比例就是企业的最优资本结构,企业价值最大。

5. 信息不对称理论

信息不对称理论是指在市场经济活动中,各类人员对有关信息的了解是有差异的;掌握

信息比较充分的人员，往往处于比较有利的地位，而信息贫乏的人员，则处于比较不利的地位。该理论认为市场中卖方比买方更了解有关商品的各种信息，掌握更多信息的一方可以通过向信息贫乏的一方传递可靠信息而在市场中获益，买卖双方中掌握信息较少的一方会努力从另一方获取信息，市场信号显示在一定程度上可以弥补信息不对称的问题。在企业中，外部股东由于不直接参与企业运营，对企业的了解不如企业管理者，因此当企业管理者做出某一筹资决策时，外部投资者会根据这一决策评估企业信息，进而做出决策。例如，当企业某一个项目投资采用债权筹资而不是发行股票时，外部投资者会根据这一行为，判断企业投资项目经营风险较低，因而会加大对企业股票的投资，这就会提高企业价值。

6. 代理成本理论

代理成本理论是经过研究代理成本与资本结构的关系而形成的。这种理论通过分析指出，公司债务的违约风险是财务杠杆系数的增函数：随着公司债权资本的增加，债权人的监督成本随之上升，债权人会要求更高的利率。这种代理成本最终要由股东承担，公司资本结构中债权资本比率过高会导致股东价值的降低。根据代理成本理论，债权资本适度的资本结构会增加股东的价值。

7. 啄序理论

该理论认为，如果需要筹资，公司倾向于首先采用内部筹资，因为内部筹资不会传导任何可能对股价不利的信息；如果需要外部筹资，公司将先选择债权筹资，再选择其他外部股权筹资，这种筹资顺序的选择也不会传递对公司股价产生不利影响的信息。

根据这些资本结构理论以及财务管理的实践，编者认为，目前有关资本结构理论方面的观点还没有完全统一，需要有更多的研究和分析进行详细的探索。

❖ 阅读材料 7-6

资本结构波动理论

安徽工业大学王明虎教授经过长期系统研究，提出了"资本结构波动理论"。该理论认为，资本结构波动导致交易成本增加，提升财务风险，降低公司结构治理效率，从而不利于企业价值的提升。王明虎教授和他的研究团队经过一系列实证分析，证明宏观经济和金融水平发展有利于抑制企业的资本结构波动，而企业的成长速度过快则助推资本结构波动水平。从资本结构波动与企业价值的关系看，资本结构波动导致企业债务资本成本增加，诱发财务困境，提升费用黏性。因此对企业来说，应恰当控制企业的资本结构波动幅度。资本结构波动理论突破了传统资本结构理论主要关注资产负债水平而忽视资本结构稳定性的研究缺陷，在一定程度上完善了资本结构理论体系。[一]

● 讨论题

资本结构的波动为什么会影响企业价值？

[一] 王明虎. 资本结构波动与企业价值研究 [M]. 北京：中国财政经济出版社，2019.

7.4.3 合理安排债务资本比例的意义

1. 合理安排债务资本比例有利于降低企业的资金成本

由于债务资本需要定期支付利息并按时还本，且企业清算时，债权人的受偿权优先于股东，所以，债权人的投资风险一般小于股东，企业因此支付给债权人的报酬通常会低于股东。另外，债务利息在税前支付，企业使用债务资本可以获得利息减税的利益，从而使得债务资本成本低于权益资本成本。因此，企业在一定限度内合理提高债务资本的比例，可以降低企业的综合资金成本。

2. 合理安排债务资本比例有利于发挥财务杠杆作用

由于债务利息是固定不变的，当息税前利润增加时，每1元经营利润所负担的固定利息费用就会随之降低，从而提高股东获得的收益，这就是财务杠杆作用所带来的利益。因此，在一定限度内合理地利用债务资本，特别是在公司经营利润预计有较大幅度增长时，适当增加负债，有利于发挥财务杠杆作用，获取财务杠杆利益。

3. 合理安排债务资本比例有利于提高企业价值

企业价值是其权益资本市场价值与债务资本市场价值之和。企业价值的计量与资本结构相关联，因为资本结构的安排会直接影响到权益资本和债务资本的市场价值，进而影响企业总价值。因此，合理安排资本结构有利于企业价值的提高。

7.4.4 最佳资本结构决策

根据现代资本结构理论分析，企业最佳资本结构是存在的。在资本结构最佳点上，企业价值达到最大，同时加权平均资本成本达到最小。

资本结构理论为企业融资决策提供了有价值的参考。但在现实中，由于融资活动及融资环境的复杂性，难以找到最佳的资本结构，而只能通过一定的方法判断、选择相对较为合理的资本结构。通常用于进行资本结构决策选优的方法有比较资金成本法、每股收益无差别点分析法、比较公司价值法等。

（1）比较资金成本法。根据资本结构理论，当资本结构处于最佳点时，企业综合资金成本最低。比较资金成本法，就是通过计算及比较各种资本结构下企业的加权平均资本成本，以判别并选择理想的资本结构。这种方法是实务中的常用方法，其优点是通俗易懂，缺点是容易遗漏最优方案。

（2）每股收益无差别点分析法。每股收益无差别点，是指每股收益不受融资方式影响情形下的息税前利润水平。

负债融资是通过它的杠杆作用来增加股东财富的，即每股收益的高低会受到资本结构的影响；而偿债能力是建立在未来盈利能力基础之上的，资本结构的安排必须充分考虑企业的盈利水平。将以上两个方面联系起来，分析资本结构与每股收益之间的关系，进而确定合理的资本结构的方法，即为每股收益无差别点分析法。

每股收益无差别点可以通过计算得出。每股收益的计算公式为

$$EPS = \frac{(EBIT - I)(1-T) - D}{N}$$

式中，EPS 为每股收益；EBIT 为息税前利润；I 为债务利息；T 为所得税税率；D 为优先股股利；N 为流通在外的普通股股数。

在每股收益无差别点上，无论采用何种方式融资，即债务融资或权益融资，每股收益都是相等的。若以 EPS_1 代表权益融资，EPS_2 代表负债融资；$\overline{EBIT}$ 代表每股收益无差别点上的息税前利润；I_1、I_2 分别代表两种融资方式下的年利息；D_1、D_2 分别代表两种融资方式下的优先股股利；N_1、N_2 分别代表两种融资方式下的流通在外的普通股股数，则有如下结论。

$$EPS_1 = EPS_2$$

$$\frac{(\overline{EBIT} - I_1)(1-T) - D_1}{N_1} = \frac{(\overline{EBIT} - I_2)(1-T) - D_2}{N_2}$$

例 7-7 某公司须筹集资本 2 000 万元，现有如下两个方案可供选择。

方案Ⅰ：全部发行普通股，按面额发行，每股面值为 20 元，共发行 100 万股。

方案Ⅱ：按每股 20 元的面值发行普通股 50 万股；另筹借长期债务 1 000 万元，年利率为 12%。

假设该公司所适用的所得税税率为 40%，试求每股收益无差别点。

$$\frac{\overline{EBIT}(1-40\%)}{100} = \frac{(\overline{EBIT} - 1\,000 \times 12\%)(1-40\%)}{50}$$

$$\overline{EBIT} = 240 \text{（万元）}$$

此时每股收益为

$$\frac{240 \times (1-40\%)}{100} = 1.44 \text{（元）}$$

本例中的每股收益无差别点分析如图 7-2 所示。

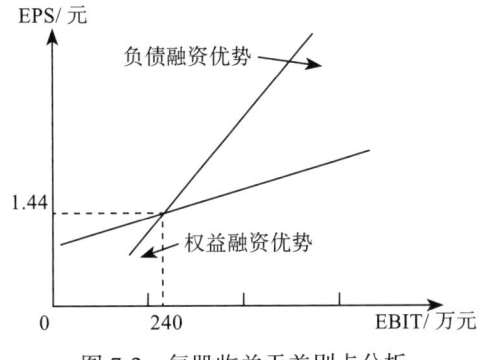

图 7-2 每股收益无差别点分析

可见，如果息税前利润低于每股收益无差别点的 240 万元，运用权益融资可获得较高的

每股收益，这就是权益融资的优势；反之，如果息税前利润高于每股收益无差别点的 240 万元，运用负债融资可获得较高的每股收益，这就是负债融资的优势。

每股收益无差别点分析法较好地考虑了财务杠杆利益，可以帮助企业判断在何种息税前利润水平下采用何种资本结构。但这种方法只考虑了资本结构对每股收益的影响，并假定每股收益最大，股票价格也就最高，并未考虑资本结构对风险的影响，忽略了负债融资的隐性成本。事实上，投资者不仅关注企业的预期收益，同时也关注其风险，随着负债的增加，投资者的风险加大，股票价格和企业价值也会有下降的趋势。所以，每股收益无差别点分析法，有时会让企业管理者做出错误的决策。

（3）比较公司价值法。比较资金成本法和每股收益无差别点分析法，虽然集中考虑了资金成本和财务杠杆利益，但没有明确反映财务风险的影响，未直接考虑公司价值最大化的财务管理目标。但是显然，融资决策中不考虑财务风险会造成错误的决策。

根据现代资本结构理论，最佳资本结构应当是可使公司价值最高，同时使公司的资金成本最低的资本结构。比较公司价值法，是在反映财务风险的条件下，以公司价值的大小为标准，测算判断公司最佳资本结构的方法。

公司的市场总价值等于其权益资本的市场价值加上债务资本的市场价值，其计算公式为

$$V = B + S$$

式中：V 为公司总价值；B 为债务资本的市场价值；S 为权益资本的市场价值。

债务资本的市场价值假设等于其面值。权益资本的市场价值计算公式如下：

$$S = \frac{(\text{EBIT} - I)(1 - T)}{K_S}$$

式中：K_S 为权益资本的成本。

权益资金成本可采用资本资产定价模型计算：

$$K_S = R_F + \beta(R_m - R_F)$$

式中：R_F 为市场无风险报酬率；β 为股票的贝塔系数；R_m 为市场平均报酬率。

公司加权平均资本成本可按以下公式计算：

$$K = K_B(1-T)\frac{B}{V} + K_S\frac{S}{V}$$

式中：K 为公司加权平均资本成本；K_B 为税前的债务资本的成本。

企业确定最优资本结构除了使用上述定量分析方法外，还要结合以下因素进行定性分析：①企业成长与销售稳定性；②企业风险状况；③企业的获利能力；④企业的资产结构；⑤企业的融资灵活性；⑥企业管理者的态度；⑦企业的控制权；⑧企业的信用等级与债权人的态度；⑨政府的税收政策，等等。

需要指出的是，资本结构决策是企业筹资决策中一项比较复杂的工作，虽然在理论上存在一种最佳资本结构，但在实践中由于各种变量难以计量，导致其计算的准确性可能不足，从而很难找到"最佳"的资本结构。

本章小结

1. 筹资管理是指企业根据其生产经营、对外投资及调整资本结构的需要，对比分析所拟定的不同筹资方案的资金成本高低与财务风险大小，选择最佳筹资方案，通过金融机构和金融市场筹措企业所需资金的一种财务决策活动。筹资方式是指企业筹集资金时所采取的具体形式，体现着资金的属性。企业筹资管理的重要内容之一，就是如何针对客观存在的筹资渠道，选择合理的筹资方式，并有效地进行筹资组合，降低筹资成本，提高筹资效益。基本筹资方式主要有吸收直接投资、发行股票、发行债券、银行或非银行金融机构借款、融资租赁、商业信用、可转换债券等七种。

2. 资金成本是企业财务决策的重要依据，是财务管理的一项重要内容。从投资角度看，资金成本是指投资者投资所要求的收益率；从融资角度看，资金成本是指融资者筹措和使用资金所需支付的代价。资金成本的高低受总体经济环境、证券市场条件、企业经营和融资决策以及融资规模等诸多因素的影响。企业应根据各因素的影响，合理确定使企业价值最大的同时使加权平均资本成本最低的资本结构。资金成本有多种形式，在比较不同融资方式时，采用个别资金成本，包括长期借款成本、长期债券成本、普通股成本、优先股成本、留存收益成本；在进行资本结构决策时，应使用加权平均资本成本；在进行追加融资决策时，则常使用边际资金成本。不同形式的资金成本其计算方法各有区别。

3. 经营杠杆是指当企业的成本结构中存在固定生产经营成本时，业务量变动会导致息税前利润发生更大幅度的变动。经营杠杆通过经营杠杆系数来度量，经营杠杆系数即息税前利润变动率相对产销量变动率的倍数，表明业务量变动所引起息税前利润变动的幅度。经营杠杆系数反映了企业所面临的经营风险，经营杠杆系数越大，经营杠杆作用越大，企业的经营风险就越大；反之则经营风险越小。

财务杠杆是指当企业的资本结构中存在固定成本的资本时，息税前利润的变动会导致普通股每股收益更大幅度的变动。财务杠杆通过财务杠杆系数来度量，财务杠杆系数即普通股每股收益的变动率相对息税前利润变动率的倍数。企业使用的固定支付的债务等资本越多，财务杠杆及效应就越大，企业的财务风险也就越大，反之则财务风险越小。

经营杠杆与财务杠杆的联合效应就是复合杠杆，它反映了企业每股收益变动对业务量变动的敏感性。复合杠杆通过用复合杠杆系数来度量，即普通股每股收益的变动率相对业务量变动率的倍数，它是经营杠杆系数与财务杠杆系数的乘积。复合杠杆系数反映了企业所面临的联合风险，复合杠杆作用越大，企业的风险就越大，反之则企业的风险越小。复合杠杆系数有助于企业合理地安排经营杠杆与财务杠杆。杠杆分析是确定企业风险程度的主要方法之一。

4. 资本结构是指企业各种资本的构成及其比例关系，通常是指长期债务资本和权益资本的比例关系。资本结构决策的意义在于合理安排债务资本比例，降低企业的资本成本，充分发挥财务杠杆作用。资本结构决策的基本方法有：比较资本成本法、每股收益无差别点分析法、比较公司价值法等。比较资本成本法是通过计算及比较各种资本结构下企业的加权平均资本成本，以判别并选择最佳的资本结构，此方法的局限性在于可能漏掉最优方案。每股收益无差别点分析法是通过确定每股收益无差别点来选择最佳资本结构，此方法只考虑了资本结构对每股收益的影响，而未考虑资本结构对风险的影响。比较公司价值法是在反映财务风险的条件下，以公司价值的大小为标准，测算判断公司最佳的资本结构。此方法的局限性在于公司价值计算有着诸多不确定因素。

复习思考

1. 企业基本筹资方式有哪些？评价它们各自的优缺点。
2. 如何理解资金成本的内涵？如何计算资金成本？为什么资金成本计算中不考虑短期资本因素？
3. 试阐述经营风险与财务风险的关系，并分析企业一味追求获取财务杠杆利益的可能后果。
4. 如何确定最佳资本结构？
5. 为什么资本公积是有成本的？
6. 为什么企业财务决策要依据加权平均资本成本而非单项资本成本？

练习题

1. 某公司年销售额为 2 800 万元，固定成本为 320 万元，变动成本为 1 680 万元；全部资本为 2 000 万元，负债比率为 50%，负债利率为 10%，优先股股息为 70 万元，所适用的企业所得税税率为 25%。
   要求：计算该公司的：息税前利润（EBIT）；固定性的债权资本成本；财务杠杆系数（DFL）。

2. 某企业拟筹资 2 500 万元，其中发行债券筹资 1 000 万元，筹资费费率为 2%，债券年利率为 10%，企业所得税税率为 25%；优先股筹资 500 万元，年股息率为 12%，筹资费费率为 3%；普通股筹资 1 000 万元，筹资费费率为 4%，第一年预期股利率为 10%，以后每年增长 4%。
   要求：计算该企业的债券资本成本、优先股资本成本、普通股资本成本、各种筹资方式筹资额占总资本的比重、该筹资方案的综合资本成本。

3. 南方公司的资产总额为 150 万元，负债比率为 45%，负债利率为 12%。某年的销售额为 2 000 万元，变动成本率为 60%，息税前利润率为 20%。计算该公司的经营杠杆、财务杠杆与复合杠杆系数。

4. 某企业目前拥有资本 1 000 万元，其结构如下：债务资本 20%（年利息为 20 万元），普通股 80%（发行普通股 10 万股，每股面值为 80 元）。现准备追加筹资 400 万元，有两种筹资方案可供选择：①全部发行普通股，增发 5 万股，每股面值为 80 元；②全部筹措长期债务，利率为 10%，利息为 40 万元。企业追加筹资后，EBIT 预计为 160 万元，所得税税率为 25%。要求：计算每股收益无差别点及无差别点的每股收益，并简要说明选择哪种筹资方案。

5. 某企业由于扩大经营规模的需要，拟筹集新资金,有关资料见表 7-7。

表 7-7　某企业筹资有关资料

资金种类	目标资本结构	新融资额	资金成本
长期借款	15%	45 000 元以内	3%
		45 000 元以上	5%
长期债券	25%	200 000 元以内	10%
		200 000 元以上	11%
普通股	60%	300 000 元以内	13%
		300 000 元以上	14%

要求:
(1) 计算筹资总额分界点。
(2) 计算边际资本成本。

6. 已知某企业在某年年初长期资本 1 600 万元的构成如下:长期债券 800 万元,年利率为 10%;普通股 800 万元(80 万股,每股面值为 1 元,发行价为 10 元,目前价格也为 10 元)。预期股利为 1 元/股,预计以后每年增加股利 5%。该企业适用的所得税税率为 25%,假设发行各种证券均无融资费。

该企业现拟增资 400 万元,以扩大生产经营规模,现有如下 3 个方案可供选择。

方案 I:增加发行 400 万元的债券,因负债增加,投资人风险加大,债券年利率增至 12% 才能发行,预计普通股股利不变,但由于风险加大,普通股市价降至 8 元/股。

方案 II:发行债券 200 万元,年利率为 10%,发行股票 20 万股,每股发行价为 10 元,预计普通股股利不变。

方案 III:发行股票 36.36 万股,普通股市价增至 11 元/股。

要求:从资本成本的角度,通过计算说明哪种融资方式最优。

案例分析

恒大淘宝的融资和经营问题

2010 赛季,恒大集团于 3 月 1 日以 1 亿元买断广州足球俱乐部全部股权,广汽集团则以 2 500 万元取得一年的冠名权,球队名称为广州恒大广汽队。2014 赛季,6 月 5 日,阿里巴巴作为恒大俱乐部战略投资者注资 12 亿元,并购入恒大俱乐部 50% 的股权;7 月 4 日广州恒大足球俱乐部有限公司正式更名为广州恒大淘宝足球俱乐部有限公司(简称"恒大淘宝")。2015 年 11 月 6 日,恒大淘宝登陆新三板挂牌交易,股票代码为 834338,交易方式为协议交易。截至 2017 年,恒大淘宝已连续六次获得中超联赛冠军,也是中国联赛历史中夺冠次数第二多的球队;并获得三次中国足球超级杯冠军和两次中国足协杯冠军;两次亚冠联赛冠军。

然而公司在足球场上的成功并不代表其商业运作的成功,该公司 2016 年度财务报告部分财务数据见表 7-8。

表 7-8　恒大淘宝 2016 年度财务报告部分财务数据

项目	2015 年	2016 年
营业收入/亿元	3.80	5.60
毛利率	−232.66%	−169.67%
总资产/亿元	20.90	12.70
资产负债率	73.87%	52.30%
销售商品提供劳务收到的现金/亿元	4.40	5.60
支付给职工以及为职工支付的现金/亿元	8.00	10.90

(续)

项目	2015 年	2016 年
吸收投资收到的现金 / 亿元	4.00	8.90
取得借款及发行债券收到的现金 / 亿元	0.00	0.00

根据上述材料回答以下问题：

（1）试分析恒大淘宝的盈利能力，以及影响该公司盈利能力的主要因素。

（2）恒大淘宝的主要融资方式是股权融资，试分析该公司为什么不扩大债权融资？

经营杠杆系数简化
公式的证明

宏观经济增长与
债务资本成本

第8章 营运资本管理原理

● 本章学习要点

- ✓ 营运资本管理原则与政策
- ✓ 现金管理模型
- ✓ 信用政策控制变量
- ✓ 基本经济批量模型
- ✓ 自然融资与协议融资

● 引例

格力电器的营运资本管理问题

珠海格力电器股份有限公司（以下简称"格力电器"）2017—2021年财务报告的部分数据见表8-1。

表8-1　格力电器 2017-2021 年财务报告的部分数据　　金额单位：亿元

年份	营业收入	营业成本	货币资金	应收账款净额	存货净额	流动资产合计	短期借款	应付账款	流动负债合计	应收账款周转率(%)	存货周转率(%)
2017	1 482.9	995.7	996.1	58.1	165.7	1 715.3	186.5	345.5	1 475.0	33.8	7.8
2018	1 981.2	1 382.3	1 130.8	77.0	200.1	1 997.1	220.7	389.9	1 576.9	29.3	7.6
2019	1 981.5	1 435.0	1 254.0	85.1	240.8	2 133.6	159.4	416.6	1 695.7	24.4	6.5
2020	1 682.0	1 242.3	1 364.1	87.4	278.8	2 136.3	203.0	316.0	1 584.8	19.5	4.8
2021	1 878.7	1 422.5	1 169.4	138.4	427.7	2 258.5	276.2	358.8	1 971.0	16.6	4.0

仔细阅读上述数据，读者会发现一些问题：从2017年到2021年，格力电器的营业收入虽然在2018年有大幅度增加，但到2020年又基本回落到原点。理论上应收账款增加的同时存货净额应随之减少，但是格力电器存货净额却逐步增加，这应该如何解释呢？从流动负债构成来看，应付账款和短期借款都有所增加，但与此同时企业的货币资金也从2017年的996.1亿元上升到2020年的1 364.1亿元，这不仅造成格力电器闲置货币资金，还造成大量借款和应付账款并存，如果用货币资金偿付银行借款或供应商货款，岂不是能降低财务费用

和采购费用？针对这些问题，如果仅仅只片面地看财务数据，很难给出合理解释。只有把上述问题整合成营运资本管理的整体，结合企业市场经营情况，才能给出令人满意的解答。

讨论题
收集格力电器2017—2021年的市场经营数据，试对上述疑问给出合理解释。

8.1 营运资本管理概述

8.1.1 营运资本及其周转

营运资本是指在企业正常生产经营活动中占用在流动资产上的资金，是一个企业对全部流动资产的投资，它有两个主要概念——净营运资本和总营运资本。净营运资本指的是全部流动资产减去全部流动负债的差额，它一般用来衡量企业避免发生流动性问题的程度。当会计人员提到营运资本时，他们通常指的是净营运资本。然而，财务管理人员关注的却是总营运资本管理，即企业所有流动资产与流动负债的管理。引例中所提出的问题既涉及流动资产结构问题，又关系到流动负债融资问题，属于总营运资本的概念。本章讨论的是包括流动资产、流动负债及二者之匹配管理在内的总营运资本管理。

1. 营运资本的分类

（1）流动资产的分类。在财务会计层面，流动资产一般按组成要素分类，包括现金、有价证券、应收账款、预付账款和存货等；在管理会计层面，为了进行流动资产与流动负债的匹配管理，流动资产一般按时间分类，包括永久性流动资产和临时性流动资产。在这里，永久性流动资产是指满足企业长期最低需要的那部分流动资产；临时性流动资产是指随季节性需求变化而变化的那部分流动资产。

（2）流动负债的分类。在财务会计层面，与流动资产相对应的流动负债一般是按其存在形式分类，具体包括短期借款、应付短期债券、应付票据、应付账款、预收账款、其他应付款以及应计费用等；在管理会计层面，流动负债一般是按其是否具有自然属性进行分类，包括自然性融资和协议性融资两个部分。其中，应付票据、应付账款、预收账款、其他应付款以及应计费用等属于自然性融资范畴，因为它们是企业在日常交易中自然发生的，无须做正规的融资安排，且大部分不存在名义上的融资成本；相反，短期借款、应付短期债券则属于协议性融资范畴，因为它们均需要签订正式的融资协议，也存在一定的融资成本。

2. 营运资本周转

营运资本从货币资本形态出发，经过若干阶段又回到货币资本形态的运动过程，叫作营运资本循环。周而复始、往复不止的营运资本循环，叫作营运资本周转。营运资本循环与营运资本周转体现着资本运动的形态变化。

（1）营运资本周转的基本模式。由于各个行业的生产经营特点不同，其营运资本周转的具体模式亦存在较大差异。以制造企业为例，其营运资本周转的完整模式可表述如下。

①取得现金资源（投资者投入，长、短期借款等方式）→②形成应付账款（外购材料、

劳务）、应计费用（工资结算等）、固定资产（购买劳动手段）→③形成产品存货→④形成应收账款→⑤回笼现金→⑥以现金资源分红、还本付息和支付相关税款。

（2）营运资本周转的主要特征。营运资本周转的主要特征如下：①运动性。营运资本周转首先体现为一种依托于实物流动的价值运动。营运资本一旦出现停滞，企业的生产经营过程就会停止，存在于实物流动资产上的价值就会逐渐消失。②物质性。营运资本周转实际上体现为一种资产的消失和另一种资产的生成。无论具体运动形式如何，物质内容总是显而易见的。③补偿性。营运资本周转是一个资本不断被消耗而后又不断地被予以补偿的过程。在这一过程中，资本的价值不会丧失，而应有与不断被取代的资本占用形式相对应的物质内容来补偿这一已消耗价值。④增值性。营运资本周转绝不仅仅是一种形态向另一种形态的简单过渡。在营运资本的运动过程中，劳动者创造的剩余价值不断被吸收，使营运资本每经过一个循环都出现一个价值增值额，即利润。营运资本周转的过程应当是资本不断增值的过程。增值性是营运资本存在和延续的动力源。

（3）营运资本周转的内在要求。从营运资本周转的基本模式和主要特征中，我们不难看出，营运资本周转要协调并持久地进行下去，就必然要求营运资本各项目在空间上合理并存、时间上依次衔接并实现消耗的足额补偿。空间上合理并存，要求企业营运资本的各项目同时存在，合理配置，以便使营运资本结构处于一种良好状态。时间上依次衔接，要求企业营运资本各项目之间的转换应顺畅、迅速，以加速营运资本周转。消耗的足额补偿，不仅要求货币形式的补偿，更应保证实物形态的补偿和生产能力的补偿，在物价频繁变动的时期更应如此。

8.1.2 营运资本管理的重要意义

营运资本管理的重要意义主要体现在以下几个方面。

（1）保持合理的资产结构。营运资本管理要求流动资产占企业总资产的比例必须适度，一般来说，企业的流动资产通常占企业总资产的25%~80%。这说明企业中的很大一部分资本被流动资产所占用，同时也说明各企业流动资产的投资体量差异很大。过高的流动资产比重会降低企业的投资报酬率，过低的流动资产比重又会影响企业经营的稳定性，甚至导致财务危机。企业应能基于自身生产经营的实际情况，合理科学地测度流动资产占企业总资产的比例，借以控制企业流动资产占用水平。

（2）保持合理的负债结构。流动负债是企业外部融资的重要来源，特别是很多小企业，流动负债更是其外部融资的主要来源，因为这些小企业除了以不动产为抵押取得短期借款以外，难以获得长期资本支持。按照营运资本管理的要求，即便是增长迅速而规模较大的企业也要用成本较低且十分便利的流动负债来进行融资。

（3）合理匹配流动资产与流动负债。流动资产与流动负债的匹配是企业营运资本管理的重要组成部分。虽然流动资产与流动负债比例的大小，会因企业所处的行业特性不同而不同，但是，净营运资本的绝对金额和流动资产与流动负债的相对比率即流动比率，是衡量企业偿债能力、营运能力和营运资本管理成效的两个重要指标。

（4）保障营运资本周转。营运资本周转是企业资本周转的依托，是企业生存与发展的基础。只有营运资本能够正常周转，企业供产销各个环节才能够相继，进而通过实现营业收入来补偿生产经营中的耗费,并赚取一定的利润用于企业未来发展。

（5）塑造良好企业形象。营运资本管理水平决定着财务报表所披露的企业形象。例如：现金管理水平直接影响着现金流量表；应收账款、存货管理水平直接影响着营业收入、营业成本，进而影响利润表；流动资产、流动负债管理水平直接影响着资产负债表等。提高营运资本管理水平成为改善财务报表所披露企业形象的必然要求。

8.1.3 营运资本管理的原则

营运资本管理的原则分为以下几个方面。

（1）认真分析生产经营状况，合理确定营运资本的需要量。企业生产经营活动的周期性、季节性特征决定着营运资本的需要量。当企业产销两旺时，流动资产与流动负债等营运资本的需要量均会相应增加；进入经营淡季，营运资本的需要量则明显减少。因此，企业财务管理者应认真分析生产经营状况，采用特定方法预测营运资本的需要量，以便合理运筹营运资本。

（2）在保证生产经营需要的前提下，节约使用资金。营运资本管理，必须首先保证企业完成生产经营任务的合理资金需要。凡是企业供应、生产、销售各职能部门的合理需要，应该全力保证其得到满足，促进生产经营的发展。要在保证生产经营需要的前提下，遵守勤俭节约的原则，挖掘资金潜力，精打细算地使用资金，以充分发挥营运资本管理促进生产经营的作用。

（3）加速营运资本周转，提高资本利用效果。加速营运资本周转要求缩短营运资本周转期。营运资本周转期是指企业从购买材料、支付现金到销售商品收回现金所经历的时间，也称现金周转期。在数量关系上，营运资本周转期等于存货周转期加上应收账款周转期再减去应付账款周转期。如果需要缩短营运资本周转期，可统筹考虑采取以下两种基本途径：①缩短存货周转期或应收账款周转期；②延长应付账款周转期。

（4）全面估量营运资本的流动性、获利能力与财务风险，合理安排流动资产与流动负债的规模及其比例关系。营运资本的获利能力与财务风险呈同向变动关系，与流动性呈反向变动关系，流动性与财务风险呈反向变动关系。不同的流动资产与流动负债的规模及其比例关系会给企业带来完全不同的收益、风险与资本流动性。财务管理者需全面估量营运资本的流动性、获利能力与财务风险，合理安排流动资产与流动负债的规模及其比例关系，正确进行营运资本的结构性管理，以确保实现企业的理财目标。

8.1.4 营运资本管理政策

1. 营运资本投放政策

营运资本投放政策研究如何确定流动资产投资的数量水平，即解决在既定的总资产水平下，流动资产与固定资产、无形资产等长期资产之间的比例关系问题。这一比例关系可以用流动资产占总资产的百分比来表示。在决定流动资产投资的最佳数量水平时，可以根据企业管理当局的管理风格和风险承受能力，分别采用"宽松型""紧缩型"与"适中型"的营运资本投放政策。

（1）宽松型营运资本投放政策要求企业流动资产占总资产的比例相对较高，流动资产投资额较大，包括正常需要量、基本保险储备量和一定的额外储备量。

（2）紧缩型营运资本投放政策要求企业流动资产占总资产的比例相对较低，流动资产投资额较小，一般仅安排正常需要量。

（3）适中型营运资本投放政策要求企业流动资产占总资产的比例比较适中，流动资产投资额不过高也不过低，通常安排正常需要量和基本保险储备量。

不同类型营运资本投放政策的风险和收益水平有着明显的不同（见表8-2）。在宽松型营运资本投放政策下，由于收益率较低的流动资产所占比例较高，导致企业获利能力较低，但较高流动资产持有率将使企业备具足够的流动资产用于偿付到期债务，企业资产流动性较高，财务风险较低。相反，在紧缩型营运资本投放政策下，企业获利能力较强，流动性较低，财务风险较高。在适中型营运资本投放政策下，由于流动资产比例处在宽松型政策和紧缩型政策之间，因此其风险与收益水平也介于二者之间。

表8-2 不同类型的营运资本投放政策比较

投放政策	收益水平	风险水平
宽松型营运资本投放政策	低	低
紧缩型营运资本投放政策	高	高
适中型营运资本投放政策	中	中

2. 营运资本筹资政策

营运资本筹资政策，是营运资本政策的研究重点。研究营运资本筹资政策，首先需要认识企业资金需求量周期性变化的规律。

某一时点企业资金需求量等于该时点企业正常经营所必须投资的资产量。一般企业的资金需求量具有明显的季节波动性。

1）在销售高峰期（在我国通常为农历春节，在西方国家通常为圣诞节）之前，企业加速生产，生产量大于销售量，成品存货量上升。由于存货投资的逐渐增加，导致资金需求量相应增加。

2）销售高峰期间，企业继续生产，但销售量大于生产量，成品存货量迅速下降。由于一般企业采取赊销政策，因此，成品存货量下降引起应收账款增加，资金需求量高峰并未下降。

3）过了一段时间，货款逐渐回笼，应收账款减少，现金持有量上升，企业资金需求量逐渐进入低谷。

4）再过一段时间，企业现金持有量已超过上限，多余现金构成闲置现金，可用以偿还到期债务或用作短期有价证券投资，此时企业资金需求量达最低点。

5）几个星期或几个月之后，企业再次扩大生产，成品存货投资再次上升，资金需求量又逐渐增加，企业重新进入新一轮资金循环。

图8-1描述了企业资金需求量随时间变动的情况。

从图8-1中可看出，企业资金需求量不仅随经营规模扩大有上升趋势，而且还伴随着季节周期性波动。

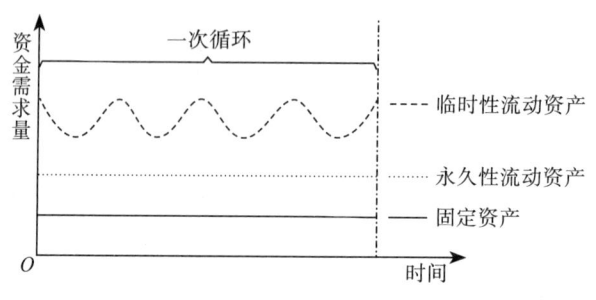

图 8-1 企业资金需求量随时间变动的情况

上述资金需求量季节波动的产生是由于企业流动资产形态的周期转换。从图 8-1 中我们还可以看到，即使在资金需求量的最低点，企业仍需保持一定水平的流动资产，我们称这部分流动资产为永久性流动资产。永久性流动资产是用于满足企业长期稳定经营需要的流动资产，其投资量与企业生产经营活动的季节性周期变化无关。固定资产的投资与企业生产经营活动的季节波动无关，因而固定资产是永久性资产。因此，企业永久性资产总量等于固定资产与永久性流动资产之和。除去永久性流动资产，企业流动资产的另一部分投资量随企业生产经营活动的周期性波动而波动，当企业资金需求量达到顶峰时，其投资量达到最大值，而当企业资金需求量处于低谷时，其投资量为零（最小值），我们称该部分流动资产为临时性流动资产，如季节性存货、销售和经营旺季（如零售业的销售旺季在农历春节期间等）的应收账款。

与上述流动资产按用途划分相对应，流动负债也可以分为临时性流动负债和自发性流动负债。临时性流动负债是指为了满足临时性流动资产投资需要所发生的负债。例如：商业零售企业农历春节前为满足节日销售需要，超量购入货物而举借的债务；食品制造企业为赶制季节性食品，大量购入某种原材料而发生的借款等等。自发性流动负债是指直接产生于企业持续经营中的负债，如商业信用筹资和日常运营中产生的其他应付款，以及应付工资、应付利息、应付税金等。

营运资本筹资政策，主要是就如何安排临时性流动资产和永久性流动资产的资金来源而言的，一般可以分为稳健型（保守型）、激进型和配合型（匹配型）三种筹资政策。

（1）稳健型筹资政策。稳健型筹资政策的特点是，临时性流动负债只融通部分临时性流动资产的资金需要，另一部分临时性流动资产和永久性流动资产，则由长期负债、自发性流动负债和权益资本提供资金来源，如图 8-2 所示。

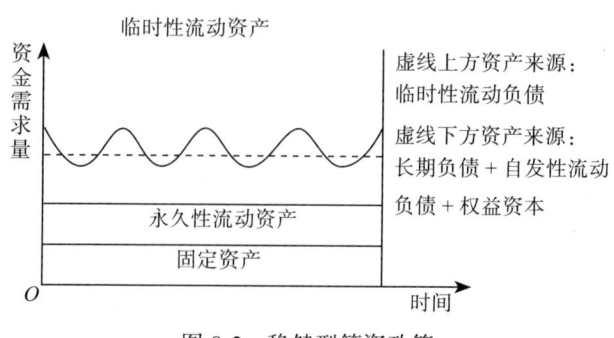

图 8-2 稳健型筹资政策

（2）激进型筹资政策。激进型筹资政策的特点是，临时性流动负债不但融通临时性流动资产的资金需要，还解决部分永久性流动资产的资金需要，如图8-3所示。

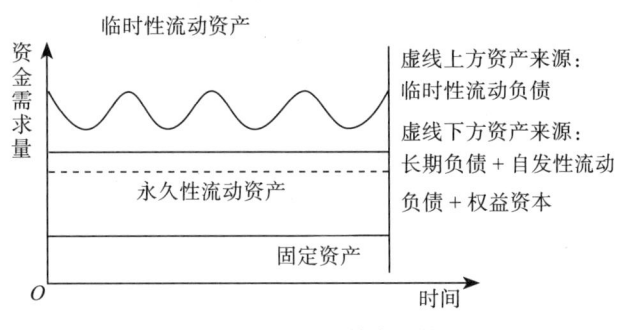

图 8-3　激进型筹资政策

（3）配合型筹资政策。配合型筹资政策的特点是，临时性流动资产运用临时性流动负债提供其资金来源，永久性流动资产运用长期负债、自发性流动负债和权益资本作为资金来源，即筹资来源的到期日与资本占用的期限长短相匹配。该筹资政策如图8-4所示。

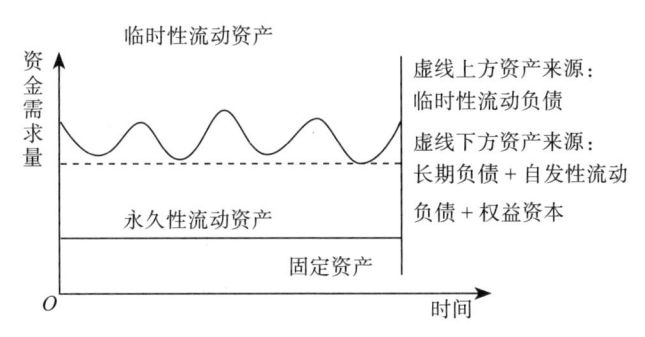

图 8-4　配合型筹资政策

不同筹资政策下的收益与风险水平有着明显的差异（见表8-3）。在稳健型筹资政策下，临时性流动负债处于较低水平，企业流动比率较高，从而偿债风险相应降低，但较高的长期筹资比重引起资金成本上升，最终导致企业收益下降。相反，在激进型筹资政策下，临时性流动负债的比例大大提高，企业资金成本下降，收益增加；企业流动比率下降，无力偿债的风险亦相应增加。而在配合型筹资政策下，由于临时性流动负债比例处在稳健型筹资政策和激进型筹资政策之间，故其收益与风险水平也介于二者之间。

表 8-3　不同类型营运资本筹资政策比较

营运资本筹资政策	收益水平	风险水平
稳健型政策	低	低
激进型政策	高	高
配合型政策	中	中

在营运资本筹资政策的指导下，具体的营运资本管理实务主要表现为对营运资本主要项目的管理。就流动资产而言，主要是现金、应收账款、存货的管理；就流动负债而言，主要是一些短期资本来源，即商业信用、短期借款等的管理。这些项目的管理是一个相互交错、相互影响的统一整体，实务中主要通过现金预算将它们有机地结合起来。

❖ 阅读材料 8-1

营运资本筹资政策受哪些因素影响？

从理论上来说，营运资本筹资政策主要与企业的融资环境和营运资本管理政策相关，但企业经营风险、管理层行为特征也会对企业营运资本筹资政策产生影响。安徽工业大学王明虎教授和他的团队在这一方面做出了一些针对性研究，他们发现：我国上市公司营运资本筹资政策有向稳健型方向转化的趋势，这主要受我国经济进入新常态，发展速度变缓，企业经营风险增大等的影响；管理层自信程度高会促使企业采用比较激进的营运资本筹资政策；货币薪酬激励会使得企业的营运资本筹资政策更稳健，而股权激励会引发管理层选择激进的营运资本筹资政策。因此我国企业可以采取相应的措施，改善管理层薪酬激励结构，合理调整企业营运资本筹资政策。㊀

◎ 讨论题

为什么说管理层行为会影响企业营运资本筹资政策？

8.2 现金管理

现金的定义有广义和狭义之分。狭义的现金只包括库存现金，而广义的现金则包括库存现金、在途现金、业务周转金、支票、汇票和各种银行存款等所有可以即时使用的支付手段。本书所讨论的是广义的现金概念。

企业持有现金，主要是为了满足交易性需求、预防性需求和投机性需求。

交易性需求是指满足企业日常业务活动的现金支付需求。企业经常有收入，也经常发生支出，二者往往难以同步同量。企业的各种业务开展需要有成本费用，发生现金支出，企业必须维持适当的现金余额，才能满足现金支付需求，使业务活动正常进行下去。

预防性需求是指持有现金以防发生意外支付的需求。企业有时会出现意想不到的开支，如各种营业外支出项目等。现金流量的不确定性越大，预防性现金的数额也就应越大；反之，企业现金流量的可预测性强，预防性现金的数额则可以小些。此外，企业对外筹资能力越强，预防性现金的数额可以越小。

投机性需求是指持有现金以抓住可能存在的获利机会进行投资的需求。如遇有廉价原材料或其他资产供应的机会，便可用手头持有的现金大量购入；再比如在适当时机购入价格有利的有价证券以便投机获利。

现金是企业中流动性最强的资产，不过其获利能力较低，因此持有过量现金会降低企业的获利能力，同时现金的安全性也受到挑战。但如持有现金不足，又会削弱企业资产流动性甚至引发财务危机。因此，企业面临现金过量和现金不足两方面的威胁。企业现金管理的目

㊀ 以上观点详见：①王明虎，朱佩佩. 经营风险、货币政策与营运资金融资策略 [J]. 南京审计大学学报，2019（3）：55-63；②王明虎，王楠. 管理层自信影响企业营运资金融资策略吗——基于 A 股上市公司数据 [J]. 会计之友，2021（22）：37-41；③王明虎，孙梁艳. 宏观经济形势、管理层激励与营运资金融资策略 [J]. 南京审计大学学报，2021（2）：102-111。

标,就是要在资产的流动性和获利能力之间做出抉择,以获取最大的长期利润。

8.2.1 现金管理模型

现金管理模型的作用在于确定最佳的现金持有量,从而指导财务管理实践。常用的现金管理模型主要有现金周转模型、成本分析模型、米勒—奥尔模型等。

1. 现金周转模型

现金周转模型是通过预计年现金需求总量和确定现金周转的目标次数来确定企业最佳现金持有量的模型。该模型操作比较简单,但需具备以下两个前提条件:①企业的生产经营稳定,现金支出稳定,未来年度的现金需求总量可以根据产销计划比较准确地预计;②根据历史资料可以较为准确测算目标现金周转次数。

现金周转模型的计算公式为

$$最佳现金持有量 = 预计现金年需求总量 / 现金周转次数$$

式中,现金周转次数 = 360/ 现金循环天数

现金循环天数 = 营运资本周转期 = 存货周转期 + 应收账款周转期 – 应付账款周转期

存货周转期是指从以现金支付购买材料款开始直到销售产品为止所需要的时间,应收账款周转期是指从应收账款形成到收回现金所需要的时间,应付账款周转期是指从购买材料形成应付账款开始直到以现金偿还应付账款为止所需要的时间。

例 8-1 某公司计划年度预计存货周转期为 90 天,应收账款周转期为 40 天,应付账款周转期为 30 天,计划年度现金需求总量为 720 万元,求最佳现金持有量。

最佳现金持有量可计算如下:

$$现金循环天数 = 90+40-30=100(天)$$
$$现金周转次数 = 360/100=3.6(次)$$
$$最佳现金持有量 = 720/3.6=200(万元)$$

也就是说,如果年初企业持有 200 万元现金,它将有足够的现金满足各种支出的需要。

2. 成本分析模型

成本分析模型是通过分析持有现金的有关成本,进而求得使总成本最低的现金持有量的模型。该模型比较简单,易于操作,但要求能够比较准确地确定相关成本或有关的函数关系。

企业持有现金,主要有三种成本。①机会成本。它是企业因持有一定数量的现金而丧失的再投资收益。它与现金持有量成正比,即现金持有量越大,机会成本越高,反之就越小,故属于变动成本。表达机会成本一般可考虑采用资金成本率、资本收益率、预期报酬率、证券投资收益率等有关指标。假定某企业的资金成本率为 10%,每年平均持有 100 万元的现金,则该企业每年持有现金的机会成本为 10(=100×10%)万元。②管理成本。企业持有现金将会发生有关管理费用,如管理人员工资、福利和安全措施费等。这些费用是现金的管理成本。管理成本是一种固定成本,在相关范围内,它与现金持有量之间并无明显的比例关

系。③短缺成本。它是因现金持有量不足又无法及时通过有价证券变现等方式加以补充而给企业造成的直接与间接损失。短缺成本与现金持有量成反比，即现金持有量越大，短缺成本越低。短缺成本一般可根据估计损失额确认。

上述三项成本之和最小（即总成本最低）时的现金持有量，就是最佳现金持有量。如果我们能够比较准确地确定各相关成本的大小，就可以首先分别计算出各种现金持有方案下的机会成本、管理成本、短缺成本及总成本，进而选出总成本最低时对应的现金量，即最佳的现金持有量。如果我们能够找出各种现金成本与现金持有量之间的函数关系，也可以用坐标图的方法来求解最佳的现金持有量。此时，总成本是一条下凹的曲线，曲线的最低处，总成本最低，相应的现金持有量就是最佳现金持有量。

成本分析模型中各种现金成本与现金持有量的关系如图 8-5 所示。

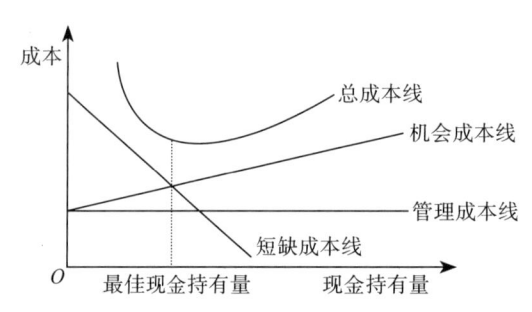

图 8-5　各种现金成本与现金持有量的关系

3. 米勒-奥尔模型

米勒-奥尔模型是米勒（M.H.Miller）和奥尔（D.Orr）创建的确定最佳现金持有量的模型，也称随机模型，它能较好地描述未来现金流量变动的不确定性。该模型应用的前提条件包括：①每天现金流入和现金流出的变化是随机的且不稳定的；②现金净流量即现金余额的变化接近于正态分布；③最佳现金持有量就处于正态分布中间。

米勒-奥尔模型由三条控制线组成：上限线 U、目标线 T 和下限线 L，如图 8-6 所示。

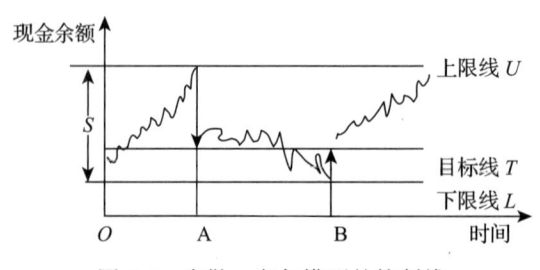

图 8-6　米勒-奥尔模型的控制线

将现金余额视为随机变量，一旦现金余额高达上限线 U，立即用现金（$U-T$）购买短期有价证券，使现金余额回落至目标水平，如图 8-6 中 A 点；假如现金余额下降至下限线 L，立即出售短期有价证券，产生现金（$T-L$），使现金余额上升至目标水平，如图 8-6 中 B 点。应用米勒-奥尔模型，可使企业现金余额控制在上限线和下限线之间的幅度 S（$=U-L$）的范围内。

有三个因素决定上、下限线之间的幅度 S，即净现金流量的方差 σ^2、证券交易固定成本

F 和现金投资收益率 r。若 σ^2 或 F 越大，则 S 也越大；反之，若 r 增大，则 S 将缩小。S 与 σ^2，F 和 r 之间关系的计算公式如下：

$$S = 3 \times (3 \times F \times \sigma^2/4r)^{1/3}$$

目标线 T 并非人们想象的位于上限线 U 和下限线 L 正中间，而是偏近于下限线 L，目标线 T 与下限线 L 之间距离仅为目标线 T 与上限线 U 之间距离的二分之一，目标线 T 值可用下列公式计算：

$$T = L + S/3 = L + (3 \times F \times \sigma^2/4r)^{1/3}$$

目标线偏近于下限线，将增加证券出售次数，从而导致较高的交易成本，但相对于正中间，可减少现金持有，从而减少了现金持有的机会成本。理论上可证明，按上述公式计算的现金持有目标线 T 将使总成本（交易成本和机会成本之和）达到最小。下面我们举例说明米勒－奥尔模型的应用。

第一，必须设置现金持有下限线 L，下限线 L 可以为零，但考虑到安全现金持有量和银行所要求的补偿性余额，下限线 L 通常大于零。第二，估计净现金流量的方差 σ^2，可利用时间序列数据，如采用过去 100 天的净现金流量数据，估计企业日现金流量的方差。第三，估计现金投资收益率（可取市场利率）r 和证券交易固定成本 F。最后，计算上限线 U 和目标线 T。

例 8-2　假设某公司有价证券的年利率为 9%，每次转换有价证券的固定成本为 0.2 万元，公司认为任何时候其最低现金持有量不能低于 100 万元，根据以往经验测算出日净现金流量的标准差为 25 元。计算该公司目标现金持有量。

根据资料可计算如下：

上、下限线之间的幅度 $S = 3 \times [3 \times 0.2 \times 25^2/(4 \times 0.00025)]^{1/3} = 216$（万元）

上限线 U = 下限线 L + 幅度 S = 100 + 216 = 316（万元）

目标线 T = 下限线 L + 幅度 $S/3$ = 100 + 216/3 = 172（万元）

如果现金余额上升至 316 万元，则可将多余现金 144（= 316−172）万元投资短期有价证券；如果现金余额下降至 100 万元，则可出售短期有价证券，使现金余额增加 72(=172−100) 万元。每次的证券交易都使现金余额回复到目标线 T（172 万元）。

在应用上述现金管理模型时应注意以下几点。

- 企业的实际情况与各模型要求的前提条件是否相符。
- 各模型应用时所需要的数据资料在企业中是否易于取得。
- 利用模型预测的结果应根据现实经济环境加以适当的调整。
- 必要时，可多采用几种模型测定最佳现金持有量，以相互比较和验证，也可与按平时经验估计的数据相对照。

8.2.2　现金管理方法

为保证现金周转的安全，必须采取以下现金管理方法：①建立和健全现金收支的内部控制制度；②按照《现金管理暂行条例》《支付结算办法》和《中华人民共和国票据法》等，组织现金收支。为提高现金周转的效率，可以采取以下现金管理方法：①建立和健全现金收支的内部控制制度；②遵守现金收支的结算纪律；③加速收款；④控制付款；⑤力争现金流入和现金流出同步。

1. 建立和健全现金收支的内部控制制度

企业管理现金收支首先要保证其安全完整，不出差错，为此，必须建立和健全严格的内部控制制度，其要点有：

（1）明确现金收支的职责分工及内部牵制制度。所谓内部牵制制度，就是将同一项业务活动交由两个或两个以上的工作人员办理，利用彼此之间的相互牵制关系避免差错与舞弊的出现。就现金管理而言，应做到：①现金的保管与记账职责分离，业务执行应由不同职责的人员共同完成；②现金收支业务审批人与经办人分离，必须经审核验证后由经办人在有关原始凭证上签字盖章；③在可能的范围内，定期变动或轮换工作岗位，在人员变更时，要履行严格的交接手续。

（2）明确现金支出的批准权限。企业应建立明确的现金支出授权批准制度，划分总经理、部门经理等管理人员的批准权限。任何现金支出，必须经有关主管人员批准和授权后方可进行。

（3）做好收支凭证的管理及账目的核对。如建立和完善收据、发票、支票等有关凭证的保管、领用及登记制度，现金收支应日清月结，定期盘点现金，定期与银行存款对账单核对并编制调节表，等等。

2. 遵守现金收支的结算纪律

我国颁布的有关现金收支的结算纪律主要有《现金管理暂行条例》《支付结算办法》和《中华人民共和国票据法》等，企业应严格加以遵守和执行，避免因违规而受到国家和银行的惩处。同时，这样做也有利于保证现金收支的安全，维护正常的社会经济秩序。具体要求包括：①遵守国家规定的库存现金的使用范围；②核定库存现金限额；③不得坐支现金，即企业不得从本单位的现金收入中直接支付交易款；④不能用不符合财务制度的凭证顶替库存现金，不能保存账外公款，不能只收现金而拒收转账结算凭证等；⑤不得出租、出借或转让银行账户给其他单位或个人使用；⑥不得签发空头的支款凭证及远期的支款凭证，不得套取银行信用；⑦企业应严格按照中国人民银行规定的有关转账结算方式办理银行存款的转账结算，可以选用的结算方式包括银行汇票、商业汇票、支票、汇兑、委托收款、托收承付、银行本票、信用证、信用卡等。

3. 加速收款

实现加速收款须进行收款流程分析。收款流程包括从企业产品或劳务的售出直到客户的款项被收回成为企业可用资金这一过程中的各个步骤。以下以规范的支票收款流程分析为例，具体阐述如何加速企业现金回收。

（1）发票寄送流程。加速现金回收的一个很明显但也最容易被忽视的方法，就是尽快将发票寄送给客户。客户可能有不同的支付习惯，有的客户喜欢在折扣日或最后到期日付款，也有些客户在收到发票时就立即付款。由于让客户尽早收到发票会促使客户更快付款，因此，可以将发票附于所发出的商品中，也可以用传真机传送发票复印件或者在客户提货时即出具发票等。

（2）支票邮寄流程。支票邮寄流程是指客户邮寄支票的时间。企业加速支票邮寄流程的有效办法除要求客户尽快出具支票外，还应尽可能要求客户采用较快捷的邮寄方式，如航空挂号、特快专递以及专人送达等。如金额较大，企业也可派专人到客户处收取支票。

（3）业务处理流程。业务处理流程是指企业收到客户支票后的业务处理时间。企业加速业务处理流程的一个重要方法就是简化所收取支票的业务处理环节，提高业务处理速度和业务处理效率，尽量做到当天收到的支票当天办理结算。为此，可以先简单地进行日记账或备查账登记后即将支票送存银行，待送存银行后再做相应的会计处理。

（4）款项到账流程。款项到账流程是指通过银行结算系统清算支票的时间。企业加速款项到账流程的有效办法，一是要求客户尽量开具制度规范且结算效率较高的商业银行支票；二是尽量避免跨地区、跨银行结算。

上述（2）（3）（4）三项收款流程合起来称为收款浮账期间，即从客户邮寄支票到它变为企业可用现金之间的总时间。

西方企业常用的加速收款的方法有以下几种。①银行业务集中法。即企业在总部所在地外各销售业务比较集中的地区也设立多个收款中心来办理收款业务，从而缩短收款时间，加速现金周转。②锁箱法。即企业在各地租用专门的邮政信箱，然后通知客户将支票直接寄送至当地的邮政信箱，并委托当地银行代理收款。③电子付款方式。该方式大大简化了收账系统和资金集中系统的设计，通过电子清算系统及互联网进行转账结算正日益成为最主要的结算方式。

4. 控制付款

（1）控制支付时间，延缓应付款的支付。企业各项债务应该在恰好到期时偿付，一般不宜提早或推迟，以最大限度利用现金而又不丧失可能的现金折扣。例如，企业采购材料的信用条件为（2/10，N/30），即开票后10天内偿付，可享受2%的现金折扣，10~30天偿付则按发票金额付款。在这种情形下，企业应安排在开票后第10天付款，这样既可最大限度地利用现金，又可享受现金折扣。倘若企业急需现金而放弃折扣优惠，则应该安排在信用条件规定的最后一天支付款项。

（2）浮存的利用。浮存（float），也称为不抵用存款，其数值等于企业账上的银行存款余额与银行账上该企业实际余额之差。产生浮存的原因是，企业开出支票后，持票人（如供应商）将企业给付的支票存入他开户的银行，然后通过票据交换从企业的银行存款账户中真正转出兑现，这一过程需要几天才能完成。因此，浮存实际上就是由银企双方出入账的时间差所造成的，如果能事先正确预计这一差额，就可利用这种浮存现金投资于盈利项目。企业的财务经理应设法加速收入支票的交换兑现过程，延缓开出支票实际从银行账上支出的时间，从而利用十分可观的浮存现金。当一家企业在同一国内有多个银行存款账户时，则可选用一个能使支票流通在外时间最长的银行来支付货款，以扩大浮存量。不过，利用浮存以节约现金有可能破坏企业和供应商之间的正常信用关系，这一因素应加以考虑。

5. 力争现金流入与现金流出同步

企业应合理安排进货和其他现金支出，有效组织销售和其他现金流入，并尽量使它的现金流入与现金流出发生的时间趋于一致。现金流量的同步协调可以使企业所持有的交易性现金余额降到最低水平。为保持现金流量的同步协调，可先通过销售商品或提供劳务而收到现金或通过某种专门的融资方式取得大量的现金流入，然后再逐渐安排各种各样的现金流出；现金余额很小时再重复上述步骤。当然，合理编制现金预算，并按照现金预算来筹划现金流入和安排现金流出，是现金流量同步协调的重要保障。

❖ 阅读材料 8-2

贵州茅台和五粮液现金管理政策比较

茅台酒是我国白酒行业的"贵族"，一直是国民追捧的对象，从 2017 年的 600 元/瓶左右到 2021 年的 2 000 元/瓶以上，它的价格上涨了近三倍。虽然已是多次涨价，但茅台酒却依然保持着供不应求的销售局面。凭借良好的品牌及销售支撑，贵州茅台酒股份有限公司（以下简称"贵州茅台"）的现金流量也非常充裕。作为贵州茅台在白酒行业的主要竞争对手，五粮液集团（股份）公司（以下简称"五粮液"）为提高自身的盈利能力，采取了与贵州茅台截然不同的战略。拥有多个白酒品牌的五粮液，在高、中、低端三个市场上同时出击，使得其在白酒市场上的总体份额较大。表 8-4 为贵州茅台与五粮液 2015—2021 年各年的货币资金和总资产的比较分析。

表 8-4 贵州茅台与五粮液的货币资金和总资产的比较分析　　单位：万元

企业	项目	2015 年	2016 年	2017 年	2018 年	2019 年	2020 年	2021 年
贵州茅台	货币资金	36 800.75	66 854.96	87 868.87	11 2074.79	13 251.82	36 091.09	51 810.24
	总资产	86 301.46	112 934.54	134 610.12	159 846.67	183 042.37	213 395.81	255 168.20
	货币资金/总资产	42.64%	59.20%	65.28%	70.11%	7.24%	16.91%	20.30%
五粮液	货币资金	26 374.19	34 665.92	40 591.80	48 960.05	63 238.83	68 209.58	82 335.96
	总资产	52 546.63	62 174.41	70 922.63	86 094.27	106 396.97	113 893.14	135 620.81
	货币资金/总资产	50.19%	55.76%	57.23%	56.87%	59.44%	59.89%	60.71%

● 讨论题

（1）上网收集相关资料，分析贵州茅台货币资金充裕的原因。

（2）结合两家企业实施的战略，分析贵州茅台和五粮液持有货币资金占总资产比例差异的原因。

8.3 应收账款管理

应收账款，是指企业因对外销售产品、材料、供应劳务及其他原因，应向购货单位或接受劳务的单位及其他单位收取的款项，包括应收销售款、应收票据等。

企业持有应收账款的原因主要有以下两个方面。①扩大销售，提高市场竞争能力。赊销实际上相当于在向客户提供商品或劳务的同时，也向客户提供了一笔无息贷款，从而有利于吸引客户，扩大企业市场份额。②降低存货占用，加速资本周转。赊销变持有产成品存货为持有应收账款，可以降低存货的仓储费用、保险费用和管理费用等，加速产品销售的实现。存货的减少还将增加企业的速动资产，提高企业的短期偿债能力，优化企业的财务指标。

向客户提供赊销，可能带来以下几种成本。①管理成本，即企业从应收账款发生到收回期间，为维持应收账款管理系统正常运行所发生的费用，如调查客户信用情况的费用、应收账款账簿记录费用、收账及其他费用，等等。②坏账成本，即由于客户破产、解散、财务状况恶化、拖欠时间较长等原因，企业持有应收账款发生的欠款无法收回的损失。③机会成本，即企业由于持有应收账款而放弃的可能投资于其他项目所获取的收益。应收账款机会成本的大小通常与企业维持赊销业务所需要的资金数量、资金成本率或有价证券利息率有关，其数额可按以下步骤计算：

（1）计算应收账款周转率。

$$应收账款周转率 = 日历天数 / 应收账款周转期$$

（2）计算应收账款平均余额。

$$应收账款平均余额 = 赊销收入净额 / 应收账款周转率$$

（3）计算维持赊销业务所需要的资金。

$$维持赊销业务所需要的资金 = 应收账款平均余额 \times 变动成本率$$

（4）计算应收账款的机会成本。

$$应收账款的机会成本 = 维持赊销业务所需要的资金 \times 资金成本率$$

上式中，资金成本率一般可按有价证券利息率计算。

例 8-3 某公司年度赊销收入净额为 450 万元，应收账款平均收账期为 40 天，销售的变动成本率为 70%，资金成本率为 12%，试计算应收账款占用资金的机会成本。

根据数据可计算如下：

$$应收账款的机会成本 = (450 \times 40/360) \times 70\% \times 12\% = 4.2(万元)$$

8.3.1 信用政策控制变量

宏观经济状况、企业产品质量、价格水平等因素均会影响应收账款持有水平，显然这些因素都不是企业财务经理所能控制的，然而，财务经理可通过权衡风险与收益水平的控制变量，影响企业持有应收账款的数量和"质量"。我们将这些控制变量的设置称为信用政策，其主要变量包括信用标准、信用条件、收账政策以及综合信用政策等。

1. 信用标准

信用标准是企业设置的、用来衡量客户获得应收账款商业信用所应具备的基本条件（通常指财务实力和信用等级）。如果客户达不到信用标准，将被拒绝赊销。信用标准的高低对企业损益影响很大。企业信用标准提高，说明企业倾向于向信誉好的客户提供赊销，从而应收账款的坏账成本、机会成本等较低，但同时也丧失了一部分信用较差的客户，从而丧失了这部分的销售收入和利润；信用标准降低时的情况则相反。

信用标准通常以预期的坏账损失率作为判别标准，进而划分信用等级。坏账损失率越高，信用等级越低，要求的信用标准就越高；坏账损失率越低，信用等级越高，要求的信用标准就越低。企业可以在综合考虑边际利润率等有关因素的基础上，通过成本效益分析，制定信用标准。针对具体客户的坏账损失率的确认，需要通过对客户进行信用评估来实现。

2. 信用条件

信用条件是指企业要求客户支付赊销款项的条件，一般包括信用期限、折扣期限和折扣率。

（1）信用期限。信用期限即企业对外提供商品或劳务时允许顾客延迟付款的时间界限。信用期限的确定，主要是分析改变现行信用期对收入和成本的影响。通常延长信用期限，可以在一定程度上扩大销售从而增加毛利，但不适当地延长信用期限，会给企业带来不良后果。一是平均收账期延长，应收账款资金占用增加，导致机会成本增加；二是导致管理成本及坏账成本的增加。因此，企业是否延长信用期限，应视延期后边际收入是否大于边际成本而定。

（2）折扣期限和折扣率。企业为及早收回货款，缩短平均收账期，往往向那些在信用期限内提前付款的客户提供一定的现金折扣。现金折扣包括两个方面的内容，一是折扣期限，即客户能够享受某一现金折扣的优惠期限；二是折扣率，即现金折扣的优惠比例，一般以销售收入的百分比表示。

信用期限、折扣期限与折扣率结合起来构成信用条件，其一般表述形式是"2/10，N/30"，含义是，如果客户在10天的折扣期限内付款，可享受货款2%的现金折扣优惠；若超过10天，但在30天的信用期限内付款，须全额付款，不享受任何现金折扣；若在30天以后付款，则当属客户违约，需承担相应民事责任。

3. 收账政策

收账政策，是指当客户违反信用条件、拖欠甚至拒付账款时企业所采取的收账策略与措施。一般来说，为保证催收效果，制定的收账政策应宽严适度。收账政策过宽，很难保证催收效果，可能会促使逾期付款的客户拖欠时间更长，应收账款的机会成本与坏账成本将会提高；收账政策过严，虽然可降低应收账款的机会成本与坏账成本，但收账费用也会相应提高，而且可能破坏与无意拖欠的客户之间的关系，影响企业未来业务的开展。为此，制定收账政策就是要在增加收账费用以及减少应收账款的机会成本与坏账成本之间进行权衡，若前者小于后二者之和，则说明所制定的收账方案是可取的。

4. 综合信用政策

综合信用政策是信用标准、信用条件及收账政策的结合。企业必须同时考虑这些因素，把它们作为一个整体来进行评估和测算，以制定最优的综合信用政策。一般来说，企业应该根据客户不同的信用标准，给出不同的信用条件，并相应设计不同的收账政策见表8-5。

此外，在制定综合信用政策时，企业还必须充分考虑自身的生产经营能力、外部经济环境的变化、以往信用政策的施行情况等有关因素。

表 8-5 综合信用政策

信用标准	信用条件	收账政策
好	宽松	宽松
一般	一般	一般
差	严格	严格
极差	不提供信用	—

例 8-4 某企业的综合信用政策见表 8-6。

表 8-6 某企业的综合信用政策

信用标准（预计的坏账损失率，%）	信用条件	收账政策
0～0.5 0.5～1	N/60	拖欠 20 天内不催收
1～2 2～5	N/45	拖欠 10 天内不催收
5～10 10～20	N/30	一经拖欠立即催收
>20	不予赊销	—

试分析该公司收账政策的合理性。

从上表看，该公司针对不同类型的客户，给出了不同的信用政策，对坏账损失比较低的客户给出了 60 天的赊销期限，而对坏账损失可能达到 20% 以上的客户则不予赊销，在收账政策方面体现了差异性。

8.3.2 应收账款的日常管理

信用政策建立以后，企业还应做好如下应收账款的日常控制工作。

1. 信用调查

信用调查就是对有关客户信用方面的资料进行收集、整理的过程，其目的是为信用评估提供真实、可靠的基础材料。客户信用资料的来源渠道主要有财务报表（经审计），有关资信评级机构的信用评级报告，银行、商业交往信息等。企业财务部门和销售部门只有及时掌握这些信用资料，才能对信用政策的执行、客户信用状况及其变化等进行卓有成效的分析，并就存在的问题提出对策。

2. 信用评估

企业通过信用调查掌握相关资料后，可对客户的信用状况进行评估。这里介绍两种常见的信用评估方法。

（1）"5C"分析法。所谓"5C"分析法，是指重点分析影响信用的五个方面的一种方法。该方法中的"C"具体包括以下内容。品质（character），指的是客户忠于承诺、履行如期偿还货款义务的内在品质。虽然很难评估一个客户的偿债品质，但信用部门还是可根据该客户历史上偿还债务的信誉程度，估计其如期偿还赊销货款主观上的可能性。能力（capacity），指的是客户如期偿还短期债务的能力。客户当前的流动比率和未来现金流量预测值是评估客户短期偿债能力的主要依据。资本（capital），即客户所拥有的资本，数值上等于企业净资产。资本度量了客户长期的财务实力，表明了客户可以偿还债务的基本盘。该指标可从客户的财务报表中获取，企业在分析客户资本的同时还应分析其资本的盈利能力。抵押（collateral），指的是客户提供的作为授信安全保证的资产。这对于不知底细或信用状况有争议的客户尤为重要，可大大降低债权人的坏账风险。客户提供的抵押品越充足，信用安全保障程度就越高。当然，抵押品存在变现的难易程度和数额的大小不同等问题。环境（condition），指的是未来宏观经济状况和企业所属行业发展态势的预期。显然，经济与金融形势恶化，将导致债务人偿债困难。但是，不同行业以及不同企业抵御经济环境变动的能力是有差异的，为此，信用部门应了解客户以往在困境时期的付款表现，并对客户进行灵敏度分析，以确定客户对经济环境波动的敏感程度。

（2）信用评分法。信用评分法是先对一系列财务比率和信用情况指标进行评分，然后将评分进行加权平均，从而得到客户的综合信用分数，并以此进行信用评估的一种方法。假定有 n 种财务指标，进行信用评分的基本公式为

$$Y = A_1X_1 + A_2X_2 + A_3X_3 + \cdots + A_iX_i + \cdots + A_nX_n$$

式中，Y 表示对某客户的综合信用评分；A_i 表示加权权数；X_i 表示对第 i 种财务比率或信用品质的评分。

在采用信用评分法进行信用评估时，若客户分数在 80 分以上，说明其信用状况良好；分数在 60～80 分，说明其信用状况一般；分数在 60 分以下，则说明其信用状况较差。

3. 信用额度

信用额度又称信用限额，包括总体信用额度和针对客户的具体信用额度两种。总体信用额度是指企业根据自身情况及外部环境而制定的赊销总规模，用于指导和控制日常的赊销决策。具体信用额度，是指企业规定的客户在一定时期可以赊购商品的最大限额。信用额度代表企业对客户承担的可容忍的赊销和坏账风险。信用额度过低将影响企业的销售规模，增加交易频率及交易费用；信用额度过高又将会加大企业的收账费用和坏账风险。

企业为客户确定信用额度的方法很多，一般应根据客户的信用等级，选择使用下列方法。

（1）根据收益与风险对等的原则确定。即根据某一客户的预计全年购货量和所销售产品的边际贡献率测算企业从该客户处可获得的收益额，以该收益额作为每次该客户的赊购限额，前账不清则后账不赊。

（2）根据客户营运资本净额的一定比例确定。营运资本净额可以看作是新债务的偿付来源，企业可以根据客户的营运资本规模，考虑客户从本企业购货的比重，以客户营运资本净额的一定比例确定本企业对该客户的信用额度。

（3）根据客户清算价值的一定比例确定。清算价值是客户因无力偿债或其他原因而进行破产清算时的资产变现价值，体现了客户偿债的最后屏障。如果客户的清算价值减去现有负债后还有余额，企业即可向该客户提供信用，信用额度可以按清算价值的一定比例确定。

（4）根据经验估计。企业做出估计后，可将总体信用额度在各客户之间进行具体分配。

确定信用额度后，企业就有了与客户信用往来的依据。在额度范围内的赊购，可由具体经办人员按规定正常办理；超出规定的信用额度时，则应由有关负责人批准后方能办理。信用额度还可以根据市场环境、客户信用等级等情况的变化进行适当的调整和修改。

4. 应收账款监控

企业需要对应收账款不间断地进行监控，以掌握企业信用政策的现状与有效性，同时也能识别应收账款管理中存在的问题以及获取改进的信息。评价应收账款管理效果的指标有多种，主要有平均收账期、应收账款账龄分布百分比、未收账款百分比等。

5. 收账实务

收账实务是企业在其收账政策的指导之下，对逾期尚未支付欠款的客户所采取的一系列收账程序与收账方法的总称。

收账的一般程序包括：①信函通知，发送过期通知书；②电话催收；③上门催收；④将应收账款转为应收票据；⑤将应收账款移交专门的收账机构；⑥诉讼解决。收账方法在催收实践中也起着重要作用，合理的收账方法有助于催收目的的顺利实现。

收账实务中还应特别注意以下两点：①针对不同信用风险的客户，采取不同的收账程序和方法；②挑选合适的收账人员，收账人员应具有良好的知识结构、较强的工作能力、与工作匹配的气质与性格、良好的道德品质和高度的责任心等。

❖ 阅读材料 8-3

格力电器应收账款管理

随着空调市场的激烈竞争，赊销也成为市场竞争的重要手段，赊销期的延长成为企业获得客户的主要工具。表 8-7 是格力电器和美的集团两大空调生产企业的应收账款主要数据。

表 8-7　格力电器和美的集团应收账款主要数据　　　　金额单位：亿元

年份	美的集团 应收账款	美的集团 营业收入	美的集团 应收账款周转率	格力电器 应收账款	格力电器 营业收入	格力电器 应收账款周转率
2017	175.3	2 407.1	15.5	58.1	1 482.9	33.8
2018	194.0	2 596.6	14.1	77.0	1 981.2	29.3
2019	186.6	2 782.2	14.6	85.1	1 981.5	24.4
2020	229.8	2 842.0	13.7	87.4	1 682.0	19.5
2021	246.4	3 412.3	14.3	138.4	1 878.7	16.6

从表格数据看，美的集团应收账款周转率基本保持在 13～15 之间，而格力电器呈现出明显下降趋势，这与两家公司的营销策略和市场销售状况有很大的关系。

● 讨论题

（1）格力电器的应收账款周转率大大高于美的集团，这样做有什么好处？
（2）格力电器应收账款周转率呈现下降趋势，其中的可能原因是什么？

8.4 存货管理

存货是指企业在生产经营过程中为销售或生产耗用而储备的物资,其在流动资产中所占比例相当可观,但变现能力相对较低差,因此,企业对存货的投资和管理应给予高度重视。

企业存货可分为3种类型,即原材料存货、在产品(半成品)存货和产成品存货。

存货除了提供缓冲作用,使企业供产销过程平稳进行外,还能减少因意外事件引起的损失。但是存货的投资将导致企业产生存货成本。存货成本可分为3类,即储存成本、订货成本和缺货成本。

储存成本是指为保持存货所必须支付的成本,通常可分为经营成本和财务成本。经营成本包括占据的库存位置费用、库存保险、商品过时贬值损失、因商品腐烂变质引起的损失、库存会计费用和其他库存管理费用。财务成本主要是指存货投资的融资成本。显然,储存成本随存货数量的增加而增加。加速存货周转、降低存货数量,可使储存成本下降。

订货成本主要指的是编制和处理订货单以及运输费用。通常一次订货成本是固定成本,与订货数量无关。因此,每年的订货成本与全年订货的次数有关,小批量的频繁订货,必定导致订货成本上升,但大批量的订货,虽然能降低订货成本,但是必定增加存货量,导致储存成本上升。

缺货成本是指由于企业存货投资不足、停工待料或市场脱销所造成的损失。存货投资越多,缺货的可能性越小,所以企业除需持有运营所需的基本存货量外,尚需保持一定数量的安全存货,这样缺货成本将大大下降,但储存成本将上升。

储存成本、订货成本和缺货成本之和为存货总成本。存货管理的目标是,在考虑供产销连续平稳进行和意外事件发生风险的前提下,寻求最佳存货水平,使得存货总成本达到最小。

经济批量控制是最基本的存货定量控制方法,其目的在于决定进货时间和进货批量,以使存货总成本最低。在这一决策过程中,基本经济批量模型(又叫经济订货量模型)及其扩展模型有着广泛的应用。

8.4.1 基本经济批量模型

基本经济批量模型的主要假设条件是:①不考虑预防意外事件持有的安全存货量,仅仅考虑使企业供产销连续平稳进行的工作存货量;②不考虑缺货成本,假定存货总成本仅由储存成本和订货成本组成;③不考虑现金折扣和数量折扣,企业对存货的日消耗量或市场对商品日需求量不变;④所需存货市场供应充足;⑤存货不是陆续入库,而是一次集中到货。

频繁地订货,将导致订货成本上升,但可减少存货的持有量,所以能降低储存成本;反之,减少订货次数,每次都大量进货,虽然订货成本会降低,但储存成本将上升。存货管理目标是确定最佳存货数量(即订货数量),使存货总成本达到最小。

假设 Q 为每次订货量;S 为存货年消耗总量或市场对商品年需求总量;C 为单位存货额的年储存成本;P 为存货单价;O 为每次订货成本。于是,

$$年储存成本 = (Q/2) \times P \times C$$
$$年订货成本 = (S/Q) \times O$$
$$年存货总成本\ \text{TC} = (Q/2) \times P \times C + (S/Q) \times O$$

使存货总成本达到最小的订货量 Q^*，即为下列方程中 Q 的解。

$$d(TC)/dQ = (P \times C)/2 - (S \times O)/Q^2 = 0,$$
$$Q^* = [2S \times O/(P \times C)]^{1/2}$$

当 $Q^* = [2S \times O/(P \times C)]^{1/2}$ 时，储存成本和订货成本分别为

$$储存成本 = (Q^*/2) \times P \times C = [(S \times O \times P \times C)/2]^{1/2}$$
$$订货成本 = (S/Q^*) \times O = [(S \times O \times P \times C)/2]^{1/2}$$
$$存货总成本 = 储存成本 + 订货成本 = (2S \times O \times P \times C)^{1/2}$$

即经济订货量模型的最佳订货量 Q^* 恰好是使储存成本和订货成本相等时的订货量。图 8-7 通过储存成本、订货成本和存货总成本随订货量变化的状况显示了经济订货量模型。

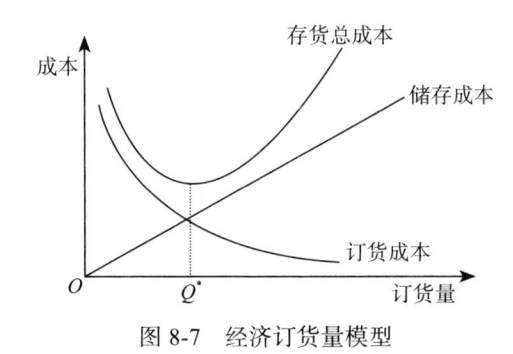

图 8-7 经济订货量模型

例 8-5 某企业每年耗用某种材料 3 600kg，该材料单位价格为 10 元，单位存货额的年储存成本为 0.2 元，一次订货成本为 25 元，求经济订货量。

$$经济订货量\ Q^* = [2S \times O/(P \times C)]^{1/2} = [2 \times 3\,600 \times 25/(10 \times 0.2)]^{1/2}$$
$$= 300\ (\text{kg})$$
$$全年经济订货次数\ N^* = S/Q^* = 3\,600/300 = 12\ (次)$$
$$经济订货量下全年存货总成本\ TC(Q^*) = (2S \times O \times P \times C)^{1/2}$$
$$= (2 \times 3\,600 \times 25 \times 10 \times 0.2)^{1/2}$$
$$= 600\ (元)$$
$$经济订货周期\ T^* = 1/N^* = 12/12 = 1\ (月)$$
$$经济订货量占用资金\ I^* = (Q^*/2) \times U = (300/2) \times 10 = 1\,500\ (元)$$

8.4.2 订货点的确定

在以上讨论中，我们均假定订货（如原材料）到达之日恰好是存货耗尽之时。然而，一般情况下企业的订货不能做到随用随时补充，原因是订货单的处理、货物的运输、结算均需花费一定的时间。因此企业发出订单的时间必须提前若干天，方能避免缺货引起的停工待料。我们将企业发出订货单时需保有的存货量称为订货点。订货点与货物的日消耗量和订货耗费的时间有关。

假设 R 为订货点，L 为交货时间（从发出订货单至货物抵达所需时间），d 为平均每日需用量（货物日消耗量），则有

$$订货点\ R = L \times d$$

在提前订货的条件下,当库存量达到订货点 R 时,就应组织再次订货了。此时,有关存货的经济订货量、订货次数、订货周期等并无变化,与基本经济批量模型相同。图 8-8 通过企业存货的锯齿形变动情况显示了订货点的确定。

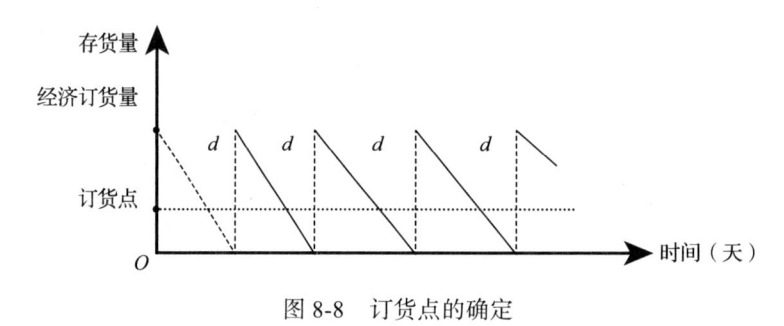

图 8-8 订货点的确定

8.4.3 存货的陆续供应和使用

在基本经济批量模型中,我们假设存货系集中到货,故存货增加时存量变化为一条垂直的直线。事实上,各批存货可能是陆续入库,存货陆续增加。尤其是产成品入库和在产品转移,几乎总是陆续供应和陆续耗用的。在这种情况下,需要对经济基本经济批量模型做一些修改。

假设每批订货量为 Q,每日送货量为 p,则送货期为 Q/p,送货期内的耗用量为 $(Q/p) \times d$。由于货物边送边用,故每批送完时,最高库存量为 $Q-(Q/p) \times d$,平均库存量为 $[Q-(Q/p) \times d]/2 = (Q/2) \times (1-d/p)$。显然,$d < p$。

这样,与批量有关的总成本为

$$\text{TC}(Q) = (Q/2) \times (1-d/p) \times P \times C + (S/Q) \times O$$

经推导,存货陆续供应和使用的经济订货量公式为

$$Q^* = \{2S \times O/[P \times C \times (1-d/p)]\}^{1/2}$$

存货陆续供应和使用的经济订货量总成本公式为

$$\text{TC}(Q^*) = [2S \times O \times P \times C \times (1-d/p)]^{1/2}$$

此时的存货流转过程如图 8-9 所示。

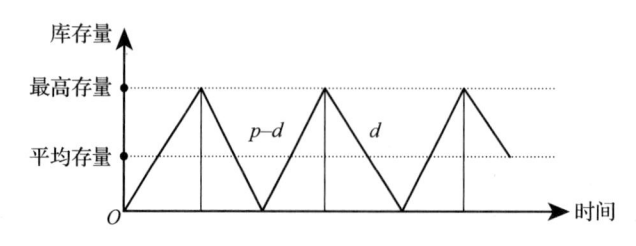

图 8-9 存货陆续供应和使用下的流转过程

其他存货控制方法包括定额控制、归口分级控制、ABC 控制法和挂签控制等。本书不再一一讨论,感兴趣的读者可以参考其他教材自行学习。

❖ 阅读材料 8-4

格力电器与美的集团存货管理的差异比较

企业存货管理既要注意按市场需求安排生产，又要根据生产成本控制要求稳定产量。在市场竞争日趋激烈的情况下，格力电器和美的集团两大空调生产企业都力争拓展市场销售，降低库存，降低存货的相关储存成本，然而两大企业在历年的存货周转率上存在一定的差异。美的集团的存货周转率相对稳定，而格力电器的存货周转率则随着年份变化有比较大的变化，具体存货周转情况见表 8-8。

表 8-8 格力电器与美的集团存货管理主要指标对比分析　　金额单位：亿元

年份	美的集团 存货	美的集团 营业成本	美的集团 存货周转率/次	格力电器 存货	格力电器 营业成本	格力电器 存货周转率/次
2017	294.4	1 804.6	8.0	165.7	995.7	7.8
2018	296.4	1 881.6	6.4	200.1	1 382.3	7.6
2019	324.4	1 979.1	6.4	240.8	1 435.0	6.5
2020	310.8	2 128.4	6.7	278.8	1 242.3	4.8
2021	459.2	2 645.3	6.9	427.7	1 422.5	4.0

◎ 讨论题

（1）如果美的集团每年的存货周转率都能达到 9.8，每年可以降低多少存货资金占用？相应减少多少利息费用？

（2）保持稳定的存货周转率有什么好处？需要具备哪些条件？

8.5　短期融资

短期资本来源属于流动负债，它所筹集的资金使用时间较短，一般不超过 1 年。就短期资本来源的特点来说，主要表现为以下几个方面。①融资成本较低。一般地说，短期负债的利率低于长期负债，短期负债融资的成本也就较低。②融资弹性较好。举借长期负债，债权人或有关方面经常会向债务人提出很多限定性条件或管理规定，而短期负债契约中的限制条款相对宽松，融资的数量和期限可以随公司业务量增减而变化，使融资企业的资金使用较为灵活、富有弹性。③融资风险较高。短期负债需在短期内偿还，因而要求融资企业在短期内拿出足够的资金偿还债务，若企业届时资金调度失灵，就会陷入财务危机。此外，短期负债利率波动幅度也比较大，企业承担的融资风险概率相对于长期负债更高。

短期融资可以分为自然融资和协议融资两类。应付账款、应付票据、预收账款和应计费用属于自然融资的范畴，各种短期借款、信用证和应付短期债券属于协议融资的范畴。其中应付账款、应付票据、预收账款是商品交易中以延期付款或预收货款的形式进行购销活动而形成的借贷关系，统称为商业信用。

8.5.1　自然融资

自然融资是企业在生产经营过程中自发形成的资金来源，其最大的优越性在于容易取得。首先，对于多数企业来说，自然融资是一种持续性的信贷形式，且无须办理任何融资手续；其次，如果没有现金折扣或使用不带息票据，自然融资不付任何成本；最后，自然融资对企业的限制性很小甚至没有限制。自然融资也有一定的缺点，一是期限短；二是在放弃现金折扣时的成本较高；三是企业融资的主动性较小。自然融资主要包括应付账款、应付票据、预收账款和应计费用等。

1. 应付账款

应付账款是最典型、最常见的商业信用形式，它是指企业因赊购货物而暂时未付的款项，是企业常见的一种短期融资方式。在比较发达的市场经济环境中，绝大多数购货方（买方）都不需要在收到货时就付款，供应商（卖方）根据交易条件向买方开出发票或账单时常给予其一段较短的延迟付款期限。这样，买方实际上就以应付账款的形式获得了供货方提供的信贷，从而形成其短期资本来源。

2. 应付票据

应付票据是企业进行延期付款商品交易时开具的反映其债权债务关系的一种商业汇票，可按其承兑人不同分为商业承兑汇票和银行承兑汇票两种。在我国，纸质商业汇票的支付期最长不超过6个月，电子商业汇票的最长支付期限为1年。商业汇票可以带息，也可以不带息。对于带息商业汇票，其利率一般比银行借款利率低，不用担保，也不用保持相应的补偿余额和支付协议费。应付票据是在应付账款的基础上发展起来的一种商业信用。此时，买方企业以票据形式代替了没有正式法律凭据的赊账方式——应付账款。票据中明确了具体的付款日期、付款金额、是否计息等相关内容，从而为双方的债权债务提供了严格的法律依据。

3. 预收账款

预收账款是指销货企业按照合同或协议约定，在货物交付之前，向购货企业预先收取部分或全部货款的一种信用形式。与前两种形式不同，这是由买方向卖方提供的一种商业信用，预收的货款成为卖方的一种短期资本来源。对于卖方来讲，预收账款相当于向买方借用资金后用货物抵债。预收账款一般适用于生产周期长、资金需要量大的货物销售，如电梯、轮船、房地产等。预收账款从表面上看没有融资成本，但是，在买方市场中，采用预收账款销售方式可能会以销售额的大幅降低为代价。

4. 应计费用

除了应付账款、应付票据、预收账款之外，应计费用也是一种自然融资来源。最常见的应计费用是应付工资、应付福利费、应交税金、其他应付款和预提费用等。所有应计费用都是已经发生、但却还没有支付的费用。通常应计费用都有一个确切的支付日期，例如工资、税金在下月初支付，当然也可能没有确切的支付日期，如应付福利费等。从某种程度上说，应计费用是一种无成本的融资方式。雇员提供劳务后，企业并没有马上支付工资给雇员，而且在支付期未到来之前，也可以不支付工资。因此，应计费用是一种无利息的自然融资来源。

我们应当清楚，自然融资也是有成本的。这一成本可能由供应商承担，也可能由购货方承担，或由双方共同承担。

如果供应商所销售的商品随价格提高，其市场需求会大幅度下降时，则它是不愿意提高价格以转移商业信用成本的。因此，这类供应商可能最终就会承担商业信用的绝大部分成本。如果供应商所销售的商品随价格提高，其市场需求不会大幅下降时，则它是可以通过提高价格而转移部分或全部商业信用成本给购货方的。购货方应当明确是谁在承担商业信用成本。承担商业信用成本的购货方应多走访几家供应商，以寻求更有利的交易。

例如，某公司购买一批货物，买价为 100 000 元（假定都不考虑税金问题），规定 "2/10, N/30"。如果公司选择第 30 天付款，就意味着放弃了享受现金折扣，那么享受现金折扣能给公司带来的收益（或者说能减少的支出）为 2 000 元，这 2 000 元就是该公司放弃现金折扣的机会成本。

在这种情况下，放弃现金折扣的机会成本率计算如下：

放弃现金折扣的机会成本率 = [折扣率 /（1− 折扣率）] × [360/（信用期 − 折扣期） × 100%] × 2%/（1−2%） × [（360/（30−10）] = 36.73%

例 8-6 凌云公司向华美公司购买原材料，华美公司开出的付款条件为 "2/10, N/30"。凌云公司的财务经理王红查阅公司记录发现，会计人员对此项交易的处理方式是：一般在收到货物后 30 天支付款项。当王红询问公司会计为什么不争取现金折扣时，负责该项交易的会计不假思索地回答道，这一交易的资金成本仅为 2%，而银行贷款成本却为 7%。

针对这一案例，思考如下问题。

（1）会计人员在观念上混淆了什么？

会计人员把现金折扣率和放弃现金折扣的成本相混淆了。

（2）放弃现金折扣的实际成本有多大？

放弃现金折扣的机会成本率 = [折扣率 /（1− 折扣率）] × [360/（信用期 − 折扣期）] × 100%

放弃现金折扣的机会成本率 = [2%/（1−2%）] × [360/（30−10）] × 100% = 36.73%

放弃现金折扣的机会成本率大于 7%，所以应该争取现金折扣。

8.5.2 协议融资

协议融资主要包括短期借款、信用证和向社会公众发行的应付短期债券等。企业的这些短期融资形式都需要与贷款者或其信托担保机构签订协议，这是协议融资一词的含义所在。

1. 短期借款

短期借款是指企业向银行和其他非银行金融机构借入的期限在一年以内的借款。

我国目前的短期借款按照目的和用途分为若干种，主要有生产周转借款、临时借款、结算借款等。按照国际通行做法，短期借款还可依偿还方式的不同，分为一次性偿还借款和分期偿还借款；依利息支付方法的不同，分为收款法借款、贴现法借款和加息法借款；依有无担保，分为抵押借款和信用借款等等。企业在申请借款时，应根据各种借款的条件和需要加以选择。

按照国际惯例，短期借款的信用条件主要包括以下几种。

（1）信贷限额。信贷限额是银行与企业之间的一种非正式协定，是银行对借款人规定的无担保贷款的最高额。通常信贷限额每年确定一次，它是在银行收到企业最近一次年报，并在检查企业财务经营状况之后决定的。信贷限额的数额是根据银行对企业信誉的评价和企业的需要量来确定的，并可根据情况的变化在重订日及其之前进行调整。

现金预算通常能为借款人的短期信贷需求的确定提供最大帮助。如果估计预算期的最高借款需求是 70 万元，企业要求的信贷限额可能就是 100 万元，以保持一定的安全边际。当然，银行是否同意这一要求取决于它对企业信誉的评价。如果银行同意，那么企业就可利用信贷限额融资。由于某些银行认为信贷限额借款是季节性或临时性的融资，它们可能会要求借款人在一年中的某段时期要清理银行债务，也就是不欠银行任何钱。清理银行借款表明短期借款本身是季节性的，而不是企业永久性融资的一部分。否则，银行就是在按短期利率向企业提供长期借款。一般来讲，企业在批准的信贷限额内可随时使用银行借款，但是，银行并不承担必须提供全部信贷限额的法律义务。如果借款人的信誉恶化，银行可能拒绝继续提供信用。当然在绝大多数情况下，银行会遵守信贷限额。

（2）周转信贷协定。周转信贷协定是银行给予企业最高可达到某一信用金额的正式法律承诺。在协定有效期内，只要企业借款总额未超过最高限额，银行就必须满足企业随时提出的借款要求。企业享用周转信贷协定，通常要就贷款限额的未使用部分付给银行一笔承诺费（commitment fee）。

例如，某周转信贷额为 1 000 万元，承诺费费率为 0.5%，借款企业年度内平均借款额为 600 万元，余额为 400 万元，借款企业该年度就要向银行支付承诺费 2（= 400 × 0.5%）万元。这是银行向企业提供此项贷款的一种附加条件。

周转信贷协定承诺费的存在会在一定程度上影响借款成本。假定某企业与一家银行有周转信贷协定。在该协定下，它可以按 6% 的年利率一直借到 100 万元贷款，但它必须为正式的周转信贷协定限额中未被使用部分支付 0.5% 的承诺费。如果该企业在此协议下全年借款为 50 万元，那么借款的实际利率计算如下：

（利息 + 承诺费）/ 可用资金 =（30 000+2 500）/500 000 = 6.5%

（3）补偿性存款余额。补偿性存款余额是银行在收取贷款利息之外，还要求借款者按借款数额或信贷限额在银行保持一定比例的无息存款的余额。这一余额的数量随信贷市场的竞争状况而变化，也随借贷双方的具体协定而不同，一般比例为 10%~20%。从银行的角度讲，补偿性存款余额可降低贷款回收风险；对于借款企业来讲，补偿性存款余额则提高了借款的实际利率。

例如，某企业按年利率 8% 向银行借款 10 万元，银行要求维持贷款限额 15% 的补偿性存款余额，则企业实际可用的借款只有 8.5 万元，该项借款的实际利率计算如下：

（10×8%）/8.5×100% = 9.4%

（4）借款抵押。银行向财务风险较大的企业或新设立而尚未确定信用等级的企业借款时，有时需要有抵押品担保，以减少坏账损失的风险。有了抵押品，银行的贷款偿还就有两个来源：企业履行债务的现金流转能力和抵押品的附属担保价值。

短期借款的抵押品通常是企业的有价证券、应收账款、存货和不动产等。银行接受抵押品后，将根据抵押品的面值决定贷款金额，一般为抵押品面值的30%～90%。这一比例的高低取决于抵押品的变现能力和银行的风险偏好。

抵押担保贷款的成本可能更高，其原因主要有：①抵押担保贷款的借款人信誉通常较低；②银行会以收取更高利息的形式将附属担保品的监督管理成本转移给有担保借款人；③银行将抵押贷款看成是一种风险投资，故收取较高的利息。实际上，有担保借款人的最终目标应当是成为无担保借款人。这样的话，借款人就可能省下1～5个百分点的短期借款成本。

企业向银行提供抵押品，会限制其自身财产的使用和将来的借款能力。

（5）偿还条件。短期借款的偿还有到期一次偿还和贷款期内定期（每月、季）等额偿还两种方式。一般说来，企业不希望采用后一种偿还方式，因为这会提高借款的实际利率；而银行不希望采用前一种偿还方式，是因为这会加重企业的财务负担，增加企业的拒付风险，同时会降低实际贷款利率。

（6）其他承诺。在短期借款条件中，银行有时会要求企业做出其他承诺，如及时提供企业财务报表、保持适当的负债比率等。如企业违反上述承诺，银行可要求企业立即偿还全部贷款。

短期借款的利率多种多样，利息支付方法亦各不相同，银行将根据借款企业的情况选用不同的利率和利息支付方式。

短期借款利率包括优惠利率、浮动优惠利率和非优惠利率等。优惠利率是银行向财力雄厚、经营状况良好的企业贷款时收取的名义利率，为贷款利率的最低限度。浮动优惠利率是一种随其他短期利率变动而浮动的优惠利率，即随市场条件变化而随时变化调整的优惠利率。非优惠利率是银行贷款给一般企业时收取的高于优惠利率的利率。这种利率通常在优惠利率的基础上加一定百分点，如银行按优惠利率加一个百分点向某一企业贷款。非优惠利率与优惠利率之间差距的大小，由借款企业的信誉、与银行的往来关系及当时的信贷状况所决定。

一般来讲，银行可以用以下三种方法向借款企业收取贷款利息。

（1）收款法。收款法是企业在借款到期时向银行支付利息的方法。商业银行向企业发放的贷款大都采用这种方法收息。

（2）贴现法。贴现法是银行向企业发放贷款时，先从本金中扣除利息部分，而到期时借款企业则要偿还贷款全部本金的一种计息方法。采用这种方法，企业可利用的贷款额只有本金减去利息部分后的差额，因此贷款的实际利率高于名义利率。其计算公式为

$$贴现法下贷款的实际利率 = 名义利率/(1-名义利率) \times 100\%$$

（3）加息法。加息法是银行发放分期等额偿还贷款时采用的利息收取方法。在分期等额偿还贷款的情况下，银行要将根据名义利率计算的利息加到贷款本金上，计算出贷款的本息和，要求企业在贷款期内分期偿还本息之和。由于贷款分期等额偿还，借款企业实际上只平均使用了半数借款本金，却支付了全部利息。这样，企业所负担的实际利率便高于名义利率大约1倍。

例如，某企业借入（名义）年利率为 10% 的贷款 100 000 元，分 12 个月等额偿还本息。则该项借款的实际利率为

$$100\ 000 \times 10\% / (100\ 000/2) \times 100\% = 20\%$$

2. 信用证

对于从事国际贸易业务的企业来说，信用证也是一种很有意义的短期融资来源。例如，某中国企业想从一家美国企业进口价值 100 万美元的机器设备，假定双方同意以一张 90 天的信用证来结算该笔交易。该中国企业的开户银行同意当美国企业的开户银行出示发票账单、运输单据和信用证时进行付款。该美国企业收到中国企业开户银行承兑的信用证后，即备货装运，签发有关发票账单，连同运输单据和信用证一并送交其美国开户银行，通知中国企业在 90 天后付款。根据事先的协定，该信用证被送给上述中国企业的开户银行并被承兑。信用证本质上是由银行承担了付款责任，它用银行的信誉代替了付款人的信誉。

如果承兑银行很大而且知名度高，则信用证在被承兑后就具有很高的流动性。这样签票人即中国企业就没有必要持有信用证至最后到期日，它可以按低于面值的价格在市场上出售该信用证，其折价部分就是付给投资者美国企业的利息。在 90 天末投资者美国企业将信用证提交给承兑银行并得到款项 100 万美元。信用证到期时，上述中国企业就应当在银行存有足够的资金来支付该信用证。这样就为它的进口货物进行了长达 90 天的融资。可以假定，如果在发货时即付款，该美国企业的要价将要低一些。从这个意义上讲，中国企业就是一个"借款人"。

3. 应付短期债券

应付短期债券是由大型工商企业或金融企业在货币市场上所发行的短期无担保本票，又称短期融资券。这是一种新兴的融集短期资金的方式。

应付短期债券可以通过两种形式发行，即委托银行或券商发行和企业自行发行。委托发行风险较小，但要支付一定的发行佣金，自行发行虽然不支付佣金，但发行风险较大。

应付短期债券作为短期融资来源有如下优点。①融资成本低。在西方国家，应付短期债券的利率加上发行成本，通常要低于银行的同期贷款利率。②融资数额较多。银行一般不会向企业贷放巨额的流动资金借款，因而，对于需要巨额资金的企业，发行应付短期债券这一方式尤为实用。③应付短期债券融资能提高企业的信誉。由于能在货币市场上发行应付短期债券的公司都是著名的大公司，因而，一个公司如果能在货币市场上发行自己的应付短期债券，则说明该公司的信誉很好。

应付短期债券也有缺点。①发行风险比较大。应付短期债券到期必须归还，一般不会有延期的可能，到期如若不归还，将会产生严重后果。②融资弹性较小。只有当企业资金需求达到一定数量才能使用应付短期债券，如果数量小，则不宜采用发行应付短期债券的方式。另外，应付短期债券一般不能提前偿还，因此，即使公司资金比较宽裕，也要到期才能还款。③发行条件比较严格。并不是任何公司都能发行应付短期债券，必须是信誉好、实力强、效益高的企业才能使用这一方式，而一些小企业或信誉不太好的企业则不能利用应付短期债券来筹集资金。

❖ 阅读材料 8-5

格力电器的短期融资结构

不同的资金来源，其资金的可获得性和资金成本有比较大的差异。从企业价值最大化角度来说，企业应尽量选择资金成本低、偿债风险小的资金来源。在实际经济生活中，企业会根据不同的情况，灵活安排不同结构的短期资金来源，表 8-9 和表 8-10 是格力电器 2017—2021 年主要短期资金来源的金额和结构比例情况。

表 8-9　格力电器 2017—2021 年主要短期资金来源金额　　单位：亿元

年份	短期借款	应付账款	应付票据	预收账款	应付职工薪酬	应交税费	其他应付款	流动负债合计
2017	186.5	345.5	97.7	141.4	18.8	39.1	26.0	1 475.0
2018	220.7	389.9	108.4	98.0	24.7	48.5	46.1	1 576.9
2019	159.4	416.6	252.9	82.3	34.3	37.0	27.1	1 695.7
2020	203.0	316.0	214.3	0	33.7	23.0	23.7	1 584.8
2021	276.2	358.8	407.4	0	34.7	22.3	67.6	1 971.0

表 8-10　格力电器 2017—2021 年主要短期资金来源结构比例

年份	短期借款	应付账款	应付票据	预收账款	应付职工薪酬	应交税费	其他应付款	合计
2017	12.64%	23.42%	6.62%	9.57%	1.27%	2.65%	1.76%	57.93%
2018	13.00%	24.73%	6.87%	6.21%	1.57%	3.08%	2.92%	58.38%
2019	9.40%	24.57%	14.91%	5.15%	2.02%	2.23%	1.63%	59.91%
2020	12.81%	19.94%	13.52%	0	2.13%	1.45%	1.50%	51.35%
2021	14.01%	18.20%	20.67%	0	1.76%	1.13%	3.43%	59.2%

● 讨论题

（1）从金额大小来看，应付账款和应付票据是格力电器主要资金来源，这对格力电器有什么好处？

（2）从比例来看，短期借款融资比例有逐渐上升的趋势，而其他应付款在 2021 年之前有下降趋势，格力电器为什么要用短期借款取代其他应付款？

本章小结

1. 本章研究的是包括流动资产、流动负债及二者之匹配管理在内的总营运资本管理。营运资本管理必须遵循科学的原则、确定合理的政策，对营运资本各主要项目进行有效管理，以满足生产经营的日常需要，加速资金周转，减少资金占用，提高经济效益。

2. 营运资本管理需要全面估量营运资本的流动性、获利能力与财务风险，合理安排流动资产与流动负债的规模及其比例关系，选择科学的管理政策。营运资本投放政策研究如何确定流动资产投资的数量水平，可以根据企业管理当局的管理风格和风险承受能力，分别采用"宽松型""紧缩型"与"适中型"的营运资本投放政策。不同类型营运资本投放政策的风险和收益水平明显不同。营运资本筹资政策，一般可以分为稳健型筹资政策、激进型筹资政策和配合型筹资政策三种。不同筹资政策下的收益与风险水平有着明显的差异。在稳健型筹资政策下，临时性流动负债处于较低水平，偿债风险相应降低，但最终导致企业收益下降。相反，在激进型筹资政策下，临时性流动负债的比例大大提高，企业资本成本下降，收益增加；企业流动比率下降，无力偿债的风险亦相应增加。而在配合型筹资政策下，其收益与风险水平介于上述二者之间。

3. 现金的定量管理是指在定性管理的基础上，运用数学的方法，合理确定现金持有数量，以取得现金存量最佳效益。常用的现金管理模型主要有现金周转模型、成本分析模型、米勒－奥尔模型等。

4. 财务经理可通过一些权衡风险与收益水平的控制变量，来控制企业持有应收账款的数量和"质量"。我们将这些控制变量的设置称为信用政策，其主要变量包括信用标准、信用条件、收账政策等。在评定信用品质时，一般针对下列五个因素来调查客户的信用情况，这五个因素分别为品质（character）、能力（capacity）、资本（capital）、抵押（collateral）和环境（condition）。企业可以通过改变信用政策，改变应收账款数量和质量状况来控制应收账款的增减。通常采用平均收账期、应收账款账龄分布百分比、未收账款百分比等指标对应收账款进行监控。

5. 经济批量控制是最基本的存货定量控制方法，其目的在于决定进货时间和进货批量，以使存货的总成本最低。其他存货控制方法包括定额控制、归口分级控制、ABC 控制法和挂签控制等。

6. 短期融资可以分为自然融资和协议融资两类。应付账款、应付票据、预收账款和应计费用属于自然融资的范畴，各种短期借款、信用证和应付短期债券属于协议融资的范畴。其中应付账款、应付票据、预收账款是商品交易中以延期付款或预收货款的形式进行购销活动而形成的借贷关系，统称商业信用。短期融资特点表现在以下几个方面：①融资成本较低；②融资弹性较好；③融资风险较高。

复习思考

1. 做好营运资本管理需要遵循哪些原则？
2. 如何选择营运资本管理政策？请举例说明。
3. 现金定量管理模式各有何特点？如何选择？
4. 分析采用商业信用政策的利弊，并说明如何规避商业信用政策的风险。
5. 存货基本经济批量模型的基本假设有哪些？
6. 短期借款的信用条件主要包括哪些？

练习题

1. 某公司预测的年度赊销收入为 3 000 万元，信用条件为 "$N/30$"，变动成本率为 70%，资金成本率为 12%。该公司为扩大销售，拟定了以下两个信用条件备选方案。
   A. 将信用条件放宽到 "$N/60$"，预计坏账损失率为 3%，收账费用 70.2 万元。
   B. 将信用条件改为 "2/10，1/20，$N/60$"，估计约有 60% 的客户（按赊销额计算）会利用 2% 的现金折扣，15% 的客户会利用 1% 的现金折扣，坏账损失率为 2%，收账费用为 58.78 万元。

   以上两方案均使营业收入增长 10%。

   要求： 根据上述资料，就选用哪种方案做出决策。

2. 某公司现金收支平衡，预计全年（按 360 天计算）现金需要量为 250 000 元，现金与有价证券的转换成本为每次 500 元，有价证券年利率为 10%。请计算：
   （1）最佳现金持有量。
   （2）最低现金管理总成本、固定性转换成

本、持有机会成本。

（3）有价证券交易次数、有价证券交易间隔期。

3. 某公司预计耗用甲材料 6 000kg，单位采购成本为 15 元，单位储存成本为 9 元，平均每次进货费用 30 元，假设该材料不存在缺货情况。请计算：

（1）甲材料的经济订货量。

（2）经济订货量下的总成本。

（3）经济订货量的平均占用资金。

（4）年度最佳经济订货周期。

4. 某公司的客户 S 公司有未付货款 400 万元已逾期，该公司多次派人催收，S 公司仍不归还。公司经理和营销人员讨论收账方法，现有两种收账政策，方案一是向法院提出诉讼，从立案到执行大约需要 6 个月时间；方案二是与 S 公司协商在货款金额上给予减免，估计一个月能收到欠款，但要同意 S 公司少支付 10 万元。不论方案一还是方案二，收账后该公司都不会再与 S 公司发生业务往来。如果公司加权平均资本成本为 8%，试分析该公司应如何收账？

案例分析

"推出理发优惠卡"的商业融资

位于繁华商业区、开业近两年的某理发店，凭借理发师精湛的手艺，吸引了附近一大批稳定的客户，每天店内生意红火，加上店老板经营有方，每月收入颇丰，利润可观。但由于经营场所限制，始终无法扩大经营，老板很想增开一家分店，但资金不够。

平时，有不少熟客都要求理发店打折、优惠，老板都很爽快地打了 9 折。老板苦思开分店的启动资金时，灵机一动，不如推出 10 次卡和 20 次卡，一次性预收客户 10 次理发的钱，对购买 10 次卡的客户给予 8 折优惠；对一次性购买 20 次卡的客户则给予 7 折优惠。对于客户来讲，如果不购理发卡，一次剪发要 30 元；如果购买 10 次卡（一次性支付 240 元，即 10 次 × 30 元 / 次 × 0.8 = 240 元），平均每次只要 24 元，10 次剪发可以省下 60 元；如果购买 20 次卡（一次性支付 420 元，即 20 次 × 30 元 / 次 × 0.7 = 420 元），平均每次理发只要 21 元，20 次剪发可以省下 180 元。

该店通过这种优惠让利活动，吸引了许多新、老客户购买理发卡，结果大获成功，两个月内该店共收到理发预付款 7 万元，解决了开办分店的资金缺口，同时稳定了一批固定的客源。通过这种办法，该理发店先后开办了 5 家理发分店、2 家美容分店。

要求：

（1）请剖析该理发店优惠让利活动所蕴含的财务思想。

（2）从该理发店的事例中你能得到哪些启示？

放弃现金折扣成本计算公式原理

经营风险和营运资金融资策略

第9章 长期筹资

○ 本章学习要点

- √ 股票筹资
- √ 债券筹资
- √ 认股权证筹资
- √ 融资租赁
- √ 可转换债券

○ 引例

小米集团的 AB 股结构

小米集团是我国著名的智能产品制造企业，主要包括智能手机、互联网智能电视等智能产品。2018 年 7 月 9 日，小米集团在香港联合交易所股票上市，是港股上市公司中首家采用不同投票权架构的公司。小米集团的股份分为 A 股和 B 股，A 股为公司创始人持有股份，共 68.8 亿股，其中公司大股东雷军持有 42.9 亿 A 股；B 股共 142.5 亿股。A 股每股拥有 10 份投票权，B 股每股拥有 1 份投票权。大股东雷军拥有 51.98% 的公司全部股票投票权，是公司的实际控制人。

小米集团的 AB 股结构，打破了传统认识中的"同股同权"规则，同一家公司的股票因种类不同，投票权存在差异，这种股权结构设计是否有利于公司的长期发展，不同的人有不同的看法。

讨论题

（1）小米设计 AB 股模式的动机是什么？

（2）AB 股模式对于公司股票筹资可能会产生什么影响？

9.1 股票筹资

股票筹资是企业重要的筹资方式。党的二十大报告明确指出"健全资本市场功能，提高直接融资比重"。股票作为直接融资的主要方式，是股份有限公司为筹集权益资本而发行的有价证券，是投资人在公司中拥有所有权的书面证明。股票持有人作为公司股东按持有股票的份额享有经营权和收益权，承担经营风险。发行股票是符合发行条件的股份有限公司以筹集资金为目的，依照法律规定的程序向社会投资者出售代表一定股东权利的股票的行为，是股份有限公司募集设立和增资扩股的基本手段。引例中小米集团发行股票在香港联合交易所上市，也是一个比较典型的股票筹资案例。

股份有限公司根据投资与筹资的需要，可发行不同种类的股票。股票按股东权利的不同分为普通股股票与优先股股票。普通股是股份有限公司发行的无特别权利的股份，是最基本、标准的股票。普通股按有无记名分为记名股票和无记名股票；按是否标明金额分为面值股票和无面值股票；按投资主体分为国家股、法人股和个人股；按发行对象和上市地区分为A股、B股、H股和N股等。

9.1.1　发行股票的条件

由于股票发行具有较强的复杂性和技术性，各国的公司法和证券法都对股票的发行资格、发行条件、发行程序、发行方式等有较严格的规定。我国规范股票发行的法规主要有《中华人民共和国公司法》《中华人民共和国证券法》《首次公开发行股票并上市管理办法》和《首次公开发行股票并在创业板上市管理办法》等，这些法规对股票发行主体资格、运行状况、财务与会计指标等进行了相应的规定。

9.1.2　股票发行的程序

发行股票一般都要遵循严格的法定程序，在我国，发行股票的基本程序包括股票发行准备阶段和股票发行阶段两个阶段。

1. 股票发行准备阶段

由于股票发行的复杂性，股份有限公司在发行股票前都要依照法律规定做一些准备，以确保股票发行的成功。其中包括股票发行人、证券承销商和其他中介机构，以发行一定数量的股票为目的所做的全部准备工作。其中包括：①公司做出发行股票的决议；②公司做好发行股票的准备工作，主要是指编写必备的股票发行申请文件材料及获取要求的证明材料。

股票发行申请文件主要包括以下内容：①招股说明书及招股说明书摘要；②最近3年审计报告及财务报告全文；③股票发行方案与发行公告；④保荐机构向证监会推荐公司发行股票的函件；⑤保荐机构关于公司申请文件的核查意见；⑥辅导机构报证监局备案的《股票发行上市辅导汇总报告》；⑦律师出具的法律意见书和律师工作报告；⑧公司申请发行股票的报告；⑨公司发行股票授权董事会处理有关事宜的股东大会决议；⑩本次募集资金运用方案及股东大会的决议；⑪有关部门对固定资产投资项目建议书的批准文件（如需要立项批文）；⑫募集资金运用项目的可行性研究报告；⑬股份公司设立的相关文件；⑭其他相关文件，主要包括关于改制和重组方案的说明，关于近三年及最近的主要决策有效性的相关文件，关于同业竞争情况、重大关联交易、业务及募股投向符合环境保护要求的说明，原始财务报告及与申报财务报告的差异比较表及注册会计师对差异情况出具的意见，历次资产评估报告，历次验资报告，关于纳税情况的说明及注册会计师出具的鉴证意见，大股东或控股股东最近一年的原始财务报告等。

发起人向社会公开募集股份时，必须向国务院证券管理部门递交募股申请，并报送下列主要文件：①批准设立公司的文件；②公司章程；③经营估算书；④发起人姓名或者名称、发起人认购的股份数、出资种类及验资证明；⑤招股说明书；⑥代收股款银行的名称及地址；⑦承销机构名称及有关的协议。

未经国务院证券管理部门批准，发起人不得向社会公开募集股份。

公司首次公开发行新股，应当符合下列条件：①具备健全且运行良好的组织机构；②具有持续经营能力；③最近三年财务会计报告被出具无保留意见审计报告；④发行人及其控股股东、实际控制人最近三年不存在贪污、贿赂、侵占财产、挪用财产或者破坏社会主义市场经济秩序的刑事犯罪；⑤经国务院批准的国务院证券监督管理机构规定的其他条件。

2. 股票发行阶段

股票发行人在其发行股票的申请获得批准之后，即可着手股票发行工作，按照预定的方案发行股票。具体工作包括：①签署承销协议；②公告招股说明书；③按规定程序招认股份，吸纳认股款，交割股票；④成立或改组董事会、监事会。

9.1.3 股票发行与销售方式

1. 股票发行方式

股票发行方式主要有以下两种。

（1）公开发行。公开（间接）发行是指股份有限公司通过中介机构，面向社会公众发行股票。股票等证券有下列情形之一的，为公开发行：①向不特定对象发行证券；②向特定对象发行证券累计超过200人，但依法实施员工持股计划的员工人数不计算在内；③法律、行政法规规定的其他发行行为。公开发行证券，必须符合法律、行政法规规定的条件，并依法报经国务院证券监督管理机构或者国务院授权的部门注册。未经依法注册，任何单位和个人不得公开发行证券。公开发行方式由于是面向社会公众发行股票，所以发行范围广，容易吸引到足够的投资者，有利于足额筹集资金；面向社会公众的发行还有助于提高发行公司的知名度，扩大其影响力；相应地，公司发行的股票也有较好的流通性和变现能力。

（2）非公开（定向）发行。非公开发行是指不通过中介机构，公司直接向少数特定的对象发行股票。非公开发行股票等证券，不得采用广告、公开劝诱和变相公开方式。非公开发行方式发行范围较小，不利于公司足额筹集资金；由于投资者较少，这种发行方式也不利于提高公司知名度和影响力，不利于提高公司股票的流通性和变现能力。但由于不需要通过中介机构，所以发行成本较低。

2. 股票的销售方式

与股票的发行方式相对应，股票的销售方式包括自销和委托承销两种。

自销是指股份有限公司不通过中介机构，自行将股票直接销售给投资者的销售方式。自销方式可以节约发行费用，但公司需承担全部的发行风险。因此，发行公司一般很少采用这种销售方式。

委托承销是指股份有限公司委托有关证券承销机构代理发行股票的销售方式，它是发行股票最常见的销售方式。我国《中华人民共和国证券法》规定，发行人申请公开发行股票、可转换为股票的公司债券，依法采取承销方式的，或者公开发行法律、行政法规规定实行保荐制度的其他证券的，应当聘请证券公司担任保荐人。股份有限公司向社会公众公开发行股票，必须由依法设立的证券经营机构承销。发起人向社会公开募集股份，应当同银行签订代收股款协议。代收股款的银行应当按照协议代收和保存股款，向缴纳股款的认股人出具收款单据，并负有向有关部门出具收款证明的义务。发行股份的股款缴足后，必须经依法设立的验资机构验资并出具证明。发起人应当自股款缴足之日起 30 日内主持召开公司创立大会。创立大会由发起人、认股人组成。发行的股份超过招股说明书规定的截止期限尚未募足的，或者发行股份的股款缴足后，发起人在 30 日内未召开创立大会的，认股人可以按照所缴股款并加算银行同期存款利息，要求发起人返还。

股票承销方式包括承销人包销和代销两种。证券的代销、包销期最长不得超过 4 日。证券公司在代销、包销期内，对所代销、包销的证券应当保证先行出售给认购人，证券公司不得为本公司事先预留所代销的证券和预先购入并留存所包销的证券。下文将对包销和代销做简单阐述。

包销是股票发行的一种重要承销方式，分为全额包销和余额包销。

全额包销是指承销人先全额承购股份有限公司本次发行的股票，再通过承销人向投资者销售的承销方式。余额包销又称助销，是指承销人承诺在投资者实际认购总额低于股份有限公司预定发行总额时，承销人承购全部剩余股票的承销方式。在包销方式下，一般是承销人先以较低的价格买进股票，然后再以较高的价格将其销售给投资者，差额为承销人的佣金收入。在股票发行额较大时，一般由主承销人牵头组成承销团，以减少发行风险。股份有限公司采用包销方式发行股票，可以顺利出售股票，迅速获得发行股票所募集的资金，又能够转移股票发行风险。但这种承销方式的费用较高，发行公司会丧失部分溢价收入。

代销是指股份有限公司委托承销人代理发行股票的承销方式。在代销方式下，承销人只是作为股份有限公司的代理机构，尽力帮助其推销股票，并按双方协商的比例从发行额中获得佣金收入，但不承担承购投资者实际认购额低于公司预定发行总额的责任。所以，在这种承销方式下，发行人负担的发行费用较低，但需承担全部的发行风险。

9.1.4 股票发行价格

股票发行价格是指股份有限公司将股票公开出售给投资者时所适用的价格。股票发行价格是股票承销协议中最重要的内容，关系到发行人与承销人的基本利益，影响股票上市后的表现。股票的发行价格通常由发行公司根据股市价格水平和有关因素确定。

1. 影响股票发行价格的因素

股份有限公司采用什么样的价格发行股票，一般要考虑以下几方面的因素。

（1）公司的利润水平及其增长率。公司的利润水平及其增长率，反映了公司的营运能力及成长能力，直接关系到股票价值的确认，并关系到股票的发行价格。一般来说，公司的利润水平及其增长率越高，股票的发行价格越高。

（2）股市行情。二级市场的股票交易价格直接关系到股票的发行价格。若二级市场处于"熊市"，则股票发行价格应定得低一些；若处于"牛市"，则可定得略高一些。

（3）行业因素。股份有限公司所处行业的特点、价格水平及行业的发展前景都会影响股票的发行价格。

（4）发行数量。一般来说，若一次发行的股票数量较大时，考虑到供求关系，为保证股票顺利发行，应将发行价格定得略低一些。

（5）公司知名度。知名度高的公司由于得到较多投资者的认同，可将股票的发行价格定得略高一些。

2. 股票发行价格的确定方法

常用的股票发行价格的确定方法有议价法与竞价法。

（1）议价法。议价法是指由股票发行人与主承销商协商确定发行价格的方法。在核准制[○]下，议价法是新股定价的主要方式，主承销商在发行市场中起着主导作用。发行人和主承销商在议定发行价格时，主要考虑二级市场股票价格的高低（可用平均市盈率等指标来衡量）、市场利率水平、发行公司的未来发展前景、发行公司的风险水平和市场对新股的需求状况等因素。具体有两种定价方式：固定价格定价方式和市场询价方式。

固定价格定价方式是由发行人和主承销商在新股公开发行前商定一个固定价格，然后根据这个价格进行公开发售。在大多数发达国家的股票发行中，承销商一般采用尽力而为的承销方式，新股发行价格的确定也采用固定价格定价方式。其基本做法是：发行人和承销商在新股发行前商定一个发行价格和最小及最大发行量。股票销售期开始，承销商尽力向投资者推荐股票。如果在规定时间（一般为90天）和给定价格下，股票销售额低于最低发行量，股票发行将终止，已筹集的资金返还给投资者。这种方式的优点是筹资金额确定、定价过程相对简单、时间周期较短，但定价的准确性、灵活度不高。

按照国际通行的做法，新股发行价格是根据影响新股价格的因素进行加权平均而得出的，其计算公式为

$$P_0 = 40\% \times A + 20\% \times B + 20\% \times C + 20\% \times D$$

式中：P_0 为新股发行价格；A 为公司最近三年平均每股收益与类似公司最近三年平均市盈率的乘积；B 为公司最近三年平均每股股利与类似公司最近三年平均股利率的商；C 为公司最近每股净资产；D 为公司当年预计每股股利与一年期定期存款利率的商。

市场询价方式在美国普遍使用。当新股销售采用包销方式时，一般采用市场询价方式。这种方式确定新股发行价格一般包括两个步骤：第一步，根据新股价值（一般采用前面介绍的股利贴现法等方法确定）、股票发行时大盘走势、流通盘大小、公司所处行业股票的市场表现等因素确定新股发行的价格区间；第二步，主承销商协同发行人向投资者介绍和推介该股票，并向投资者发送预订邀请文件，征集在各个价位上的需求量，通过反馈回来的投资者的预订股份单进行统计，主承销商和发行人对最初的发行价格进行修正，最后确定新股发行价格。

（2）竞价确定法。竞价确定法是指股份有限公司先确定一个发行底价，然后投资者在指

[○] 上市公司股票申请上市须经过核准的证券发行管理制度，与注册制相对应。2023年2月17日，中国证监会发布全面实行股票发行注册制相关制度规则，自公布之日起施行。

定时间内通过交易柜台或证券交易所交易网络，以不低于发行底价的价格并按限购比例或数量进行认购委托，申购期满后，由交易所的交易系统将所有有效申购按照价格优先、同价位申报按时间优先的原则，并由高价到低价累计有效认购数量，累计数量达到或超过本次发行数量的价格即为本次发行价格确定方法。在这种方法下，若在发行底价上仍不能满足本次股票发行的数量，则发行底价即为本次发行价格。发行底价一般由公司和承销人根据公司的经营业绩、盈利预测、发行数量、市盈率、同类股票市价等影响股票发行价格的因素协商确定。

由于竞价法是一种"直接"的市场化定价方式，因此它更能直接地反映出投资主体对新股价格的接受程度，最终确定的价格更接近于新股未来上市后的市场价格。但在不成熟的证券市场中，竞价法也有可能造成新股发行定价过高，上市企业筹资额过大的现象。

3. 几种常见的发行方式

（1）面值发行。面值发行也称等价发行或平价发行，是指公司按股票面值出售其新发行的股票，即股票发行价格等于股票面值。这种发行方式较为简便易行，且不受股市价格波动的影响，但缺乏灵活性和市场性。由于股票市场价格一般都高于股票面值，可以给投资者带来价差收益，所以，绝大多数投资者都乐于购买面值发行的股票。这种方式通常在公司向老股东配售发行股票时采用。

（2）时价发行。时价发行也称市价发行，是指公司以已发行的在流通中的股票或同类股票现行价格为基准来确定新发行股票发行价格的方式。在这种发行方式下，股票市价与面值的差额归发行公司所有，计入公司的资本公积。因此，发行公司可以用较少的发行股数得到与采用面值发行时等额的资金，并可降低股票的发行成本。时价发行方式一般在股票公开招股或第三者配股发行时采用。

（3）中间价发行。中间价发行是指发行公司以介于股票面值和股票市价之间的价格来发行新股票的发行方式。中间价发行通常在向老股东配售新股时采用。

《中华人民共和国公司法》规定，公司的资本划分为股份。公司的全部股份，根据公司章程的规定择一采用面额股或者无面额股。采用面额股的，每一股的金额相等。公司的股份采取股票的形式。股票是公司签发的证明股东所持股份的凭证。股份的发行，实行公平、公正的原则，同类别的每一股份应当具有同等权利。同次发行的同类别股份，每股的发行条件和价格应当相同；认购人所认购的股份，每股应当支付相同价额。面额股股票的发行价格可以按票面金额，也可以超过票面金额，但不得低于票面金额。股票采用纸面形式或者国务院证券监督管理机构规定的其他形式。股票采用纸面形式的，应当载明下列主要事项：公司名称；公司成立日期或者股票发行的时间；股票种类、票面金额及代表的股份数，发行无面额股的，股票代表的股份数。股票采用纸面形式的，还应当载明股票的编号，由法定代表人签名，公司盖章。发起人股票采用纸面形式的，应当标明发起人股票字样。公司发行的股票，应当为记名股票。股份有限公司成立后，即向股东正式交付股票。公司成立前不得向股东交付股票。公司发行新股，股东会应当对下列事项做出决议：新股种类及数额；新股发行价格；新股发行的起止日期；向原有股东发行新股的种类及数额；发行无面额股的，新股发行所得股款计入注册资本的金额。公司向社会公开募集股份，应当经国务院证券监督管理机构注册，公告招股说明书。公司发行新股，可以根据公司经营情况和财务状况，确定其作价方案。公司发行股份募足股款后,应予公告。

9.1.5 股票上市、终止与禁止交易

公开发行的证券,应当在依法设立的证券交易所上市交易或者在国务院批准的其他全国性证券交易场所交易。非公开发行的证券,可以在证券交易所、国务院批准的其他全国性证券交易场所、按照国务院规定设立的区域性股权市场转让。申请证券上市交易,应当向证券交易所提出申请,符合证券交易所上市规则规定的上市条件,由证券交易所依法审核同意,并由双方签订上市协议。

上市交易的证券,有证券交易所规定的终止上市情形的,由证券交易所按照业务规则终止其上市交易。

对证券交易所做出的不予上市交易、终止上市交易决定不服的,可以向证券交易所设立的复核机构申请复核。

禁止证券交易内幕信息的知情人和非法获取内幕信息的人利用内幕信息从事证券交易活动。证券交易活动中,涉及发行人的经营、财务或者对该发行人证券的市场价格有重大影响的尚未公开的信息,为内幕信息。证券交易内幕信息的知情人包括:①发行人及其董事、监事、高级管理人员;②持有公司百分之五以上股份的股东及其董事、监事、高级管理人员,公司的实际控制人及其董事、监事、高级管理人员;③发行人控股或者实际控制的公司及其董事、监事、高级管理人员;④由于所任公司职务或者因与公司业务往来可以获取公司有关内幕信息的人员;⑤上市公司收购人或者重大资产交易方及其控股股东、实际控制人、董事、监事和高级管理人员;⑥因职务、工作可以获取内幕信息的证券交易场所、证券公司、证券登记结算机构、证券服务机构的有关人员;⑦因职责、工作可以获取内幕信息的证券监督管理机构工作人员;⑧因法定职责对证券的发行、交易或者对上市公司及其收购、重大资产交易进行管理可以获取内幕信息的有关主管部门、监管机构的工作人员;⑨国务院证券监督管理机构规定的可以获取内幕信息的其他人员。

9.1.6 普通股筹资

1. 普通股筹资的优点

(1)增强公司信誉和举债能力。发行普通股筹措的是公司的权益资本,是公司承担经营风险的物质保证,也是公司负债的基础,因此,可增强公司信誉和举债能力。

(2)筹资风险小。一方面,发行普通股所筹资金没有到期日,公司可以永久使用,不存在还本的压力;另一方面,普通股的股利支付也视公司盈利情况和经营需要而定,公司无固定的股利负担。所以,普通股筹资风险较小。

(3)有利于足额募集资金。作为一项基本的金融资产,普通股具有鲜明特点,较高的预期报酬和较强的流动性,能够吸引很多的投资者,有利于公司足额募集所需资金。

2. 普通股筹资的缺点

(1)资金成本较高。一方面,普通股股东要比债权人承担更高的投资风险,也要求获得

更高的投资报酬，这导致公司发行普通股筹资要负担更高的成本；另一方面，利息可在税前列支，而股息只能在税后利润中支付，因此股息不具有抵税利益。所以，发行普通股筹资资金成本较高。

（2）分散公司控制权。发行普通股筹资会增加新股东，这可能会分散公司控制权。此外，新股东与原股东对公司留存收益享有同样的分享权，因此发行新股会降低每股净资产，可能会引起普通股股价下跌。

9.1.7 优先股筹资

优先股是相对普通股而言，较普通股具有某些优先权利，同时也受到一定限制的股票。公司发行优先股筹集的资本称为优先股股本，优先股的持有者称为优先股股东。

1. 优先股的种类及其基本特征

优先股按股息是否可以累积，可分为累积优先股和非累积优先股；按能否参与剩余利润的分配，可分为参与优先股和非参与优先股；按能否转换为普通股或公司债券，可分为可转换优先股和不可转换优先股；按是否可由发行公司赎回，分为可赎回优先股和不可赎回优先股。优先股与普通股比较，具有下列特征。

（1）优先分配股利的权利。优先股股东通常优先于普通股股东分配股利，且其股利一般是固定的，受公司经营状况和盈利水平的影响较少。

（2）优先分配公司剩余财产。当公司因解散、破产等进行清算时，优先股股东优先于普通股股东分配剩余财产。

（3）优先股股东一般无表决权。在公司股东大会上，优先股股东也无权过问公司的经营管理。

（4）优先股可由公司赎回。发行优先股的公司，按照公司章程有关规定，根据公司的需要，可以以一定的方式将所发行的优先股赎回，以调整资本结构。

2. 优先股发行目的及发行时机

股份公司发行优先股的基本目的是筹集股权资本。但由于优先股的上述特征，公司发行优先股往往还有下列动机。

（1）防止公司股权分散化。由于优先股股东一般没有表决权，发行优先股可以避免公司股权分散，保障公司的原有控制权。

（2）维持举债能力。公司发行优先股有利于巩固权益资本的基础，增强公司的举债能力。

（3）增加普通股股东权益。由于优先股股息固定，且优先股股东对公司留存收益不具有要求权。因此，在公司收益一定的情况下，提高优先股比重，会相应增加普通股股东的权益，提高每股收益额，发挥其杠杆作用。

（4）调整资本结构。由于优先股在特定情况下具有可转换性和可赎回性，在安排资本结构时可以此来调整资本结构。

因此，公司一般选择在以下几种情况下发行优先股：公司初创、急需筹集资本时；公司财务状况欠佳、不能追加债务，或公司发生财务重整时；为避免股权稀释时，等等。

3. 优先股筹资的优点

与其他筹资方式比较，优先股筹资具有下列优点。

（1）优先股一般没有固定的到期日，不用偿付本金。发行优先股股票筹资实质上使公司得到一笔永久性借款，在公司存续期内，一般无须偿还本金。

（2）股利的支付既固定，又有一定灵活性。一般而言，优先股采用固定股利，但对固定股利的支付并不构成公司的法定义务。如果公司财务状况不佳，可以不支付优先股股利，并且优先股股东也不能像公司债权人那样迫使公司破产。

（3）优先股筹资形成股权资本，发行优先股能增强公司的信誉，提高公司的举债能力。

4. 优先股筹资的缺点

（1）资本成本较高。由于其股利以税后利润支付，所以优先股的资本成本一般高于债务资本成本。

（2）可能形成较重的财务负担。优先股要求支付固定股利，且又不能在税前支付，当公司盈利不佳时，可能会成为一项较重的财务负担。尤其是当公司利润不多时，普通股可能就分不到股利。

❖ 阅读材料 9-1

九州通医药集团股份有限公司关于非公开发行优先股预案的公告（节选）[一]

2022 年 8 月 27 日，九州通医药集团股份有限公司（以下简称"公司"）发布非公开发行优先股预案的公告。本次发行的优先股数量为不超过 2 400 万股，募集资金总额不超过 240 000 万元（含人民币 240 000 万元），本次募集资金拟用于偿还银行贷款及其他有息负债和补充流动资金。本次发行将采取向合格投资者非公开发行的方式，自中国证监会核准发行之日起，公司将在六个月内实施首期发行，且发行数量不少于总发行数量的百分之五十，剩余数量在二十四个月内发行完毕。本次非公开发行优先股的发行对象为不超过 200 名的符合《优先股试点管理办法》和其他法律法规规定的合格投资者。本次发行不安排向原股东优先配售。公司控股股东、实际控制人或其控制的关联人不参与本次非公开发行优先股的认购，亦不通过资产管理计划等其他方式变相参与本次非公开发行优先股的认购。本次非公开发行的优先股为附单次跳息安排的固定股息率、可累积、不参与、不设回售条款、不可转换的优先股。本次发行的优先股每股票面金额为人民币 100 元，按票面金额平价发行。本次非公开发行优先股的赎回权归公司所有。

另根据公司年度报告显示，公司 2021 和 2022 年度资产负债率分别为 68.50% 和 68.91%；利息保障倍数分别为 3.78 和 3.23。

● 讨论题

（1）该公司为什么发行优先股而不是长期借款筹资？

（2）该公司拟发行优先股采用向合格投资者非公开发行的方式，其目的可能是什么？

[一] 九州通医药集团股份有限公司关于非公开发行优先股预案的公告，上海证券交易所，2022 年 8 月 27 日。

9.2 债券筹资

债券是各类经济主体为筹集资金而发行的，按约定利率和期限向投资者还本付息的债权债务凭证。根据发行主体不同，债券可分为政府债券、金融债券和公司（企业）债券。发行公司债券是企业筹集长期借入资金的重要方式。

9.2.1 债券基本要素

除了发行者名称外，债券票面上通常有四个基本要素：债券面值、票面利率、债券期限和付息方式及日期。

（1）债券面值。债券面值，是债券票面上标出的债券到期支付的金额。

（2）票面利率。票面利率，可分为固定利率和浮动利率两种。公司根据自身资信情况、利率变化趋势、债券期限长短等因素决定采用何种利率形式以及确定利率的高低。

（3）债券期限。债券期限，是债券发行日至到期日为止的期间。企业通常根据资金需求的期限、未来市场利率走势、流通市场的发达程度、债券市场上其他债券的期限情况、投资者的偏好等来确定发行债券的期限。

（4）付息方式及日期。公司债的每年付息次数决定了债券的付息方式。分期付息方式主要有按年、半年或按季度付息等几种。

9.2.2 债券契约中的常见条款

债券契约中常见条款包括：限制性条款、赎回条款、偿债基金条款和回售条款。

1. 限制性条款

限制性条款是保护债权人利益的条款，一般分为否定性条款和肯定性条款。否定性条款，是指不允许或限制股东做某些事情的规定。肯定性条款，是指对公司应该履行某些责任的规定。如要求营运资本、权益资本或流动比率等指标不低于某一水平等。债券发行人必须严格遵守这些条款，如果存在违约，受托管理人会要求债券发行人改善经营管理。而当债券发行人无法改善其经营管理水平时，受托管理人则会迫使其破产清算。

2. 赎回条款

赎回条款是指授予债券发行人在债券到期之前赎回全部或部分债券的权利的条款。该条款可以使债券发行人避免因市场利率下调遭受支付高额利息的损失。若市场利率下降幅度较大，债券发行人可以赎回债券，再以较低的市场利率发行新债融资。我国部分金融债券均附有允许发行人在债券到期日前赎回债券的条款，如果发行人在规定赎回日选择不行使赎回条款，则需为相应债券支付较高的利率。

3. 偿债基金条款

偿债基金是债券发行人为偿还未到期债务而设置的专项基金。一般在分期偿还债券中设置，它要求债券发行人必须每年从其盈余中按一定比例提取偿债基金，也可以每年按固定金额或已发行债券比例提取偿债基金。

偿债基金条款规定债券发行人必须在规定的日期后，系统地逐年提前偿还一定比例的债券。公司可以在公开市场上赎回债券，也可以按照偿债基金条款所约定的赎回价格赎回债券。债券有秩序地偿还，可降低违约风险，增强债券的流动性，保护投资者的权益。一般而言，设有偿债基金条款的债券，其票面利率将较低。

4. 回售条款

回售条款授予债券投资者在回售期内享有按约定条件将债券回售给发债公司的权利，发债公司应无条件接受债券。回售条款是保护债券投资者利益的条款，可以避免债券投资者遭受较大的投资损失，降低投资风险，从而吸引投资者购买，促使债券的顺利发行。债券如果设有回售条款，其票面利率一般较高。

9.2.3 债券的分类

债券按不同标准可以分为不同的种类。

1. 按有无财产担保分类

债券按有无财产担保分为抵押债券和信用债券。

抵押债券是指发行公司以特定财产作为担保品的债券。当发行公司到期没有足够的资金偿付债券的本息时，债权人可以拍卖其抵押品以获取资金。按抵押品的不同，抵押债券又分为不动产抵押债券、动产抵押债券和证券抵押债券三种。

信用债券又称无担保债券，是指发行公司没有提供特定财产作为抵押，完全凭信用发行的债券。公司发行信用债券往往有许多限制条件，一般只有信誉良好的公司才能发行。

2. 按票面利率是否固定分类

债券按票面利率是否固定分为固定利率债券和浮动利率债券。

固定利率债券是指企业在发行时即确定利率并明确记载于票面的债券。浮动利率债券是指票面上记载基本利率，以后计息时按某一标准调整其利率的债券。

3. 按附加条款的不同分类

债券按附加条款的不同，可以分为以下几类。

（1）可转换债券。它是指债权人可以在约定时期内，按约定比例将所持债券转换为普通股的债券。可转换债券的转换权在债权人，但一般票面利率较低。

（2）收益债券。它是指企业只在盈利时才支付利息的债券。对投资者而言，其投资风险较高，但利率也较高。

（3）参与公司债券。它是指债权人除可以按预定利率获得利息外，还可以一定比例参与公司盈余分配的债券。

（4）附认股权债券。它是指企业发行的、附带有允许债权人按特定价格购买股票的选择权的债券。

（5）可赎回债券。可赎回债券是指债券持有人可选择在适当的时候将债券兑换成现金的一种债券。通常，只有当公司发生一些特定的重大事项，如公司被更弱的公司收购，或者大量增发债券时，才允许将这些债券兑换成现金。

9.2.4 债券的发行

《公司债券发行与交易管理办法》规定：公开发行公司债券，应当符合下列条件：①具备健全且运行良好的组织机构；②最近三年平均可分配利润足以支付公司债券一年的利息；③国务院规定的其他条件。

公开发行公司债券筹集的资金，必须按照公司债券募集办法所列资金用途使用；改变资金用途，必须经债券持有人会议做出决议。公开发行公司债券筹集的资金，不得用于弥补亏损和非生产性支出。

有下列情形之一的，不得再次公开发行公司债券：①对已公开发行的公司债券或者其他债务有违约或者延迟支付本息的事实，仍处于继续状态；②违反相关法律法规规定，改变公开发行公司债券所募资金的用途。

《公司债券发行与交易管理办法》规定资信状况符合以下标准的公开发行公司债券，专业投资者和普通投资者可以参与认购：①发行人最近三年无债务违约或者延迟支付本息的事实；②发行人最近三年平均可分配利润不少于债券一年利息的1.5倍；③发行人最近一期期末净资产规模不少于250亿元；④发行人最近36个月内累计公开发行债券不少于3期，发行规模不少于100亿元；⑤中国证监会根据投资者保护的需要规定的其他条件。未达到上述规定标准的公开发行公司债券，仅限于专业投资者参与认购。

发行人公开发行公司债券，应当按照中国证监会有关规定制作注册申请文件，由发行人向证券交易所申报。

公开发行公司债券，可以申请一次注册，分期发行。中国证监会同意注册的决定自做出之日起两年内有效，发行人应当在注册决定有效期内发行公司债券，并自主选择发行时点。公开发行公司债券的募集说明书自最后签署之日起六个月内有效。发行人应当及时更新债券募集说明书等公司债券发行文件，并在每期发行前报证券交易所备案。

非公开发行的公司债券应当向专业投资者发行，不得采用广告、公开劝诱和变相公开方式，每次发行对象不得超过二百人。

9.2.5 债券的发行价格

债券的发行价格，是指债券投资者认购新发行的债券时实际支付的价格。公司债券的发行价格通常有3种：平价、溢价和折价。平价是指以面值作为发行价格；溢价是指发行价格高于面值；折价是指发行价格低于面值。

导致债券的发行价格和面值不一致的因素有很多，其中最重要的是票面利率和市场利率的一致程度。债券的票面金额、票面利率、到期日等在债券发行之前已根据企业经营风险等自身因素，结合当时市场利率确定下来。票面利率代表了企业提供给投资者的收益率，市场利率则表示投资者购买债券所要求的收益率。当企业提供的收益率和投资者要求的收益率一致时，债券的发行价格等于其票面金额；当企业提供的收益率小于投资者要求的收益率时，债券的发行价格低于其票面金额；当企业提供的收益率大于投资者要求的收益率时，债券的发行价格高于其票面金额。在面值一定的情况下，调整债券发行价格的目的，在于使投资者得到的实际收益率与其要求的收益率（市场利率）相符。此外，从企业形成发行决议到债券发行完毕，一般需要较长的时间，导致企业很难提供与市场利率相符的票面利率，进而使得企业只有通过调整发行价格来协调投资者的实际收益率和市场利率的差异。

债券发行价格的计算公式为

$$P = \sum_{t=1}^{n} \frac{I}{(1+K)^t} + \frac{F}{(1+K)^n}$$

式中，P 为债券发行价格；F 为债券面值；I 为债券年利息；K 为市场利率；n 为债券期限。

9.2.6 债券的信用评级

债券的信用评级，是指信用评级机构对企业通过发行债券筹集资金使用的合理性、还本付息能力和企业风险程度所做的综合评价。它的主要作用是向投资者提供债券的风险信息，为企业和投资者的融资行为和投资行为提供便利。许多国家并不强制信用评级，但没有经过信用评级的债券一般很难被投资者接受。因此，发行债券的企业为了债券的顺利销售一般都自愿向债券评级机构申请评级。

在我国，债券的信用评级尚处于发展阶段。但鉴于证券市场发展尚不完善，投资者的投资行为还缺乏理性，中国人民银行规定，凡是向社会公开发行的企业债券，需要有中国人民银行及其授权的分行指定资信评级机构或公证机构进行评信。公司发行债券，必须经认可的债券评信机构信用评级，且评级必须在规定标准以上才可发行债券。

我国有关部门统一制定的债券信用评级级别及其含义见表 9-1。

我国债券信用评级主要是依据企业素质、财务质量、项目可行性、发展前景和偿债能力等因素进行评价。

表 9-1　我国统一债券信用评级级别及其含义

级别分类	级别分等	级别	级别含义
投资级	一等	AAA	债券有极高的还本付息能力，投资者没有风险
		AA	债券有很高的还本付息能力，投资者基本没有风险
		A	债券有一定的还本付息能力，经采取保护措施后，有可能按期还本付息，投资者风险较低
投机级	二等	BBB	还本付息资金来源不足，发行债券企业对经济形势变化的应变能力差，有可能延期支付本息，有一定投资风险
		BB	还本付息能力脆弱，投资风险较大
		B	还本付息能力低，投资风险大
	三等	CCC	还本付息能力很低，投资风险很大
		CC	还本付息能力极低，投资风险极大
		C	企业濒临破产，没有还本付息能力

国际知名的信用评级机构有美国的标准普尔与穆迪公司，两家公司对其所评级债券的信

用级别设置及其含义见表 9-2。

表 9-2　标准普尔与穆迪公司信用级别设置及其含义

穆迪评级	标准普尔评级	级别含义
Aaa	AAA	安全性最高，基本上无风险，无论情况如何变化，还本付息没有问题
Aa	AA	安全性高，风险性较最高等级债券略高，但还本付息没有问题
A	A	安全性良好，还本付息没有问题，但将来存在一些不利因素
Baa	BBB	安全性中等，目前的安全性、收益性没有问题，但在不景气时期要加以注意
Ba	BB	有投机因素，不能保障将来的安全性，风险程度有波动，不可靠
B	B	不适合作为投资对象，还本付息及遵守契约条件方面不可靠
Caa	CCC	安全性极低，有无法还本付息的可能性
Ca	CC	具有极端投机性，目前正处于违约状态或有严重缺陷
C	C	最低等级债券

9.2.7　债券上市、暂停与终止

公开发行的公司债券，应当在证券交易场所交易。公开发行公司债券并在证券交易场所交易的，应当符合证券交易场所规定的上市、挂牌条件。

非公开发行公司债券，可以申请在证券交易场所、证券公司柜台转让。非公开发行的公司债券仅限于专业投资者范围内转让。转让后，持有同次发行债券的投资者合计不得超过二百人。

中国证监会做出注册决定后、发行人公司债券上市前，发现可能影响本次发行的重大事项的，中国证监会可以要求发行人暂缓或者暂停发行、上市；相关重大事项导致发行人不符合发行条件的，可以撤销注册。中国证监会撤销注册后，公司债券尚未发行的，发行人应当停止发行；公司债券已经发行尚未上市的，发行人应当按照发行价并加算银行同期存款利息返还债券持有人。

9.2.8　债券筹资评价

1. 债券筹资的优点

（1）资金成本较低。与普通股筹资相比，债券筹资资金成本较低。因为债权人的投资风险小于股东，其要求的收益率低于股东要求的收益率；并且，债券的利息可以在税前列支，具有抵税作用，所以，债券筹资的资金成本较低。

（2）有财务杠杆利益。由于债券持有人一般只收取固定的利息，因此，当企业的资金利润率超过债券成本时，发行债券所筹资金产生的部分收益将归属于企业及其所有者，从而导致公司和股东财富的更大增长。

（3）保证控制权。债券持有人无权参与企业的经营管理，因此，发行债券并不影响公司控制权的稳定。

2. 债券筹资的缺点

（1）财务风险较高。债券有固定的到期日，并要按约定方式支付利息，使公司承担固定

的还本付息压力。一旦公司在需还本付息时经营不景气，固定的还本付息义务就会使其境况雪上加霜，陷入财务危机，甚至会导致公司破产。

（2）限制条件较多。债权人因无权干涉企业经营，只能靠协议或契约规定来维护自身权益，这也使公司在采用发行债券筹资时面临很多的限制。

（3）筹资数量有限。公司利用债券筹资有一定的限度。当公司负债比例较高时，采用发行债券方式会有很多的困难，如负债成本升高、发行失败等。

❖ 阅读材料 9-2

世茂股份债券违约

上海世茂股份有限公司（以下简称"世茂股份"）是世茂集团下属的主营商业地产开发与销售的上市公司。该公司 2020 年度第一期中期票据"20 沪世茂 MTN001"应于 2023 年 5 月 30 日到期支付本金以及自 2023 年 1 月 9 日至 5 月 30 日利息。截至 2023 年 6 月 30 日，到期的本金和利息仍未支付，形成实质性违约。此外，2023 年 7 月 18 日该公司公告称 2019 年公司发行的中期票据"19 沪世茂 MTN001"部分债券本息按期足额兑付存在不确定性。"19 沪世茂 MTN001"发行金额 10 亿元，本期应偿还本金 5.16 亿元，利息 0.015 9 亿元。

从世茂股份 2022 年度财务报告看，公司 2022 年度营业收入为 57 亿元，比上年下降 70%；归属于上市公司股东的净利润下降 571.47%；公司经营活动产生的现金净流量为 6.04 亿元，投资和筹资活动产生的现金净流量分别为 -0.78 和 -58.69 亿元；2021 年年末和 2022 年年末的资产负债率分别为 65.74% 和 68.72%。在年度报告"管理层讨论与分析"部分，世茂股份的管理层认识到公司可能存在的流动性风险，并希望通过"资产处置、开源节流、加大资金回笼、争取政府及相关机构支持"等措施缓解债券违约风险。

● 讨论题

（1）世茂股份债券违约风险产生的主要原因是什么？
（2）针对可能出现的债券违约，你认为该公司应该如何处理？

9.3 其他筹资方式

9.3.1 吸收直接投资

吸收直接投资，是指企业以协议合同等形式吸收国家、其他法人、个人和港澳台商及外商等直接投入资本，形成企业资本金的一种筹资方式。它是目前我国有限责任公司筹集股权资本的基本形式。

1. 吸收直接投资方式下的投资主体

吸收直接投资方式下的投资主体，是指企业的投资者（出资人），这种投资主体可以是国家、法人、个人和外商。

（1）国家对企业的投资。它是指有权代表国家投资的政府部门或机构以国有资产向企业的投资，包括国家财政部门和经授权代表国家投资的投资公司、资产经营公司等机构向企业投入的资本等。国家对企业的投资形成国家资本金，被投资的企业称为国有独资企业、国有控股企业或国有参股企业。

（2）法人对企业的投资。它是指其他法人以其有权支配或控制的法人资产对被投资企业的投资。

（3）个人对企业的投资。它是指本企业职工或社会个人以其合法财产对企业进行的投资。

（4）港澳台商及外商对企业的投资。它是指我国港澳台地区投资者和外国投资者对企业进行的投资。

2. 吸收直接投资的出资方式

（1）现金出资。是指投资者以包括现金和银行存款等货币资金方式出资。

（2）实物出资。是指投资者以房屋、建筑物、设备等固定资产和材料、商品等流动资产作价投资。

（3）无形资产出资。是指投资者以专利权、商标权、非专有技术、土地使用权等无形资产作价投资。

投资者以实物和无形资产投资，必须符合被投资企业生产经营的需要，投入资产必须进行合理估价，并办理产权转移手续。

9.3.2　留存收益筹资

留存收益筹资也称为"内源筹资"或"内部筹资"。它是企业留存其所实现利润的一部分或全部作为资本来源的一种筹资方式。

留存收益筹资的优点主要体现在以下三个方面。

（1）不发生筹资费用。

（2）可使企业的所有者获得税收上的利益。留存收益筹资在特定税收条件下是一种减少投资者税负的手段。

（3）提升企业实力。留存收益筹资在性质上属于股权资本，可提高企业信用和对外负债能力。

留存收益筹资的缺点主要体现在以下两个方面。

（1）适用范围受限。留存收益筹资规模常常会受到某些股东的限制，该方式尤其受到依靠股利维持生活的股东的反对。

（2）影响企业形象。留存收益过多、股利支付过少，可能会影响今后的外部筹资，同时不利于股票价格的提高，影响企业在证券市场上的形象。

9.3.3　认股权证筹资

1. 认股权证的概念与特征

认股权证是由公司发行的授权其持有者按预定价格优先购买一定数量普通股的权证。这是一种典型意义上的选择权，这种选择权的行使对发行公司意味着股权资本量的增加。

认股权证筹资所涉及的证券主要包括普通股与公司债券，即附认股权的普通股筹资与附认股权的债券筹资。在实际经济活动中，它常伴随着债券一同发行，旨在刺激投资者购买公司较低利率的长期债券。

认股权证可以同债券分离，也可联结在一起，可分离的认股权证可与债券分开出售，其债券持有人无须为获得认股权证价值而行使其购股权，不可分离的认股权证则不能与债券分开出售，它只有在债券持有人行使了优先认股权并购买了股票之后才可以与债券分开。

认股权证对持有人而言类似于购买期权，持有人在规定的期限内可以按执行价格购入股票，也可以放弃权力，或者直接转让。执行价格是指认股权证规定的股票购买价格。促使认股权证持有人行使权力的主要原因有以下几点。

1）股票市场价格超过认股权证的行使价格（股票的执行价格）。
2）公司增长潜力大，未来有盈利前景好。
3）公司提高股票的派息率。

2. 认股权证的理论价值

同其他选择权一样，认股权证也只有在股票市场价格上升的条件下才具有价值。

$$认股权证的理论价值 = N \times P - E$$

式中，N 为一张认股权证可以购买的普通股股数；P 为普通股股票的市场价格；E 为凭一张认股权证购买 N 股普通股的价格。

例如，如果 A 公司普通股的市场价格为 20 元，而该公司认股权证的股票执行价格为 16 元，每张认股权证可以购买 2 股普通股股票，则认股权证的理论价值为 8 元。

一般而言，认股权证的理论价值是出售认股权证的最低价值，即底价。如果认股权证的市场价格低于其理论价值，则套利行为就会产生，即投资者会购入认股权证，凭证购买股票，再将买来的股票抛售出去。

3. 认股权证筹资的评价

利用认股权证筹资的最大优点是可以降低筹资成本。对于增长速度很快的公司而言，利用债券和优先股筹资很可能被要求很高的报酬率，因为潜在投资者只有在高价位的利率水平上才能接受此类风险证券，对公司而言，其筹资成本较高。但是，如果将此类债券附上认股权证，由于收益潜在预期，公司可以降低其证券的必要报酬率。对投资者来说，如果对公司潜在收益的预期非常乐观，也将愿意接受较低的现时收益率和不很严格的市场签约条件。

然而，认股权证的价值都是建立在预期之上的。对投资者而言，由于杠杆作用的存在，使得认股权的行使成为一种高收益的投资，但须以公司未来股价上升为基础，离开这一基础，认股权将不会被行使，其投资也会造成损失。

9.3.4 租赁筹资

租赁是指资产所有者（出租人）授予另一方（承租人）在约定期限内使用资产的专用权并获得租金报酬的一种经济行为。租赁筹资就是筹资企业通过定期支付租金的方式获得企业经营所需的资产，等于说是企业通过定期交付租金（相当于每期支付一定的本金和利息），获得了购买设备所需金额的贷款。

1. 租赁的识别

在合同开始日，企业应当评估合同是否为租赁或者包含租赁。如果合同中一方让渡了在一定期间内控制一项或多项已识别资产使用的权利以换取对价，则该合同为租赁或者包含租赁。为确定合同是否让渡了在一定期间内控制已识别资产使用的权利，企业应当评估合同中的客户是否有权获得在使用期间内因使用已识别资产所产生的几乎全部经济利益，并有权在该使用期间主导已识别资产的使用。

已识别资产通常由合同明确指定，也可以在资产可供客户使用时隐性指定。但是，即使合同已对资产进行指定，如果资产的供应方在整个使用期间拥有对该资产的实质性替换权，则该资产不属于已识别资产。同时符合下列条件时，表明供应方拥有资产的实质性替换权：①资产供应方拥有在整个使用期间替换资产的实际能力；②资产供应方通过行使替换资产的权利将获得经济利益。企业难以确定供应方是否拥有对该资产的实质性替换权的，应当视为供应方没有对该资产的实质性替换权。

如果资产的某部分产能或其他部分在物理上不可区分，则该部分不属于已识别资产，除非其实质上代表该资产的全部产能，从而使客户获得因使用该资产所产生的几乎全部经济利益。

存在下列情况之一的，可视为客户有权主导对已识别资产在整个使用期间内的使用：①客户有权在整个使用期间主导已识别资产的使用目的和使用方式；②已识别资产的使用目的和使用方式在使用期开始前已预先确定，并且客户有权在整个使用期间自行或主导他人按照其确定的方式运营该资产，或者客户设计了已识别资产并在设计时已预先确定了该资产在整个使用期间的使用目的和使用方式。

2. 租赁的分类

租赁包括融资租赁和经营租赁。我国《企业会计准则第21号——租赁》中规定：承租人和出租人应当在租赁开始日将租赁分为融资租赁和经营租赁。承租人应当在租赁期开始日除短期租赁和低价值资产租赁外对租赁确认使用权资产和租赁负债。短期租赁，是指从租赁期开始日计算的租赁期不超过12个月的租赁。低价值资产租赁，是指单项租赁资产为全新资产时价值较低的租赁。低价值资产租赁的判定仅与资产的绝对价值有关，不受承租人规模、性质或其他情况影响。

（1）融资租赁。融资租赁是指实质上转移了与租赁资产所有权有关的几乎全部风险和报酬的租赁。其所有权最终可能转移，也可能不转移。

一项租赁属于融资租赁还是经营租赁取决于交易的实质，而不是合同的形式。如果一项租赁实质上转移了与租赁资产所有权有关的几乎全部风险和报酬，出租人应当将该项租赁分类为融资租赁。

符合下列一项或数项标准的，通常认定为融资租赁：①在租赁期届满时，租赁资产的所有权转移给承租人；②承租人有购买租赁资产的选择权，所订立的购买价款预计将远低于行使选择权时租赁资产的公允价值，因而在租赁开始日就可以合理确定承租人将行使该选择权；③资产的所有权不转移，但租赁期占租赁资产使用寿命的大部分；④承租人在租赁开始日的最低租赁付款额现值，几乎相当于租赁开始日租赁资产公允价值；出租人在租赁开始日的最低租赁收款额现值，几乎相当于租赁开始日租赁资产公允价值。⑤租赁资产性质特殊，如果不进行较大改造，只有承租人才能使用。

一项租赁存在下列一项或多项迹象的，也可能分类为融资租赁：①若承租人撤销租赁，撤销租赁对出租人造成的损失由承租人承担；②资产余值的公允价值波动所产生的利得或损失归属于承租人；③承租人有能力以远低于市场水平的租金继续租赁资产至下一期间。

融资租赁又称资本租赁，属于长期租赁。其特点是：①租赁合约规定的租期较长，一般接近于资产的经济寿命；②租赁合约不可解除，在规定租期内不经双方同意，任意一方不得中途解约；③租赁设备一般是出租人根据承租人的要求购买的，企业租赁的目的是融通资金，是企业集融资与融物为一体的筹资行为；④设备的维修保养支出、保险费、财产税等一般由承租人承担。但承租人无权自行对资产进行拆卸改装；⑤租赁期满，一般由承租企业留购租赁设备。在融资租赁方式下，承租人通过租赁获得了设备，更像是以设备为抵押从出租人处获得了贷款。

融资租赁一般包括下列3种形式。

1）直接租赁。直接租赁是指承租人直接向出租人租入所需资产，并向出租人支付租金的形式。除制造商外，其他出租人都是先购买企业所需资产，再将资产租给承租企业。

2）售后租回。售后租回是指企业先依据协议将某项资产出售给出租人，然后再立即租回的融资租赁方式。承租企业通过这一方式，不仅可以获得现金，而且还获得了在租赁期间继续使用资产的权利，很像是承租企业的一项抵押借款。承租人和出租人应当按照《企业会计准则第14号——收入》的规定，评估确定售后租回交易中的资产转让是否属于销售。

3）杠杆租赁。在进行价格昂贵的设备租赁时，经常用到杠杆租赁。前面的两种租赁方式只涉及两方当事人，即承租人和出租人。而杠杆租赁则涉及三方当事人：承租人、出租人和贷款人。从承租人角度看，这种租赁和其他租赁方式并无区别，同样是承租人在租赁期内定期支付租金，获得租赁期内设备的使用权。但从出租人的角度看，却有了较大的不同，即出租人的作用发生了变化。出租人购买承租人要求的设备，所需资金部分由自己投资（比如20%），其余部分由长期贷款人提供。出租人一般以抵押资产为担保，也可以用租赁合约的转让或租赁费为担保借入长期资金。因此，出租人在这种方式下具有双重身份，既是出租人又是借款人。由于出租人借款购物出租可获得财务杠杆收益，故将这种方式称为杠杆租赁。

（2）经营租赁。经营租赁是指除融资租赁以外的其他租赁。经营租赁又称临时租赁，属于短期租赁。其主要特点有：①租期较短，一般低于资产的经济寿命；②租赁合约可以解除。在合理条件下，承租企业可以在租赁期间提出解约；③出租人只有通过反复将该项资产出租给同一承租人或不同承租人，才能收回成本并获利；④设备的维修保养支出、保险费、财产税等一般由出租人承担，租入设备的企业只是承担按期支付租金的义务。

在经营租赁方式下，出租人承担了较高的风险，包括设备陈旧过时风险、承租人中途解约风险和难以寻找新的承租人的风险，所以，出租人一般收取较高的租金。

3. 融资租赁的程序

融资租赁的程序包括如下几个步骤。

（1）选择租赁公司。提供租赁服务的公司有很多，如制造商、财务公司、保险公司、租赁公司、银行等。企业决定采用租赁方式获得所需设备时，首先要了解各租赁公司的经营范围、业务水平、资信状况及它与其他金融机构的关系，再根据租赁公司的租赁条件、租赁费率水平等信息，比较选择对企业较为有利的一家租赁公司。

（2）办理租赁委托。选定租赁公司后，企业便可向其提出申请，办理租赁委托。承租企业需要填写"租赁申请书"，说明所需设备的具体要求，同时还要提供财务状况材料，包括资产负债表、利润表、现金流量表等。

（3）签订购货协议。承租人和出租人合作组织选定设备制造商，并与其进行技术与商务谈判，签署购货协议。

（4）签订租赁合同。租赁合同是承租人和出租人签订的具有法律效力的重要文件，其主要内容包括一般条款和特殊条款。

1）一般条款。一般条款包括：合同说明，主要是明确合同的性质、当事人身份、合同签订的日期等；名词释义，解释合同中的名词以避免歧义；租赁设备条款，详细列明租赁设备的名称、规格型号、数量、技术性能、交货地点及使用地点等；租赁设备交货、验收及税金、费用条款；租赁期限和起租日期条款；租金支付条款，要是规定租金的构成、支付方式和货币名称等，通常将这些内容以附表形式列为合同附件。

2）特殊条款。特殊条款包括：购货合同与租赁合同的关系；租赁设备的所有权；不得中途解约；出租人的免责和承租人的保障条款；承租人的违约处理和对出租人补救的条款；租赁设备的使用、保管、维修和保养条款；保险条款；租赁保证金和担保条款；租赁期满对设备的处理条款等。

（5）办理验收与投保。承租企业收到租赁设备，要进行验收。验收合格后签发交货及验收证书并提交给租赁公司，租赁公司据此向制造商支付设备价款。同时，承租企业向保险公司办理投保事宜。

（6）支付租金。承租企业按合向规定的支付方式和金额定期向租赁公司支付租金。

（7）租赁期满处理设备。租赁期满时，承租企业应按合同的规定，对租赁设备采用退租、续租或留购的方式进行处理。

4. 融资租赁租金的计算

在融资租赁方式下，租金的数额和支付方式对承租企业融资成本和未来财务收支状况有重要的影响，也影响着承租企业的融资租赁决策。

（1）影响租金的因素。融资租赁方式下租金的计算一般受以下因素影响。

1）融资租赁租金的构成内容。融资租赁租金一般由以下几个项目构成：租赁设备的购置成本，包括设备的买价、运杂费和途中保险费等；利息，指的是租赁公司为承租企业购置设备融资而应计的利息；手续费，包括租赁公司承办租赁设备的营业费用及一定盈利，租赁手续费的高低无固定标准，一般由租赁公司和承租企业协商确定。

2）租赁设备的预计残值。它是指租赁期满时设备的变现价值，一般是租赁设备购置成本的减项，除非租赁合同规定期满后设备无偿送给承租企业。

3）租赁期限。一般情况下，租期限越长，承租企业每期的租金支付金额就会越小。

4）租金的支付方式。租金的支付方式也会影响租金的高低。支付租金的方式一般有以下几种分类：按支付时间长短，可以分为年付、半年付、季付和月付等支付方式；按支付时点的不同，可以分为先付（期初）和后付（期末）两种方式；按每期支付金额是否相等，可以分为等额支付和不等额支付两种支付方式。

（2）承租人使用权资产和租赁负债的计算。在租赁期开始日，承租人应当对租赁确认使用权资产和租赁负债，短期租赁和低价值资产租赁除外。使用权资产，是指承租人可在租赁期内使用租赁资产的权利。

使用权资产应当按照成本进行初始计量。该成本包括：①租赁负债的初始计量金额；②在租赁期开始日或之前支付的租赁付款额，存在租赁激励的，扣除已享受的租赁激励相关金额；③承租人发生的初始直接费用；④承租人为拆卸及移除租赁资产、复原租赁资产所在场地或将租赁资产恢复至租赁条款约定状态预计将发生的成本。（上述成本属于为生产存货而发生的，适用《企业会计准则第1号——存货》）。

租赁激励，是指出租人为达成租赁向承租人提供的优惠，包括出租人向承租人支付的与租赁有关的款项、出租人为承租人偿付或承担的成本等。

初始直接费用，是指为达成租赁所发生的增量成本。增量成本是指若企业不取得该租赁，则不会发生的成本。

租赁负债应当按照租赁期开始日尚未支付的租赁付款额的现值进行初始计量。

在计算租赁付款额的现值时，承租人应当采用租赁内含利率作为折现率；无法确定租赁内含利率的，应当采用承租人增量借款利率作为折现率。

租赁内含利率，是指在租赁开始日，使最低租赁收款额的现值与未担保余值的现值之和等于租赁资产公允价值与出租人的初始直接费用之和的折现率。

承租人增量借款利率，是指承租人在类似经济环境下为获得与使用权资产价值接近的资产，在类似期间以类似抵押条件借入资金须支付的利率。

租赁付款额，是指承租人向出租人支付的与在租赁期内使用租赁资产的权利相关的款项，包括：①固定付款额及实质固定付款额，存在租赁激励的，扣除租赁激励相关金额；②取决于指数或比率的可变租赁付款额，该款项在初始计量时根据租赁开始日的指数或比率确定；③购买选择权的行权价格，前提是承租人合理确定将行使该选择权；④行使终止租赁选择权需支付的款项，前提是租赁期反映出承租人将行使终止租赁选择权；⑤根据承租人提供的担保余值预计应支付的款项。

实质固定付款额，是指在形式上可能包含变量但实质上无法避免的付款额。

可变租赁付款额，是指承租人为取得在租赁期内使用租赁资产的权利，向出租人支付的因租赁开始日后的事实或情况发生变化（而非时间推移）而变动的款项。取决于指数或比率的可变租赁付款额包括与消费者价格指数挂钩的款项、与基准利率挂钩的款项和为反映市场租金费率变化而变动的款项等。

担保余值，是指与出租人无关的一方向出租人提供担保，保证在租赁结束时租赁资产的价值至少为某指定的金额。

未担保余值，是指租赁资产余值中，出租人无法保证能够实现或仅由与出租人有关的一方予以担保的部分。

对于短期租赁和低价值资产租赁，承租人可以选择不确认使用权资产和租赁负债。做出该选择的,承租人应当将短期租赁和低价值资产租赁的租赁付款额,在租赁期内各个期间按照直线法或其他系统合理的方法计入相关资产成本或当期损益。其他系统合理的方法能够更好地反映承租人的受益模式的,承租人应当采用该方法。

(3)出租人应收融资租赁款的计算。在租赁开始日,出租人应当对融资租赁确认应收融资租赁款,并终止确认融资租赁资产。出租人对应收融资租赁款进行初始计量时,应当以租赁投资净额作为应收融资租赁款的入账价值。租赁投资净额为未担保余值和租赁开始日尚未收到的租赁收款额按照租赁内含利率折现的现值之和。

租赁收款额,是指出租人因让渡在租赁期内使用租赁资产的权利而应向承租人收取的款项,包括:①承租人需支付的固定付款额及实质固定付款额,存在租赁激励的,扣除租赁激励相关金额;②取决于指数或比率的可变租赁付款额,该款项在初始计量时根据租赁期开始日的指数或比率确定;③购买选择权的行权价格,前提是合理确定承租人将行使该选择权;④承租人行使终止租赁选择权需支付的款项,前提是租赁期反映承租人将行使终止租赁选择权;⑤由承租人、与承租人有关的一方以及有经济能力履行担保义务的独立第三方向出租人提供的担保余值。

在转租的情况下,若转租的租赁内含利率无法确定,转租出租人可采用原租赁的折现率(根据与转租有关的初始直接费用进行调整)计量转租投资净额。

出租人取得的未纳入租赁投资净额计量的可变租赁付款额应当在实际发生时计入当期损益。

生产商或经销商作为出租人的融资租赁,在租赁开始日,该出租人应当按照租赁资产公允价值与租赁收款额按市场利率折现的现值两者孰低确认收入,并按照租赁资产账面价值扣除未担保余值的现值后的余额结转销售成本。生产商或经销商出租人为取得融资租赁发生的成本,应当在租赁开始日计入当期损益。

5. 融资租赁筹资的优缺点

融资租赁筹资的优点包括以下几个方面。

(1)迅速获得所需资产。融资租赁筹资的特殊性即在于它集融资、融物于一身,程序也较为简单,因此能帮助企业迅速获得所需资产,尽快形成生产能力。

(2)限制较少。与发行债券和长期借款等筹措负债资金的方式相比,融资租赁对承租企业的限制较少。

(3)降低设备陈旧过时的风险。租赁期满后,企业可以在退租、续租和留购三种处理方式中选择一种,若设备已过时企业可选择退租,从而可转移一部分设备陈旧过时的风险。

(4)具有抵税利益。租金在税前费用中列支,承租企业可获得抵税利益。

(5)可适当分摊不能偿还债务的风险。在租赁筹资方式下,租金一般是在租期内分期支付,可适当分摊大量债务到期时不能偿还的风险。

融资租赁筹资的最主要缺点是资金成本较高。一般来说,在融资租赁方式下,承租企业所承担的隐含利率(计算租金时所用贴现率)要比发行债券或长期银行借款负担的利率高得多,因此,每期支付的租金也成为承租企业一项沉重的财务负担。此外,在融资租赁方式下,承租企业如果不享有设备残值,这也是一种损失。最后,在相当长的租赁期内不能对设备进行改良也会给承租企业的经营产生不利影响。

9.3.5 可转换债券筹资

1. 可转换债券的基本要素

除了债券期限等普通债券应具备的基本要素外，可转换债券还具有基准股票、转换期、转换价格、赎回条款、强制性转股条款和回售条款等基本要素。

（1）基准股票。它也称正股，是可转换债券可以转换成的普通股股票。基准股票可以是发债公司自身的股票，也可以是从属于发债公司的上市子公司股票。

（2）转换期。它是可转换债券转换为股票的起始日至结束日的期限。转换期可以等于或短于债券期限。在债券发行一定期限之后开始的转换期，称为递延转换期。

（3）转换价格。它是可转换债券转换为每股股份所对应的价格。正股市价是影响转换价格高低的最重要因素。发债公司一般是以发行前一段时期的正股市价的均价为基础，上浮一定幅度作为转换价格。如果某企业先发行可转换债券，后发行股票，一般以拟发行股票的价格为基础，折扣一定比例作为转换价格。

转换价格应在公司股份或股东权益发生变化（因送红股、转增股本、增发新股、配股和派息等情况）时做出相应的调整。为了保护可转换债券投资人的利益并促进转股，一般在可转换债券募集说明书中规定转换价格的向下修正条款。当正股市价持续低迷，符合修正条款的基本条件时，公司可以向下调整转换价格。

每份可转换债券可以转换的普通股股数称为转换比率，其计算公式为

$$转换比率 = 债券面值 / 转换价格$$

（4）赎回条款。赎回条款是指允许公司在债券发行一段时间后，无条件或有条件地在赎回期内提前购回可转换债券的条款。在有条件赎回情况下，赎回条件通常为正股市价在一段时间持续高于转股价格达到某一幅度。可转换债券的赎回价格一般高于面值，超出的部分称为赎回溢价。

赎回条款是有利于发债公司的条款，其主要作用是加速转股过程。一般来说，在正股市价走势向好时，发债公司发出赎回通知，要求债券持有人在转股或赎回债券之间做出选择。如果赎回价格远低于转债售价或转股价值，债券投资者更愿意卖出债券或转股。所以，赎回条款实际上起到了强制转股的作用，最终减轻了发债公司的还本付息压力。

另外，如果公司在利润大幅上升时赎回其可转换债券，也会限制债券持有人对公司利润的分享。

（5）强制性转股条款。强制性转股条款要求债券投资者在一定条件下必须将其持有的可转换债券转换为股票。设有该条款的发行公司大多数为非上市公司，这些公司通常将发行可转换债券作为权益融资的手段，并不打算到期还本。强制性转股的类型包括到期无条件强制性转股、转换期内有条件强制性转股。

（6）回售条款。可转换债券的回售条款是指允许债券持有人在约定回售期内享有按约定条件将债券卖给（回售）发债公司的权利，且发债公司应无条件接受可转换债券。约定的回售条件通常为正股市价在一段时间内持续低于转股价格达到一定幅度时，也可以是诸如公司股票未达到上市目的等其他条件。回售价格一般为债券面值加上一定的回售利率。

2. 可转换债券的经济特性与发行动机研究

可转换债券是直接债权与基于普通股的期权的结合，由于这种特殊的"转换"期权特性，使得可转换债券得以兼具债券、股票和期权三个方面的部分经济特征，这种多重特征的叠加，客观上使可转换债券具有了筹资和避险的双重功能。对于发行公司管理层而言，可转换债券的这种独特性，使其具备了多方面的优势。

（1）灵活的融资方式。根据不同的发行条款，可转换债券既可以是债券，又有股票的特点；既可以是优先债券，也可以是次级债券；既可以不赎回，又可以到期还本付息。另外，可转换债券通常赋予发行公司赎回权利，当利率过低或者股价高涨的时候，发行公司可以赎回债券然后再行融资。为了防止可转换债券转换对公司业绩的稀释，发行公司也可以收回债券。因此，可转换债券为发行公司提供了一种非常灵活的融资工具。

（2）延期股权融资。从获取长期稳定的资本供给角度来看，企业更愿意进行股权融资，而非债权融资，这对于负债较多、自有资金不足的企业来说尤其如此。如果股市不利于进行股权融资，通过发行可转换债券，可以达到延期股权融资的目的。

（3）较低的资本成本。与公司普通债券或优先股所支付的利率相比而言，可转换债券的利率一般较低。从国际资本市场上可转换债券的票面利率比较来看，绝大多数可转换债券的票面利率略高于同期银行贷款利率，有很少一部分低于同期银行存款利率。由于可转换债券的价值除了利息之外还有股票期权这一部分，在转换可以实现的情况下，期权部分的价值足以弥补利率差价（这正是其吸引投资者的主要原因）。因此，可转换债券对投资者的价值越大，公司为发售该证券所需支付的费率就越低。而早期利息支付较低对一个处于成长阶段的公司而言可能是非常有益的，因为这将使其保留较多的现金用于公司的成长。

另外，相对于股票而言，可转换债券发行费用低，手续简单，并且转换前的债息可以减轻公司的税负；相对于债权人而言，尽管发行债券可能传达的是好消息，但贷款人会担心其财富被剥夺，为降低这种剥夺的可能性，债权人会坚持采用保护性条款和成本高昂的监控工具，权益持有者为了不使来源于债权人的财富遭到剥夺，还要使用其他保护与监控工具，这必然会提高筹资成本。运用可转换债券这一融资工具，可能会降低对成本高昂的监控的需要，从而降低资本成本。

（4）溢价股权融资，缓解业绩稀释。发行人可以通过发行可转换债券获得比直接发行股票更高的股票发行价格。即使一家公司可以有效地运用新的募集资金，但募集资金购买新设备并产生回报需要一段时间，直接发行新股一般会在短期内造成业绩的稀释，因此该公司股票发行价通常低于股票市场价格。相比之下，由于发行可转换债券赋予投资者未来可转可不转的权利，且转债转换有一个过程，业绩的稀释可以得到缓解。因此，在目前的国际市场上，通过认购可转换债券获得的标的股票，其价格通常比直接从市场上购买股票的价格高出5%～30%。

（5）风险低，易于发行。对投资人而言，可转换债券既有债券的安全性又可享受公司成长的收益。持有该债券，可以获得固定收入债券的投资收益，如果该公司业绩增长良好，持有人可以将其转换成股票从公司业绩增长中获利。需要指出的是，股票价格上升致使可转换债券价格相应上升，可转换债券持有人可以通过直接卖出债券获取股价上涨收益。另一方面，如果股票价格大幅下跌，可转换债券价格只会跌到具有相应利息的普通债券的价格水平。因此，在与普通股同样享有公司业绩增长收益的同时，可转换债券提供了在经济形势不好时的抗跌保护，其价格的下跌风险被限制在债券价值上，这比股票一般的止损指令（如涨跌停板）更为有效地控制风险，这有利于可转换债券的发行。

另外，由于可转换债券兼具债券、期权和股票这三种金融产品的部分特点，可以满足这三方面潜在投资者的要求。特别是在债券市场与股票市场中某一市场疲软时，投资者会对另一市场较有兴趣，这也有助于促进可转换债券的成功发行。

（6）公司具良好发展前景的信号。发行可转换债券也被视作是一种公司信号传递的机制，投资者也可以根据可转换债券的转换价格、转换期限等信息了解公司的情况。因为公司内部人（经理层人员）要比外部人（投资者）掌握更多的公司信息，在制度比较完善的情况下，公司对外发布的各种信号代表了内部人对公司的判断。发行可转换债券改变了企业的资本结构，是公司对外的一种信号传递。发行债券说明公司内部人预计公司未来盈利良好，有较强的未来支付能力，而他们又不愿同外部人分享盈利和风险；而发行股票则说明公司内部人认为企业未来盈利能力较差，他们愿意与外部人分享风险和盈利。当转换价格较高时，可转换债券持有人实施转换的可能性比较小，因而该工具就更类似于债券；当转换价格较低时，说明公司希望持有人实施转换，使本公司的股票得以稀释，此时该工具就更类似于股票。因而转换价格的高低给人们一种信号，即公司内部人对企业未来盈利的判断。

总体而言，可转换债券的优点可以概括体现在以下两个方面。

第一，转换期权的存在，使得投资者愿意接受较低的债务利息，意味着转债是一种"廉价"的融资渠道，进而可以减轻公司的财务负担。

第二，"高估"股票预期发行价格，进而获得有关股票发行的"溢价"，以体现其中蕴涵的期权价值。

3. 可转换债券的融资风险

可转换债券所具有的多重性质决定了它具有多重功能，发行企业在充分利用其优点的同时，不可忽略可转换债券的潜在风险。可转换债券融资风险具体包括以下几点。

（1）发行风险。由于可转换债券利率远低于同期普通公司债券利率甚而可能低于同期银行存款利率，投资者收益较低；公司未来股票市价如果低于转换价格，投资者转换后将遭受转换损失；可转换债券投资者与发行企业存在着严重的信息不对称问题；可转换债券的票面利率较低，对投资者具有吸引力的是其转换股权的价值，只有具备良好业绩和发展潜力的公司及其投资项目，才能被投资者青睐；发行时机的选定权在于证券监管机构，公司可能错失最佳的发行时机。另外，因可转换债券从属于衍生证券的范畴，这种性质决定了其定价、发行与转换的复杂性，考虑到这种复杂性所产生的投资者出于其认知的缺乏所导致的信息要求的提高，使得可转换债券的发行比一般证券更具风险。上述诸多因素造成上市公司、投资银行较少地将可转换债券作为首选融资方式，而投资者在购买可转换债券时也非常谨慎，这不可避免地使得可转换债券在发行时存在发行风险。

（2）利率风险。可转换债券的基本属性是债券，发行公司承担到期还本付息的责任。由于其兼具股票的性质，票面利率一般较低，并且这一低幅难以确定：利率高，成功发行的可能性大；利率低，融资成本低，但有可能不具吸引力。同时，即使低于同期银行存款利率，仍有利率波动的风险。

（3）汇率风险。对于在境外发行可转换债券的公司而言，如果转换不成功，可能存在汇率风险。

（4）公司价值变动风险。由于可转换债券所含转换权的价值取决于其标的股票价格的走势，而股票价格的走势又主要取决于发行公司价值的变动及投资者对发行公司成长的预期。股票及公司价值的变动程度越大，可转换债券的价值越大。但还要注意的是，变动程度越大，公司价值低于债券面值的风险就越大，可转换债券的转换风险也越大：股价下降，可能导致转换风险；股价上升，甚至远高于约定的转换价格时，发行公司将蒙受筹资成本相对增加的损失。尽管发行公司可按事先约定的价格赎回未转换的债券，但是，这会使发行公司在资金调度上受到严重的约束。

（5）经营风险。可转换债券的最大风险是经营风险。发行公司因为企业突然融进大量低成本的资金，往往会投资一些低效益或风险过高的项目，过度扩张。同时，因为可转换债券的发行量较大，未来对利润摊薄的影响也较大，企业因此必须维持高增长速度，以增加利润，抵销转换时的冲击。综上，可转换债券可能增加公司的经营压力。

❖ 阅读材料 9-3

晶澳股份 2023 年度可转换债券发行

晶澳太阳能科技股份有限公司（以下简称"晶澳股份"）于 2023 年 7 月 18 日公开发行可转换债券 896 030.77 万元，发行数量为 8 960.3077 万张。每张面值为 100 元，按面值发行。本次可转换债券期限为 6 年，2029 年 7 月 17 日到期。可转换债券票面利率规定如下：第一年 0.20%、第二年 0.40%、第三年 0.60%、第四年 1.50%、第五年 1.80%、第六年 2.00%。每年付息一次，到期归还本金和最后一年利息。转换期自本次可转换债券发行结束之日（2023 年 7 月 24 日）满六个月后的第一个交易日（2024 年 1 月 24 日）起至本次可转换债券到期日（2029 年 7 月 17 日）止。初始转股价格为 38.78 元/股，不低于募集说明书公告日前二十个交易日该公司 A 股股票交易均价。在本次可转换债券发行之后，当该公司因派送股票股利、转增股本、增发新股（不包括因本次可转换债券转股而增加的股本）、配股使公司股份发生变化及派送现金股利等情况时，将按下述公式进行转股价格的调整（保留至小数点后两位，最后一位四舍五入）：

$$派送股票股利或转增股本：P_1 = P_0/(1+n)$$

$$增发新股或配股：P_1 = (P_0+A\times k)/(1+k)$$

$$上述两项同时进行：P_1 = (P_0+A\times k)/(1+n+k)$$

$$派送现金股利：P_1 = P_0-D$$

$$上述三项同时进行：P_1 = (P_0-D+A\times k)/(1+n+k)$$

在本次可转换债券期满后五个交易日内，公司将按债券面值的 108%（含最后一期利息）的价格赎回未转股的可转换债券。

⊘ 讨论题

（1）晶澳股份可转换债券的年利率虽逐年上涨，但不超过同期定期存款利率，你认为这其中的原因是什么？

（2）晶澳股份可转换债券的初始转股价格为 38.78 元/股，不低于募集说明书公告日前二十个交易日公司 A 股股票交易均价。其理由是什么？为什么不设置更低的价格保证债券转换成功？

本章小结

1. 普通股的发行和上市要具备国家规定的条件，其发行价格通常有等价、时价和中间价三种。利用普通股融资没有固定的利息负担、风险小、能增加公司的信誉，并且限制较少；但融资成本较高，易分散公司控制权，加大了公司被收购的风险，对公司股票的市场价格也会带来不利影响。优先股没有固定的到期日，股利是固定的，同时又有一定的灵活性；优先股的发行能提高公司的举债能力，不会改变普通股股东对公司的控制权，但具有资本成本较高、筹资限制较多等缺点。
2. 债券的价格由债券票面价值、票面利率、市场利率和债券期限决定。企业债券融资可利用财务杠杆资本成本较低，不会影响股东的控制权，融资具有一定的灵活性。但其缺点在于财务风险较高，筹资数量也有限。
3. 租赁可划分为经营租赁和融资租赁。在租赁筹资方式下，承租企业要按合同规定向租赁公司支付租金。融资租赁具有能够及时获得所需资产、增加筹资弹性、减少设备引进费等优点；其缺点主要是融资成本高，存在当事人违约风险、利率和税率变动风险，难以改良设备。
4. 利用认股权证筹资的最大优点是可以降低筹资成本。然而，认股权证的价值都是建立在预期之上的，对投资者而言，由于杠杆作用的存在，使得认股权证的行使成为一种高收益的投资，但须以公司未来股价上升为基础，离开这一基础，选择权将不会被行使，其投资也会造成损失。
5. 可转换债券的优点可以概括体现在以下两个方面：第一，转换期权的存在，使得投资者愿意接受较低的债务利息，意味着转债是一种"廉价"的融资渠道，进而可以减轻公司的财务负担；第二，"高估"股票预期发行价格，进而获得有关股票发行的"溢价"，以体现其中蕴涵的期权价值。发行企业在充分利用可转换债券优点的同时，不可忽略其存在的潜在风险。可转换债券融资风险主要包括发行风险、利率风险、汇率风险、公司价值变动风险、经营风险等。

复习思考

1. 简述普通股、优先股股东的权利及普通股、优先股筹资的优缺点。
2. 长期债券有哪些种类？我国对债券发行的条件和资格是怎样规定的？
3. 比较普通股融资与长期负债融资的利弊。
4. 债券评级对债券发行的影响是什么？
5. 对承租人来说，融资租赁有哪些好处？
6. 为什么说可转换债券是一种"上可攻，下可守"的融资方式？
7. 你是如何理解"权证不同于正股，到期要么行权，要么变成废纸"这句话的？

练习题

1. 某公司发行5年期的债券，面值为1 000元，付息期为1年，票面利率为10%。

要求：

（1）计算市场利率为8%时的债券发行价格。

（2）计算市场利率为12%时的债券发行价格。

2. 某投资者欲对一股票做5年期的投资，股票的时价为20元，预计5年后股票市价上涨为35元，每年每股股利预计增长10%，当年股利为2元，贴现率为12%，试分析该投资者是否应该进行投资。

3. A公司需要一台设备，买价为148 000元，使用寿命为7年，预期净残值为1 000元。折旧期与使用期一致，采用直线法折旧。公司获得设备有两种途径：一种是从银行贷款148 000元购买该设备，贷款年利率为10%，需在7年内每年年末等额偿还本息；另一种是从租赁公司租赁设备，租期7年，每年年末需支付租金30 000元，每年支付的租金可抵减所得税。租赁手续费14 000元在租赁开始日支付，并需要分期摊销和抵税。公司适用的所得税税率为25%。假设公司要求的必要报酬率为10%。

要求： 分析A公司应该采用何种方式取得设备。

案例分析

宇瑞公司决定在2022年年底前投资建设一个项目。公司为此需要筹措资金5亿元，其中，0.5亿元可以通过公司自有资金解决，剩余的4.5亿元需要从外部筹措。2022年6月1日，公司召开会议讨论筹资方案，并要求财务部提出具体计划，以提交董事会会议讨论。公司在2022年4月1日的有关财务数据如下。

（1）资产总额为30亿元，资产负债率为40%。

（2）公司有长期借款5.5亿元，年利率为6%，每年年末支付一次利息。其中，8 000万元将在2年内到期，其他借款的期限尚余5年，借款合同规定公司资产负债率不得超过55%。

（3）公司发行在外普通股5亿股。另外，公司2021年实现净利润3亿元。2022年预计全年可实现净利润4亿元。公司适用的所得税税率为25%。假定公司的股利分配方案是按年股利0.7元/股分配。

随后，公司财务部设计了两套筹资方案，具体如下。

甲方案：以增发股票的方式筹资4.5亿元。公司目前的普通股每股市价为15元，拟增发股票每股定价为10.4元，扣除发行费用后，预计净价为10元。为此，公司需要增发4 500万股股票以筹集4.5亿元资金。为了给公司股东以稳定的回报，维护其良好的市场形象，公司仍将维持其设定的每股0.7元的固定股利分配政策。

乙方案：以发行公司债券的方式筹资4.5亿元。鉴于目前银行存款利率较低，公司拟发行公司债券。设定债券年利率为4.8%，期限为8年，每年付息一次，到期一次还本，发行总额为4.61亿元（平价），其中，预计发行费用为1 100万元。

问题讨论：

该案例涉及哪些财务管理知识？综合运用这些知识，分析上述两种筹资方案的优缺点，并从中选出最佳筹资方案。

第 10 章 利润分配

○ 本章学习要点

- √ 利润分配的程序与原则
- √ 股利支付的方式与程序
- √ 股利分配政策的基本理论
- √ 股利分配政策的类型与选择

○ 引例

央企上市公司平均股利支付率超过 36%

据相关数据库统计分析，2022 年央企上市公司平均股利支付率超过 36%，这一数据大大高于我国上市公司平均股利支付水平，显示出央企作为国有企业典型代表的社会责任履行担当。以大秦铁路股份有限公司为例，该公司连续 16 年进行了高比例现金股利分红，年均现金分红比例超过 50%，截至 2023 年 7 月 13 日，累计现金分红总额超过 990 亿元。

央企上市公司高水平现金股利支付率，一方面体现了这类企业比较高的盈利能力，另一方面也体现了其降低资金成本、提高资本使用效果的高水平财务管理。通过高额现金股利支付，一方面减少企业自由现金流量，迫使企业减少必要开支，降低资金成本；另一方面，通过高额现金股利，提高股东投资回报水平，促进证券市场健康发展，同时提高国有资本资源配置效率。

讨论题

（1）央企上市公司高水平股利支付率与其市场融资的优势地位是否存在一定的关系？

（2）高水平股利支付率的维持需要企业具备什么样的条件？

10.1 利润分配的程序和原则

利润是企业资本收益的具体形式。实现投入资本的保值与增值，是企业经营和发展的基础，也是实现企业价值最大化的必要条件。利润分配是企业财务活动的重要内容，从企业财务管理的角度看，利润分配直接关系到企业的投资人、债权人、经营者及职工的利益。党的二十大报告明确提出"加快建设世界一流企业"，利润分配的高水平也是世界一流企业建设的重要内容。息税前利润是企业收益分配的主要对象。息税前利润应由企业资本提供者参与进行分配，包括权益资本、人力资本、债务资本和环境资本。息税前利润的分配包括税前、税中和税后利润分配三大基本内容和三个基本层次：①税前利润分配，是指对税息前的利润分配，包括债务资本利息的支付和利润总额的计算两个主要内容；②税中利润分配，是对利润总额的分配，企业所得税计算与税后利润的计算是其基本构成内容；③税后利润分配，是对税后净利润的分配，它包括弥补以前年度亏损、盈余公积的提留和股利的分配等内容。其中，股利分配是一个重要内容。引例中，央企高水平现金股利支付率，体现了这类企业在利润分配中对投资者的重视。

10.1.1 利润分配的程序

我国《中华人民共和国公司法》第二百一十条规定，公司分配当年税后利润时，应当提取利润的百分之十列入公司法定公积金。公司法定公积金累计额为公司注册资本的百分之五十以上的，可以不再提取。公司的法定公积金不足以弥补以前年度亏损的，在依照前款规定提取法定公积金之前，应当先用当年利润弥补亏损。公司从税后利润中提取法定公积金后，经股东会决议，还可以从税后利润中提取任意公积金。公司弥补亏损和提取公积金后所余税后利润，有限责任公司按照股东实缴的出资比例分配利润，全体股东约定不按照出资比例分配利润的除外；股份有限公司按照股东持有的股份比例分配利润，公司章程另有规定的除外。公司持有的本公司股份不得分配利润。

从《中华人民共和国公司法》的规定可以看出，公司当年税后利润的分配程序为：①弥补以前年度亏损；②提取法定公积金；③提取任意公积金；④向股东分配利润，即股利分配。

其中，法定公积金与任意公积金统称为公积金，它们是企业在弥补以前年度亏损后从税后利润中提取的用于防范和抵御风险、弥补公司资本的重要资本来源。法定公积金的计提比例及计提方法依规定执行，任意公积金的计提比例及计提方法由公司自行决定。根据《中华人民共和国公司法》第二百一十四条的规定，公司的公积金用于弥补公司的亏损、扩大公司生产经营或者转为增加公司注册资本。法定公积金转为增加注册资本时，所留存的该项公积金不得少于转增前公司注册资本的百分之二十五。

10.1.2 利润分配的原则

利润分配要兼顾各方利益，应遵循的原则如下。

1. 利润分配必须严格遵守国家法律和制度

企业进行利润分配应该充分注意合法性和合理性。我国法律法规对企业利润分配进行了明确规定，要求企业实现的利润必须按有关法律的规定向国家缴纳所得税，对净利润部分要按规定的比率计提公积金、剩余部分可向投资者分配。企业有权选择具体分配政策向投资者分配利润，如果企业当年无利润实现，原则上不应向投资者分配利润。

2. 利润分配要兼顾投资者、经营者和职工的利益

作为企业的所有者和最终风险的承担者，投资者有权享有企业实现的净利润，这也是现代企业制度的本质要求。但从经营者和职工的角度看，企业利润大小与他们的辛勤劳动是分不开的，因此，在保障投资者利益的前提下，提高经营者和职工的劳动积极性和创造性，是企业利润分配过程中必须正视的重要问题。另外，企业在利润分配时，还可以对那些为企业做出较大贡献的员工实施必要的物质奖励，如年终给予一次性奖励或赠送红股等。

3. 利润分配要有利于增强企业发展的后劲

从投资者的角度出发考虑，如何对当期可供分配的利润进行分配，关系着投资者眼前利益和长远利益的协调平衡。另外，合理的分配政策还要有利于企业以丰补歉，协调不同年度之间的收益分配关系。

4. 利润分配要体现投资与受益对等原则

企业分配利润应体现"谁投资谁受益"，受益大小与投资比例相适应，即投资与受益对等原则，这也正是协调各投资者之间利益关系的关键所在。投资者进行投资活动就有权享受收益，因而要求企业在向投资者分配利润时，本着公开、公平、公正的原则，平等地对待所有投资者，不搞幕后交易，不帮助大股东侵害小股东的利益。只有这样，才能从根本上保护现有投资者和潜在投资者的利益，鼓励投资者进行投资。

10.2 股利支付的方式与程序

企业支付股利会对企业财务状况和股票市场价格产生一定的影响，除此以外，企业还可能通过股票回购、股票分割等方式达到与股利支付类似的效果。因此本部分将股票回购和股票分割一并讨论。

10.2.1 股利支付方式

西方国家股份制企业股利支付的方式一般有现金股利、股票股利、财产股利和负债股利等。我国有关法律规定，股份制企业只能采用现金股利和股票股利两种股利支付方式。

1. 现金股利

现金股利是股份制企业以现金的形式发放给股东的股利，这是最常用的股利支付方式。现金股利发放的多少主要取决于企业的股利政策和经营业绩。企业选择现金股利方式的条件主要有：企业有充足的可以支付的现金，资产流动性较强；企业有较强的外部筹资能力；现金的支付不存在债务契约的约束等。由于现金具有较强的流动性，且现金股利还可以向市场传递一种积极的信号，因此，现金股利的支付有利于支撑和刺激企业的股价，增强投资者的投资信心。

2. 股票股利

股票股利是企业将应分配给股东的股利以股票的形式支付的方式。可以用于发放股票股利的，除了当年的可供分配利润外，还有企业的盈余公积金和资本公积金。

股票股利并没有改变企业账面的股东权益总额，同时也没有改变股东的持股结构，但是，会增加市场上流通的股票数量。因此，企业发放股票股利会使股票价格相应下跌。可见，分配股票股利，一方面扩张了股本，另一方面起到了股票分割的类似作用。

发行股票股利虽然不能增加股东财富，也不会增加公司价值，但它仍会给股东和公司带来好处。这主要表现在以下四个方面。

（1）能达到节约现金支出的目的。较之现金股利，股票股利既可以实现股利分配的目标，又可以不增加企业的现金流出量，这对于处于高速成长期、现金流较为短缺的公司尤为有利。

（2）有助于公司把股票市价维持在其希望的范围内。有些公司不希望股票市价过高，因为这可能使一些投资人失去购买能力。对于这类公司，可利用分配股票股利的办法，把股价维持在其希望的范围内。

（3）与现金股利配合使用，以增加股东财富。如果公司在发放股票股利之后，维持现金股利的发放，则对股东有利。

（4）其他情形。有时公司发行股票股利后，股价并不成同比例下降，这样便增加了股东的财富。因为股票股利通常为处于成长中的公司所采用，投资者可能会认为，公司盈余将会有大幅度增长，并能抵消增发股票所带来的消极影响，从而使股价稳定不变或略有上升。

对于企业来说，分配的股票股利不会增加其现金流出量，因此，如果企业现金紧张或者需要大量的现金进行投资的话，可以考虑采用股票股利的方式。但是，也应当注意，一直实行稳定的股利政策的企业，由于发放股票股利而扩张了股本，如果以后继续维护原有的股利水平，势必会增加未来的股利支付。另外，也有一些投资者会认为企业发放股票股利是传递了一个坏信息，即公司现金支付能力不足，公司面临一定的财务风险。所以，如果企业长期发放股票股利，会使投资者对企业失去信心，导致企业股票市价大幅下跌，从而为廉价收购者提供可乘之机。

3. 财产股利

财产股利是以现金之外的其他资产支付的股利，主要包括实物股利，如实物资产或实物产品等；证券股利，如公司拥有的其他公司的债券、股票等。其中，实物股利并不增加公司的现金流出，适用于现金支付能力较弱的时期。证券股利既保留了公司对其他公司的控制权，又不增加公司目前的现金流出，且由于证券的流动性较强，为股东所乐于接受。

4. 负债股利

负债股利是公司以负债支付的股利，通常以公司的应付票据支付给股东，在不得已的情况下，也可发行公司债券抵付股利。由于负债均需还本付息，这种股利支付方式对公司的压力较大，只能作为现金不足时的权宜之策。

10.2.2 股票回购

股票回购是指公司出资购回本公司发行在外的股票的行为。被购回的股票一般并不注销（但需要相应调整股本额），而是作为库藏股，有些公司在时机有利时会重新出售回购的股票。

在财务上，库藏股是指公司收回已发行的且尚未注销的股票。它具有以下四个特点：①该股票是本公司的股票；②它是已发行的股票；③它是收回后尚未注销的股票；④它是还可再次出售的股票。除此以外，凡是公司未发行的、持有其他公司的及已收回并注销的股票都不能视为库藏股。此外，库藏股还具有以下特性：第一，库藏股并不享有与其他发行在外股票一样的权利，如它不具有投票权、股利的分派权、优先认购权等；第二，库藏股有一定的库存期限（一般在一个会计年度之内），库存期限过长易被公司管理层所操纵（如公司为了操纵每股收益或出于管理层个人激励目的而有意回购股票）。

我国《中华人民共和国公司法》第一百六十二条规定：公司不得收购本公司股份。但是，有下列情形之一的除外：①减少公司注册资本；②与持有本公司股份的其他公司合并；③将股份用于员工持股计划或者股权激励；④股东因对股东大会做出的公司合并、分立决议持异议，要求公司收购其股份；⑤将股份用于转换公司发行的可转换为股票的公司债券；⑥上市公司为维护公司价值及股东权益所必需。公司因前款第①项、第②项规定的情形收购本公司股份的，应当经股东会决议。公司依照前款规定收购本公司股份后，属于第①项情形的，应当自收购之日起10日内注销；属于第②项、第④项情形的，应当在六个月内转让或者注销。属于第③项、第⑤项、第⑥项情形的，公司合计持有的本公司股份数不得超过本公司已发行股份总数的百分之十，并应当在三年内转让或者注销。

1. 股票回购的影响

股票回购首先会对股东产生有利影响，表现为以下几点。

（1）股票回购是公司发展良好的预兆。因为股票回购决策大多是在管理当局认为公司股票价格过低的情况下做出的。

（2）股票回购可以使股东推迟纳税。公司发放现金股利时，股东需要缴纳个人所得税；而当公司回购股票时，公司股票价格升高，这类似于向股东发放股利。不同的股东可以做出不同的选择，对急需现金的股东来说，他可以出售一部分股票以解燃眉之急，而对不急需现金的股东而言则可以保留股票，从而推迟纳税。

股票回购对公司和股东的不利之处在于：①股票回购风险较大。因为人们一般认为现金股利可靠、实惠，而通过股票回购使股价上涨从中获益的方法不稳定，并且股价受多种因素影响。②股票回购可能导致公司被股东起诉。许多出售股票的股东或许是因为未掌握公司目前及将来经营活动的准确消息。如果公司在股票回购之前，不将其回购计划公布于众，可能引起部分股东的误解，甚至诉诸法律。③回购价格过高，不利于留存股票的股东。如果公司的股票交易并不活跃，却急于回购相当数量的股票，则其价格将有可能被哄抬以致超过均衡价格，而公司停止收购后，股票价格又会下跌。

具体到公司本身，股票回购的积极影响主要有以下几点。

1）股票回购可能增加股利分配政策的灵活性，既可保持公司股利分配的稳定性，又不必提高股利分配比例。

2）股票回购可以调整资本结构。公司调整资本结构，可以通过举债、出售资产等方式，使其资本结构最优。但是公司依靠负债筹资，可能时间较长，如果公司在采取发行长期债券的同时，将所得资金用于股票回购，可迅速改变资本结构。

3）股票回购可提高公司竞争力，防止被其他公司兼并或收购。

但股票回购也对公司产生一些不利影响。

1）股票回购会减少公司投资机会，缩小经营规模。

2）股票回购会带来一定风险。因为股票回购取代现金股利，有时不易被股东接受，会被误认为公司前景不妙；而且税务部门如果认为股票回购是为了逃避对股利的征税，可能会导致公司面临处罚。

3）公司如果被认为通过股票回购操纵股票价格，证券管理部门可能会提出质询，甚至禁止该行为。

2. 股票回购的方法

公司在决定实施股票回购时，可以采取的方法有两种：自我认购和公开回购。

（1）自我认购。自我认购是指公司向股东发出回购要约以购买部分股票。根据认购价格的确定方法不同，又分为固定价格自我认购和荷兰式拍卖自我认购。在固定价格自我认购方式下，公司要事先确定一个固定的认购价格，该价格通常高于股票现行市场价格，然后将该价格正式告诉股东。股东可自行决定是否以该价格出售股票。在荷兰式拍卖自我认购方式下，公司要事先说明愿意回购的股票数量和愿意支付的最低、最高价格。通常，愿意支付的最低价格稍高于现行市场价格；然后，股东确定愿意出售的股票数量以及在公司给定的价格范围之内能够接受的最低出售价格；最后，公司根据股东报价确定最终认购价格，并向报价低于或等于最终认购价格的股东回购股票。

（2）公开回购。公开回购也就是公司像其他投资者一样在股票二级市场上购买自己的股票。这种回购方式下的认购价格就是现行市场价格。对公司而言，公开回购的交易成本小于自我认购的交易成本，但这种方式往往受到较严格的监控，回购时间较长。

公司无论采用何种方法，都不能触犯相关法律法规，并尽量减轻股票回购对股票市价的负面影响。

❖ 阅读材料 10-1

顺丰控股股份回购

2022 年 9 月，顺丰控股股份有限公司（以下简称"顺丰控股"）董事会审议通过了《关于公司以集中竞价方式回购股份方案的议案》，拟使用自有资金以集中竞价方式回购部分公司股份用于员工持股计划或股权激励。截至 2023 年 7 月 12 日，该公司公告累计回购公司股份 1 049.05 万股，回购总金额为 5 亿元（不含交易费用），平均成交价格为每股 47.7 元。2023 年 7 月 19 日，该公司股票收盘价格为每股 47.1 元。该公司计划回购 1 429 万股～2 857 万股，目前还没有完成回购计划。

根据顺丰控股 2022 年年度报告，公司 2022 年度净利润为 61.7 亿元，比上年增加 44.62%；经营活动产生的现金流量净额为 327 亿元，比上年增长 112.94%；资产负债率为 54.67%，比上年提高 1.32 个百分点。

● 讨论题

（1）顺丰控股股票回购后，股票价格未能超过回购价格，你认为这可能有哪些原因？

（2）根据顺丰控股 2022 年度财务数据，你认为该公司股票回购有哪些优势和风险？

10.2.3 股票分割

股票分割是指将面额较大的股票折成数股面额较小股票的行为，也称"拆股"。就会计而言，股票分割不会对企业的财务结构产生任何影响，而是仅仅增加了发行在外的股票数量并使每股面值下降，而企业资产负债表股东权益各账户的余额都保持不变，合计数也不会有变化。

1. 股票分割的动机

第一，降低股票股价，提高企业股票的市场流动性。通常认为，股票价格上升，会降低股票吸引力，不利于股票交易，而股票价格下降则有助于股票交易。通过股票分割可以大幅度降低股票市价，增加投资吸引力，这种效果类似于高额发放股票股利。

第二，股票分割的信息效应有利于以后股价的提高。企业在实行股票分割时，往往也会向市场传递一种信息，暗示企业管理当局有信心不断提高企业的盈利能力，因而往往会刺激股价的上涨。

第三，为发行新股做准备。股票价格的高低往往是影响新股发行顺利与否的关键性因素。当市场股票价格太高时，会使许多潜在的投资者不敢轻易购买投资公司的新发股票，而在新股发行前，适时进行股票分割，有利于提高股票的流动性，促进股票市场交易的活跃，更广泛地吸引各个层次投资者的注意力。

相反，有些公司认为自己的股票价格过低，为了提高股价，可以采取反分割（也称股票合并）的措施。反分割是股票分割的反向行为，即将数股面额较低的股票合并为一股面额较高的股票的行为。

2. 股票分割对股东的影响

（1）可能会增加股东的现金股利。一般来说，股票分割后，只有极少数的公司还能维持分割之前的每股股利，不过，只要股票分割后每股现金股利的下降幅度小于股票分割幅度，股东仍能多获现金股利。

（2）通过向投资者传递有利信息增加股东财富。股票分割一般都是股价不断上涨的公司所采取的行动。公司宣布股票分割，等于向社会传递了本公司的盈余还会继续大幅度增长的有利信息。这一信息将会使投资者争相购买股票，引起股价上涨，进而增加股东财富。

需要指出的是，尽管股票分割与发放股票股利都能达到降低公司股价的目的，但一般来说，只有在公司股价剧烈上涨且预期难以下降时，才采用股票分割的办法降低股价，而在公司股价上涨幅度不大时，往往通过发放股票股利的方法将股价维持在理想的范围之内。

10.2.4 股利支付程序

股份制企业的股利支付必须遵循法定的程序，一般是先由董事会提出分配预案，然后提交股东大会决议通过才能进行分配。股东大会决议通过分配预案之后，要向股东宣布发放股利的方案，并确定股权登记日、除息日和股利发放日。

1. 股利宣布日

股利宣布日就是股东大会决议通过并由董事会宣布发放股利的日期。在宣布分配方案的同时，要公布股权登记日、除息日和股利发放日。

2. 股权登记日

股权登记日是有权领取本期股利的股东资格登记截止日期。规定股权登记日是为了确定股东能否领取本期股利的日期界限，因为股票是经常流动的，所以确定这个日期是非常必要的。凡是在股权登记日这一天登记在册的股东都有资格领取本期股利，而在这一天之后登记在册的股东，即使是在股利发放日之前买到的股票，也无权领取本次分配的股利。

3. 除息日

除息日，即指领取股利的权利与股票分离的日期。在除息日前，领取股利的权利从属于股票，持有股票者即享有领取股利的权利；除息日始，领取股利的权利与股票分离，新购入股票的股东不能分享股利。在此期间的股票交易称为无息交易，其间交易的股票称为无息股。证券业一般规定在股权登记日的前4日（正常交易日）为除息日，这是因为过去股票买卖的交割、过户需要一定的时间，如果在除息日之后股权登记日之前交易股票，公司将无法在股权登记日得知股东更换的信息，但是现在先进的计算机交易系统为股票的交割、过户提供了快捷的手段，股票交易结束的当天即可办理完全部的交割、过户手续。因此，我国上海证券交易所和深圳证券交易所规定的除息日是在股权登记日的次日（正常交易日）。

4. 股利发放日

股利发放日也称股利支付日，是指股份公司实际向股东支付股利的日期。

10.3 股利政策

10.3.1 股利政策的基本理论

股利政策是关于股份制企业是否发放股利、发放多少股利、何时发放股利以及以何种形式发放股利等方面的方针与策略。长期以来，围绕股利政策是否会影响企业价值或股东财富这一问题一直存在不同的观点，并由此形成了不同的股利政策理论。归结起来，股利政策理论有股利无关论和股利相关论两大类。

1. 股利无关论

股利无关论（MM 理论）是由美国学者米勒和莫迪利亚尼于 1961 年在他们的著名论文《股利政策，增长和股票价值》中提出的。该理论认为，股利政策对公司的股票价格或资金成本没有任何影响，即股利政策与公司价值无关。MM 理论的成立是建立在一定假设之上的，这些假设主要包括：①不存在任何个人或企业所得税；②资本市场是一个完善资本市场，该市场不存在任何股票的发行和交易成本，任何投资者都无法左右证券价格；③股利政策的选择不会改变企业的权益资本成本；④关于未来的投资机会，投资者和管理者能获取相同的信息。MM 理论是以完美无缺的资本市场为前提的，但现实的资本市场并不像 MM 理论所描述的那样完善，构成该理论的主要假设都缺乏现实性，因此，该理论自面世以来，就引起了广泛的争议。

2. 股利相关论

股利相关论认为，企业股利政策与企业的价值大小或股价高低并非无关，而是具有一定的相关性。该理论的流派较多，其中代表性的观点主要有以下几种。

（1）股利偏好理论（"一鸟在手论"）。这一理论是由麦伦·戈登（Myron Gordon）和约翰·林特纳（John Lintner）首先提出的，这一说法来源于英国一句格言"双鸟在林，不如一鸟在手"。这一理论认为，投资者对股利收益和资本利得具有不同的偏好，他们认为股利收益比股票价格上涨产生的资本利得更为可靠，股利收益可视为投资者的既得利益，好比在手之鸟，而股票价格的升降具有很大的不确定性，犹如林中之鸟，不一定能得到。因此，资本利得的风险要远远高于股利收益的风险。

（2）信号效应理论。该理论认为，支付股利是在向投资者传递企业的某种信号，因为投资者与企业管理者存在着明显的信息不对称。管理者对企业未来投资机会和收益的信息，比外部投资者要了解得更为丰富和具体。企业的股利分配是投资者获取信息的重要途径。稳定和增长的股利会向投资者发出未来收益良好的信号，表明企业未来创造现金流量的能力在不断增强，企业管理者有充分的信心和把握。因此，发放高现金股利的股票一般会受到投资者的青睐，股票价格相应会上涨。反之，发放低现金股利或不发放现金股利的股票，往往受到投资者的质疑，并被认为企业盈利能力差或未来的经营前景不好，导致投资者抛售股票，从而使股票价格下降。另外，股利的派发从一定程度上说，也是对企业盈利能力和现金流量充足程度的反映，因为企业的每股收益指标容易被操纵和粉饰，而现金流量和股利往往是无法被随意粉饰的。

（3）税收效应论。该理论认为，MM 理论中关于不存在任何个人或企业所得税这一假设也是不存在的。现实生活中，不仅存在着个人和企业所得税，而且在许多国家，资本利得收入计征的所得税与股利收入计征的所得税的课税比率也是不同的。一般而言，资本利得所得税[⊖]税率较低，股利收入所得税税率较高。另外，投资者不出售股票就不会获得资本利得，也就不需要纳税，如果投资者将资金一直保留在公司中，直到出售股票获得资本利得时才需纳税，那就产生了延迟纳税的效果，即企业的股利政策采取多留少分，有利于投资者减轻税负，从而获得更多投资收益。

⊖ 我国未开征资本利得所得税，相关课税内容在个人所得税和企业所得税等税种中有所涉及。

10.3.2 影响股利支付的因素

企业股利的支付受多种因素的影响，其中主要包括法律性限制、契约性限制、企业经营的限制和股东意愿等几个方面。

1. 法律性限制

公司法确定了企业向其股东支付股利的合法性，但并不强制企业一定要分派股利。这类法规从法律角度对企业在发放股利方面的限制做出了明确规定，主要表现为以下几点。

（1）资本保全条款。为防止资本侵蚀，要求公司不能因为支付股利而引起资本减少。这一条规定的目的在于保证公司有完整的产权基础，保护债权人的利益。任何导致资本减少的股利发放都是在分配公司股东原投入的资本，而不是分配收益，因此是非法的，如发生这类情形，公司的董事会要对此负责。

（2）留存盈利的规定。该类限制与防止资本侵蚀的规定相类似，规定股利只能从当期及过去累积的留存盈利中支付。也就是说，公司股利的支付不能超过当期与过去的留存盈利之和。

（3）无偿债能力条款。无偿债能力包括两种情况：一是公司出现资不抵债，二是公司尽管尚未陷入资不抵债的境地，但由于资产流动性不足，造成财务困难，无力偿付到期的债务。若公司在前一种情况下仍向股东支付股利，意味着股东侵占了本属于债权人的清算资产；在后一种情况下向股东支付股利，也是对债权人利益的侵犯。无偿债能力条款规定：如果公司已无力偿付到期债务或因股利的支付将使其失去偿债能力，公司不能支付现金股利，否则属于违法行为。

❖ 阅读材料 10-2

上市公司监管指引第 3 号——上市公司现金分红（节选）

....

第四条 上市公司应当在章程中明确现金分红相对于股票股利在利润分配方式中的优先顺序。具备现金分红条件的，应当采用现金分红进行利润分配。采用股票股利进行利润分配的，应当具有公司成长性、每股净资产的摊薄等真实合理因素。

第五条 上市公司董事会应当综合考虑所处行业特点、发展阶段、自身经营模式、盈利水平、债务偿还能力、是否有重大资金支出安排和投资者回报等因素，区分下列情形，并按照公司章程规定的程序，提出差异化的现金分红政策：

（一）公司发展阶段属成熟期且无重大资金支出安排的，进行利润分配时，现金分红在本次利润分配中所占比例最低应达到百分之八十；

（二）公司发展阶段属成熟期且有重大资金支出安排的，进行利润分配时，现金分红在本次利润分配中所占比例最低应达到百分之四十；

（三）公司发展阶段属成长期且有重大资金支出安排的，进行利润分配时，现金分红在本次利润分配中所占比例最低应达到百分之二十。

公司发展阶段不易区分但有重大资金支出安排的，可以按照前款第三项规定处理。

现金分红在本次利润分配中所占比例为现金股利除以现金股利与股票股利之和。

第六条 上市公司在制定现金分红具体方案时，董事会应当认真研究和论证公司现金分红的时机、条件和最低比例、调整的条件及其决策程序要求等事宜。

独立董事认为现金分红具体方案可能损害上市公司或者中小股东权益的，有权发表独立意见。董事会对独立董事的意见未采纳或者未完全采纳的，应当在董事会决议中记载独立董事的意见及未采纳的具体理由，并披露。

股东大会对现金分红具体方案进行审议前，上市公司应当通过多种渠道主动与股东特别是中小股东进行沟通和交流，充分听取中小股东的意见和诉求，及时答复中小股东关心的问题。

第七条 上市公司召开年度股东大会审议年度利润分配方案时，可审议批准下一年中期现金分红的条件、比例上限、金额上限等。年度股东大会审议的下一年中期分红上限不应超过相应期间归属于上市公司股东的净利润。董事会根据股东大会决议在符合利润分配的条件下制定具体的中期分红方案。上市公司应当严格执行公司章程确定的现金分红政策以及股东大会审议批准的现金分红具体方案。确有必要对公司章程确定的现金分红政策进行调整或者变更的，应当满足公司章程规定的条件，经过详细论证后，履行相应的决策程序，并经出席股东大会的股东所持表决权的三分之二以上通过。

第八条 上市公司应当在年度报告中详细披露现金分红政策的制定及执行情况，并对下列事项进行专项说明：

（一）是否符合公司章程的规定或者股东大会决议的要求；

（二）分红标准和比例是否明确和清晰；

（三）相关的决策程序和机制是否完备；

（四）公司未进行现金分红的，应当披露具体原因，以及下一步为增强投资者回报水平拟采取的举措等；

（五）中小股东是否有充分表达意见和诉求的机会，中小股东的合法权益是否得到了充分保护等。

对现金分红政策进行调整或者变更的，还应当对调整或者变更的条件及程序是否合规和透明等进行详细说明。

....

● **讨论题**

我国证监会为什么会出台这种监管政策？该政策对上市公司股利政策有什么影响？

2. 契约性限制

当公司签订长期借款协议、债券协议、优先股协议以及租赁契约等外部融资协议时，常常会应对方的要求，接受一些有关股利支付的限制条款。这些限制条款主要表现为以下几个方面：只能以长期借款协议履行后所产生的收益支付股利，而不能动用在此之前的留存盈利；除非公司的盈利达到一定水平，否则不得发放现金股利；当净营运资本低于某一下限不能支付股利时；只有在优先股股利全部支付后才能支付普通股现金股利；将股利发放额限制在某一盈利额或盈利百分比上。

确立这些契约性限制条款，目的在于促使企业把利润的一部分按有关条款要求的特定形式（如偿债基金等）进行再投资，以扩大企业的经济实力，从而保障借款的如期偿还，维护债权人的利益。

3. 企业经营的限制

公司法确定了企业股利发放的法律界限，但企业在制定股利政策的过程中还要综合考虑生产经营的实际情况，最重要的是企业经营的现金流量情况。具体地说，又包括资产流动性、筹资能力与资金需求、盈利稳定性以及企业控制权等几个方面。

（1）资产流动性。因为现金股利支付是一项现金流出，过度的股利分派势必会影响到维持企业正常生产经营所必需的资产流动性，因此，股利的分派应以不危及企业经营上的资产流动为前提。如果企业资产的变现能力较强，现金的来源较为充裕，那么它支付现金股利的能力也较强。

由于会计利润与净现金流量之间存在着时间上的差异，因此，并非所有具有高盈利性的企业都能够支付高的股利，这在一些处在成长期的企业表现尤为明显。由于扩大再生产的固定资产投资需要占用大量的现金资源，企业资产流动性相对不足，在这种情况下还强行要求企业支付高股利显然是不明智的。由此可见，现金股利的支付水平，在很大程度上受企业资产变现能力的限制。

（2）筹资能力与资金需求。企业财务的灵活性一方面依赖于资产的流动性，另一方面如果能够迅速筹集到经营所需要的资金，也是对企业财务灵活性的良好补充。

企业如果处在发展期，拥有较多的投资机会，那么，它往往倾向于采取支付低股利，提高再投资比率的政策，将盈利留存在企业，这样，一方面可以满足企业的资金需求，另一方面可以增大企业权益基础，提高潜在的筹资能力。但是，这类企业在制定股利政策时往往会处于两难境地：一方面，企业在发展，需要投入资金；另一方面，股东心理上可能因为害怕承担风险而希望提高股利发放比率，这就需要进行权衡。只有当企业股利政策制定者确信并能够使股东理解，企业确实有盈利较高的项目，将盈余留存下来会获得比股东自行投资获得更高的报酬，企业股票的价格有望大幅度增长并足以抵消因少派股利而使股东承受的损失时，采取低股利政策才有充足的经济依据。

（3）盈利稳定性。企业的股利政策在很大程度上受其盈利稳定性的影响。一般来说，盈利稳定的企业比较有信心维持支付较高比率的股利。此外，盈利稳定的企业由于其经营和财务风险相对较少，因而，可以比其他企业以更低的成本筹集资金。因此，一个企业的盈利越稳定，股利的支付率也会越高。像自来水、天然气等公用事业公司就是这类企业的典型例子。

（4）企业控制权。如果企业一方面支付较高比率的股利，另一方面必须通过发行新股票来筹集新增投资所需资金，这样就有可能导致现有企业控制格局的改变。在这些企业的长期经营中，可能已经形成了在现有股东基础上建立的以董事会为首的企业控制结构，为避免控制权旁落，它们可能更倾向于支付低股利，更多地依赖企业内部融资。

4. 股东意愿

企业经营的一个重要目的是实现股东财富的最大化。因此，制定股利政策时，必须充分考虑股东的意愿。但需要明确的是，企业股东为数众多，制定的股利政策不可能使每个股东都实现效用最大化。因此，所谓合理的股利政策，通常是指那些可以增加大部分股东财富的股利政策。要制定合理的股利政策需要考虑以下几个方面的因素。

（1）税收因素。公司的股利政策受股东应纳所得税状况所左右。如果一个公司拥有很大比例的因达到个人所得税的某种界限而按高税率课税的富有股东，则其股利政策将倾向于多留盈余、少派股利。由于股利收入的税率要高于资本利得的税率，因而这种多留少派的股利政策可以给这些富有股东带来更多的资本利得收入，从而达到个人税务筹划的目的。相反，如果一家公司的绝大部分股东是低收入阶层，其所适用的个人所得税税率比较低，这些股东就会更重视当期的股利收入，宁愿获得没有风险的当期股利，而不愿冒风险去获得以后的资本利得。因而，对这类股东来说，税负状况并不是他们关心的内容，他们更喜欢较高的股利支付率。

（2）股东的投资机会。除企业利用留存利润进行再投资之外，股东也可利用现金股利进行再投资。基于股东财富最大化考虑，如果企业的再投资利润率低于股东个人再投资利润率，那企业就应该尽可能地把盈利以现金形式分派给股东。

尽管要求企业对每一位股东的个人投资机会做出评价是不太现实的，但企业至少要以风险类似的其他行业为参照评价外部投资机会的可能报酬率。如果结果显示，外部投资机会的报酬率更高，则企业应该选择多付现金股利、少留留存盈利的做法。相反，如果企业投资机会的投资报酬率高于外部投资报酬率，则企业应选择低股利政策。

（3）股权的稀释。由于企业盈利是企业内部融资的重要渠道之一，如果将大部分的盈利以股利形式发放出去，就有可能导致现有股利和盈利的稀释，即如果企业一边支付大量的现金股利，一边发行新股，现有股东的控制权就有可能被稀释。另外，随着新股的发行，流通在外的普通股数量必然增加，最终将导致企业的每股盈利和每股市价的下降，综合影响的结果并不一定有利于现有股东。同时，企业的权益基础由于股利的发放而下降，这一方面将增加企业负债筹资的难度，另一方面也使企业面临被收购的潜在威胁。

❖ 阅读材料 10-3

"高送转"不再流行

受我国《上市公司监管指引第 3 号——上市公司现金分红》及其他相关规定的影响，多数上市公司开始调整股利政策，提高现金股利支付比例，以前动辄"高送转"的做法不再流行。

证券时报·数据宝统计显示，截至 2022 年 4 月 20 日，1 705 家公司披露了 2021 年度股利分配政策，其中包含送转的公司有 217 家。其中，每 10 股送转比例最高的是天赐材料、奥士康、力量钻石等紧随其后，这几家公司的送转比例均为每 10 股送转 10 股。共有 7 家公司的分配方案包含高送转。

上述送转方案的公司中，有 217 家公司已经披露 2021 年年度报告，净利润增幅最高的是德方纳米，2021 年实现净利润 8 亿元，同比增长 2 918.83%。

送转方案公布首日，股价上涨的有 104 只，股价涨停的有苏奥传感、江天化学等，股价下跌的有 95 只。送转方案公布以来股价上涨的有 70 只，股价下跌的有 129 只。

与送转遇冷相对的是现金股利的受捧，公布送转方案的 217 家公司中，在进行送转的同时有209家同时搭配现金分红，占送转公司比例的96.31%。推出纯派现的公司也有1 488家。

资料来源：东方财富网.7家公司推出高送转方案，2022年4月20日。

● 讨论题

在上述材料所介绍的时期，为什么"高送转"不再受市场追捧？

10.3.3 股利政策的类型与选择

股利政策是为指导企业股利分配活动而制定的一系列制度和策略，主要包括股利支付水平以及股利分配方式等内容。企业股利政策的制定应充分考虑自身的实际情况，立足于企业价值最大化的理财目标。因此，不同的股利政策会影响到企业当期现金流量和内部筹资的水平，并影响到企业筹资方式的选择。

1. 剩余股利政策

在剩余股利政策下，企业当期实现利润应优先满足投资机会的需要，如有剩余的盈余，方可进行股利的发放；如果没有剩余的话，则不派发股利。可见，该股利政策对股利的支付，要视企业利润的大小和投资机会的多少而定，属波动性股利政策。

剩余股利政策把投资放在首位，有利于企业把握投资机会，不断增加企业收益水平，提高股东财富；而且，留存收益比增发新股的筹资成本低，有利于降低资本成本，增加权益资本，改善资本结构。但在实际操作过程中，企业要加强投资机会的可行性研究和审查，权衡投资的风险与收益；否则，一旦投资决策失误，将会严重损害股东的利益。

2. 固定股利发放率政策

固定股利发放率政策是企业按当期净利润或当期可供分配利润的固定比率向股东支付股利的政策，即按每股收益的一定比例来确定每股股利。可见，该股利政策使股利大小与盈利水平保持了相对的稳定，盈利水平高，股利发放就多，当企业亏损时，就无股利发放。但该股利政策也有明显的不足之处，即不利于企业价值最大化，因为企业的收益有一定的波动性特点，固定股利发放率使股利发放数量也呈明显的波动性，从而向外界传递一种企业未来收益不稳定的信息，最终难免会影响未来收益的稳定程度。

3. 稳定增长股利政策

稳定增长股利政策是指企业的股利发放在一定时期内保持稳定并稳中有增的一种股利分配政策。在该股利政策下，无论企业的财务状况如何及资金需求如何变化，每期都要按固定的股利支付额度向股东分派股利，当企业的收益水平已达到一个新的高度，且持续的收益增长有把握时，才考虑增长股利，使股利的支付在一定时期内达到稳中有升的趋势。该股利政策向市场传递企业收益稳定的信号，有利于增强投资者的信心，对于那些依靠股利维持消费的投资者更有吸引力，因而有利于企业股价的稳定提高。但如果企业某年度收益不够理想，为保证固定股利的发放，有时不得不放缓或放弃某些投资项目，从而会影响企业的长远发展。

4. 正常股利加额外股利政策

在这一股利政策下，企业的股利分为正常股利和额外股利两部分。正常股利基本上是固定的，往往被定位在一个较低水平上，不管企业经营状况如何，该部分股利每期都应发放。额外股利的多少视企业各经营期间的盈利状况而定，盈利较好时，额外股利也相应较多；盈利状况不良时，可以少发放或不发放额外股利。这一股利政策使股东每期都有相对比较稳定的股利，因而有利于股价的稳定，同时对企业来说，该股利政策也有较大的财务灵活性。因此，该股利政策适用于收益波动性较大的企业。

❖ 阅读材料 10-4

宇通客车 2021 年度利润分配方案[⊖]

一、利润分配方案内容

经大华会计师事务所审计，截至 2021 年 12 月 31 日，宇通客车股份有限公司（以下简称"宇通客车"）（母公司报表）期末可供分配利润为人民币 8 134 359 400.89 元。经董事会决议，公司 2021 年年度拟以实施权益分派股权登记日登记的总股本为基数分配利润。本次利润分配方案如下：

公司拟向全体股东每 10 股派发现金股利 5 元（含税）。截至 2021 年 12 月 31 日，公司总股本为 2 262 931 223 股，以此计算合计拟派发现金红利 1 131 465 611.5 元（含税）。公司 2021 年度现金分红合计占公司 2021 年合并报表中归属于母公司股东的净利润比例为 184.34%。

二、公司履行的决策程序

（一）董事会会议的召开、审议和表决情况

公司于 2022 年 3 月 26 日召开第十届董事会第十二次会议，以 9 票同意、0 票反对、0 票弃权的表决结果，审议通过了本次利润分配方案。

（二）独立董事意见

公司年度利润分配方案在保证公司正常经营和长远发展的前提下，兼顾了广大股东的即期和长远利益，符合公司实际经营发展情况，符合相关法律、行政法规及《公司章程》的规定，不存在损害公司股东特别是中小股东合法利益的情况。

（三）监事会意见

公司于 2022 年 3 月 26 日召开第十届监事会第十二次会议，以 3 票同意、0 票反对、0 票弃权的表决结果，审议通过了本次利润分配方案。

◉ 讨论题

收集相关资料，探讨宇通客车的股利政策及其背后的原因。

[⊖] 同花顺财经. 宇通客车：2021 年度利润分配方案公告 [EB/OL].[2024-02-21].http://news.10jqka.com.cn/20220329/c35111637.shtml.

本章小结

1. 公司当年税后利润的分配程序如下：①弥补以前年度亏损；②提取法定公积金；③提取任意公积金；④向股东分配利润，即股利分配。
2. 利润分配要兼顾各方利益，应遵循如下原则：①严格遵守国家法律和制度；②兼顾投资者、经营者和职工的利益；③有利于增强企业发展的后劲；④体现投资与受益对等原则。
3. 股份制企业股利支付的方式一般有现金股利、股票股利、财产股利和负债股利等，我国企业只能采用前两种方式。股利支付必须遵循法定的程序，一般是先由董事会提出分配预案，然后提交股东大会决议通过才能进行分配。股东大会决议通过分配预案之后，要向股东宣布发放股利的方案，并确定股权登记日、除息日和股利发放日。
4. 股利政策是关于股份公司是否发放股利、发放多少股利、何时发放股利以及以何种形式发放股利等方面的方针与策略。股利政策理论有股利无关论和股利相关论两大类。股利相关论认为，企业股利政策与企业的价值大小或股价高低并非无关，而是具有一定的相关性，该理论的流派较多，其中代表性的观点主要有：①股利偏好理论；②信号效应理论；③税收效应论。
5. 企业股利的支付受多种因素的影响，其中主要包括法律性限制、契约性限制、企业经营的限制和股东意愿等几个方面。股利政策类型主要有剩余股利政策、固定股利发放率政策、稳定增长股利政策、正常股利加额外股利政策等。

复习思考

1. 什么是股利无关论？
2. 为什么说股利政策也是企业筹资政策的重要组成部分？
3. 常用股利政策有哪些类型？
4. 影响股利政策的因素有哪些？

练习题

资料：A公司本年实现税后利润200万元，下一年度拟投资一个新投资项目，需要资金100万元。公司目标资本结构为权益与负债之比为5:3，公司发行在外的普通股为80万股。公司决定采用剩余股利政策进行股利分配，计提法定盈余公积的比例为10%。

要求：

（1）计算A公司本年应提取的法定盈余公积数额。
（2）计算A公司本年应发现金股利。
（3）计算A公司本年的每股股利和每股收益。

案例分析

光华公司是一家制造业企业，有关资料如下：

（1）公司本年年初未分配利润贷方余额为181万元，本年息税前利润为800万元，适用的所得税税率为25%。

（2）公司发行在外的普通股有60万股，

每股面值为 1 元,每股溢价收入为 9 元;公司负债总额为 200 万元,均为长期负债,平均年利率为 10%,假定公司筹资费用忽略不计。

(3)公司股东大会决定本年度按 10% 的比例计提法定盈余公积金,本年按可供股东分配利润的 15% 向普通股股东发放现金股利。

要求:

(1)计算光华公司本年度净利润。

(2)计算光华公司本年应计提的法定盈余公积。

(3)计算光华公司本年可供股东分配的利润。

(4)计算光华公司每股支付的现金股利。

半强制分红政策及其经济后果

变现性股利与企业价值

第 11 章 财务预测与预算

本章学习要点

- √ 销售百分比法
- √ 现金预算的编制
- √ 财务预算的确定

引例

如何测算预算期融资需求量

红宇公司上年的销售额为 3 000 万元，实现净利润 120 万元。一直以来，公司的经营效率与财务政策稳定，处于稳定的持续经营状态中。年初公司新投入了一条生产线，根据对市场的预测如果加大市场投入力度并配合商业信用政策，本年度销售额可望实现 40% 的增长。为达成销售目标，必然需要增加相应的资金投入。根据公司目前的现金积累，是否需要安排必要的外部融资？应融资多少？生产部门负责人认为，公司的资金投入应当至少增加 40%，而财务部门负责人认为公司应考虑不同项目的资金需求变动，测算资金需求，避免资金积压。

讨论题

红宇公司应如何预测未来的收支状况，并测算预期融资需求量？

11.1 财务预测

11.1.1 财务预测的概念

财务预测包括不同层次的含义，其中，狭义的财务预测仅指估计公司未来的融资需求，广义的财务预测包括编制全部的预计财务报表。引例中，红宇公司预测预期的融资需求量，就是财务预测的一个重要内容。

11.1.2 财务预测的意义

（1）财务预测是财务预算和融资计划的前提。公司要对外提供产品和服务，必须要有一定的资产。销售增加时，要相应增加流动资产，甚至还需增加固定资产。为取得扩大销售所需增加的资产，公司需要筹措资金，而这些资金一部分来自留存收益，另一部分来自外部融资。通常，销售增长率较高时留存收益并不能满足公司的资本需求，即使获利良好的公司也需外部融资。对外融资过程往往需要较长时间。因此，公司需要预先知道自己的财务需求，提前安排融资计划，否则就可能产生资金周转问题。

（2）财务预测有助于改善投资决策。根据销售前景，企业可以预测各投资项目可能的投资回报，因而选择可行的投资项目，确定投资计划。因此，多数企业在制定投资决策时，需要对公司未来的财务状况进行预测，使投资决策建立在可行的基础上。

（3）财务预测有助于应变。财务预测与其他预测一样都不可能很准确。从表面上看，不准确的预测只能导致不准确的计划，从而使预测和计划失去意义，但事实并非如此。预测给人们展现了未来各种可能的前景，促使人们制订出相应的应急计划。预测和计划是超前思考的过程，其结果并非仅仅是一个融资需求额，还包括对未来各种可能前景的认识和理解。预测可以提高公司对不确定事件的反应能力，从而减少不利事件带来的损失，增加有利机会带来的收益。

11.1.3 财务预测的步骤

财务预测按时间先后包括以下工作步骤。

（1）销售预测。财务预测的起点是销售预测。一般情况下，销售预测的数据由销售部门提供，财务预测把销售数据视为已知数，作为财务预测的起点。销售预测虽然不是财务管理的职能，但它是财务预测的基础，销售预测完成后才能开始财务预测。

销售预测对财务预测的质量有重大影响。如果预测销量过低，在市场需求超出预测时，公司没有准备足够的资金购买设备或储备存货，则无法满足顾客需要，不仅会失去盈利机会，也会丧失原有的市场份额。相反，预测销量过高，筹集大量资金购买设备并储备存货，则会造成设备闲置和存货积压，使资产周转率下降，导致权益净利率降低，股价下跌。

（2）估计经营性资产和经营性负债。经营性资产是企业在生产经营活动中需要投入使用的资产。通常，经营性资产与营业收入有一定的数量关系，根据历史数据可以用数理模型模拟这种数量关系。根据预计营业收入以及经营性资产与营业收入的数量关系，可以预测所需经营性资产的金额。经营性负债是企业生产经营活动中产生的债务，大部分经营性负债也与营业收入有一定的数量关系，企业可据此预测经营性负债随营业收入的自发增长状况，做出相应的融资安排。

（3）估计各类费用和留存收益。企业的各项经营管理费用也和营业收入有一定的数量关系，企业可以根据统计分析等方法，分析各类费用与营业收入之间的关系，据此估计预测期各类费用，并在此基础上确定净利润。净利润和利润留存率共同决定企业利润留存额。

（4）估计外部融资需求。企业根据预计的经营性资产总量，减去已有的经营性资产、自发增长的经营性负债、内部提供的利润留存便可对外部融资需求进行估计。

11.1.4 财务预测的方法

1. 销售百分比法

销售百分比法是根据资产负债表和利润表中资产、负债和费用等项目与营业收入之间的数量关系预测资金需求量的一种方法。该方法下,企业先假设相关资产、负债与营业收入存在稳定的比例关系,然后根据预计营业收入和相应的比例预计相关资产、负债,最后确定融资需求。

销售百分比法的主要优点是能为财务管理提供短期预计的财务报表,以适应外部融资的需要,且易于使用。但这种方法也有缺点,倘若有关项目与营业收入的比例与实际不符,据以进行预测就会形成错误的结果。因此,企业应根据预测期有关因素变动情况,相应调整各项目与营业收入的比例关系。

运用销售百分比法,一般要借助预计利润表和预计资产负债表。通过预计利润表预测企业留存收益这种内部资本来源的增加额;通过预计资产负债表预测企业需要资本的总额和外部筹资的增加额。

(1) 编制预计利润表⊖,预测留存收益。预计利润表是运用销售百分比法的原理预测留存收益的一种预计报表。预计利润表与实际利润表的内容、格式相同。企业通过编制预计利润表,可预测留存收益这种内部资本的数额,也可为预计资产负债表预测外部融资数额提供依据。

编制预计利润表的主要步骤如下。

第一步,收集基期实际利润表资料,计算确定利润表各项目与销售收入的比例关系。

第二步,取得预测年度营业收入预计数,计算预测年度的预计利润表各项目的预计数,并编制预测年度的预计利润表。

第三步,利用预测年度税后利润预计数和预定的留用比例,测算留存收益的数额。

例 11-1 某企业 2021 年实际利润表(简化)及主要项目占营业收入的比例见表 11-1,企业所得税税率为 25%。试编制该企业 2022 年预计利润表,并预测留存收益。

表 11-1 某企业 2021 年实际利润表(简化)及主要项目占营业收入的比例 单位:万元

项目	金额	占营业收入的比例
营业收入	15 000.0	100.0%
减:营业成本	11 400.0	76.0%
销售费用	900.0	6.0%
管理费用	1 620.0	10.8%
财务费用	600.0	4.0%
营业利润	480.0	3.2%
加:营业外收入	50.0	—
减:营业外支出	80.0	—
利润总额	450.0	3.0%
减:所得税费用	112.5	—
净利润	337.5	—

⊖ 预计利润表、预计资产负债表等为企业内部报表,不同企业可根据自身业务需求对其格式进行适当调整与简化。

若该企业2022年预计营业收入为18 000万元,营业外收入和营业外支出分别为60万元和96万元,则2022年预计利润表及主要项目占营业收入的比例经测算见表11-2。

表11-2　某企业2022年预计利润表及主要项目占营业收入的比例　单位:万元

项目	金额	占营业收入的比例	2022年预计数
营业收入	15 000.0	100.0%	18 000.0
减:营业成本	11 400.0	76.0%	13 680.0
销售费用	900.0	6.0%	1 080.0
管理费用	1 620.0	10.8%	1 944.0
财务费用	600.0	4.0%	720.0
营业利润	480.0	3.2%	576.0
加:营业外收入	50.0	—	60.0
减:营业外支出	80.0	—	96.0
利润总额	450.0	3.0%	540.0
减:所得税费用	112.5	—	135.0
净利润	337.5	—	405.0

若该企业税后利润的留用比例为50%,则2022年预测的留存收益额为202.5(=405×50%)万元。

(2)编制预计资产负债表,预测外部融资额。预计资产负债表是运用销售百分比法的原理预测外部融资额的一种报表。预计资产负债表与实际资产负债表的内容、格式相同。通过提供编制预计资产负债表,企业可预测资产、负债及留存收益有关项目的数额,进而预测需要的外部融资的数额。

运用销售百分比法要选定与销售收入保持基本不变比例关系的项目。这类项目可称为敏感项目,包括敏感资产项目和敏感负债项目。其中,敏感资产项目一般包括现金、应收账款、应收票据、存货等项目;敏感负债项目一般包括应付账款、应付票据、应交税费等项目。固定资产、长期股权投资、递延所得税资产、短期借款、非流动负债和实收资本(股本)通常不属于敏感项目,留存收益因其受到企业所得税税率和股利政策的影响,也不宜被列为敏感项目。

例11-2　某企业2021年实际的销售收入为15 000万元,资产负债表(简化)及敏感项目与销售收入的比例关系表11-3。2022年预计销售收入为18 000万元。试编制该企业2022年预计资产负债表(简化)及敏感项目占销售收入的比例并预测外部融资额。

表11-3　某企业2021年资产负债表(简化)及敏感项目占销售收入的比例　单位:万元

项目	金额	占销售收入的比例
资产:		
现金	75.0	0.5%
应收票据	—	—
应收账款	2 400.0	16.0%
存货	2 610.0	17.4%
其他流动资产	10.0	—
固定资产	285.0	—

(续)

项目	金额	占销售收入的比例
资产总计	5 380.0	33.9%
负债和所有者权益：		
应付票据	—	—
应付账款	2 640.0	17.6%
其他流动负债	105.0	0.7%
非流动负债	555.0	—
负债合计	3 300.0	18.3%
股本	1 250.0	—
未分配利润	830.0	—
所有者权益合计	2 080.0	—
负债和所有者权益总计	5 380.0	—

根据上述材料编制该企业2022年预计资产负债表（简化）及敏感项目占销售收入的比例见表11-4。

表11-4　2022年预计资产负债表（简化）及敏感项目占销售收入的比例　单位：万元

项目	金额	占销售收入的比例	2022年预计数
资产：			
现金	75.0	0.5%	90.0
应收票据	—	—	—
应收账款	2 400.0	16.0%	2 880.0
存货	2 610.0	17.4%	3 132.0
其他流动资产	10.0	—	10.0
固定资产	285.0	—	285.0
资产总计	5 380.0	33.9%	6 397.0
负债和所有者权益：			
应付票据	—	—	—
应付账款	2 640.0	17.6%	3 168.0
其他流动负债	105.0	0.7%	126.0
非流动负债	555.0	—	555.0
负债合计	3 300.0	18.3%	3 849.0
股本	1 250.0	—	1 250.0
未分配利润	830.0	—	1 032.5
所有者权益合计	2 080.0	—	2 282.5
追加外部融资额			265.5
负债和所有者权益总计	5 380.0	—	6 397.0

该企业2022年预计资产负债表的编制过程如下。

第一步，取得2021年资产负债表资料，并计算其敏感项目与销售收入的比例。该比例表明，该企业销售收入每增长100元，资产将增加33.9元；每实现100元销售收入所需的资本额，可由敏感负债解决18.3元。这里增加的敏感负债是自动增加的，如应付账款会因存货增加而自动增加。每100元销售收入需要资本与敏感负债的差额为15.6（＝33.9-18.3）元，表示销售收入每增长100元所需追加的资本净额为15.6元，须从企业内部和外部来筹措。在本例中，销售收入增长了3 000（=18 000–15 000）万元，需净增资本468（=3 000×0.156）万元。

第二步，用2022年预计销售收入18 000万元乘以对应的比例，求得表11-4中所列示的敏感项目金额。非敏感项目先按2021年实际数额填列。由此确定除未分配利润外的其他各个项目的预计数额。

第三步，确定2022年未分配利润增加额及资产负债表中的未分配利润累计额。未分配利润增加额可根据利润额、所得税税率和未分配利润比例来确定。2022年累计未分配利润等于2021年累计未分配利润加上2022年未分配利润增加额。若2022年利润额为540万元，所得税税率为25%，税后利润留用比例为50%，则2022年未分配利润增加额为202.5[=540×(1–25%)×50%]万元，2022年累计未分配利润为1 032.5(=830+202.5)万元。

从需要融资额（第一步得到的468万元）中减去内部融资额202.5万元，求得需要的外部融资额为265.5万元。

第四步，加总预计资产负债表的两方：2022年预计资产总额为6 397万元，其中已有负债及所有者权益之和为6 131.5(=3 849+2 282.5)万元，两者之间的差额为265.5万元。它既是使资产负债表两方相等的平衡数，也是企业需要的外部筹资额。

上述销售百分比法的介绍是基于预测年度非敏感项目、敏感项目及其与销售收入的比例关系与基年保持不变的假定。在实践中，非敏感项目、敏感项目及其与销售收入的比例关系有可能发生变动，具体情况有：①非敏感资产、非敏感负债的项目构成以及数量的增减变动；②敏感资产、敏感负债的项目构成以及与销售收入比例关系的增减变动。这些变动对预测资本需要总量和追加外部融资额都会产生一定的影响，必须相应地调整。

例11-3 根据表11-4中的数据，倘若该企业2022年由于情况变化，敏感资产项目中的存货与销售收入的比例提高为17.6%，敏感负债项目中的应付账款与销售收入的比例降低为17.5%，预计长期借款（非敏感负债项目）增加了65万元。针对这些变动，该企业2022年有关资本需要量的预测调整应为多少？

$$资产总额 = 6\ 397 + 18\ 000 \times (17.6\% - 17.4\%) = 6\ 433（万元）$$
$$负债总额 = 3\ 849 - 18\ 000 \times (17.6\% - 17.5\%) + 65 = 3\ 896（万元）$$
$$追加外部筹资额 = 6\ 433 - 3\ 896 - 2\ 282.5 = 254.5（万元）$$

2. 回归分析法

财务预测的回归分析法，是利用一系列历史资料求得各资产负债表项目和销售收入的函数关系，然后基于预计营业收入预测资产、负债金额，最后预测融资需求的方法。

运用回归分析法时，通常假设营业收入与资产、负债等存在线性关系。例如，假设存货与营业收入之间存在线性关系，其直线方程为"存货 =$a+b\times$营业收入"，根据历史资料和回归分析的最小二乘法可以求出直线方程的系数 a 和 b；然后根据预计营业收入和直线方程预计存货的金额。

完成资产、负债项目的预测后，其他计算步骤与销售百分比法相同。

3. 运用电子系统预测

对于大型企业来说，无论是销售百分比法还是回归分析法都显得过于简化。实际上影响融资需求的变量很多，如产品组合、信用政策、价格政策等。把这些变量纳入预测模型后，计算量大增，手工处理已很难胜任，需要使用计算机电子系统方可完成。

最简单的计算机电子系统财务预测，是使用"电子表软件"，如 Excel。使用 Excel 时，计算过程和手工预测几乎没有差别。相比之下，其主要好处如下：预测期间如果是几年或者要分月预测时，计算机要比手工快得多；如果改变一个输入参数，计算机能自动重新计算所有预测数据。

比较复杂的预测是使用交互式财务规划模型，它比电子表软件功能更强，其主要好处是能通过"人机对话"进行"反向操作"。例如，不但可以根据既定的销售水平预测融资需求，还可根据既定资金限额来预测可达到的销售收入。

最复杂的预测是使用综合数据库的财务计划系统。该系统建有企业的历史资料库和模型库，用以选择适用的模型并预测各项财务数据；它通常是一个联机实时系统，随时更新数据；可以使用概率技术，分析预测的可靠性；它还是一个综合的规划系统，不仅可用于资金的预测和规划，而且具有包括需求、价格、成本及各项财务数据的预测和规划功能；该系统通常也是规划和预测结合的系统，能快速生成预计的财务报表，从而支持财务决策。

❖ 阅读材料 11-1

采用销售百分比法还是回归分析法

表 11-5 是格力电器（股票代码：000651）2010—2019 年相关财务数据统计表。

表 11-5 格力电器相关财务数据统计表　　　　　　　　　　单位：亿元

年份	应收账款	存货	流动资产	总资产	应付账款	营业收入
2010	11.99	115.59	545.33	110.72	137.95	604.32
2011	12.27	175.03	717.56	134.56	156.36	831.55
2012	14.75	172.35	850.88	224.79	226.65	993.16
2013	18.49	131.23	1 037.33	299.70	274.34	1 186.28
2014	26.61	85.99	1 201.43	360.87	267.85	1 377.50
2015	28.79	94.74	1 209.49	407.49	247.94	977.45
2016	29.61	90.25	1 429.11	394.59	295.41	1 083.03
2017	58.14	165.68	1 715.35	434.33	345.53	1 482.86
2018	77.00	200.12	1 997.11	515.23	389.87	1 981.23
2019	85.13	240.85	2 133.64	696.08	416.57	1 981.53

作为空调行业的领军企业，格力电器也面临较为激烈的市场竞争，从营业收入数据来看，虽然营业收入有逐年增长趋势，但在不同年份增长比例不一。为争夺市场，格力电器也会对应收账款、存货等管理政策进行调整，以改善财务状况。例如，2010 年应收账款占营业收入比例为 1.98%，而到了 2019 年，这一比例达到 4.30%，增长幅度超过 1 倍。其他营运资金项目也发生了不同程度的管理政策变更。

讨论题

（1）根据上述资料，试分析格力电器在营运资金方面的管理政策发生了哪些变化？

（2）根据上述表格数据，你如何分析各资产负债主要项目与营业收入之间的敏感关系？根据上述分析结果，如果要预测2020年格力电器的应收账款、存货等营运资金项目，你认为应采取哪种分析方法比较合适？

11.2 财务预算

11.2.1 财务预算概述

财务预算是一系列专门反映企业未来一定时期内预计财务状况、经营成果以及现金收支等价值指标的各种预算的总称。财务预算具体包括现金预算、利润表预算和资产负债表预算等。财务预算是反映各项业务预算和专门预算的整体计划，故可称为总预算，其他预算则相应地称之为辅助预算或分预算。

财务预算工作包括以下工作程序。

1）在预测与决策的基础上，由企业预算委员会拟定预算总方针，包括经营方针、各项政策以及企业的总目标和分目标，如利润目标、销售目标、成本目标等，并下发到各有关部门。企业预算委员会一般由企业各职能部门负责人组成，是负责预算日常管理事务的专业委员会。

2）组织各职能部门按具体目标要求编制本部门预算草案。

3）由预算委员会平衡与协商调整各部门的预算草案，并进行预算的汇总与分析。

4）审议预算草案并上报董事会，最后通过企业的综合预算和部门预算。

5）将批准后的预算下达给各级各部门执行。

11.2.2 财务预算各组成部分的编制步骤

从财务预算各组成部分的编制流程看，各组成部分的编制顺序如下。

1）根据销售预测编制销售预算。

2）根据销售预算确定的销售量，结合产成品的期初结存量和预计期末结存量编制生产预算。

3）根据生产预算确定的预计生产量，先分别编制直接材料消耗及采购预算、直接人工预算和制造费用预算，然后汇总编制产品生产成本预算。

4）根据销售预算编制销售及管理费用预算。

5）根据销售及管理费用预算和产品生产成本预算估计所需要的固定资产投资，编制资本支出预算。

6）根据执行以上各项预算所产生和必需的现金流量，编制现金预算。

7）综合以上各项预算，进行试算平衡，编制财务预算。

11.2.3 财务预算的编制方法

根据不同划分标准，财务预算有不同的编制方法分类，具体包括如下几类。

1. 固定预算法和弹性预算法

编制财务预算的方法按其业务量基础的数量特征不同，分为固定预算法（静态预算法）和弹性预算法（动态预算法）两大类。

（1）固定预算法。固定预算法又称静态预算法，是指在编制预算时，只根据预算期内正常的、最有可能实现的某一固定业务量（如生产量、销售量）水平作为唯一基础来编制预算的一种方法。换言之，运用该方法时，某预算期内编制财务预算所依据的成本费用和利润信息都只是在一个预定的产销业务量水平的基础上确定的预算。因此，固定预算又被称为静态预算。固定预算法的优点是编制工作量较小；缺点是过于呆板，可比性差。

（2）弹性预算法。弹性预算法又称变动预算法或滑动预算法，是指以业务量、成本和利润之间的依存关系为依据，以预算期可预见的各种业务量水平为基础，编制能够适应多种情况预算的一种方法。它是为克服固定预算法的缺点而设计的。

与固定预算法相比，弹性预算法具有两个显著的优点。

第一，预算范围宽。弹性预算法能够反映预算期内与一定相关范围的可预见的多种业务量水平相对应的不同预算额，从而扩大了预算的适应范围，便于预算指标的调整。

第二，可比性强。在弹性预算法下，如果预算期实际业务量与预算业务量不一致，可以将实际指标与实际业务量相应的预算额进行对比，从而能够使预算执行情况的评价与考核建立在更加客观和可比的基础上，便于更好地发挥预算的控制作用。

在财务实际操作中，弹性预算法主要用于编制弹性成本费用预算和弹性利润预算。编制弹性预算所依据的业务量可以是产量、销售量、直接人工工时、机器工时、材料消耗量或直接人工工资等。由于未来业务量的变动会影响成本、费用、利润等各个方面，因此，从理论上讲，弹性预算法适用于编制全面预算中所有与业务量有关的预算，但实务中，主要用于编制弹性成本费用预算和弹性利润预算。编制弹性成本费用预算的关键是进行成本性态分析，将全部成本区分为变动成本和固定成本。变动成本主要根据单位业务量来控制，固定成本则根据总额控制。成本的弹性预算公式为

$$\text{成本的弹性预算} = \text{固定成本预算数} + \Sigma(\text{单位变动成本预算数} \times \text{预计业务量})$$

在此基础上，成本的弹性预算的具体编制方法通常采用以下两种：列表法和公式法。

列表法首先要在确定的业务量范围内，划分出若干个不同业务量水平，然后分别计算各项目预算成本，汇总列入一个预算表格。通常业务量的变动范围可定在企业正常生产能力的70%～120%，或以历史上最高业务量和最低业务量为其上下限，最终应根据企业的具体情况确定业务量范围。

公式法是在成本习性分析的基础上，将任何成本都用 $y=a+bx$ 来表示的方法。其中 a 表示固定成本，b 表示单位变动成本。如果确定业务量 x 的变动范围，只要根据有关成本项目的 a 和 b 参数，就可很快地计算出业务量在允许范围内任何水平上的各项目预算成本 y。

例11-4 A公司生产甲产品，2022年7—12月发生的制造费用（维修费）见表11-6。要求采用高低点法将制造费用（维修费）分解为固定成本和变动成本。

表 11-6　A 公司甲产品制造费用（维修费）

项目	7月	8月	9月	10月	11月	12月
产量/件	100	150	200	250	300	350
维修费/元	50 000	57 000	65 000	73 000	80 000	86 000

根据上述资料，产销（业务）量的最低点为 100 件，对应的成本为 50 000 元，最高点为 350 件，对应的成本为 86 000 元，所以：

$$b = \frac{y_{高} - y_{低}}{x_{高} - x_{低}} = \frac{86\,000 - 50\,000}{350 - 100} = 144（元）$$

$$a = y_{高} - bx_{高} = 50\,000 - 144 \times 100 = 35\,600（元）$$

$$a = y_{低} - bx_{低} = 86\,000 - 144 \times 350 = 35\,600（元）$$

$$y = 35\,600 + 144x$$

例 11-5　表 11-7 是按列表法编制的 B 公司某车间的制造费用弹性预算。

表 11-7　B 公司某车间制造费用弹性预算　　　　　　　　单位：元

业务量（直接人工工时）	350	400	450	500	550
占正常生产能力的比重（%）	70	80	90	100	110
1. 变动成本					
运输费/（0.1元/每工时）	35	40	45	50	55
电力/（0.2元/每工时）	70	80	90	100	110
消耗材料/（1元/每工时）	350	400	450	500	550
合计	455	520	585	650	715
业务量（直接人工工时）	350	400	450	500	550
2. 混合成本					
辅助材料	280	320	368	428	516
修理费	200	220	242	242	260
水费	60	76	98	130	172
合计	540	616	708	800	948
3. 固定成本					
设备租金	200	200	200	200	200
管理人员工资	300	300	300	300	300
合计	500	500	500	500	500
制造费用预算额	1 495	1 636	1 793	1 950	2 163

表 11-7 以"占正常生产能力的比重"10% 为业务量间距，实际上该间距可再大些或再小些，但间隔太大会失去弹性预算的优点；间隔太小，用以控制成本会更准确，但会增加编制预算的工作量。如果固定预算是按直接人工 500 工时编制的，其制造费用预算总额为 1 950 元，在实际业务量为直接人工 480 工时情况下，就不能用 1 950 元去评价实际成本高低，也不能按业务量变动的比例调整后的预算成本 1 872（=1 950×480/500）元去评价实际制造费用，因为并不是所有的成本都同业务量成正比例关系。

弹性利润预算是根据成本、业务量和利润之间的依存关系，为适应多种业务量变化而编制的利润预算。编制弹性利润预算要以弹性成本预算为基础，编制方法可以选择因素法和百分比法两种。

因素法是指根据受业务量变动影响的有关收入、成本等因素与利润的关系，列表反映在不同业务量条件下利润水平的预算方法。

例 11-6 预计 A 公司预算某产品的年度销售量在 7 000~12 000 件的区间内变动；销售单价为 100 元；单位变动成本为 86 元；固定成本总额为 80 000 元。

要求：根据上述资料，以 1 000 件为销售量的间隔单位，采用弹性利润预算的因素法编制该产品的弹性利润预算。

依题意编制的弹性利润预算见表 11-8。

表 11-8 A 公司弹性利润预算（因素法）

销售量/件	7 000	8 000	9 000	10 000	11 000	12 000
单价/元	100	100	100	100	100	100
单位变动成本/元	86	86	86	86	86	86
销售收入/元	700 000	800 000	900 000	1 000 000	1 100 000	1 200 000
减：变动成本/元	602 000	688 000	774 000	860 000	946 000	1 032 000
边际贡献/元	98 000	112 000	126 000	140 000	154 000	168 000
减：固定成本/元	80 000	80 000	80 000	80 000	80 000	80 000
营业利润/元	18 000	32 000	46 000	60 000	74 000	88 000

百分比法又称销售额百分比法，是指按不同销售额的百分比来编制弹性利润预算的方法。

实际工作中，许多企业都经营多个品种，如果按品种逐一编制弹性利润预算是不现实的。因此，我们可以用一种综合的方法——销售百分比法对企业经营的全部商品或按商品大类编制弹性利润预算。

例 11-7 A 公司预算年度的销售业务量达到 100% 时的销售收入为 1 000 000 元，变动成本为 860 000 元，固定成本为 80 000 元。

要求：根据上述资料，以 10% 的间隔，采用弹性利润预算的百分比法编制 A 公司弹性利润预算。

依据题意编制的弹性利润预算见表 11-9。

表 11-9 A 公司弹性利润预算（百分比法）　　　　　　　　　　金额单位：元

（1）销售收入百分比（%）	80	90	100	110	120
（2）销售收入 [=1 000 000×（1）]	800 000	900 000	1 000 000	1 100 000	1 200 000
（3）变动成本 [=860 000×（1）]	688 000	740 000	860 000	946 000	1 032 000
（4）边际贡献 [=（2）-（3）]	11 2000	160 000	140 000	154 000	168 000
（5）固定成本	80 000	80 000	80 000	80 000	80 000
（6）利润总额 [=（4）-（5）]	32 000	80 000	60 000	74 000	88 000

2. 增量预算法与零基预算法

编制成本费用预算的方法按其编制基础不同，可以分为增量预算法和零基预算法。

（1）增量预算法。增量预算法又称调整预算法，是指在基期成本费用水平的基础上，结合预算期业务量水平及有关影响成本因素的未来变动情况，调整有关原有费用项目而编制预算的一种方法。其优点是编制工作量较小；其缺点是可能导致无效开支项目无法得到有效控制。

增量预算法遵循如下假定：①企业现有业务活动均是合理的，不需要进行调整；②企业现有的各项业务支出水平均是合理的，并将在预算期予以保持；③以现有业务活动和各项支出水平来确定预算期各项业务活动的预算数。

（2）零基预算法。零基预算法是指在编制成本费用预算时，不考虑以往基期所发生的费用项目或费用数额，所有的预算支出均以零为出发点，一切从实际出发，逐项审议预算期内各项费用的内容及开支标准是否合理，进而规划预算期内各项费用的内容及开支标准的一种方法。零基预算法是为克服增量预算方法的不足而设计的。

零基预算优点如下：①不受现有费用项目的限制；②不受现有预算的束缚；③能够调动各方面节约费用的积极性；④有利于促使各基层单位精打细算、合理使用资金。其缺点在于编制工作量大。

例 11-8 B 公司零基预算法的应用

B 公司采用零基预算法编制 2022 年销售与管理费用预算。具体过程如下：

第一步，由相关部门的全体员工，根据预算期总公司及本部门的目标，提出预算期可能发生的一些费用项目及金额，见表 11-10。

表 11-10　B 公司预计销售及管理费用项目及金额　　　　单位：万元

项目	金额	项目	金额
广告费	2 600	办公费	2 000
差旅费	1 400	业务招待费	3 000
培训费	1 000	房屋租金	3 000

第二步，经讨论差旅费、培训费、办公费和房屋租金为不可避免的成本费用项目，对广告费和业务招待费据历史资料进行成本效益分析，其结果为广告费每投入 1 元，可获收益 20 元；业务招待费每投入 1 元，可获得收益 30 元。

第三步，经研究，在预算期内公司可用于销售及管理费用的资金为 10 000 万元，则首先应在满足差旅费、培训费、办公费和房屋租金的基础上，对剩余资金在广告费与培训费之间进行分配。

$$剩余资金 = 10\,000 - 1\,400 - 1\,000 - 2\,000 - 3\,000 = 2\,600（万元）$$

$$费用分配率 = 2\,600/(20+30) = 52$$

$$广告费项目分配资金 = 20 \times 52 = 1\,040（万元）$$

$$业务招待费项目分配资金 = 30 \times 52 = 1\,560（万元）$$

第四步，编制零基预算表，见表 11-11。

表 11-11　2022 年 B 公司销售及管理费用零基预算表　　　　单位：万元

项目	差旅费	培训费	办公费	房屋租金	广告费	业务招待费
预算额	1 400	1 000	2 000	3 000	1 040	1 560

3. 定期预算法与滚动预算法

预算编制方法按预算期的时间特征不同，可以分为定期预算法和滚动预算法两类。

（1）定期预算法。定期预算法是指在编制预算时以不变的会计期间（如日历年度）作为预算期的一种预算编制方法。

定期预算法的优点如下：①能使预算期和会计期间相适应；②便于预算数与实际数的对比；③有利于对预算执行情况进行分析和评价。定期预算的缺点是其以固定的期间为一个预算期，把企业连续的经营活动人为地划分为相互独立的时间段，每个预算期所编制的预算之间关联度较低，而在一个预算期内，当预算被执行一段时间后，管理人员往往着重考虑本预算期剩余时间的业务活动而缺乏长远打算，会导致短视行为的发生。

（2）滚动预算法。滚动预算法又称连续预算或永续预算，是指在编制预算时，将预算期与会计年度脱离，随着预算的执行不断延伸补充，逐期向后滚动，使预算期永远保持为连续滚动的期间的一种预算编制方法。在编制滚动预算时，前期预算编制比较详细，而后期预算则较为粗略，但随着预算执行时期的逐步深入，后期的预算也会逐步详细明确。

滚动预算法的优点在于管理人员每次在执行预算时，都要着眼于一个较长的时期来考虑未来的行动方案，避免了短视行为的发生；其缺点在于对预算的分析考核与会计核算的期间形成偏差，容易导致预算分析数据与财务数据的不兼容。

例 11-9 某企业 2022 年 1 月和 2 月滚动预算的编制方法如图 11-1 所示。

在编制预算时，1 月的预算数据需要比较详细具体，而 10～12 月的数据不需要很详细，只需要大概的数据即可。1 月预算执行完毕后，企业需要根据预算执行情况，分析差异和原因，对 2～12 月以及下一年 1 月的经营活动进行调整，并编制下一期预算。此时 2 月预算数据应明确具体，而 11～12 月以及下年度 1 月数据可以相对概括。

2022 年度预算（一）											
1月	2月	3月	4月	5月	6月	7月	8月	9月	10月	11月	12月
2022 年度预算（二）ဓ࿏࿏࿏࿏࿏࿏࿏࿏࿏࿏࿏											2023 年
2月	3月	4月	5月	6月	7月	8月	9月	10月	11月	12月	1月

图 11-1　某企业 2022 年 1 月和 2 月滚动预算编制方法

11.2.4　现金预算

作为财务预算控制的核心内容，现金预算是一个重要的预算组成部分，它是在销售、生产等各类业务预算的基础上做出的，因此企业应根据各种业务预算数据，统筹安排现金预算。

1. 销售预算的编制

销售预算（sales budget）是指在销售预测的基础上，根据企业年度目标利润确定的预计销售量、销售价格和销售额等参数编制的，用于规划预算期销售活动的一种业务预算。

由于其他预算都要在销售预算的基础上编制，因此，销售预算是编制全面预算的关键和起点。编制销售预算的主要依据是相关产品的预计销售数量和预计单价等资料。

在销售单一产品的企业里，销售预算中应反映产品的销售数量、销售价格和销售额。在销售多品种产品的企业里，销售预算中通常只需要列示全年及各季的销售总额，并根据各种主要产品的销售量和销售价格分别编制销售预算的附表，以便使销售预算更为简明扼要。另外，为了便于编制财务预算，还应在编制销售预算的同时，编制与销售收入有关的现金收入预算，用以反映全年及各季度销售所得中的现销收入和回收前期应收账款的现金数额。

2. 生产预算的编制

生产预算（operation budget）是为规划预算期生产安排而编制的一种业务预算。它是在销售预算的基础上编制的，并为进一步编制成本和费用预算提供依据。

编制生产预算的主要依据是预算期各种产品的预计销售量及存货量资料。因为企业预算期的生产量与销售量往往存在不一致的现象，所以，企业要备有一定数量的产成品存货，一方面保证均衡生产，另一方面满足销售需要。于是，在预计生产量时，则要考虑产成品期初存货和期末存货水平。因此，生产预算中的产品预计生产量可按下式计算。

$$预计生产量 = 预计销售量 + 预计期末存货量 - 预计期初存货量$$

在编制预算时，应注意保持生产量、销售量、存货量之间合理的比例关系，以避免储备不足、产销脱节或超储积压等现象的发生。

在全面预算体系中，生产预算是唯一不涉及价值计量单位的预算。

3. 直接材料预算的编制

直接材料预算（direct material budget）是指为规划直接材料采购活动和消耗情况而编制的，用于反映预算期材料消耗量、采购量、消耗成本及采购成本等信息的一种业务预算。

编制直接材料预算的主要依据是生产预算、材料消耗数据等资料。

由于企业预算期的生产消耗量和采购量往往存在不一致的现象，所以，要求企业必须保持一定数量的材料库存，以保证生产的变化需要。于是在预计材料采购量时应考虑期初材料和期末材料库存水平。预计材料采购量可按下列公式计算。

$$预计材料采购量 = 预计材料消耗量 + 预计期末材料存量 - 预计期初材料存量$$
$$预计材料消耗量 = 单位产品材料消耗量 \times 预计生产量$$

式中，单位产品材料消耗量可根据标准单位消耗量或定额消耗量来确定。

同编制生产预算一样，编制材料采购预算也要注意材料的采购量、消耗量和库存量保持一定的比例关系，以避免材料的供应不足或超储积压。

4. 税金及附加预算的编制

税金及附加预算（taxes and additional budget）是指为规划一定预算期内预计发生的应交增值税、消费税、资源税、城市维护建设税和教育费附加等税金而编制的一种预算。

本预算不包括预定所得税和直接计入管理费用的印花税。为简单化预算方法，可假定预算期发生的各项应交税金及附加均于当期以现金形式支付。

5. 直接人工预算的编制

直接人工预算（direct labor budget）是为直接生产工人的人工工时消耗编制的，用来确定预算期内人工工时的消耗水平和人工成本水平的一种业务预算。编制直接人工预算的主要依据是生产预算中的预计生产量、标准单位直接人工工时和标准工资率等资料。基本计算公式为

$$某种产品预计的直接人工成本 = 每工时工资率 \times 预计直接人工总工时$$

在编制预算时，应考虑到，直接生产工人的级别不同，其标准每工时工资率也不一样，所以，必须按不同级别分别计算生产工人总工时和工资率，然后汇总求得预计直接人工成本。

6. 制造费用预算的编制

制造费用预算（manufacturing expense budget）是指用于规划除直接材料和直接人工预算以外的其他一切生产费用的一种业务预算。

在采用变动成本法编制预算时，应将制造费用按其成本性态划分为固定性制造费用和变动性制造费用两类。其中，固定性制造费用可在上年的基础上根据预算期情况加以适当调整，并作为期间成本直接列入利润表；变动性制造费用则根据单位产品预定分配率乘以预计的生产量进行预计。变动性制造费用预算分配率的计算公式为

$$变动性制造费用预算分配率 = 变动性制造费用预算总额 / 分配标准预算数$$

另外，为了反映与制造费用有关的现金支出情况，需要在制造费用预算表下单独列示预计的现金支出表。由于发生固定资产折旧、无形资产摊销等转移价值无须动用现金，因此在填列与制造费用有关的现金支出项目时应予剔除。

7. 产品生产成本预算的编制

产品生产成本预算（product cost budget）是指用于规划预算期的单位产品成本、生产成本、销售成本以及期初、期末产成品存货成本等内容的一种业务预算。

产品生产成本预算是在生产预算、直接材料预算、直接人工预算、制造费用预算的基础上汇总编制的，它也是编制预计利润表、预计资产负债表的主要根据之一。变动成本法下某种产品预计相关成本的计算公式如下：

$$某种产品某期预计发生的产品生产成本 = 该产品该期预计耗用全部直接材料成本 +$$
$$该产品该期预计耗用直接人工成本 + 该产品该期预计耗用变动性制造费用$$
$$某种产品某期预计的在产品生产成本 = 该种产品该期预计发生的产品生产成本 +$$
$$该产品在产品成本期初余额 - 该产品在产品成本期末余额$$
$$本期预计产品销售成本 = 本期预计产品生产成本 + 产成品成本期初余额 - 产成品成本期末余额$$

产品成本预算必须按照产品的种类进行编制，其程序与存货的计价方法密切相关，不同的存货计价方法，需要适用不同的预算编制方法。而且不同的成本计算模式也会产生不同的影响。此外，为简化程序，通常假定企业只编制全年的产品成本预算，不单独编制各季度预算。

8. 期末存货预算的编制

期末存货预算（Ending inventory budget）是指为规划预算期末的在产品、产成品和原材料预计成本水平而编制的一种业务预算。

为了简化预算过程，可假定期末在产品存货为零。由于期末存货预算与产品成本预算密切相关，因此它会受到存货计价方法的影响。通常期末存货预算也只编制年末预算，不单独编制各季度预算。

因为存货主要包括在产品、产成品和原材料三种形式，所以编制期末存货预算时，需要汇总各项存货的期末余额。期末存货余额的计算公式为

$$某期期末存货余额 = 该期在产品存货期末余额 + 该期产成品存货期末余额 + 该期原材料存货期末余额$$

9. 销售及管理费用预算的编制

销售及管理费用预算（selling and administrative expense budget）是指为规划预算期与组织产品销售活动和一般行政管理活动有关费用而编制的一种业务预算，也称为营业费用预算。

编制销售及管理费用预算的主要依据是预算期全年和各季度的销售量及各种有关的标准耗用量和标准价格资料。为了便于编制财务预算，在编制销售及管理费用预算的同时要编制与销售及管理费用有关的现金支出预算表。

销售及管理费用预算的编制方法与制造费用预算的编制相似，也可以将其划分为变动性销售及管理费用和固定性销售及管理费用两部分费用。

11.2.5 财务预算的编制

1. 现金预算的编制

（1）现金预算编制的依据。现金预算是指用于规划预算期现金收入、现金支出和资本融通的一种财务预算。这里的现金是指企业的库存现金和银行存款等货币资金。编制现金预算的主要依据包括：涉及现金收入和支出的销售预算、直接材料预算、直接人工预算、制造费用预算、销售及管理费用预算等资料。

（2）现金预算的组成部分。现金预算通常应该由以下 4 部分组成。

1）现金收入：包括期初的现金结存数和预算期内发生的现金收入。现金收入的主要来源是销售收入和应收账款的收回。

2）现金支出：包括预算期内预计可能发生的一切现金支出，如采购材料支出、直接人工支出、制造费用支出、销售及管理费用支出、缴纳税金支出、资本支出、股息支出等。

3）现金收支差额：指现金收入合计数与现金支出合计数的差额。差额为正，说明收大于支，现金有多余；差额为负，说明支大于收，现金不足。

4）资金融通：现金收支差额与期末现金余额均要通过协调资金筹措及运用来调整。应当在保证各项支出所需资金供应的前提下，注意保持期末现金余额在合理的上下限度内波动。因为现金储备过少会影响周转，现金过多又会造成浪费，所以现金余额既不是越大越好，也不是越小越好。企业不仅要定期筹措到抵补收支差额的现金，还必须保证有一定现金储备。当现金收支差额为正值（即现金结余）。在偿还了利息和借款本金之后仍超过现金余额上限时，就应拿出一部分现金用于有价证券投资；但一旦发现还本付息之后的收支差额低

于现金余额下限,就应抛售一部分有价证券来补足现金短缺;如果现金收支差额为负值(即现金短缺),可采取暂缓还本付息、抛售有价证券或向银行借款等措施。

例 11-10 依据 BT 公司的各项业务预算,即销售预算、直接材料预算、直接人工预算、制造费用预算、销售及管理费用预算等资料,编制该公司 2022 年现金预算(本例旨在说明预算编制方法,故不列示原始资料,直接将相关数据填列在表格中)。

依据题意编制的 BT 公司 2022 年现金预算见表 11-12。

表 11-12 BT 公司 2022 年现金预算　　　　　　　　　　单位:元

期间	一季度	二季度	三季度	四季度	全年
(1)期初现金余额	4 000	4 576	4 308	4 430	4 000
(2)经营收入	95 584	133 614	171 288	186 264	586 750
(3)可运用现金合计	99 584	138 190	175 596	190 694	590 750
(4)经营现金支出	106 658	137 807	163 351	178 843	586 659
采购直接材料	42 062	54 704	66 201	74 054	237 021
支付直接人工	22 729	31 848	38 431	46 826	139 834
支付制造费用	11 832	14 292	16 068	15 806	57 998
支付销售费用	13 200	15 500	17 300	17 500	63 500
支付管理费用	2 500	2 500	2 500	2 500	10 000
支付增值税、税金及附加	9 835	14 463	18 351	17 657	60 306
预交所得税	2 500	2 500	2 500	2500	10 000
预分股利	2 000	2 000	2 000	2 000	8 000
(5)资本性现金支出	2 950	5 000	25 000	28 000	60 950
购置固定资产	2 950	5 000	25 000	28 000	60 950
(6)现金支出合计	109 608	142 807	188 351	206 843	647 609
(7)现金余缺	−10 024	−4 617	−12 755	−16 149	−56 859
(8)现金筹措及运用	14 600	8 925	17 185	20 410	61 120
加:短期借款			11 000	25 000	36 000
发行公司债券	30 000				30 000
发行普通股		40 000			40 000
减:支付短期借款利息			165	540	
支付长期借款利息	2 400	2 075	1 650	1 650	7 775
支付公司债券利息				2 400	2 400
归还长期借款本金	13 000	17 000			30 000
购买有价债券		12 000	−8 000	0	4 000
(9)期末现金余额	4 576	4 308	4 430	4 261	4 261

注:该公司借款时点在期初,还款时点在期末。

其中支付利息的计算如下:

第三季度支付短期借款利息 = 11 000 × 6% ÷ 4 = 165(元)

第四季度支付短期借款利息 = 11 000 × 6% ÷ 4 + 25 000 × 6% ÷ 4 = 540(元)

第一季度支付长期贷款利息 = 96 000 × 10% ÷ 4 = 2 400(元)

第二季度支付长期贷款利息 = (96 000 − 13 000) × 10% ÷ 4 = 2 075(元)

第三季度支付长期贷款利 = (96 000 − 13 000 − 17 000) × 10% ÷ 4 = 1 650(元)

2. 利润表预算的编制

利润表预算是指以货币形式综合反映预算期内企业经营活动成果（含利润总额和净利润）计划水平的一种财务预算。

预计利润表是编制利润表预算时所对应的报表，编制预计利润表的依据主要是销售预算、期末存货预算、销售及管理费用预算、制造费用预算等有关资料。

例 11-11 依据 BT 公司有关资料及日常业务预算等有关的资料，编制该公司 2022 年预计利润表。

依据 BT 公司前面所提供的有关资料编制该公司 2022 年预计利润表见表 11-13。

表 11-13 BT 公司 2022 年预计利润表

BT 公司　　　　　　　　　2022 年 12 月 31 日　　　　　　　　　　单位：元

项目	金额
销售收入	539 000
减：变动销售成本	375 054
税金及附加	5 482
边际贡献（生产阶段）	158 464
减：变动性销售费用	33 500
边际贡献（销售阶段）	124 964
减：固定性制造费用	38 147
固定性销售费用	30 000
管理费用	11 700
财务费用	8 280
利润总额	36 637
减：所得税（25%）	9 159
净利润	27 478

为了进一步编制预计资产负债表，还需要在预计利润表的基础上编制预计利润分配表。

例 11-12 依据前述所提供的 BT 公司有关预计利润表资料及利润分配顺序，编制 BT 公司 2022 年预计利润分配表。

依据 BT 公司前面所提供的有关资料编制该公司 2022 年预计利润分配表见表 11-14。

表 11-14 BT 公司 2022 年预计利润分配表　　　　　　　　　　单位：元

项目	金额
年初未分配利润	18 000
加：本年实现净利润	27 478
减：提取法定盈余公积	2 748
提取任意盈余公积	1 374
提取盈余公积合计	4 122
可供投资者分配的利润	41 356
减：向投资者分配利润	10 339
年末未分配利润	31 017

3. 资产负债表预算的编制

资产负债表预算是指用于总括反映企业预算期末财务状况的一种财务预算。

预计资产负债表是编制资产负债表预算时所对应的报表。预计资产负债表中，除上年期末数已知外，其余项目均应在前述各项预算指标的基础上分析填列。

例 11-13 依据前述所提供的 BT 公司有关信息资料及有关的各预算等资料，编制该公司 2022 年预计资产负债表。

依据 BT 公司前面所提供的有关资料编制该公司 2022 年预计资产负债表（简化）见表 11-15。

表 11-15 BT 公司 2022 年预计资产负债表（简化）

BT 公司　　　　　　　　　　　　2022 年 12 月 31 日　　　　　　　　　　　　单位：元

资产	期初余额	期末余额
流动资产：		
货币资金	4 000	4 261
应收账款	31 000	74 880
存货	16 500	36 505
短期有价证券投资	0	4 000
流动资产合计	51 500	119 646
固定资产原值	198 699	262 049
减：累计折旧	10 000	26 347
固定资产净值	188 699	235 702
固定资产合计	188 699	235 702
无形资产	1 700	1 000
长期资产合计	190 399	236 702
资产总计	241 899	356 348
负债及所有者权益	年初数	期末数
流动负债		
短期借款	0	36 000
应交所得税	0	−841
应付账款	14 400	30 691
应付股利	0	2 339
应付福利费	3 900	7 421
流动负债合计	18 300	75 610
长期负债		
长期借款	96 000	66 000
应付公司债券	0	30 000
长期负债合计	96 000	96 000
负债合计	114 300	171 610
所有者权益		
实收资本	100 000	140 000
资本公积	5 799	5 799
盈余公积	3 800	7 922
未分配利润	18 000	31 017
所有者权益合计	127 599	184 738
负债及所有者权益总计	241 899	356 348

❖ 阅读材料 11-2

金辉公司的预算管理优化工作

张先生是某管理咨询公司的一位工作人员，受金辉公司委托对该公司预算管理制度进行优化改进。张先生在对金辉公司进行预算管理调查时发现了如下事项：①金辉公司每年的12月开始编制下一年度的预算，编制预算草案时，销售、采购、生产等各职能部门独自根据自身的情况编制部门预算，不进行相互交流；②在编制销售预算时，销售部门为确保费用开支的自由度，每年会提交大额的广告支出预算项目，但这些广告的市场效果并不显著；③公司财务部门负责各职能部门的预算草案汇总，编制现金预算，公司上一年度现金预算出现过第二季度现金余额为负数的情况。财务部门经理解释说，如果出现负数，那么第二季度时财务部门会负责安排银行信贷等资金筹集方式，确保资金周转顺畅。

● 讨论题

你认为金辉公司的上述预算行为是否合理？如果不合理请说明原因，并提出改进建议。

本章小结

1. 财务预测包括不同层次的含义，其中，狭义的财务预测仅指估计公司未来的融资需求，广义的财务预测包括编制全部的预计财务报表。狭义的财务预测包括以下工作程序：①销售预测；②估计经营性资产和经营性负债；③估计各类费用和留存收益；④估计外部融资需求。财务预测的方法包括销售百分比法、回归分析法、运用电子系统预测等。

2. 财务预算是一系列专门反映企业未来一定时期内预计财务状况和经营成果，以及现金收支等价值指标的各种预算的总称。具体包括现金预算、利润表预算和预计资产负债表预算等。财务预算是反映各项业务预算和专门预算的整体计划，故又称为总预算。

3. 财务预算的编制过程包括如下：①根据销售预测编制销售预算；②根据销售预算确定的销售量，结合产成品的期初结存量和预计期末结存量编制生产预算；③根据生产预算确定的预计生产量，先分别编制直接材料消耗及采购预算、直接人工预算和制造费用预算，然后汇总编制产品生产成本预算；④根据销售预算编制销售及管理费用预算；⑤根据销售及管理费用预算和产品生产成本预算估计所需要的固定资产投资，编制资本支出预算；⑥根据执行以上各项预算所产生和必需的现金流量，编制现金预算；⑦综合以上各项预算，进行试算平衡，编制预计财务报表。

复习思考

1. 什么是财务预测？财务预测在财务管理中有什么作用？
2. 财务预测有哪些方法？这些方法各自优缺点是什么？
3. 什么是财务预算？财务预算的编制方法有哪些？
4. 试说明企业财务预算的编制程序包括哪些内容？
5. 试对比分析增量预算和零基预算的优缺点。

练习题

1. 销售百分比法是预测企业未来融资需求的一种方法。下列关于应用销售百分比法的说法中，错误的是（　　）。
   A. 根据预计存货销售百分比和预计营业收入，可以预测存货的资金需求
   B. 根据预计应付账款销售百分比和预计营业收入，可以预测应付账款的资金需求
   C. 根据预计金融资产销售百分比和预计营业收入，可以预测可动用的金融资产
   D. 根据预计营业净利率和预计营业收入，可以预测净利润

2. 甲公司2021年经营性资产销售百分比为65%，经营性负债销售百分比为35%，净利率为12%，假设公司2022年上述比率保持不变，没有可动用的金融资产，不打算进行股票回购，并采用内含增长方式支持销售增长，为实现15%的销售增长目标，预计该公司2022年的股利支付率为（　　）。
   A. 67.39%
   B. 58.25%
   C. 66.62%
   D. 61.61%

3. 下列各项中，不受会计年度制约，预算期始终保持在一定时间跨度的预算方法是（　　）。
   A. 固定预算法
   B. 弹性预算法
   C. 定期预算法
   D. 滚动预算法

4. 下列预算中，在编制时不需要以生产预算为基础的是（　　）。
   A. 变动制造费用预算
   B. 销售费用预算
   C. 产品生产成本预算
   D. 直接人工预算

5. 企业在编制直接材料预算时，一般不需要考虑的项目是（　　）。
   A. 预计期末存量
   B. 预计期初存量
   C. 预计生产成本
   D. 预计生产量

6. 甲公司是一家新型建筑材料生产企业，为做好2022年财务计划，拟进行财务报表分析和预测。相关资料如下：
   （1）甲公司2021年主要财务数据见表11-16。

   表11-16　甲公司2021年主要财务数据

   单位：万元

资产负债表项目	年末余额
货币资金	600
应收账款	1 600
存货	1 500
固定资产	8 300
资产总计	12 000
应付账款	1 000
其他流动负债	2 000
长期借款	3 000
股东权益	6 000
负债及股东权益总计	12 000
利润表项目	
营业收入	16 000
减：营业成本	10 000
税金及附加	560
销售费用	1 000
管理费用	2 000
财务费用	240
利润总额	2 200
减：所得税费用	550
净利润	1 650

   （2）甲公司没有优先股且没有外部股权融资计划，股东权益变动均来自留存收益。该公司采用固定股利支付率政策，股利支付率为60%。
   （3）销售部门预测2022年公司营业收入增长率为10%。
   （4）甲公司适用的企业所得税税率为25%。

要求：假设2022年甲公司除长期借款外所有资产和负债与营业收入的比例关系保持2021年的水平，所有成本费用与营业收入的占比关系维持2021年水平，用销售百分比法初步测算该公司2022年融资总需求和外部融资需求。

7. 乙公司是一家制造业企业，正在编制2022年第一季度、第二季度现金预算，2022年年初现金余额为52万元。其他相关资料如下：
（1）预计第一季度销量为30万件，单位售价为100元；第二季度销量为40万件，单位售价为90元；第三季度销量为50万件，单位售价为85元，每季度销售收入的60%当季收现，40%下季收现，2022年年初应收账款余额为800万元，第一季度收回。
（2）2022年年初产成品存货为3万件，每季度末产成品存货为下季销量的10%。
（3）单位产品材料消耗为10kg，单价为4元/kg，当季所购材料当季全部耗用，季初、季末无材料存货，每季度材料采购货款的50%当季付现，剩余50%下季度付现。2022年年初应付账款余额为420万元，于第一季度偿付。
（4）单位产品人工工时为2h，人工成本为10元/h；制造费用按人工工时分配，分配率为7.5元/h；销售和管理费用全年为400万元，每季度为100万元。假设人工成本、制造费用、销售和管理费用全部当季付现，全年所得税费用为100万元，每季度预缴25万元所得税。
（5）乙公司计划在上半年安装一条生产线，第一季度、第二季度分别支付设备购置款项450万元和250万元。
（6）每季度末现金余额不能低于50万元。低于50万元时，向银行借入短期借款，借款金额为10万元的整数倍。借款季初取得，每季度末支付当季度利息，季度利率为2%。高于50万元时，多出部分按10万元的整数倍偿还借款，于季度末偿还。

第一、第二季度无其他融资和投资计划。

要求：根据上述资料，编制该公司2022年第一、第二季度现金预算（直接将计算结果填入表11-17中，不用列出计算过程）。

表11-17 乙公司现金预算表

单位：万元

项目	第一季度	第二季度
期初现金余额		
加：销货现金收入		
可供使用的现金合计		
减：各项支出		
材料采购		
人工成本		
制造费用		
销售和管理费用		
所得税费用		
购买设备		
现金支出合计		
现金多余或不足		
加：短期借款		
减：归还短期借款		
支付短期借款利息		
期末现金余额		

8. 丙公司是一个番茄酱生产企业。该公司每年都要在12月编制下一年度的分季度现金预算，有关资料如下。
（1）该公司只生产一种质量规格为50kg的桶装番茄酱，由于原材料采购的季节性，只在第二季度进行生产，而销售全年都会发生。
（2）每季度的销售收入预计如下：第一季度为750万元，第二季度为1 800万元，第三季度为750万元，第四季度为750万元。
（3）所有销售均为赊销，应收账款期初余额为250万元，预计可以在第一季度收回。每个季度的销售有 2/3 在本季度内收到现金，另外 1/3 于下一个季度收回。
(4) 采购番茄原料预计支出 912 万元，第一季度需要预付 50%，第二季度支付剩余款项。
(5) 直接人工费用预计发生 880 万元，于第二季度支付。
(6) 付现制造费用第二季度发生 850 万元，其他季度均发生 150 万元。付现制造费用均在发生的季度支付。
(7) 每季度发生并支付销售和管理费用 100 万元。
(8) 全年预计所得税 160 万元，分 4 个季度预缴，每季度缴纳 40 万元。
(9) 公司计划在下半年计划安装一条新的生产线，第三季度、第四季度各支付设备购置费用为 200 万元。
(10) 期初现金余额为 15 万元，没有银行借款和其他负债。公司需要保留的最低现金余额为 10 万元。现金不足最低现金余额时需向银行借款，超过最低现金余额时需偿还借款，借款和还款数额均为 5 万元的整数倍。借款年利率为 8%，每季度支付一次利息，计算借款利息时，假定借款均在季度初发生，还款均在季度末发生。

要求：根据上述资料，为丙公司编制现金预算，编制结果填入表 11-18，不必列出计算过程。

表 11-18 丙公司现金预算 单位：万元

项目	第一季度	第二季度	第三季度	第四季度	合计
期初现金余额					
现金收入：					
本期销售本期收款					
上期销售本期收款					
现金收入合计					
现金支出：					
直接材料					
直接人工					
制造费用					
销售和管理费用					
所得税费用					
购买设备支出					
现金支出合计					
现金多余或不足					
向银行借款					
归还银行借款					
支付借款利息					

案例分析

丁公司为某集团公司的一家子公司，具有物资采购、煤炭生产、商品煤销售经营的决策权与投资的决策权。集团公司为了使各下属二级经营单位及其内部各个层级和各位员工联合起来，围绕着集团公司的总体目标而运行，实行了全面预算管理制度与业绩考核制度。丁公司根据集团公司下达的安全、产量、销售收入、利润的各项责任指标编制预算并进行分解落实。

2022年丁公司开展的全面预算管理工作情况如下。

（1）设立了由总经理牵头、财务部负责人为主任的预算管理委员会，并由煤炭销售、调度生产、采购、技术、信息、质检、内审、人事部门的最高负责人担任委员。预算管理委员负责公司预算管理的所有工作。

（2）为了更好地落实中央的八项规定，严格差旅费、业务招待费等七项费用的预算安排，进行专项强化管理，采用增量预算法编制，在前一年度的基数上下降10%安排后一年度的预算。

（3）2022年，全面预算管理委员会直接以各职能部编制和上报的年度综合计划为基础，编制形成公司的年度预算，及时分发给各部门执行。

（4）全面预算管理委员会只对预算目标完成的情况进行考核，并根据预算目标完成情况落实奖惩。

要求：

（1）判断上述（1）～（4）中丁公司财务预算管理中是否存在不当之处，如存在不当之处，简要说明理由。

（2）简述财务预算管理的流程。

（3）简述财务预算调整的原则。

第 12 章 财务控制与业绩评价

● **本章主要学习内容**

　　√ 财务控制的意义与种类　　　　√ 业绩评价原理及方法
　　√ 成本控制的内容和方法　　　　√ 平衡计分卡及其应用

● **引例**

华晨集团的破产重整

　　沈阳市中级人民法院于 2020 年 11 月 20 日裁定受理债权人对华晨汽车集团控股有限公司（简称华晨集团）的重整申请，标志着这家大型企业集团正式进入破产重整程序。法院的裁定称，华晨集团存在资产不足以清偿全部债务的情形，具备《中华人民共和国企业破产法》规定的破产原因。2020 年 10 月下旬，华晨集团发行的 10 亿元私募债到期仅支付了利息，本金未能兑付。当年 11 月 13 日，一位债权人依法向法院提起华晨集团破产重整申请。据了解，华晨集团长期经营管理不善，自主品牌一直处于亏损状态，负债率居高不下。2018 年以来，相关部门一直努力帮助华晨集团改善状况，但其债务问题积重难返。2020 年，受新冠疫情影响，华晨集团自主品牌经营状况进一步恶化，长期积累的债务问题爆发。据华晨集团 2020 年半年报，集团层面负债总额达 523.76 亿元，资产负债率超过 110%，已失去融资能力。

　　华晨集团是 2002 年设立的国有独资公司，是一个集整车、发动机、核心零部件研发、设计、制造、销售以及资本运作为一体的大型企业集团。该集团直接或间接控股华晨中华汽车控股有限公司、金杯汽车股份有限公司和上海申华控股有限公司 3 家上市公司，拥有控股和参股公司 100 家，资产总额达 300 亿元人民币，员工 4 万人。

　　一些专家认为，华晨集团破产可以总结为两个主要原因，一是打价格战拉低自身的品牌价值，并且在公司经营困难时没有做出及时有效的挽救工作，导致消费者对其信心降低。二是没有利用好手中的资源，过度依赖宝马，没有对技术进行吸收整合，反而是将自己变成了宝马的代工厂，自身不具备与其他品牌竞争的硬实力，最终避免不了破产重整。

资料来源：新华社报道，经编者整理。

讨论题

试从财务控制角度分析华晨集团破产的原因。

财务控制是实现财务目标的重要保障，是避免发生经营和财务风险的重要工具。党的二十大报告明确提出"守住不发生系统性风险底线"。对企业而言，财务控制就是在守住这一底线。业绩评价是激励管理人员努力工作的保障，是财务控制的重要条件。引例中，华晨集团破产，主要原因之一就是没有做好财务风险的控制。本章在探讨财务控制和业绩评价内涵与对象等问题的基础上，重点介绍成本控制、关键绩效指标法、经济增加值以及平衡计分卡等概念和方法的运用。

12.1 财务控制概述

12.1.1 财务控制的特征与分类

1. 财务控制的特征

财务控制是指财务控制主体按照一定程序和方式、方法，调节和控制企业财务活动，确保财务目标实现的管理活动。财务控制与财务预测、财务决策、财务预算以及财务分析一起构成财务管理的重要环节和基本职能。

与其他方面的管理控制相比，财务控制具有以下特征。

（1）主体的多层次性。在现代公司制企业中，财务管理实际上有多个层次，包括股东大会、董事会、总经理、各职能部门直到每个员工，这些多层次主体实际上都参加了不同程度的财务活动。根据财权配置和内部控制制度规定，每个理财主体都要在一定的目标下，查看具体财务活动完成情况，并实施控制措施。从这个角度来说，企业的财务控制具有多个主体。比如，在公司制企业中，重大投资决策活动一般由股东大会或董事会实施控制，而日常财务活动如采购、销售等一般由总经理或部门经理实施控制。

（2）客体的复杂性。根据不同的财务活动性质，财务控制的客体有多种形式，包括收入、成本、费用、现金流等主要形式。财务控制的客体多数是价值形式，但也存在有其他形式的客体，比如生产过程中的单位产量能耗、废品率等。复杂的财务控制客体导致财务控制具有不同的方式，如预算控制、标准控制、目标控制等，使财务控制理论和实践具有多样性。

（3）目标的多维性。财务控制的总目标是企业价值最大化。在这一总目标的指导下，不同层次的财务控制有不同的具体目标。例如，成本控制的目标是在完成一定数量和质量产品的基础上使总成本最小、单位产品的生产要素耗费最低；收入控制的目标是在一定的销售量基础上，使企业总体收入达到最大，并降低收账成本和坏账损失等。

2. 财务控制的分类

财务控制可按以下标准分类。

（1）按控制主体分类。按控制主体，财务控制可分为出资者财务控制、经营者财务控制和财务经理的财务控制。出资者财务控制是出资者为实现其资本保全与增值目标而对经营者的财务收支活动所进行的控制。比如，股东大会会为企业经营提出年度经营业绩目标，以及给定企业重大投资的投资回报水平等。经营者财务控制是经营者合理配置财务资源、落实财务责权利、控制整个企业及各责任中心财务收支活动，以实现财务预算目标的管理活动。例如，企业经营者为保障企业经营目标的完成，编制和完善企业预算等。财务经理的财务控制是财务经理对企业日常财务活动及其现金流转进行的控制，主要方式是编制并执行现金预算。比如，审查各项货币资金支出是否符合预算规定用途等。

◆ 阅读材料12-1

出资者财务控制、经营者财务控制和财务经理的财务控制

2023年年初，新能源汽车行业市场竞争激烈。A公司是新能源汽车制造企业，由于特斯拉、比亚迪等国内外行业领军企业为争夺市场率先降价，导致该公司产品市场销路不畅，存货积压较多。3月初，A公司召开董事会，会上财务副总裁报告2月销售回笼资金比1月下降30%，而第二季度公司将有一笔债务到期，按照公司目前的经营情况，可能会出现债务违约。公司董事会经过商讨，做出如下决定：①3月争取从银行获得一笔贷款用于偿还到期债务；②责令总经理制定改善销售、提升资金回笼的工作计划。董事会后，总经理办公会经过研究，提出了降价促销的具体工作方案，并指示财务部门拟订一份第二季度的现金预算，作为该季度财务控制的工作方案。

讨论题

请说明在上述案例中，出资者财务控制、经营者财务控制和财务经理的财务控制分别包括哪些控制行为？

（2）按控制时间分类。按控制时间，财务控制可分为事前财务控制、事中财务控制和事后财务控制。事前财务控制是指在财务活动发生前，通过设立制度、目标、授权等方式对财务活动进行控制。如财务收支活动发生之前的申报审批制度、财务预算制定和审批等。事中财务控制是指在财务活动发生过程中针对财务活动的实际情况和相关目标以及政策规定，对财务活动实施的控制。如按财务预算要求监督预算执行情况，对发生的偏差采取一定的调整措施等。事后财务控制是指在财务活动发生后，通过检查实际活动的效果，将其与目标和计划相比较，发现存在的问题，提出后续工作的改进措施。如按财务预算评价责任中心的财务收支状况决定奖惩等。

（3）按控制依据分类。按控制依据，财务控制可分为制度控制和预算控制。制度控制是通过建立健全企业各项财务规章制度约束财务收支活动的一种控制形式。如企业通过建立差旅费报销制度，控制员工出差过程中各种不合理的支出等。预算控制则是借助于财务预算等计划指标的设置，监督调整企业财务收支活动的一种控制形式。如企业建立现金预算，控制预算期各项现金收支的实现等。制度控制具有防护性特征，而预算控制则具有激励性特征。

（4）按控制对象分类。按控制对象，财务控制可分为收支控制和货币资金控制。收支控

制包括收入控制和支出控制。收入控制主要是通过合理的销售预算确保收入实现，支出控制则是通过各项成本费用和资本支出预算，确保成本费用开支不超过一定的限额，保障各类投资支出在企业预期计划内完成。货币资金控制主要通过现金预算来实现，力求实现现金流入与流出在数量与时间等方面的基本平衡，避免引发财务危机，降低现金占用的机会成本等。

12.1.2 财务控制的具体对象

财务控制的具体对象主要包括以下几个方面。

1. 筹资控制

筹资控制的主要工作，是在满足投资和日常运营对资金需求的基础上，选择恰当的筹资渠道和时机，筹集足够的资金。企业应当坚持量力而行、尽力而为、力求平衡的原则筹集资金，通过有效的财务控制，将投资与经营资金的筹集与使用、资金成本与投资效益有机结合起来，保证企业再生产过程的顺利进行。

2. 投资控制

投资控制的主要工作，是在满足一定的投资回报要求的前提下，按企业财务战略和市场环境变化做出投资安排。企业应当建立健全一整套切实可行、科学合理的投资制度，确定最佳投资方案，注重优化投资结构，加强投资预算控制，使有限的资金发挥最大的经济效益。

3. 成本控制

成本控制主要是根据成本费用信息，计算成本费用实际发生额脱离目标的差异，查找差异成因，并采取措施，消除不利差异，保证目标实现的过程。实施成本控制是降低产品成本、增加盈利，以及提高经济效益的重要途径。企业应结合实际，选择恰当的成本控制方法，提高成本控制效率。

4. 全面预算控制

全面预算控制，是指企业根据期初制定的全面预算，定期了解经营活动中各方面预算指标的完成情况，针对发现的预算完成不足的情形，及时找出原因，制定相应措施，确保预算全面落实的控制活动。在全面预算控制过程中，企业应根据预算执行的实际情况，分析预算差异的主客观原因，采取针对性措施，既要保证预算的严肃性，又要维持实际工作的弹性，确保财务管理工作有效开展。

5. 现金控制

现金控制，是指在对企业各方面财务活动进行系统规划的基础上，明确各经营期内现金收支情况，制定现金收支目标，根据实际发生的现金收支情况，做出现金收支的调整，确保企业现金流转顺畅，满足经营需要。现金流转是企业经营活动的前提，现金控制的目标，在于根据企业经营活动的具体情况，及时发现可能出现的现金周转困难，同时针对现金溢余的情况做出相应调整，提高现金使用的效率。

12.1.3 财务控制的基本原则

实施财务控制必须坚持以下基本原则。

（1）归口分级管理原则。该原则要求：划分责任单位，对财务指标实行归口管理；逐层分解落实财务指标，实行分级管理。

（2）责权利相结合原则。该原则要求：在下达有关单位财务责任指标的同时，赋予责任者相应的理财权，并加以有效的激励。也就是说，发挥财务指标归口分级管理的效能，必须坚持财务责任、财务权力与财务利益三者的协调配合。

（3）可控性原则。该原则要求：归口分级管理的财务指标必须是有关责任单位或责任人能施以重要影响或能加以控制的责任指标；否则，责权利相结合原则将无法真正落到实处。

（4）例外管理原则。该原则要求：主管人员应当关注财务控制中反馈的关键性差异，即"例外"事项，及时调查成因，迅速采取纠偏措施，保证财务责任指标顺利完成。

12.2 成本控制

不论是企业还是企业的一个责任中心，成本（和费用）的控制都是获得竞争优势的基础。本节主要介绍企业成本控制的原理和方法。在一般制造业企业中，成本控制主要采用标准成本控制法，因此本节主要以标准成本控制为基础，阐述成本控制的主要做法。

12.2.1 标准成本的含义

标准成本，是指运用技术测定、数理统计分析等方法，在企业合理的经营条件下应该可以实现的情况下制定的单位产品成本指标。它主要是根据产品不同成本项目的耗费标准和耗费的标准价格制定的单位产品成本。

企业可以根据不同的情况和要求制定不同层次的标准成本。一是理想标准成本，它是指在现有条件下企业所能达到的最优成本水平，即在资源无浪费、设备无故障、产品无废品、工时全有效的假设下制定的成本标准；二是以历史平均成本作为标准成本，这里的历史平均成本是指在过去较长时间内所达到的实际成本；三是正常标准成本，这里的正常标准成本是指在正常情况下企业经过努力可以达到的成本，这一标准考虑了生产过程中不可避免的损失、故障和偏差。正常标准成本具有客观性、现实性和激励性，因此被广泛运用。

12.2.2 标准成本的制定

产品成本主要由直接材料、直接人工和制造费用 3 个成本项目构成，因此标准成本的制定包括这 3 个方面。

（1）直接材料标准成本的制定。产品直接材料标准成本包括单位产品的材料用量标准和价格标准两个方面。材料的用量标准是指单位产品耗用原材料的数量，这一标准应根据产品设计、生产工艺以及管理水平等多方面因素合理制定。材料的价格标准通常采用企业编制的计划价格，当企业没有对材料采用计划价格法核算时，企业可以以供应商长期供货价格为基础，可以根据将来原材料市场供需变化进行调整制定。综上所述，产品直接材料标准成本计算公式为。

$$产品直接材料标准成本 = 单位产品的材料用量标准 \times 价格标准$$

例 12-1 某企业 A 产品在生产过程中，按产品构成和现有生产工艺，每件约消耗甲材料 2kg，根据企业与供应商签订的 3 年供货合同，甲材料单位采购成本为 3 元/kg。根据这一情况，计算制定 A 产品直接材料标准成本。

$$A 产品直接材料标准成本 = 2 \times 3 = 6（元/件）$$

（2）直接人工标准成本的制定。产品直接人工标准成本包括直接人工的价格标准和直接人工的用量标准两方面。直接人工的价格标准就是标准工资率，标准工资率通常由企业人力资源管理部门根据劳动力市场供需情况制定，其计算公式为

$$标准工资率 = 标准工资总数 / 标准总工时$$

人工用量标准也称工时消耗定额，它是指企业在现有的生产技术条件、工艺方法和技术水平的基础上，考虑到提高劳动生产率的要求，采用一定的方法，确定单位产品所需要耗用的生产工人工时数。在制定工时消耗定额时，还需要考虑到生产工人必要的休息和活动时间，以及设备停工维护所需要的时间，使制定的消耗定额既有先进性又有可行性。根据上述设计，单位产品直接人工标准成本可以按以下公式计量：

$$单位产品直接人工标准成本 = 标准工资率 \times 人工用量标准$$

如企业采用计件工资时，直接人工标准就是单位产品标准计件工资单价。

例 12-2 根据现有生产工艺，某企业 A 产品生产需要耗用人工工时 1 工时，企业每个月生产工人标准总工资约为 200 000 元，标准总工时为 10 000 工时，试测算 A 产品单位人工标准成本。

$$生产工人标准工资率 = 200\,000/10\,000 = 20（元/工时）$$
$$直接人工标准成本 = 20 \times 1 = 20（元/件）$$

（3）制造费用标准成本的制定。制造费用包括项目比较复杂，因此在制定标准成本时需要进行相应处理。在标准成本法下，通常将制造费用根据其具体项目与工时（或产品产量）之间的关系划分为变动制造费用和固定制造费用两部分。变动制造费用一般是指该成本项目随消耗的工时（或产品产量）数量的增加而成比例增加的项目，比如能耗、水费等，而固定制造费用一般相对固定，不随产量或工时的变动而变动，如厂房折旧、车间照明费用等。假定企业变动制造费用与直接人工工时之间成正比例关系，则变动制造费用标准成本包括两个方面：单位产品人工用量标准和单位工时变动制造费用成本。单位工时变动制造费用的制定需要考虑单位工时所的能耗及机器维护费等具体费用情况。假定某企业 A 产品单位人工用量为 1 工时，该企业每个月标准工时为 10 000 工时，耗用能源和机器维护费用等共计 30 000 元，则单位工时变动制造费用计算如下：30 000/10 000=3 元/工时，A 产品的变动制造费用为 3（元/件）。

固定制造费用通常包括生产用固定资产折旧和车间照明、车间管理人员工资等项目。这些项目一般不会随工时或产品产量的增减而变动。在制定固定制造费用标准成本时，可以

根据总工时和总固定制造费用之间的数量关系来制定。假定企业生产 A 产品固定资产折旧、车间管理人工资和照明费用共计每个月约为 40 000 元，则单位人工工时固定制造费用计算如下：40 000/10 000=4 元 / 工时，单位 A 产品固定制造费用标准成本为 4 元 / 件。

例 12-3　根据上述材料，试计算 A 产品的单位标准成本。

A 产品标准成本 = 直接材料标准成本 + 直接人工标准成本 + 变动制造费用标准成本 +
固定制造费用标准成本 = 6 + 20 + 3 + 4 = 33（元 / 件）

12.2.3　成本差异的概念与分类

在标准成本控制法下，成本差异是指一定时期内企业生产的一定数量产品所发生的实际成本与相关标准成本相比形成的差额。

根据成本差异形成的不同原因，成本差异包括用量差异和价格差异两种不同类型。

（1）用量差异。用量差异是反映由于直接材料、直接人工和变动制造费用等项目由于资源实际耗用量和标准耗用量之间的不一致而产生的成本差异，其计算公式为

用量差异 = 标准价格 ×（实际产量下的实际耗用量 − 实际产量下的标准耗用量）

（2）价格差异。价格差异是反映由于直接材料、直接人工和变动制造费用等成本项目实际价格水平与标准价格水平不一致而产生的成本差异。其计算公式为

价格差异 =（实际价格 − 标准价格）× 实际产量下的实际耗用量

12.2.4　成本差异的计算与分析

（1）直接材料成本差异。直接材料成本差异是指在实际产量下直接材料总成本与实际产量下直接材料标准总成本之间的差异，它可以分解为直接材料用量差异和直接材料价格差异，其计算公式为

直接材料用量差异 =（实际产量下实际用量 − 实际产量下的标准用量）× 标准价格
直接材料价格差异 =（实际价格 − 标准价格）× 实际产量下的实际用量

直接材料用量差异的形成原因有多方面，工人工作的责任心、工人技术掌握情况、设备使用状况、材料质量等都可能影响直接材料用量差异。材料用量差异的责任需要通过具体分析才能确定，但主要责任往往应由生产部门承担（属于材料质量原因的应由采购部门承担责任）。材料价格差异的形成原因较为复杂，如市场价格变动、供货商变动、运输方式改变、采购批量改变等都可能导致价格差异。由于价格差异多数情况下与企业采购工作有关，因此其主要责任由企业的采购部门承担。

例 12-4　承例 12-1，假定本月某企业生产 A 产品 4 000 件，消耗甲材料 9 000kg，材料实际成本为 36 000 元，试分析本月 A 产品材料成本差异。

直接材料用量差异 =（9 000−4 000×2）× 3 = 3 000（元）
直接材料价格差异 =（4−3）× 9 000 = 9 000（元）
直接材料成本差异 = 3 000+9 000 = 12 000（元）

根据上述计算结果，企业因直接材料用量原因导致超额成本 3 000 元，因为材料价格原因导致超额成本 9 000 元，总成本超额 12 000 元，应查明材料用量和成本超支的实际原因，以便在后面的工作中改进材料成本超支的情况。

（2）直接人工成本差异。直接人工成本差异是指在实际产品产量下，直接人工实际成本与实际产量下直接人工标准成本之间的差异。直接人工成本差异可以分解为直接人工效率差异和工资率差异，其计算公式为

直接人工效率差异 =（实际产量下的实际人工工时 − 实际产量下的标准人工工时）× 标准工资率

直接人工工资率差异 =（实际工资率 − 标准工资率）× 实际产量下的实际人工工时

例 12-5 承例 12-2 和例 12-4，假定本月某企业生产 A 产品耗用 3 600 工时，实际应付直接人工工资为 90 000 元，试计算本月 A 产品直接人工成本差异。

实际工资率 = 90 000/3 600 = 25（元/工时）

直接人工效率差异 =（3 600−4 000×1）×20 = −8 000（元）

直接人工工资率差异 =（25−20）×3 600 = 18 000（元）

直接人工成本差异 = −8 000+18 000 = 10 000（元）

根据上述计算结果，A 产品直接人工成本总超支为 10 000 元，其中因为工资率原因直接人工成本超支 18 000 元，因为工时节约导致直接人工成本减少 8 000 元，总成本超支的主要原因在于工资率上升，应重点调查工资率上升的关键原因，作为财务控制的依据。

（3）变动制造费用成本差异。变动制造费用成本差异是指实际产量下的实际发生的变动制造费用与实际产量下的标准制造费用的差异。变动制造费用成本差异可以根据其发生的原因分解为效率差异和耗费差异两部分，其计算公式分别为

变动制造费用效率差异 =（实际产量下的实际工时 − 实际产量下的标准工时）× 变动制造费用标准分配率

变动制造费用耗费差异 =（变动制造费用实际分配率 − 变动制造费用标准分配率）× 实际产量下的实际工时

例 12-6 承前例数据，某企业 A 产品的直接人工标准工时为 1 工时/件，单位工时变动制造费用为 3 元/工时，本月生产 A 产品 4 000 件，发生直接人工 3 600 工时，变动制造费用总额 14 400 元，试分析本月 A 产品变动制造费用成本差异。

变动制造费用实际分配率 = 14 400/3 600 = 4 元/工时，变动制造费用标准分配率为 3 元/工时。

变动制造费用效率差异 =（3 600−4 000×1）×3 = −1 200（元）

变动制造费用耗费差异 =（4−3）×3 600 = 3 600（元）

变动制造费用成本差异 = −1 200+3 600 = 2 400（元）

根据上述计算结果，因为工时节约导致变动制造费用减少 1 200 元，然而由于单位变动制造费用率增加，导致变动制造费用增加 3 600 元，总差异为超支 2 400 元。企业应进一步调查变动制造费用耗费上升的具体原因，寻求有针对性的控制措施。

（4）固定制造费用成本差异。固定制造费用成本差异是指实际产量下固定制造费用与实际产量下标准固定制造费用的差异。其计算分析有不同方式，本文主要介绍两差异法。在两差异法下，固定制造费用成本差异可分解为耗费差异和能量差异两部分，其计算公式如下：

固定制造费用耗费差异 = 实际产量下的实际固定制造费用 − 预算产量下的标准固定制造费用
= 实际固定制造费用 − 预算产量 × 标准工时 × 标准分配率

固定制造费用能量差异 = 预算产量下的标准固定制造费用 − 实际产量下的标准固定制造费用
=（预算产量下的标准工时 − 实际产量下的标准工时）× 标准分配率

例 12-7 承前例数据，某企业 A 产品直接人工标准工时为 1 工时/件，本月生产 A 产品 4 000 件，发生直接人工 3 600 工时。企业生产 A 产品固定资产折旧、车间管理人员工资和照明费用共计每个月约为 40 000 元，A 产品预算产能为 5 000 件。企业本月 A 产品发生的固定制造费用为 38 000 元，试用两差异法分析固定制造费用成本差异。

固定制造费用标准费用分配率 = 40 000/（5 000×1）= 8（元/工时）
固定制造费用耗费差异 = 38 000–50 000×1×8 = –2 000（元）
固定制造费用能量差异 =（5 000×1–3 600）×8 = 11 200（元）
固定制造费用总差异 = –2 000+11 200 = –9 200（元）

根据上述计算结果，企业固定制造费用耗费差异为节约 2 000 元，说明固定制造费用总额控制较好，固定制造费用能量差异为超支 11 200 元，说明因产能不能充分利用，导致固定制造费用超支 11 200 元。企业应寻求提高产能利用效率的新途径。

12.2.5 成本控制的主要措施

根据成本差异计算和分析，企业可以及时发现生产过程中成本超支的项目和原因，这样就可以采取相应措施，控制不利差异，确保成本目标实现。

（1）直接材料成本控制措施。根据成本差异计算结果和对企业实际情况下的差异原因分析，企业可以对直接材料成本提出相应控制策略。如果发生直接材料用量的不利差异，企业应根据材料用量超支的原因，提出改进措施。比如：因为材料质量不合格导致材料用量增加时，企业可以考虑更换供应商，或与供应商重新谈判，提升供货质量。对于因为工人操作不当导致材料用量增加的，应考虑对员工进行岗位培训、加大材料用量考核激励等措施，激励工人改善操作，降低材料消耗。如发生直接材料的价格不利差异时，应根据市场材料供求关系制定相应措施，如与供应商达成长期合作降低供货价格，或寻求新的供应商降低供货价格等，此外，提升订货批量，改进运货方式，也有利于降低材料价格差异。

（2）直接人工成本控制措施。对直接人工成本的控制需要根据成本差异的类别进行相应处理，如果发生直接人工效率方面的不利差异，企业应分析直接人工工时增加的原因。如果是员工操作不熟练，则需要强化员工技能方面的培训；如果是生产管理调度失误导致工时浪费，则应改进生产组织，提高工时利用效果。如果发生直接人工工资率方面的不利差异，企业应分析工资率上升的具体原因，如果因为不合理的工薪上涨导致直接人工工资率提高，企业应考虑相应措施遏制这种不利情形的发生。

（3）制造费用成本控制措施。对于制造费用的成本控制应根据变动制造费用和固定制造费用的差异分别处理。对于变动制造费用的不利效率差异，其控制措施与直接人工工时差异类似；对于变动制造费用的不利耗费差异，企业应分析单位工时能耗等变动制造费用超支的原因，如果因为生产组织不利或存在浪费情况，应责成生产管理部门采取措施提高单位工时的能源利用率等，如果因为车间物料消耗控制不严格导致变动费用超支，企业应加强物料消耗的控制。对于固定制造费用的不利耗费差异，如果固定制造费用超过预算水平，应分析超标原因，比如车间管理经费超出预算水平时，企业应分析不合理支出项目，控制其发生。对于因为预算工时利用不足导致的不利能量差异，企业应考虑提升工时利用效率扩大产能，或减少不合理的固定资产使用，对于不需要使用或已封存的固定资产要及时清理，减少固定资产折旧，从而提升产能利用水平。

❖ 阅读材料12-2

成本控制的责任在哪里

金辉公司是一家生产食品的企业，在某月月末的经营工作分析会上，财务人员向企业各部门经理汇报了本月各项成本数据。其中，产品生产成本下降了15%，其主要原因是原材料采购价格下降了30%，总成本因为材料成本下降而减少了50万元。但企业库存原材料因为过期变质，导致存货减值30万元。此外为避免采购的原材料过期变质，企业扩大产能，使完工产品库存超过了定额，形成了库存积压。在这些数据公布后，采购部门经理给出解释，说明采购价格下降的原因是上个月因为供应商促销，企业加大了采购批量，降低了单位采购成本。至于原材料减值损失和产品积压，主要原因是营销部门没有做好产品销售，生产部门没有做好生产安排，这些都不是采购部门的责任。因此后续工作应该加大产品市场销售，将积压的库存减少。营销部门经理认为，如果需要促销，则必须要降低产品价格，这样会导致企业利润减少，也不能保证销售的资金及时回笼。生产部门经理则认为，企业生产达到一定规模后，有利于降低产品成本，提高工时利用率和固定资产利用率，因此应该保持产能不变，扩大销售。

● 讨论题

如果你是金辉公司的总经理，你应该采取哪些措施控制成本？

12.3 业绩评价原理与方法

业绩评价是对企业各级管理人员工作进行评价，以便据此确定相应的奖惩的工作。业绩评价需要根据相关的指标进行客观评价，而不同的工作岗位和评价目的也会影响到评价方法的具体运用。本节先介绍业绩评价的不同方式和评价指标，然后结合不同业绩评价方法具体展开讨论。

12.3.1 财务业绩评价与非财务业绩评价

1. 财务业绩评价的优点和缺点

财务业绩评价是根据财务信息来评价管理者业绩的方法，常见的财务业绩评价指标包括净利润、资产报酬率、经济增加值（economic value added，EVA）等。作为一种传统的评价方法，财务业绩评价一方面可以反映企业的综合经营成果，另一方面其所需数据也容易从会计信息系统中获得，操作简便，易于理解，因此被广泛使用。但财务业绩评价也有其不足之处。首先，财务业绩体现的是企业当期的财务成果，反映的是企业的短期业绩，无法反映管理者在企业的长期业绩改善方面所做的努力。其次，财务业绩具有结果导向性，即只注重最终的财务结果，而对为达成该结果所进行的改善过程则欠考虑。最后，财务业绩对通过财务会计程序产生的会计数据进行考核，而会计数据则是根据公认的会计原则产生的，受到稳健性原则影响存在有偏估计，会计数据还可能因为盈余管理而失真，因此可能无法公允地反映管理层的真正业绩。

2. 非财务业绩评价的优点与缺点

非财务业绩评价，是指根据非财务信息指标来评价管理者业绩的方法。非财务信息指标有很多种类，比如与顾客相关的指标：市场份额、关键客户订货量、顾客满意度、顾客忠诚度等。与企业内部营运相关的指标：及时送货率、产品或服务质量（缺陷率）、周转时间等。反映员工学习与成长的指标：员工满意度、员工建议次数、员工第二专长人数、员工流动率等。非财务业绩评价的优点是可以避免财务业绩评价只侧重过去、比较短视的不足；非财务业绩评价更能体现长远业绩，也更能体现外部对企业的整体评价。非财务业绩评价的缺点是一些关键的非财务业绩指标往往比较主观，数据的收集比较困难，最后计算出的评价结果的可靠性难以保证。

12.3.2 关键绩效指标法

关键绩效指标（key performance indicator，KPI）法是被各类企业广泛应用的一种绩效管理方法。我国财政部发布的《管理会计应用指引第601号——关键绩效指标法》，对关键绩效指标法的含义、应用和优缺点进行了阐述。

1. 关键绩效指标法的含义

关键绩效指标法，是指基于企业战略目标，通过建立关键绩效指标体系，将价值创造活动与战略规划目标有效联系，并据此进行绩效管理的方法。关键绩效指标，是对企业绩效产生关键影响力的指标，是通过对企业战略目标、关键成果领域的绩效特征分析，识别和提炼出的最能有效驱动企业价值创造的指标。关键绩效指标法可以单独使用，也可以与经济增加值、平衡计分卡等其他方法结合使用。关键绩效指标法的应用对象可以是企业、所属单位（部门）和员工。

2. 关键绩效指标法的应用

企业应用关键绩效指标法，一般按照制定以关键绩效指标为核心的绩效计划、制定激励计划、执行绩效计划与激励计划、实施绩效评价与激励、编制绩效评价报告与激励管理报告等程序进行。制定绩效计划是关键绩效指标法运用的基础，包括构建关键绩效指标体系、分配指标权重、确定绩效目标值等。

（1）构建关键绩效指标体系。对于一个企业，可以分三个层次来构建关键绩效指标体系。

第一，制定企业级关键绩效指标。企业应根据战略目标，结合价值创造模式，综合考虑企业内外部经营环境等因素，设定企业级关键绩效指标。

第二，制定所属单位（部门）级关键绩效指标。企业可根据企业级关键绩效指标，结合所属单位（部门）关键业务流程，按照上下结合、分级编制、逐级分解的程序，在沟通反馈的基础上，设定所属单位（部门）级关键绩效指标。

第三，制定岗位（员工）级关键绩效指标。企业可根据所属单位（部门）级关键绩效指标，结合员工岗位职责和关键工作价值贡献，设定岗位（员工）级关键绩效指标。

企业的关键绩效指标一般可分为结果类和动因类两类指标。结果类指标是反映企业绩效的价值指标，主要包括投资报酬率、净资产收益率、经济增加值、息税前利润、自由现金流量等综合指标；动因类指标是反映企业价值关键驱动因素的指标，主要包括资本性支出、单位生产成本、产量、销量、客户满意度、员工满意度等。

关键绩效指标应含义明确、可度量、与战略目标高度相关。指标的数量不宜过多，每一层级关键绩效指标一般不超过 10 个。

（2）设定关键绩效指标权重。关键绩效指标的权重设定应以企业战略目标为导向，反映被评价对象对企业价值贡献或支持的程度，以及各指标之间的重要性水平。单项关键绩效指标权重一般设定在 5%～30% 之间，对特别重要的指标可适当提高权重。对特别关键、影响企业整体价值的指标可设立"一票否决"制度，即如果某项关键绩效指标未完成，无论其他指标是否完成，均视为未完成绩效目标。

（3）确定关键绩效指标目标值。企业确定关键绩效指标目标值，一般参考如下标准：一是依据国家有关部门或权威机构发布的行业标准或参考竞争对手标准，如国务院国资委考核分配局编制并每年更新出版的《企业绩效评价标准值》；二是参照企业内部标准，包括企业战略目标、年度生产经营计划目标、年度预算目标、历年指标水平等；三是如果不能参照前面两类标准确定的，可以根据企业历史经验值确定。

3. 关键绩效指标法的优点和缺点

关键绩效指标法的主要优点如下：一是使企业业绩评价与企业战略目标密切相关，有利于企业战略目标的实现；二是通过识别价值创造模式，把握关键价值驱动因素，能够更有效地实现企业价值增值目标；三是评价指标数量相对较少，易于理解和使用，实施成本相对较低，便于推广实施。

关键绩效指标法的主要缺点如下：关键绩效指标的选取需要透彻理解企业价值创造模式和战略目标，有效识别企业核心业务流程和关键价值驱动因素，指标体系设计不当将导致错误的价值导向和管理失效。

12.3.3 经济增加值

剩余收益概念出现以后，陆续衍生出各种不同版本的用于业绩评价的指标，其中最引人注目的是经济增加值。经济增加值是美国思腾思特（Stern Stewart）管理咨询公司开发并于 20 世纪 90 年代中后期推广的一种价值评价指标。我国国务院国有资产监督管理委员会从 2010 年开始在中央企业全面推行经济增加值考核指标并不断完善，并于 2019 年 4 月 1 日开始施行《中央企业负责人经营业绩考核办法》。财政部于 2017 年 9 月 29 日发布了《管理会计应用指引第 602 号——经济增加值法》。

1. 经济增加值的概念

经济增加值是指从税后净营业利润中扣除全部投入资本的资本成本后的剩余收益。经济增加值是全面评价经营者有效使用资本和为企业创造价值的重要指标。经济增加值为正，表明经营者在为企业创造价值；经济增加值为负，表明经营者在损毁企业价值。其计算公式为

$$经济增加值 = 税后净营业利润 - 平均资本占用 \times 加权平均资本成本$$

其中：税后净营业利润衡量的是企业的经营盈利情况；平均资本占用反映的是企业持续投入的各种债务资本和股权资本；加权平均资本成本反映的是企业各种资本的平均资本成本率。

尽管经济增加值的定义很简单，但它实际计算起来却较为复杂。为了计算经济增加值需要解决经营利润、资本成本和所使用资本数额的计量问题。不同的计算办法，形成了不同的经济增加值。

（1）基本的经济增加值。基本的经济增加值是根据未经调整的经营利润和总资产计算的经济增加值。计算公式为

$$基本的经济增加值 = 税后净营业利润 - 报表平均总资产 \times 加权平均资本成本$$

基本的经济增加值的计算很容易。但是，由于"营业利润"和"总资产"是按照会计准则和权责发生制计算的，它们可能会歪曲公司的真实业绩。不过，基本的经济附加值对于会计利润来说是个进步，因为它承认了股权资金的成本。

（2）披露的经济增加值。披露的经济增加值是利用公开会计数据进行调整计算出来的。这种调整是根据公布的财务报表及其附注中的数据进行的，调整的目的主要是为了提高指标对企业市场价值的解释力。典型的调整包括：对于研究与开发费用，会计核算中作为费用立即将其从利润中扣除，经济增加值计算则要求将其作为投资并在一个合理的期限内摊销；对于战略性投资，会计核算中将投资的利息（或部分利息）计入当期财务费用，经济增加值计算要求将其在一个专门账户中资本化并在开始生产时逐步摊销；对于为建立品牌、进入新市场或扩大市场份额发生的费用，会计核算中作为费用立即从利润中扣除，经济增加值计算要求把争取客户的营销费用资本化并在适当的期限内摊销；对于折旧费用，会计核算中大多使用直线折旧法处理，经济增加值计算则要求对某些大量使用长期设备的公司，按照更接近经济现实的"沉淀资金折旧法"处理。这是一种类似租赁资产的费用分摊方法，在前几年折旧较少，而后几年由于技术老化和物理损耗同时发挥作用需计提较多折旧。

2. 简化的经济增加值的计算

考虑到不同经济增加值计算的不同，本部分主要介绍我国国资委关于经济增加值计算的相关规定。

（1）经济增加值的定义及计算公式。经济增加值是指经核定的企业税后净营业利润减去资本成本后的余额。其计算公式为

经济增加值＝税后净营业利润－资本成本
　　　　　＝税后净营业利润－调整后资本×平均资本成本率

税后净营业利润＝净利润＋（利息支出＋研究开发费用调整项）×（1－25%）

调整后资本＝平均所有者权益＋平均带息负债－平均在建工程

平均资本成本率＝债权资本成本率×[平均带息负债/(平均带息负债＋平均所有者权益)]×（1－25%）＋股权资本成本率×[平均所有者权益/(平均带息负债＋平均所有者权益)]

（2）会计调整项目说明。研究开发费用调整项是指企业财务报表中的"研发费用"和当期确认为无形资产的开发支出。

对于承担关键核心技术攻关任务而影响当期损益的研发投入，可以按照100%的比例，在计算税后净营业利润时予以加回。

对于勘探投入费用较大的企业，经国资委认定后，可将其成本费用情况表中的"勘探费用"视同研究开发费用调整项予以加回。

在建工程是指企业财务报表中的符合主业规定的"在建工程"。

对从事银行、保险和证券业务且纳入合并报表的企业，将负债中金融企业专用科目从资本占用中予以扣除。基金、融资租赁等金融业务纳入国资委核定主业范围的企业，可约定将相关带息负债从资本占用中予以扣除。

利息支出是指企业财务报表中"财务费用"项下的"利息费用"。带息负债是指企业带息负债情况表中的带息负债合计。

企业经营业务主要在国（境）外的，25%的企业所得税税率可予以调整。

（3）差异化资本成本率的确定。对主业处于充分竞争行业和领域的商业类企业，股权资本成本率原则上定为6.5%，对主业处于关系国家安全、国民经济命脉的重要行业和关键领域、主要承担重大专项任务的商业类企业，股权资本成本率原则上定为5.5%，对公益类企业股权资本成本率原则上定为4.5%。对军工、电力、农业等资产通用性较差的企业，股权资本成本率下浮0.5个百分点。

债权资本成本率＝利息支出总额/平均带息负债

利息支出总额是指带息负债情况表中的"利息支出总额"，包括费用化利息和资本化利息。

资产负债率高于上年且在65%（含）至70%的科研技术企业、70%（含）至75%的工业企业或75%（含）至80%的非工业企业，平均资本成本率上浮0.2个百分点；资产负债率高于上年且在70%（含）以上的科研技术企业、75%（含）以上的工业企业或80%（含）以上的非工业企业，平均资本成本率上浮0.5个百分点。

（4）其他重大调整事项。发生下列情形之一，对企业经济增加值考核产生重大影响的，国资委酌情予以调整。

1）重大政策变化。

2）严重自然灾害等不可抗力因素。

3）企业重组、上市及会计准则调整等不可比因素。

4）国资委认可的企业结构调整等其他事项。

例12-8 甲公司是一家中央电力企业，采用经济增加值业绩考核办法进行业绩计量和评价，有关资料如下。

（1）2020年甲公司的净利润为40亿元；费用化利息支出为12亿元，资本化利息支出为16亿元；研发费用为20亿元，当期无确认为无形资产的开发支出。

（2）2020年甲公司的年末无息负债为200亿元，年初无息负债为150亿元；年末带息负债为800亿元，年初带息负债为600亿元；年末所有者权益为900亿元，年初所有者权益为700亿元；年末在建工程为180亿元，年初在建工程为220亿元。

根据上述资料：计算甲公司2020年的经济增加值。

（1）计算税后净营业利润。

税后净营业利润 = 净利润 +（利息支出 + 研究开发费用调整项）×（1–25%）

研究开发费用调整项 = 研发费用 + 当期确认为无形资产的开发支出 = 20+0 = 20（亿元）

税后净营业利润 = 40 +（12+20）×（1–25%）= 64（亿元）

（2）计算调整后资本。

调整后资本 = 平均所有者权益 + 平均带息负债 – 平均在建工程

平均所有者权益 =（900+700）/2 = 800（亿元）

平均带息负债 =（800+600）/2 = 700（亿元）

平均在建工程 =（180+220）/2 = 200（亿元）

调整后资本 = 800+700–200 = 1 300（亿元）

（3）计算平均资本成本率。

平均资本成本率 = 债权资本成本率 ×［平均带息负债/(平均带息负债 + 平均所有者权益)］×（1–25%）+ 股权资本成本率 ×［平均所有者权益/(平均带息负债 + 平均所有者权益)］

债权资本成本率 = 利息支出总额 / 平均带息负债

利息支出总额 = 费用化利息支出 + 资本化利息支出 = 12+16 = 28（亿元）

债权资本成本率 = 28/700 = 4%

因甲公司作为电力企业，其主业处于关系国家安全、国民经济命脉的重要行业和关键领域，且电力行业资产通用性较差。

股权资本成本率 = 5.5%–0.5% = 5%

平均资本成本率 = 4% ×［700/（700+800）］×（1–25%）+5% ×［800/（700+800）］= 4.07%

年末资产负债率 =（200+800）/（200+800+900）= 1 000/1 900 = 52.63%

年初资产负债率 =（150+600）/（150+600+700）= 750/1 450 = 51.72%

资产负债率虽然高于上年但低于65%，故不属于需要调整的情况。

（4）计算经济增加值。

经济增加值 = 税后净营业利润 – 资本成本
　　　　　 = 税后净营业利润 – 调整后资本 × 平均资本成本率

经济增加值 = 64–1 300 × 4.07% = 64–52.91 = 11.09（亿元）

3. 经济增加值评价的优点和缺点

经济增加值评价的优点如下：经济增加值考虑了所有资本的成本，更真实地反映了企业的价值创造能力；实现了企业利益、经营者利益和员工利益的统一，激励经营者和所有员工为企业创造更多价值；能有效遏制企业盲目扩张规模以追求利润总量和增长率的倾向，引导企业注重长期价值创造。经济增加值还可以与资本预算、经营预算等结合起来，成为全面的财务预算和控制体系。

经济增加值评价的缺点如下：一是经济增加值仅对企业当期或未来 1～3 年价值创造情况进行衡量和预判，无法衡量企业长远发展战略的价值创造情况；二是经济增加值计算主要基于财务指标，无法对企业的营运效率与效果进行综合评价；三是不同行业、不同发展阶段、不同规模等的企业，其会计调整项和加权平均资本成本各不相同，计算比较复杂，影响指标的可比性。

此外，由于经济增加值是绝对数指标，不便于比较不同规模公司的业绩。

经济增加值也有与投资报酬率一样误导使用者的缺点，例如处于成长阶段的公司经济增加值较少，而处于衰退阶段的公司经济增加值可能较高。

在计算经济增加值时，对于净收益应做哪些调整以及资本成本如何确定等，尚存在许多争议。这些争议不利于建立一个统一的规范。而缺乏统一性的业绩评价指标，只能在一家公司的历史分析以及内部评价中使用。

❖ 阅读材料 12-3

这样的差异化资本成本率是否存在问题

根据我国国资委关于差异化资本成本率确定的相关规定，普通国有企业股权资本成本为 6.5%，而在 2022 年，受经济发展下行压力影响，我国商业银行贷款利率普遍下调，一年期贷款基准利率为 4.35%。因此在选择融资方式时，为获得更高的经济增加值，企业会加大债务融资，因为即使负债比例超过 75% 以上，其税前的债务资本成本率只有 4.85%，远低于股权资本成本率。这就容易引起国有企业加大负债，形成财务风险。

◎ 讨论题

你认为目前我国国资委对差异化资本成本率确定的相关规定是否存在缺陷？如果存在缺陷，应该采取什么样的改进措施？

12.4 平衡计分卡

平衡计分卡，是指基于企业战略，从财务、客户、内部业务流程、学习与成长四个维度，将战略目标逐层分解转化为具体的、相互平衡的绩效指标体系，并据此进行绩效管理的方法。平衡计分卡打破了传统评价方式过于注重财务指标的缺陷，认为传统的财务指标属于滞后性指标，对于指导和评价企业如何通过投资于客户、供应商、雇员、生产程序、技术和创新等来创造未来的价值是不够的。因而需要在传统财务指标的基础上，增加用于评估企业未来投资价值好坏的具有前瞻性的先行指标。为了进行有效的业绩评价和战略实施，平衡计分卡应运而生，它是由罗伯特·卡普兰（Robert S. Kaplan）和戴维·诺顿（David P. Norton）倡导和提出的，与战略中心型组织和战略地图构成企业战略管理三大成果。

12.4.1 平衡计分卡框架

平衡计分卡通过将财务指标与非财务指标相结合，将企业的业绩评价同企业发展战略联系起来，设计出了一套能使企业高管迅速且全面了解企业经营状况的指标体系，用来表达企业发展战略所必须达到的目标，把任务和决策转化成目标和指标。平衡计分卡的目标和指标来源于企业的愿景与战略，这些目标和指标从四个维度来考察企业的业绩，即财务、客户、内部业务流程、学习与成长，这四个维度组成了化战略为行动的平衡计分卡框架，如图12-1所示。

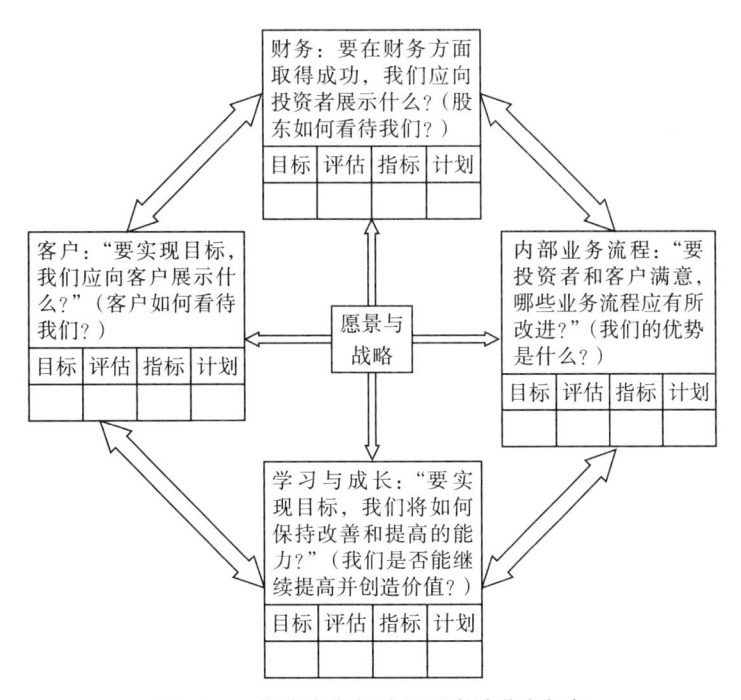

图12-1 化战略为行动的平衡计分卡框架

（1）财务。财务维度的目标是解决"股东如何看待我们？"这一类问题的。它可表明企业的努力是否最终对企业的经济收益产生了积极的作用。众所周知，现代企业财务管理目标是企业价值最大化，而对企业价值目标的计量离不开相关财务指标。财务维度指标通常包括投资报酬率、净资产收益率、经济增加值、息税前利润、自由现金流量、资产负债率、总资产周转率等。

（2）客户。这一维度回答了"客户如何看待我们"的问题。客户是企业之本，是现代企业的利润来源。客户感受理应成为企业关注的焦点，企业应当从时间、质量、服务效率以及成本等方面了解市场份额、客户需求和客户满意程度。常用的客户维度指标有市场份额、客户满意度、客户获得率、客户保持率、客户获利率、战略客户数量等。

（3）内部业务流程。这一维度着眼于企业的核心竞争力，解决了"我们的优势是什么"

的问题。企业要想按时向客户交货，满足现在和未来客户的需要，必须以合理流畅的内部业务流程为前提。因此，企业应当明确自身的核心竞争力，遴选出那些对客户满意度有最大影响的业务流程，并把它们转化成具体的测评指标。反映内部业务流程维度的常用指标有交货及时率、生产负荷率、产品合格率等。

（4）学习与成长。这一维度的目标是解决"我们是否能继续提高并创造价值"这一问题的。只有持续不断地开发新产品，为客户创造更多价值并提高经营效率，企业才能打入新市场，才能赢得客户的满意，从而增加股东价值。企业的学习与成长来自员工、信息系统和企业程序等。根据经营环境和利润增长点的差异，企业可以确定不同的产品创新、过程创新和生产水平提高指标，如新产品开发周期、员工满意度、员工保持率、员工生产率、培训计划完成率等。传统的业绩评价系统仅仅将指标提供给管理者，无论财务的还是非财务的，很少看到不同指标彼此间的关联以及对企业最终目标的影响。但是，平衡计分卡则不同，它的各个组成部分是以一种集成的方式来设计的，公司现在的努力与未来的前景之间存在着一种"因果"关系，在企业目标与业绩指标之间存在着一条"因果关系链"。从平衡计分卡中，管理者能够看到并分析影响企业整体目标的各种关键因素，而不单单是短期的财务结果。平衡计分卡有助于管理者对整个业务活动的发展过程始终保持关注，并确保现在的实际经营业绩与公司的长期战略保持一致。

根据这四个不同的维度，平衡计分卡中的"平衡"包括外部评价指标（如股东和客户对企业的评价）和内部评价指标（如内部经营过程、新技术学习等）的平衡；成果评价指标（如利润、市场占有率等）和导致成果出现的驱动因素评价指标（如新产品投资开发等）的平衡；财务评价指标（如利润等）和非财务评价指标（如员工忠诚度、客户满意程度等）的平衡；短期评价指标（如利润等）和长期评价指标（如员工培训成本、研发费用等）的平衡。

12.4.2 平衡计分卡和企业战略管理

战略管理是企业管理的高级阶段，立足于企业的长远发展，根据外部环境及自身特点，围绕战略目标，采取独特的竞争战略，以求取得竞争优势。平衡计分卡则是突破了传统业绩评价系统的局限性，在战略高度评价企业的经营业绩，把一整套财务与非财务指标同企业的战略联系在一起，是进行战略管理的基础。建立平衡计分卡，明确企业的愿景目标，就能协助管理人员建立一个得到大家广泛认同的愿景与战略，并将这些愿景与战略转化为一系列相互联系的衡量指标，确保企业各个层面了解长期战略，驱使各级部门采取有利于实现愿景与战略的行动，将部门、个人目标同长期战略相联系。

平衡计分卡和企业战略管理的关系如图12-2所示。

一方面，战略规划中所制定的目标是平衡计分卡考核的一个基准；另一方面，平衡计分卡又是一个有效的战略执行系统，它通过引入图12-2里的4个程序，使得管理者能够把长期行为与短期行为联系在一起，具体的程序包括以下内容。

（1）阐明并诠释愿景与战略。所谓愿景，可以简单理解为企业所要达到的远期目标。有效地阐明愿景，可以使其成为企业所有成员的共同理想和目标，从而有助于管理人员就企业的使命和战略达成共识。

（2）沟通与联系。它使得管理人员在企业中就战略上下沟通，并将它与部门及个人目标联系起来。

（3）计划与制定目标值。它使企业能够实现业务计划和财务计划一体化。

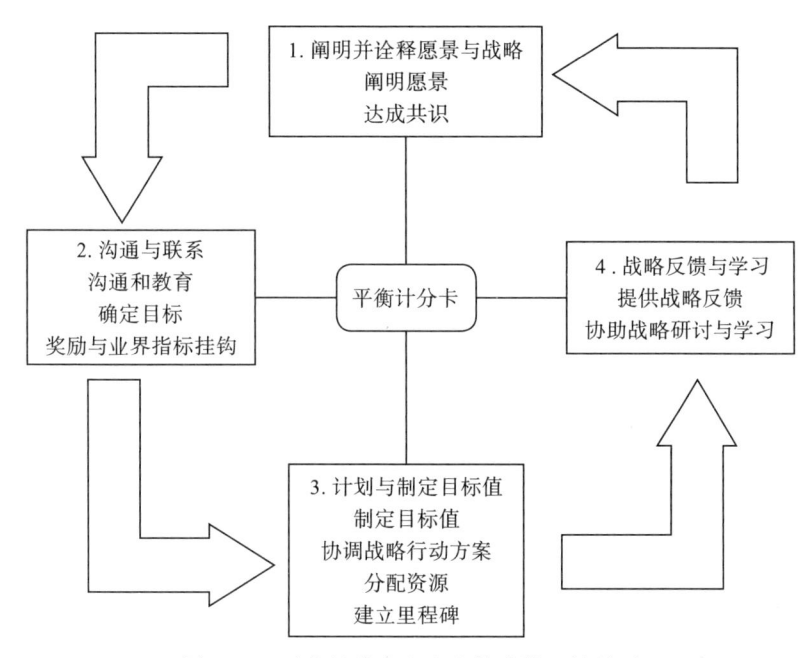

图 12-2　平衡计分卡和企业战略管理的关系

（4）战略反馈与学习。它使得企业以一个组织的形式获得战略型学习与改进的能力。

为了使平衡计分卡同企业战略更好地结合，必须注意以下几点。

1）平衡计分卡的 4 个方面互为因果，最终目的是实现企业战略。一个有效的平衡计分卡，绝对不仅仅是业绩衡量指标的结合，更应该是各个指标的互相联系和互相补充。围绕企业战略所建立的因果关系链，应当贯穿于平衡计分卡的 4 个方面。

2）平衡计分卡中不能只有具体的业绩衡量指标，还应包括这些具体衡量指标的驱动因素。否则，该计分卡将无法说明怎样行动才能实现这些目标，也不能及时显示战略是否顺利实施。一套出色的平衡计分卡应该是把企业的战略结果同驱动因素结合起来。

3）平衡计分卡应该最终和财务指标联系起来，因为企业的最终目标是实现良好的经济利润。平衡计分卡必须强调经营成果，这关系到企业未来的生存与发展。

12.4.3　战略地图架构

组织的战略主要说明如何设法为股东、客户创造价值。如果组织的无形资产代表了价值创造的重要资源，那么，如图 12-3 所示的战略地图就是为战略如何将无形资产与价值创造联系起来提供了一个架构。

1. 财务维度：长短期对立力量的战略平衡

战略地图之所以保留了财务维度，是因为它们是企业的最终目标。财务绩效的衡量结果，代表了企业战略贯彻实施对其营运指标数据改善的贡献高低。财务方面的目标通常都与获利能力的衡量相关，旨在增加长期股东价值。公司财务绩效的改善，主要有收入增长与生产力提升两种基本途径。

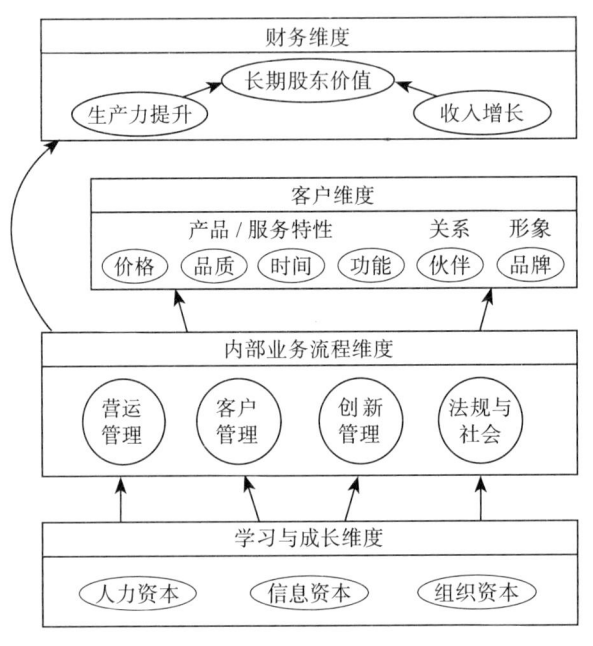

图 12-3　战略地图

2. 客户维度：战略是基于差异化的价值主张

企业采取追求收入增长的战略，必须在顾客维度上选定价值主张。此价值主张说明了企业如何针对其目标客户群创造出具有差异化而又可持续增长的价值。基本上，所有的组织都希望能就常见的客户衡量指标（如客户满意度等）加以改进，但仅仅满足和维系客户还称不上是战略。战略应该要标明特定的客户群，作为企业成长和获利的标的。例如，美国的西南航空公司就是采用低价战略，满足并维系对价格非常敏感的客户群。在公司确实了解目标客户群的身份特性之后，就可根据所提出的价值主张来确定目标与衡量项目。价值主张界定了公司打算针对目标客户群所提供的产品、价格、服务以及形象的独特组合。因此，价值主张应能达到宣扬公司竞争优势或产品与服务差异的目的。

3. 内部业务流程维度：价值是由内部业务流程创造的

内部业务流程完成了组织战略的两个重要部分：①用针对客户的价值主张来生产与交货；②针对财务层面中的生产力要件进行流程改善与成本降低的作业。内部业务流程由营运管理流程、客户管理流程、创新管理流程和法规与社会流程四个流程组成。

4. 学习与成长维度：无形资产的战略性整合

战略地图的学习与成长维度，主要说明组织的无形资产及它们在战略中扮演的角色。无形资产可以归纳为人力资本、信息资本和组织资本三类。

12.4.4 平衡计分卡与传统业绩评价系统的区别

从"制定目标——执行目标——实际业绩与目标值差异的计算与分析——采取纠正措施"的目标管理系统来看，传统的业绩考核注重对员工执行过程的控制，平衡计分卡则强调目标制订的环节。平衡计分卡方法认为，目标制订的前提应当是员工有能力为达成目标而采取必要的行动方案，因此设定业绩评价指标的目的不在于控制员工的行为，而在于使员工能够理解企业的战略使命并为之付出努力。

传统的业绩评价与企业的战略执行脱节。平衡计分卡把企业战略和业绩管理系统联系起来，是企业战略执行的基础架构。

平衡计分卡在财务、客户、内部业务流程以及学习与成长这四个方面建立公司的战略目标，从而可以表达企业在生产能力竞争和技术革新竞争环境中所必须达到的、多样的、相互联系的目标，摆脱了传统业绩评价视野过于狭窄的缺陷。

平衡计分卡帮助公司及时考评战略执行的情况，根据需要（每月或每季度）适时调整战略、目标和考核指标，把考核和战略执行结合起来，避免了传统业绩考核"事后算账"的缺点。

平衡计分卡能够帮助公司有效地建立跨部门团队合作，促进内部管理过程的顺利进行。而传统业绩评价主要局限于被评价对象的工作业绩，不利于各部门之间的沟通协作。

12.4.5 平衡计分卡的优点和缺点

平衡计分卡的优点在于：①战略目标逐层分解并转化为评价对象的绩效指标和行动方案，使整个组织行动协调一致；②从财务、客户、内部业务流程、学习与成长四个维度确定绩效指标，使绩效评价更为全面、完整；③将学习与成长作为一个维度，注重员工的发展要求和组织资本、信息资本等无形资产的开发利用，有利于增强企业可持续发展的动力。

平衡计分卡的缺点包括：①专业技术要求高，工作量比较大，操作难度也较大，需要持续的沟通和反馈，实施比较复杂，实施成本高；②各指标权重在不同层级及各层级不同指标之间的分配比较困难，且部分非财务指标的量化工作难以落实；③系统性强，涉及面广，需要专业人员的指导、企业全员的参与和长期持续的修正完善，对信息系统、管理能力的要求较高。

本章小结

1. 财务控制是指财务控制主体按照一定程序、方式和方法，调节和控制企业财务活动，确保财务目标实现的管理活动。财务控制与财务预测、财务决策、财务预算以及财务分析一起构成财务管理的重要环节和基本职能。财务控制的具体对象主要包括筹资控制、投资控制、成本控制、全面预算控制和现金控制等。

2. 在一般制造业企业中，成本控制主要采用标准成本控制法。这一方法在制定标准成本的基础上，计算直接材料、直接人工和制造费用等不同类别的成本差异，通过分析成本差异产生的原因，找出成本控制的可行途径，提出成本控制的措施。

3. 业绩评价分为财务业绩评价和非财务业绩评价，其中财务业绩评价是根据财务信息来评价管理者业绩的方法；非财务业绩评价，是指根据非财务信息指标来评价管理者业绩的方法。常见的业绩评价方法有关键绩效指标法、经济增加值和平衡计分卡。

复习思考

1. 财务控制的方法有哪些？如何应用？
2. 成本控制中各项成本项目的成本差异如何进行计算和分析？
3. 关键绩效指标的优缺点有哪些？
4. 经济增加值评价是如何操作的？有哪些优缺点。
5. 平衡计分卡评价有哪四个维度？与战略管理之间有什么关系？

练习题

1. （多选题）下列有关企业的关键绩效指标表述正确的有（　　）。
   A. 企业的关键绩效指标主要是由反映企业绩效的价值指标构成
   B. 企业确定关键绩效指标目标值既可以采用行业标准，也可以参照企业内部标准，但不应该根据企业历史经验值确定
   C. 关键绩效指标的数量不宜过多，每一层级关键绩效指标一般不超过 10 个
   D. 对特别关键、影响企业整体价值的指标可设立"一票否决"制度

2. 甲公司是一家中央企业，采用国资委规定的经济增加值考核办法进行业绩评价。2020 年该公司的净利润为 9.5 亿元；利息支出为 5 亿元，其中资本化利息支出为 2 亿元；研发支出 3 亿元全部费用化；调整后资本为 120 亿元，资本成本率为 6%；企业所得税税率为 25%。2020 年甲公司的经济增加值是（　　）亿元。
   A. 6.05
   B. 6.8
   C. 7.55
   D. 8.3

3. （多选题）下列各项关于经济增加值的说法中，正确的有（　　）。
   A. 经济增加值为正表明经营者为股东创造了价值
   B. 经济增加值便于不同规模公司的业绩比较
   C. 计算经济增加值使用的资本成本应随资本市场变化而调整
   D. 经济增加值是税后净营业利润扣除全部投入资本的成本后的剩余收益

4. （多选题）下列各项中，属于平衡计分卡内部业务流程维度业绩评价指标的有（　　）。
   A. 息税前利润
   B. 资产负债率
   C. 生产负荷率
   D. 交货及时率

5. （多选题）在使用平衡计分卡进行企业业绩评价时，需要处理几个平衡，下列各项中，正确的有（　　）。
   A. 财务评价指标与非财务评价指标的平衡
   B. 外部评价指标与内部评价指标的平衡
   C. 定期评价指标与非定期评价指标的平衡
   D. 成果评价指标与驱动因素评价指标的平衡

6. 甲公司是一家电子器件制造企业，拟投资建设一条新产品生产线，正在进行项目的可行性研究。相关资料如下：
   （1）该生产线需投资 5 000 万元，其中固定资产投资 4 000 万元，营运资本投资 1 000 万元，均在 2021 年年末支付。固定资产按直线法计提折旧，折旧年限为 4 年，无残值，预计 4 年后变现价值为 0。假设按税法相关规定，该公司当年折旧均可在当年抵扣所得税。营运资本在项目结束后全部收回。该项目无建设期，2022 年即可正常运营，项目期限为 4 年，每年营业收入为 4 000 万元、变动成本（全部为付现变动成本）为 1 440 万元、付现固定成

本为600万元。
（2）该项目所需资金拟通过贷款和权益融资：银行贷款2 500万元，年利率为6.6%；发行普通股权益融资2 500万元。据估计，甲公司权益资本成本对本公司税后债务资本成本的风险溢价为4.1%。
（3）2021年年末甲公司所有者权益为24 000万元。如果不投资该生产线，甲公司2022年没有新增投资，不进行权益融资和股票回购，也不进行利润分配，原有业务净利润预计为6 000万元。
（4）甲公司每年对管理层的业绩评价采用关键绩效指标法，要求净资产收益率（净利润/当年年末所有者权益）不得低于20%。
（5）企业所得税税率为25%。

要求：
（1）计算甲公司新生产线投资项目的权益资本成本和加权平均资本成本。
（2）估算新生产线投资项目给甲公司带来的增量现金流量、新投资项目的净现值。
（3）分别计算甲公司投资新生产线和不投资新生产线情况下2022年的净资产收益率（净利润/年末所有者权益），判断甲公司管理层是否该投资新项目，并说明理由。
（4）基于要求（2）（3）的结果，判断甲公司是否应以净资产收益率为关键绩效指标考核管理层的投资行为，并说明理由。
（5）分析关键绩效指标法的优缺点。

7. 华力公司是一家处于成长阶段的上市公司，正在对2021年的业绩进行计量和评价，有关资料如下。
（1）华力公司2021年的营业收入为2 500万元，营业成本为1 340万元，销售及管理费用为500万元。
（2）华力公司2021年的净投资资本为5 000万元。
（3）华力公司的债务资本与权益资本的比值为2/3，权益资本成本为12%，税前债务资本成本为8%。
（4）华力公司适用的企业所得税税率为25%。

要求： 计算华力公司披露的经济增加值。计算时需要调整的事项如下：为扩大市场份额，华力公司2021年年末发生营销支出200万元，全部计入销售及管理费用，计算经济增加值时要求将该营销支出资本化（提示：调整时按照复式记账原理，同时调整税后净营业利润和平均资本占用）。

案例分析

胡先生是一家公司的财务主管，一天，总经理请他到办公室，和他商量费用控制的问题。公司财务数据显示，本月管理费用共计500 000元，实现销售收入12 000 000元，而上个月销售收入为20 000 000元，管理费用只有400 000元。总经理很不解，要求胡先生分析原因，并提出解决方案，以供他参考。

请问：胡先生应该收集哪些数据、通过什么样的分析方法才能达到总经理的要求？

中央企业EVA考核的效果和问题分析

预算审计在预算控制中的作用

第 13 章　财务管理其他专题基本原理

○ **本章学习要点**

　　√ 企业合并的基本形式以及合并价值评估　　√ 资本运营的基本概念和形式
　　√ 国际财务管理的环境和基本内容

○ **引例**

中国宝武收购马钢集团

　　2019年6月2日，马钢股份发布公告，中国宝武钢铁集团有限公司（以下简称"中国宝武"）对马钢（集团）控股有限公司（以下简称"马钢集团"）实施重组，安徽省人民政府国有资产监督管理委员会（以下简称"安徽省国资委"）将马钢集团51%的股权无偿划转至中国宝武。通过本次收购，中国宝武将直接持有马钢集团51%的股权，并通过马钢集团间接控制马钢股份45.54%的股权。本次划转前，马钢集团直接持有马钢股份A股35.06亿股，占公司总股本比例约为45.54%，为公司直接控股股东；安徽省国资委持有马钢集团100%的股权，为公司实际控制人。

　　公告指出：本次合并一方面将带动马钢集团实现跨越式发展，壮大安徽省国有经济，促进钢铁及相关产业聚集发展，助推安徽省产业结构转型升级，实现更高质量发展；另一方面将推动中国宝武成为"全球钢铁业的引领者"远大愿景的实现，进一步打造钢铁领域世界级的技术创新、产业投资和资本运营平台。

　　资料来源：2019年6月2日马钢股份公告。

讨论题

　　（1）中国宝武收购马钢集团的目的是什么？
　　（2）本次收购采用股权无偿划转的方式，且通过收购马钢集团而不是证券市场收购马钢股份的股票方式完成，其原因是什么？

13.1 企业合并

企业合并是当今企业发展的重要方式，也是经济生活中经常出现的事项。所谓企业合并，是指一家企业通过市场获得另外一家企业的控制权，从而使两家企业在同一管理层控制下协同经营，成为一个整体。企业合并是经济学中广泛讨论的课题，从财务管理角度而言，我们主要讨论企业合并的动机与形式、企业合并的价值评估与支付方式，以及企业合并的融资渠道3个方面的问题。

13.1.1 企业合并的动机与形式

1. 企业合并的动机

目前，理论界对企业合并的动机看法并不统一，主要的观点有以下几种。

（1）协同效应理论。协同作用是指两家公司合并后，其实际价值将会大于合并前两家公司单独价值的和。协同作用的产生有3种途径：管理协同、经营协同和财务协同。管理协同是指如果A企业的经营管理比B企业更有效率，在A企业并购了B企业后，B企业的经营管理水平被提高到A企业水平，从而使合并后企业效率增加。管理协同效应发挥的前提是两家企业在管理风格和企业文化方面比较类似，行业差异比较小。经营协同是指企业并购后经济效益随着资产经营规模的扩大而得到提高。实现经营协同有4个方面的原因：①获得规模经济和范围经济；②降低交易费用；③分散经营风险；④增加市场垄断。当然，经营协同效应的产生需要合并前两家企业处于相同行业，各自具有自身的竞争优势。财务协同理论认为，并购起因于财务目的，主要是利用企业多余的现金寻求投资机会（多余资金的投放）和降低资本成本（如果目标企业破产风险大，资本成本就高）。

（2）价值低估理论。所谓企业价值低估是指企业的权益（股票）的现行市场价值低于其内在价值。价值低估的原因，一是由于目标企业的管理层没有充分发挥经营管理潜力，二是资本市场对目标企业信息缺乏了解。企业如果能在市场上发现某企业存在价值低估，就可以考虑收购该公司，通过改进管理、向资本市场充分披露信息等手段，促使目标企业价值上升，从而实现收购的价值增值。

（3）管理层利益驱动理论。这种观点认为，并购企业合并目标企业，有时并不是因为合并目标企业能够给并购企业带来价值增值，而是满足管理层利益增长的需要。企业管理层通过并购目标企业，可以获得如下利益：①管理范围扩大，寻租机会增多；②管理企业增加，工薪增加；③获得更大的个人影响力。因此，为实现上述目标，管理层可能会随意选择一个目标企业进行合并，以实现其个人利益。

（4）谋求快速进入一个新市场或新行业。企业要进入一个新市场或新行业，可以通过在新的地区设立经营机构开始经营，但这种做法时间长，而且人力资源的储备也存在一定的不确定性。合并一家已经正常营业的企业，可以快速达到上述目的，且相对风险比较小。

❖ 阅读材料 13-1

吉利收购沃尔沃

2010年3月28日，浙江吉利控股集团有限公司（以下简称"吉利"）与美国福特汽车公司正式签署协议，吉利以18亿美元正式收购沃尔沃汽车公司（以下简称"沃尔沃"）100%的股权。在当时很多人看来，这是一桩非常不匹配的合并，因为吉利当时即使在国内汽车行业排名也进不了前十，而沃尔沃已经是国际知名汽车公司。吉利收购沃尔沃后，仍保持沃尔沃经营的相对独立性，同时继续加大对其他原有品牌汽车的研发投入。吉利的后续发展证明这一并购是一项十分成功的投资行为。本来，沃尔沃在并购前已经出现了经营方面的一些问题，但在并购后通过吉利在国内市场的运作发展企业经营出现明显转机。2009年沃尔沃全球销售量为33.5万辆，而2021年其全球销售量达到69.8万辆，销售量增长一倍。2021年沃尔沃在欧洲上市，市值达到了180亿美元，是当时吉利收购沃尔沃价格的10倍。

● 讨论题

（1）吉利收购沃尔沃的动机可能是什么？
（2）为什么吉利收购沃尔沃后仍保持其经营的相对独立性？

2. 企业合并的形式

不同的合并动机影响企业合并的形式。从合并双方的行业差别看，企业合并可以分为横向合并、纵向合并和混合合并。

（1）横向合并。横向合并中，合并双方的主营业务相同或基本相似。从这一点来看，横向合并更有利于并购企业和目标企业在采购、生产和销售方面进行重新整合，进行优势互补；也可以利用双方在采购和销售方面的规模扩大，提高市场的垄断程度，增加企业获利能力。

例如，阅读材料13-1中吉利收购沃尔沃，主要可以利用沃尔沃的国际品牌实力打开国际市场。吉利成功收购沃尔沃以后，不仅获得了国际消费者的认可，还获得了沃尔沃已有的国际营销渠道和运作模式。此后，吉利不断开拓国际市场，先后在全球多个国家和地区建立汽车制造和销售机构，为企业的国际化发展奠定了基础。

（2）纵向合并。所谓纵向合并，是指并购企业和目标企业属于同一行业的上下游企业，比如钢铁企业收购矿山企业或煤炭企业。并购企业选择同行业上下游企业进行合并，其主要目的是降低企业与上下游行业的交易成本，扩大合并后企业的价值链，提升企业整体价值。例如，为降低冶炼用煤炭价格，宝钢集团从2005年开始先后在河南、山西两省多地收购煤炭企业；此外为降低未来生产用铁矿石价格，宝钢集团曾设想收购全球产量第三的澳大利亚力拓矿石公司。这些都是纵向合并的做法。

（3）混合合并。所谓混合合并，是指并购企业和目标企业所经营行业相关度很低。并购企业选择不相关行业企业进行合并，可能是出于未来发展方向考虑，也可能是利用多余资金进行投资，实施资本运营战略。混合合并主要在20世纪70年代比较流行，自20世纪90年代开始，混合合并逐渐减少。

13.1.2 企业合并的价值评估与支付方式

企业合并的主要决策由并购企业提出。从并购企业的角度来说，在并购中需要考虑许多问题，其中比较重要的两个问题是：目标企业价值是多少？并购目标企业的对价利用什么方式进行支付？

1. 价值评估方式

从财务管理角度说，目标企业的价值评估有多种方式，主要的方式有以下两种。

（1）未来现金流量折现法。这一方法的基本思想是将目标企业收购看成是一个投资项目，根据未来目标企业的现金流量折现以确定其价值。

例 13-1　2023 年年初 A 公司计划收购 B 公司，因此从多个方面收集 B 公司资料，表 13-1 是 B 公司 2019—2022 年主要经营活动现金流量数据。

表 13-1　B 公司主要经营活动现金流量数据　　　　　　单位：万元

项目	2019 年	2020 年	2021 年	2022 年
营业收入	25	30	32	28
经营成本	18	19	20	18
上缴税金	5	6	6	5

假设 B 公司未来市场需求和经营规模均不变，A 公司预计收购 B 公司后经营 10 年，每年的投资必要收益率为 6%，试估计 B 公司的市场价值（不考虑 10 年后 B 公司资产残余价值）。

上述 B 公司由于未来市场需求和经营规模均不变，因此未来净现金流入不会有太大变化。2019—2022 年 B 公司平均营业收入为 28.75 万元，平均经营成本为 18.75 万元，平均上缴税金 5.5 万元，平均净现金流量为 4.5 万元。假定未来每年现金净流量为 4.5 万元，则未来 10 年的现金流量现值为 33.12 [=4.5×PVIFA(6%,10)] 万元。

因此，B 公司的价值为 33.12 万元。

未来现金流量折现法从理论上说是比较完美的，但在实际工作中存在一定问题，其中的突出问题就是目标公司未来现金流量很难估计，因而难以进行合理运用。

（2）市盈率法。市盈率法的基本思想是：企业价值取决于其市盈率和每股收益（EPS）所反映的业绩，而每股收益可以根据企业财务会计数据获得，因此估计企业价值主要取决于对企业市盈率的估计。

例 13-2　2023 年年初 A 公司计划收购 B 公司，因此从多个方面收集 B 公司及行业相关资料。表 13-2 是 B 公司 2019—2022 年度每股收益及同行业上市公司市盈率的数据。

表 13-2　B 公司每股收益及同行业上市公司市盈率数据

项目	2019 年	2020 年	2021 年	2022 年
B 公司每股收益（元/股）	2	2.5	1.5	2.2
C 公司市盈率/倍	10	15	9	13

假设 B 公司未来市场需求和经营规模均不变，试估计 B 公司的股票市场价值。

首先根据上述数据，计算 B 公司 2019—2022 年度平均每股收益为 2.05 元/股，而 C 公司平均市盈率为 11.75 倍，如果 B 公司与 C 公司市盈率相同，则 B 公司每股价值为 24.09（=2.05×11.75）元/股。

市盈率法计算简单，但方法的准确性取决于对市盈率的估计，上例中用 C 公司的市盈率估计 B 公司的市盈率，如果两家公司在风险、技术特征等方面存在差异，就需要对 C 公司市盈率进行一定的修正，再作为 B 公司市盈率的估计数。

2. 支付方式

企业合并时，并购企业可以采取现金支付、交换股票以及"现金+股票"的支付方式。并购企业向目标企业采用什么样的支付方式，受多种因素影响。我们可以从并购企业和目标企业两个方面进行讨论。

（1）并购企业方面。从并购企业角度说，并购支付方式主要取决于以下几个方面的因素：①现金充裕程度，并购企业现金越充裕，就越可能采用现金支付；②资本结构情况，如果并购企业负债比例比较高，则可能倾向于换股收购，相反则可能采用现金支付；③控股权和收益的稀释度，如果并购企业股东担心换股会导致控股权和收益被过分稀释，则可能采用现金支付方式。

例如，宝钢集团有限公司（以下简称"宝钢"）2009 年 3 月 1 日正式与杭州钢铁集团公司（以下简称"杭钢"）在宁波举行《关于宁波钢铁有限公司的股权收购协议》和《关于宁波钢铁有限公司的合资合同》签约仪式。根据协议规定，宝钢将投资 20.214 亿元（现金支付），收购宁波钢铁有限公司（以下简称"宁钢"）56.15% 的股份，成为其第一大股东。2019 年 3 月 1 日下午，宁钢随即召开了重组后的首次临时股东大会和董事会，确定公司增资扩股后的股权结构：宝钢持股 56.15%，杭钢持股比例从原本 43.85% 降至 34%，宁波市政府持有另外 9.85% 的股权。宝钢采用现金支付，主要因为其现金量充足，对外筹资能力强，同时也因为宝钢是国有企业，难以发行股票与宁钢股东进行换股。

（2）目标企业方面。从目标企业角度来说，并购支付方式主要取决于目标企业股东的需求。从目标企业股东来看，接受什么样的支付方式主要考虑如下 3 个方面的因素。①股东收益的增长幅度，如果目标企业股东认为合并后未来公司盈利潜力很大，就可能倾向换股方式；②税收因素，如果目标企业股东接受现金支付，则在收到现金时可能会缴纳所得税，因此为减轻税负，可能会采用换股方式；③控制权的稀释，如果目标企业股东还想保持对合并后企业的影响力，就可能通过换股，成为合并以后企业的股东，从而确保其对企业的持续影响。上述宝钢收购宁钢案例中，宁钢股东之所以接受现金支付方式，主要在于宁钢股东也需要收回投资，转投其他行业。

13.1.3　企业合并的融资渠道

由于企业合并时并购公司需要支付巨额并购资金，因此除换股支付方式外，并购企业需要筹集资金用于支付目标公司股东。通常并购企业会通过以下筹资渠道筹集资金。

1. 长期借款

向金融机构申请长期借款是企业并购中经常采取的措施，这是因为向银行借款速度快，借款条款也可以协商，具有很大的弹性，这对于一些与金融机构有战略合作关系的大企业来说非常合适。当然，借款占并购总金额的比例有一定的限制，以确保金融机构的贷款安全。例如我国规定，企业并购中，并购方的并购专项贷款不得超出并购总资金的50%。在上例宝钢收购宁钢的事项中，宝钢在2009年3月3日与交通银行签署了并购贷款合同，将由交通银行上海分行为其提供7.5亿元并购贷款，用于收购宁钢56.15%的股权。贷款金额约占总交易金额20.214亿元的37%，符合监管部门关于并购贷款不能超过并购总资金50%的限制。

2. 发行证券筹资

向金融机构借款存在一定的金额限制，因此如向金融机构借款不能满足并购支付需要，企业可通过发行证券（股票、债券等）筹集部分资金。向资本市场公开发行证券，可以获得大量的资金，其缺点是速度慢，且发行证券容易影响公司的控制权。

3. 回收投资，出售应收账款

在企业存在大量对外投资和应收账款时，企业可考虑出售非战略性投资项目，收回外部应收款项，增加资金来源，降低筹资压力。

❖ 阅读材料 13-2

联想收购 IBM 的筹资渠道

2005年5月1日，联想正式宣布完成收购IBM全球PC业务，任命杨元庆接替柳传志担任联想集团董事局主席，柳传志担任非执行董事。前IBM高级副总裁兼个人系统事业部总经理斯蒂芬·沃德（StephenM. Ward）出任联想CEO及董事会董事。合并后的新联想将以130亿美元的年销售额一跃成为全球第三大PC制造商。

根据收购交易条款，联想已支付给IBM的交易对价为12.5亿美元，其中包括约6.5亿美元现金，以及按2004年12月交易宣布前最后一个交易日的股票收市价价值6亿美元的联想股份。交易完成后，IBM拥有联想18.9%股权。此外，联想将承担来自IBM约5亿美元的净负债。

在2005年3月31日宣布的另一项交易中，联想引入全球三大私人股权投资公司：得克萨斯太平洋集团、泛大西洋投资集团及美国新桥投资集团3.5亿美元的战略投资。根据协议，联想将向这三家私人投资公司共发行价值3.5亿美元的可换股优先股，以及可用作认购联想股份的非上市认股权证。

资料来源：新浪科技. 联想正式宣布完成收购IBM全球PC业务，2005年5月1日。

● 讨论题

（1）联想收购IBM的支付方式是什么？
（2）联想收购IBM的筹资渠道是什么？为什么这样筹集资金？

13.2 国际财务管理

在现代市场经济环境下，国际化经营和投资成为许多企业的选择，因此在财务管理上也需要考虑国际经营背景下的环境变化和政策变更，本节我们主要讨论国际财务管理的主要环境和主要方法。

13.2.1 国际财务管理的主要环境

企业开展国际经营，其所处的财务管理环境就有了一定的变化，突出表现在如下几个方面。

1. 外币市场与外币资金结算

如果一家企业从事国际范围内的经营活动，就会涉及外汇资金的收付，由于汇率的不断变化，企业也会存在外币资金结算的损益。企业需要在外币市场上进行操作，因此需要正确认识外汇市场以及相关操作规则，正确进行国际财务管理。

根据《中华人民共和国外汇管理条例》的规定，外汇，是指下列以外币表示的可以用作国际清偿的支付手段和资产：①外币现钞，包括纸币、铸币；②外币支付凭证或者支付工具，包括票据、银行存款凭证、银行卡等；③外币有价证券，包括债券、股票等；④特别提款权；⑤其他外汇资产。

境内企业在国际经营中的外汇收支，可以通过外汇市场进行外汇与本币之间的转换。所谓外汇市场，是指由外汇购买和外汇出售方进行交易所形成的市场。从世界范围来看，外汇市场的交易形式有两种，一是无形的外汇市场，即没有一个固定交易场所的外汇市场，如美国、瑞士等的外汇市场；另一种是有形的外汇市场，即存在一个固定交易场所的外汇市场，如德国的外汇市场。

改革开放以前，我国实行统收统支的外汇管理体制，一切外汇收入必须出售给国家，一切外汇支出都要由国家计划安排，因而不存在外汇的买者和卖者，也就不存在外汇市场。随着改革开放的逐渐深入，企业有了外汇收支的可能性和必要性，因而放松企业的外汇管理成为必然。为此，我国外汇市场的发展经历了一个逐渐改进的过程。

（1）外汇调剂市场阶段（1980—1993年）。为调动出口企业创汇的积极性并配合外贸体制改革，国务院于1979年8月13日颁发了《关于大力发展对外贸易增加外汇收入若干问题的规定》，并制定了《出口商品外汇留成试行办法》，在外汇由国家集中管理、统一平衡和保证重点适用的同时，实行贸易外汇和非贸易外汇留成办法。所谓外汇留成是指出口企业将出口收入的外汇卖给国家后，国家按规定比例给予出口企业的地方外汇留成额度，用汇时，用汇单位用人民币配以额度，按国家规定的外汇牌价购买外汇。

（2）市场化、规范化的银行间外汇市场阶段（1994年开始）。1993年年底，中国人民银行公布了《关于进一步改革外汇管理体制的公告》，决定从1994年1月1日起对外汇管理体制进行新一轮的改革。这次改革的一个重要内容就是在原有外汇调剂市场的基础上建立银行间外汇交易市场并取消了外汇留成，停止发行外汇券，取消外汇收支的指令性计划，实行银行结售汇制度，实现汇率并轨，实行以市场供求为基础的、单一的、有管理的浮动汇率制度。这标志着我国外汇市场进入了一个以单一汇率和以市场为基础配置外汇资源为特征的新的发展时期。

❖ 阅读材料 13-3

中国外汇交易中心

(一) 基本职能

中国外汇交易中心暨全国银行间同业拆借中心（简称"交易中心"），为中国人民银行直属事业单位，其主要职能如下：提供银行间外汇交易、人民币同业拆借、债券交易系统并组织市场交易；办理外汇交易的资金清算、交割，提供人民币同业拆借及债券交易的清算提示服务；提供网上票据报价系统；提供外汇市场、债券市场和货币市场的信息服务；开展经人民银行批准的其他业务。

(二) 组织架构

交易中心总部设在上海，备份中心建在北京，目前在广州、深圳、天津、济南、大连、南京、厦门、青岛、武汉、重庆、成都、珠海、汕头、福州、宁波、西安、沈阳、海口18个城市设有分中心。

(三) 发展概况

交易中心是国家外汇体制改革的产物，成立于1994年4月。根据中国人民银行、国家外汇管理局发展市场的战略部署，交易中心贯彻"多种技术手段，多种交易方式，满足不同层次市场需要"的业务工作方针，于1994年4月推出外汇交易系统，1996年1月启用人民币信用拆借系统，1997年6月开办银行间债券交易业务，1999年9月推出交易信息系统，2000年6月开通"中国货币"网站，2001年7月试办本币声讯中介业务，2001年10月创办《中国货币市场》杂志，2002年6月开办外币拆借中介业务，2003年6月开通"中国票据"网，推出中国票据报价系统，2005年5月上线银行间外币买卖业务，2005年6月开通银行间债券远期交易，2005年8月推出人民币/外币远期交易。以电子交易和声讯经纪等多种方式，为银行间外汇市场、人民币拆借市场、债券市场和票据市场提供交易、清算、信息和监管等服务，在保证人民币汇率稳定、传导央行货币政策、服务金融机构和监管市场运行等方面发挥了重要的作用。

(四) 交易服务

组织原则：国家外汇管理局为外汇市场的监管部门，中国人民银行公开市场业务操作室为外汇市场调控部门，交易中心负责外汇市场组织运行。

会员构成：外汇市场实行会员制的组织形式，凡经中国人民银行批准可经营结售汇业务的外汇指定银行及其授权分支机构可成为外汇市场会员。

交易方式：外汇市场采用电子竞价交易系统组织交易。会员通过现场或远程交易终端自主报价，交易系统按"价格优先、时间优先"撮合成交。会员可选择DDN、F.R或拨号上网等方式实现远程联网。

交易时间：每周一至五（节假日除外）上午9:30—15:30。

汇价形成：外汇市场每场交易产生开盘价、收盘价和加权平均价，人民币兑美元的加权平均价由中国人民银行公布作为第二日人民币兑美元的基准汇价，银行据此公布人民币兑美元挂牌价。

（五）清算服务

清算原则：外汇市场实行"集中、双向、差额、一级"的清算原则，由交易中心在清算日集中为会员办理人民币、外汇资金收付净额的清算交割。

清算速度：外汇市场本、外币资金清算速度为 T+1，交易日后的第一个营业日办理资金交割。

清算方式：人民币资金清算通过中国人民银行支付系统办理，外汇资金清算通过境外清算系统办理。

清算备份：在北京备份中心建立实时清算备份系统。

（六）网络服务

交易系统采用上海、北京双中心异地备份的体系结构，公共数据网与金融卫星专用网互为备份，形成了全国范围的实时电子交易平台。经鉴定，该系统设计合理、功能齐全、运行安全可靠、用户界面友好，是一项具有国内先进水平的系统工程。多年以来，交易中心一直致力于建设一个安全、高效、可控的电子交易平台。根据市场发展的需要，2002 年全面实施了网络系统的扩容改造，在上海、北京、广州、深圳、济南和天津六地设中继站，所有成员都通过以上六地接入交易中心网络。经过网络扩容和本外币交易、信息系统升级改造，系统安全性、稳定性、有效性和可扩性明显提高，为加速实现全国统一联网和交易主体增加、交易量增长提供了强有力的技术保障。

（七）信息服务

中国货币网（www.chinamoney.com.cn）是交易中心为银行间市场提供交易所需信息、中小金融机构备案报价和银行结售汇备案的基本平台，以"方便交易、防范风险、便利监管"为宗旨，为金融机构广泛参与市场、获取行情报价、了解对手资信、熟悉政策法规、学习操作技能、交流业务经验、培育市场人才、展示机构风采提供快捷的通道和基础的信息。中国货币网同时为未与交易中心交易系统联网的金融机构提供报价服务，为中国人民银行、国家外汇管理局提供市场监管服务。

资料来源：百度百科词条等。

● 讨论题：

我国外汇市场与西方发达国家外汇市场相比有什么特点？

2. 政治环境变化

当企业进行跨国经营和投资时，经营和投资所在国的政治形势以及国际政治形式变化都会对其财务管理产生影响。这些政治环境包括战争、政策变更、区域经济一体化等诸多问题。例如，2004 年 5 月 1 日，匈牙利、波兰等 10 个新成员国正式加入欧盟，欧盟成员国由 15 个增加到 25 个，拥有 4.5 亿消费者，年进出口总额接近 3 万亿美元，占世界总贸易额的 20%，欧盟 GDP 占全世界的 1/4，成为全球最大的贸易集团和进口市场。欧盟扩大产生贸易转移效应，对中国的影响包括两方面：一是老成员转向从新成员处购买原本从中国购买的产品；二是新成员实施欧盟"共同贸易政策"抬高对区外贸易门槛后，阻碍中国产品进入原市场。此前，欧盟区域内贸易比重已高达 60%，由于欧盟内部实行零关税，这 10 国加入欧盟后，区域内贸易比重将进一步上升，同时减少对外部贸易的依赖程度。经济发达的老成员将把新成员变成他们的制造业和农副产品生产基地，减少对区域外该产品的进口。由于中国当时与上述10国的经济发展水平、产业贸易结构、产品价格、技术含量水平相近，比较优势相差不大，而且这些国家具有地理位置、文化习俗及语言等方面的优势，欧盟区域内成员国的商品将可能替代原本从中国进口的商品，中国对欧盟出口的部分商品将可能有所减少。过去，中国与这10国对外贸易基本上为顺差，欧盟东扩后中国与这些国家的贸易摩擦有可能会加剧。

❖ 阅读材料13-4

欧盟对我国的光伏产品反倾销

2013年2月21日，江苏南京一家光伏企业法务部人士向《21世纪经济报道》的记者介绍，欧盟委员会正在讨论要求欧盟海关从当年3月起对进关的中国光伏组件（硅片、电池片及组件）进行登记，从而为追溯征收反倾销税做准备，据受访者说，"很有可能是从3月8日开始登记"。

在同年2月18日和20日，欧盟委员会就该事项所涉及的反倾销案件分别举行了两场听证会。除起诉方以德国SolarWorld为主导的EU ProSun（欧洲光伏制造商联盟）外，包括英利绿色能源、天合光能、阿特斯阳光等中国光伏企业及支持中方的欧洲同仁均有与会。

"两次听证主要是审查此次反倾销案的合法性，同时EU ProSun提出要求对（当年）2月底前进口欧盟的中国光伏产品进行注册，由此为未来增添追溯性关税铺路。"上述法务部人士表示，EU ProSun认为欧盟对中国的"双反"（反倾销、反补贴）会最终成行，而中国光伏产品会在初裁的6月前加大对欧洲的出口力度。

数据显示，2011年中国对欧洲光伏产品出口高达204亿美元，涉及的直接从业人口超过30万人。如果欧盟对中国光伏的"双反"案获得通过，那么它将成为截至当时中国与欧盟历史上最大的贸易纠纷。

资料来源：21世纪经济报道，作者：梁钟荣，2013年02月22日。

⏺ 讨论题：

欧盟对我国光伏产业的反倾销制裁对我国光伏产业有什么影响？

3. 经济政策变化

由于各个国家经济体制不同，企业进行跨国经营要能够积极适应各国不同的经济政策差异以及政策调整。例如，在拜登政府时期，美国经济政策出现了重大调整，拜登政府实施了庞大的政府支出计划，用于推动宏观经济发展，减少失业等。这些政策一方面有利于美国经济发展速度的提升，另一方面也可能带来通货膨胀的风险，为此，美国政府通过不断提高加息的方式，企图抑制可能出现的通货膨胀危机。

4. 国际贸易形势

国际贸易是企业进行跨国经营的前提条件，也是国际财务管理的基础。国际贸易顺利发展，则企业跨国经营的效益增加，资金周转顺利，否则，就可能出现跨国经营失败，从而产生国际财务上的收支不平衡等问题。

13.2.2 国际财务管理的内容

一般来说,企业进行跨国投资和经营,所涉及的国际财务管理问题主要有以下几点。

1. 外汇管理

外汇管理的主要原因是企业跨国经营存在外汇风险。所谓外汇风险是指由于汇率变动而使企业的资产、负债价值产生变动以及对企业的获利能力产生影响的可能性。企业的外汇风险包括经济风险、交易风险和折算风险。经济风险是指由于未预期的汇率变化对国际经营企业未来可获得现金流量的净现值的影响。交易风险是指在汇率变化前发生,而且在汇率变动后仍未结清的债权债务可能受汇率变动而变化的风险。折算风险是指由于国际经营企业需要将跨国经营机构的以外币折算的会计报告转换成统一货币的合并报表,在汇率折算过程中由于汇率变化而带来的股东财富价值的变化的风险。

对于以上三种外汇风险,国际经营企业有不同的管理方法。对于折算风险一般由各地企业会计准则统一规定处理方法,在此不做讨论。对于经济风险,财务上一般采用套期保值的方法进行处理。对于交易风险,主要的应对策略是重新安排资金转移时间。例如,持有弱币并富有强币债务的企业通常会在弱币贬值之前,尽早用弱币来清偿强币债务,以降低持有弱币的风险。

2. 国际融资管理

所谓国际融资是指国际经营企业在国际金融市场上的跨国资金融通。例如,我国上市公司在美国纽约证券交易所发行证券筹集资金即属于国际融资。

国际经营企业进行国际融资,需要考虑如下事项。

(1)国际融资的条款限制。企业在国际市场进行融资时,与国内市场融资有一些区别,比如在纽约证券交易所,对美国以外公司上市有如下考查内容:①社会公众持有股票数不少于 250 万股;②拥有 100 股以上的股东人数不少于 5 000 名;③公司的股票市值不少于 1 亿美元;④公司必须在最近 3 个财政年度里连续盈利,且盈利在最后 1 年不少于 250 万美元、前 2 年每年不少于 200 万美元或在最后 1 年不少于 450 万美元,3 年累计不少于 650 万美元;⑤公司有形资产净值不少于 1 亿美元;⑥对公司的管理和操作方面有多项要求;⑦其他有关要求,如公司所属行业的相对稳定性、公司的行业地位、产品市场情况、公司前景、公众对公司股票的兴趣等。公司必须达到上述条款要求,才能在纽约证券交易所发行股票筹集资本。

(2)采用恰当的融资方式。各国的金融体系不同,因此企业在不同的国家筹集资金要选择恰当的方式。美国多采用证券市场主导型的融资方式,该方式体现了英美等国家融资的典型特点。美国虽然商业银行众多,但根据规定,银行只能经营短期贷款,不能经营 7 年以上的长期贷款。在这种条件下,企业的长期资本不能通过银行中介进行间接融资,只能依靠证券市场进行直接融资。由于美国税法规定公司股息分配前要缴纳所得税,而债息分配前免予缴纳所得税,公司债成为美国证券市场占主导地位的融资工具。据统计,美国企业有 2/3 是通过发行公司债进行融资的，股票发行规模只占企业长期债务总额的1/3左右。日本多采用主银行制度的融资方式。日本证券市场并不发达，其融资方式主要采取"银行导向"型金融（bank-oriented financing），银行系统的间接融资占据了资本供应的主渠道地位，直接融资（债券、股票）比例较小。特别是从经济恢复时期到高速增长时期，企业对银行贷款的依赖程度不断提高。在日本，由于允许银行持有企业5%～10%的股份，因此企业与银行之间的关系一般比较固定。更为独特的是日本所有的大企业都有自己的主银行。所谓"主银行"，是指对于某家企业而言在资金筹措和运用等方面容量最大，并且拥有持股、人员派遣等综合性、长期性交易关系的银行。由于主银行既是企业最大的债权人又是股东，这就强化了主银行对企业的控制力。主银行与企业之间相互依存，形成了一种长期的紧密合作关系。

（3）考虑融资结构安排。企业在选择国际融资方式时，融资结构安排是企业需要考虑的项目。这里的融资结构既包括负债和所有者权益之间的关系，也包括各种币种来源的匹配、宗主国和东道国控制权比例的安排等内容，只有将这些内容安排得综合平衡，才能进行正确的融资决策。

3. 国际投资管理

所谓国际投资，是指国际经营企业在本国以外进行投资的行为。国际经营企业进行国际投资，需要考虑如下内容。

（1）国际投资方式。进行国际投资可以有多种方式，比如国际合资投资、国际合作投资、国际独资投资、国际证券投资等形式。国际合资投资是指某国投资者与另一外国（通常为东道国）投资者通过组建合资经营企业的形式进行的投资，合资者共同投资、共同经营、共负盈亏、共担风险。国际合资投资的主要优点在于可以通过东道国合资者的帮助，减少经营风险，争取东道国的国民待遇。国际合作投资是通过建立合作经营企业的形式进行投资，其优点是合作经营形式简单、程序快捷、投资形式灵活，其缺点是合作形式不固定、容易产生纠纷。国际独资投资是指通过在国外设立独资企业的形式所进行的投资。其优点是进行国际独资投资时，由投资者自己提供全部资本，独立经营管理，因而在资金的筹集、运用和分配上，都拥有自主权，不会受到其他投资者的干涉。企业进行国际独资投资有利于学习投资所在国的先进技术和管理经验，有利于使投资者在更广大的范围内来配置资源和生产能力。进行国际独资投资可利用各国税率的不同，通过内部转移价格的形式，进行合理避税。进行国际独资投资的缺点主要是在进行国际独资投资时，对东道国的投资环境调查起来比较困难，不太容易获得详细的资料，因而，投资者承担的风险较大。此外在很多国家，独资企业设立的条件都比合资企业和合作企业要严格。特别是有些行业根本不允许独资企业进行经营，这也是国际独资投资的不利之处。国际证券投资是指投资于国外证券市场发行的证券。其主要优点是流动性较大，其缺点在于对被投资对象的风险评估存在困难。

（2）国际投资区域选择。进行国际投资可以在不同的国家进行，因此在选择投资区域时，需要考虑东道国的许多特征，包括如下几个方面：①东道国政局的变动。如政府主要领导层的变动，主要党派之间的关系，社会各民族间、各宗族间的矛盾摩擦引发的动荡等，都可能会使投资者的利益受损。②东道国意识形态领域中的宣传。如果东道国政府鼓动或民间自发出现的"抵制外国货"的意识和运动，以及视外来资本为一种"经济侵略"的意识，都会在一定程度上对外国投资者的利益造成冲击。③东道国的国有化风险，这主要是指东道国通过国有化政策迫使国际经营企业放弃对所在地区投资的权益的风险。④战争风险。当某些东道国与邻国关系恶化，导致战争爆发时，一方面，投资者的企业难以正常运行而使利益受损；另一方面，东道国如果受到国际社会制裁，投资者也会因此利益受损。⑤东道国经济政策的合理和规范性。如果东道国经济体制健全、法规完善，就有利于国际经营企业投资。

（3）国际投资的项目选择。不同的项目在国际投资中流动性和风险不同，获利能力不同，在不同的东道国吸引外资的政策不同，因此国际经营企业应选择合适的投资项目进行投资。比如，海尔集团在其海外发展战略中，首先选择美国作为海外投资的基地，1999年4月30日，海尔集团建立美国海尔工业园，其后更是进入欧洲发展。2001年6月19日，海尔集团在意大利设立生产基地；借助欧美发展的成功影响，海尔集团在2003年以后进入亚洲国际市场。从海外发展的成功可能性来说，选择美国发展白色家电⊖作为起点具有非常重要的意义，美国消费者对冰箱等白色家电消费量大，新产品进入市场快，海尔集团选择美国，可以利用科技和新产品开发优势迅速进入市场，从而成功发展海外投资。

4. 国际营运资本管理

国际经营企业需要在国际经营的情况下进行资金统一管理，而各国的外汇管理制度存在不同，这就需要国际经营企业设计出一个适应自身特点和所在国家的外汇管理制度的资金管理方法。例如中国石油在2003年提出全面建设具有国际竞争力的跨国企业集团的奋斗目标，并通过海外油气勘探、油气开采合作、积极践行共建"一带一路"倡议等方式不断拓展国际化经营的领域。为此中国石油跨国公司战略资金管理的总目标设定为保证资金的均衡性、高效性、安全性和及时性，努力实现跨国资金的均衡流动；加速资金回流，减少资金流出，在全球范围内控制资金风险，使资金余额保持在最低水平，尽量降低内部资金调拨成本；在保证资金需要的前提下，增加剩余资金的收益，努力实现资金的保值增值。为此，中国石油跨国公司战略资金管理突出以下几个方面的要求：①以最少量的资金支持公司在全球范围内的生产经营活动；②加速资金流动；③提供金融缓冲，从公司整体上进行资金管理，保证资金平衡；④从整体上提高资金调度、使用和储存的经济效益；⑤规避风险和管制；⑥减轻税负；⑦实现对公司全球资金的监控和授权管理；⑧从全球角度进行债务融资集中管理，保持强大的外部融资能力并优化债务结构。

13.3 资本运营

13.3.1 资本与资本运营的概念和特征

1. 资本的概念和特征

按照马克思主义政治经济学的观点，所谓资本，是指能够带来剩余价值的价值。从企业经营的微观角度说，资本具有如下作用：①联结生产要素，形成现实的生产能力，推动价

⊖ 白色家电是指可以替代人们家务劳动的电器产品，如洗衣机等；也包括部分提高生活质量的家电产品，如空调等。

的增值和积累。在市场条件下，生产资料、劳动力及各类生产要素处于分离状态，它们只有通过资本购买，才能转化为现实的生产力。②资源配置职能。资本为了追求更高的利润，就会不断地从利润低的部门转出，转入高利润率的部门，带动各种资源流动，形成社会资源配置，这就是资本的逐利性。③激励与约束职能。由于资本的逐利性，资本所有者要求企业管理人员积极开源节流，扩大资本投资收益，从而会形成对管理层的约束，激励管理层努力工作。

资本具有如下特征：①资本的增值性。资本所有者投入资本，必须要获得必要报酬。②资本的运动性。资本必须投入运营过程中，才能实现价值增值，这种运动性既表现为企业内部资金运动，也表现为资本参与社会整体资本运动。③资本的竞争性。不同的行业和企业资本都会在统一的市场上形成竞争，效率高的资本会获得更高的利润，而效率低的资本可能出现亏损，以至退出市场。④资本的开放性。在一个开放的环境下，资本为获得超额回报，必然会从高盈利企业向低盈利行业流动，这一过程体现了资本的开放性。⑤资本的独立性和主体性。资本属于其所有者，所有者独立开展资本运营，并获取其经营收益。

2. 资本运营的概念和特征

所谓资本运营，是指对企业可以支配的资源和生产要素等进行运筹和优化配置，以实现最大限度资本增值的目标。企业实行资本运营，其必要性在于：资本为获取超额收益，必然要求在其流动的范围内实现优化配置（行业、地区、产品等方面）；这一要求的前提条件是资本能够在一定的范围内合理流动，这就需要一个比较发达的资本市场，使资本所有者可以在这个市场内对资本进行优化配置，从而获得更高的效益。

与传统的企业经营方式相比，资本运营具有以下特征。

（1）资本运营是以资本导向为中心的企业运作机制。传统机制下，企业经营者只关注企业自身的生产经营，忽略了市场环境恶化等外部因素。资本运营不仅考虑企业生产经营（企业内部资本循环），还考虑资本在不同行业、不同区域、不同结构下的成本收益，从而超越传统生产经营的限制，拓展了企业活力。

（2）资本运营是以价值形态为主的管理。传统的企业运营方式下，企业经营者注重存货的购入和生产，以及开发出市场需求的产品，通过销售实现收益，因此对各种实物资产的配置有很严格的要求，确保资产质量以及资产使用效率。而在资本运营模式下，企业经营者需要将所有可利用和支配的资源和生产要素都看成可以经营的价值资本，考虑资源的投入、产出和价值增值，注重价值的流动性和获利能力。

（3）资本运营是一种开放式经营。传统的企业经营方式下，企业经营者利用本企业资本进行生产经营，在必要的情况下获取部分负债资金，其资本使用效率比较低；在资本运营方式下，企业经营者要求最大限度地支配和使用资金，以较少的资本调动支配更多的社会资本，企业经营者不仅要关注企业内部的资源，还要利用一切融资手段、信用手段扩大资本的份额，重视通过并购、参股、控股等途径，实现资本与外部资源的结合，扩大资本资源配置的范围。

（4）资本运营是一种结构优化式的经营。资本结构的优化是指资本所有者将资本配置在各个不同的行业、企业、投资对象上，确保投资收益和风险的最优配置，因此资本运营方式下企业经营者强调资本结构优化，这种优化体现在资本来源结构、投资对象结构等方面，而在传统经营方式下企业经营者一般只注重资产结构的合理以及资本来源的合理，从这个角度说，资本运营优化的范围更广。

13.3.2 资本运营的内容

资本运营的内容极为丰富。从资本运营形态的角度，可以将资本运营划分为实业资本运营、产权资本运营、金融资本运营和无形资本运营等类型。

1. 实业资本运营

所谓实业资本运营，实质上就是企业将资本直接投放到生产经营活动中所需要的固定资本和流动资本之中，以形成从事产品生产或提供服务等经济活动的能力的运作过程。实业资本运营的最终目的，就是要运用资本投入所形成的实际生产经营能力，从事产品生产、销售或者提供服务，以获取利润，实现资本增值。实业资本运营是资本运营最基本的方式。其他形式的资本运营必须以实业资本运营为基础，其运营收益最终也来自实业资本运营。

实业资本运营具有如下特征：一是实业资本运营伴随着实际的生产经营管理活动，即企业资本运营过程存在于实际的生产运作过程；二是资本投入回收较缓慢。这是因为企业实业运营需要固定资产和流动资产的合理使用，固定资产周转缓慢，往往需要多年才能收回投资；三是资本流动性差，用于实业资本运营的资产专用性很强，不能够及时变成现金；四是资本利润率较高，由于实业资本运营风险大，经营中需要有很多的专业知识，因此往往能获得比较高的收益。

2. 产权资本运营

所谓产权，是指法定主体对财产所拥有的占有权、使用权、收益权和处置权的总和。产权具有如下特征：产权是由所有权派生的权利，产权的基础和核心是所有权；产权所包含的权益是可以分离和转让的；产权是一种价值形态的财产收益。

产权资本运营包括两个层次。一是资本所有者及其代理人依据出资者的所有权经营企业的产权资本，以实现企业资本的保值增值目标。此时，产权资本运营的主要活动包括：通过改变企业的资本结构，使投资主体多元化，实现资本扩张；通过投资活动，形成资本性权益（如收购子公司）；通过产权转让，分散风险等。二是企业经营者依据企业的法人财产权经营企业的法人资产，以实现企业法人资产的保值增值。这个层次的产权资本运营与实业资本运营含义相同。

产权资本运营需要具备一些前提条件，这些条件包括以下几点。

（1）产权的界定。产权界定与运用市场机制配置资源的效率有紧密关系。产权界定清晰，则市场资源配置效率高。然而产权界定也需要成本，因此对一些特殊的资产，产权界定因费用过高而不可行（企业自然环境），因此只能作为公共产品处理。在现代经济生活中，产权界定的基本工具是公司制。在现代公司制度下，实现了出资者所有权、法人财产权和经营权的分离，为产权资本运营提供了条件。

（2）产权交易市场的规范。产权交易市场是产权交易的场所，是企业产权交易关系的总和。产权交易市场是产权交易顺利进行的重要条件，它可以使企业生产要素在更广阔的范围和更深层次上进行优化配置。同时，交易市场使资源配置的成本降低。在我国，产权交易市场包括股票交易所、产权交易所（中心）、资产调剂市场、承包市场、租赁市场。产权交易市场规范，可以保护产权交易者的利益，促进产权交易市场的流动性，从而保证产权资本运营的顺利进行。

（3）完善的法律、法规。国家要通过各种法律，保护产权所有者的合法权益，确保产权资本运营收益得到实现。

3. 金融资本运营

所谓金融资本运营，就是指企业以金融资本为对象而进行的一系列的资本经营活动。金融资本运营的基本形式是 G—G'，即只有货币价值的直接投入和产出，无生产经营循环。金融资本运营活动的收益主要来自金融工具的价格波动和投资报酬。金融资本运营的作用在于以下三个方面：第一个方面的作用是金融资本运营为企业投、融资活动提供了一种新的方法和途径；第二个方面的作用是金融资本运营是一种国际通行的规范运作方式，它不仅为企业的经营发展提供了广阔的空间，也为企业走出国门，参与国际市场竞争提供一个有利的工具，例如，期权与期货的套期保值的使用，可以使企业规避经营风险；第三个方面的作用是金融资本运营为实业资本运营和产权资本运营提供了发展空间。

金融资本运营具有如下特点：①经营所需的资本额相对较少，无须大规模固定资产投入；②资金流动性强，企业变现能力较强；③不确定性较强，影响因素多，金融市场受多种因素影响，企业经营者要具备各方面的信息收集和判断能力。

4. 无形资本运营

无形资本运营是指企业对拥有的各类无形资产进行运筹和谋划，使其实现最大化的价值增值的活动。无形资本运营是许多大型国际企业广泛采用的资本运营方法，其主要形式包括特许经营、连锁经营等。

无形资本运营的主要作用有以下几点。①促进企业实现规模经营。企业可以通过授权连锁等方式，利用社会资金扩大企业规模，从而获得更多的利润。②推动企业重视技术和产品开发、客户管理。企业如果想开展无形资本运营，其产品质量和功能必须具备很高的水平，形成一定的垄断优势，才具备授予他人无形资产的条件，这就促使企业开展技术和产品开发，提升客户忠诚度。③推动企业产业结构、产品结构的高技能化。企业通过吸收高新技术，创造品牌，获得理想的市场份额，从而增加无形资产价值，持续顺利开展无形资本运营。④提高经营管理水平。企业可以通过创新经营管理模式，实现全面业务外包，实现投资效益的几何级数增长。

13.3.3 资本运营的形式

资本运营有很多种具体形式，主要形式有以下几种。

1. 企业并购

并购是兼并与收购的合称。兼并（merger）有两层含义，狭义的兼并是指在市场机制的作用下，企业通过产权交易获得其他企业的产权，使这些企业法人资格丧失，并获得它们控制权的经济行为。广义的兼并是指在市场机制的作用下，企业通过产权交易获得其他企业产权，并试图获得其控制权的经济行为。收购（acquisition）是对企业的资产和股份的购买行为，收购涵盖的内容较广泛。收购的结果可能是拥有目标企业几乎全部的股份或资产，从而将其吞并；也可能是获得目标企业较大一部分股份或资产，从而控制该企业；还有可能仅拥有少部分股份或资产，而成为目标企业股东中的一个。收购和广义的兼并常作为同义词使用，尤其是当兼并和收购同时使用时。因此，并购（M&A）泛指在市场机制作用下，企业为了获得其他企业的控制权而进行的产权交易活动。

2. 上市经营

上市经营是指将企业资产进行整合重组，对外公开招募股本，在证券市场上市交易。通过上市经营，企业可以建立在证券市场上源源不断筹集资本，开拓资本运营的通道，有利于企业规模的不断扩大。其具体做法可分为直接发行股票（IPO）上市、买壳上市、借壳上市。

3. 公司分立

公司分立是指母公司将所持有子公司的股份分配给母公司的股东，从而从法律和组织上将子公司分离出去，形成一家与母公司有相同结构的公司。公司分立的原因主要在于如下几个方面。①突出主业。为使核心业务获得更多的发展空间，在总资本有限的情况下，企业可以将非核心部分资产分立出去，获得更多的资金和资源。②方便分立公司上市。通过公司分立，可以将预备上市部分资产独立起来，为后续上市提供条件。③为了规避反垄断诉讼。企业有时会出售部分资产，增加市场竞争度，避免遭受反垄断诉讼。

4. 分拆上市

分拆上市是指母公司设立一家新的子公司，并将母公司资产的一部分转移到新公司，然后母公司再将子公司股权对外出售，从而在不丧失控制权的情况下，给母公司带来现金收入。分拆上市的作用主要在于：①使子公司获得上市融资机会；②使母公司获得投资回报；③可以用来调整企业资本结构，优化融资渠道。与分立相比，分拆上市并不使原来的母公司失去对子公司的控制，同时又能使母公司获得一定的投资收益，因此在我国上市公司中具有比较多的吸引力。

5. 资产剥离

资产剥离是指出售企业的一部分资产给其他企业以获得现金收入。企业进行资产剥离的原因在于：处置一些低值的、与企业核心运营联系不大的运营业务，将出售所得用于收益较高的机会；获得资金发展主业；收获过去成功经营的成果；避免被接管；从以往收购中剥去不合理业务。

❖ 阅读材料 13-5

生益科技分拆子公司上市

广东生益科技股份有限公司（以下简称"生益科技"）创建于 1985 年 6 月，注册资本为

21亿元人民币，由香港伟华电子、广东省外贸开发公司等投资建立。1998年10月，生益科技经证监会批准，于上海证券交易所发行股票成为国内同行业首家上市公司（股票代码：600183）。该公司的主业为覆铜板和印制电路板的设计及产销，主要产品有刚性和挠性覆铜板及印制电路板，终端产品主要为汽车配件以及各种高档电子产品。

生益科技分拆上市的子公司生益电子成立于1985年，是专业研发、产销高精度印制电路板的国家高新技术企业，于2021年2月在科创板上市（股票代码：688183）。生益电子主业为优质印制电路板产品及服务的提供，根据衍生产品个性要求，提供涵盖印制电路板研发、产销与售后的整套服务。产品PCB定位于中高端市场，主要投向通信设备、消费电子等领域。

2020年2月27日，生益科技董事会、监事会审议了分拆生益电子至科创板上市的议案。同年5月28日，生益电子向上交所提交IPO申请材料。此后生益电子IPO进入问询环节。2020年10月16日，上交所审议同意生益电子首发上市。接着，发行人提交科创板IPO注册申请并得到证监会批复，证监同意了生益电子的注册申请。

2021年1月29日，生益电子就科创板IPO发布初步询价公告，同时发布招股意向书，明确新股发行数至多16 636.40万股，以发行后总股本的20%为限。2月25日上午，生益电子股份有限公司在科创板正式挂牌上市，股票简称生益电子。

生益电子股票上市后，母公司生益科技的累计超额收益率除首日为负外始终为正，并且从 –1.24% 开始整体波动上升，最终升至 19.29%，并且在这21个交易日中 2/3 期间的超额收益率为正值，说明多数投资者看好这一次分拆上市。

资料来源：年福成. 生益科技分拆子公司上市的价值创造研究[D]. 马鞍山：安徽工业大学，2022.

讨论题

案例中公司分拆上市和公司分立有什么不同？为什么该公司对子公司选择分拆上市而不是分立？

本章小结

1. 企业合并是指一个企业通过市场方式获得另外一个企业的控制权，从而使两个企业在同一管理层控制下协同经营，成为一个整体。企业合并的动机有协同效应、价值低估和管理层利益驱动等原因。从合并双方的行业差别看，企业合并可以分为横向合并、纵向合并和混合合并。企业合并可以通过未来现金流量折现法、市盈率法进行评估；企业合并支付方式可以根据主并购企业情况综合采用长期借款、发行证券融资等方式。

2. 在当今全球化趋势下，财务管理要注意在国际化的环境下如何开展运营。企业进行跨国投资和经营，所涉及的国际财务管理问题主要有外汇管理、国际融资管理、国际投资管理、国际营运资本管理等内容。企业进行国际财务管理时，要充分考虑政治、经济政策变化、国际贸易环境以及外汇管制政策等方面因素变化，调整企业财务管理政策。

3. 所谓资本运营，是指对企业可以支配的资源和生产要素等进行运筹和优化配置，以实现最大限度资本增值的目标。企业实行资本运营的必要性在于：资本为获取超额收益，必然要求在其流动的范围内进行优化配置（行业、地区、产品等方面）；其可行条件是资本能够在一定的范围内合理流动，这就需要一个比较发达的资本市场，使资本所有者可以在这个市场内对资本进行优化配置，从而获得更高的效益。从资本运营形态的角度，可以将资本运营划分为实业资本运营、产权资本运营、金融资本运营和无形资本运营等类型。资本运营有很多种具体形式，主要形式有：企业并购、上市经营、公司分立、资产剥离等。

复习思考

1. 企业合并的主要动机是什么？
2. 国际财务管理的环境与一般财务管理环境相比有什么不同？
3. 什么是资本运营？资本运营有什么特点？
4. 借壳上市为什么能成为我国许多企业进行资本运营的主要选择？

练习题

1. A公司2018年购买B公司50%的股权，购买成本为1 000万元，控股后，A公司向B公司投资设备100万元，并派出管理层管理该公司，每年支付管理层薪金100万元。2020年年初，B公司效益好转，A公司出售持有B公司所有权益，获得价款2 000万元，试计算A公司资本运营收益率。

2. 甲公司欲收购乙公司股票，事先派出公司董事会秘书与乙公司高管层接触，了解乙公司对甲公司收购事项的态度和要求。董事会秘书和乙公司高管层接触后，告诉甲公司董事长，乙公司对收购事项提出如下要求。①甲公司按乙公司目前股票市场价格的2倍价格收购乙公司全部股票。目前乙公司每股市场价格为15元，共有10 000万股在流通。②甲公司可以支付现金，也可以支付股票，如果交换股票，必须以甲公司自身的股票来交换，交换比例为1份甲公司股票换2份乙公司股票，目前甲公司股票价格为每股40元。③甲乙两公司合并后，必须要保证乙公司有两人出任合并后甲公司董事。在上一年度，乙公司净利润为18 000万元，甲公司目前共有20 000万股股票发行在外，上一年度盈利30 000万元。假定甲公司的投资必要报酬率为6%。

要求：

（1）从甲公司角度来看，乙公司提出的收购价格是否可接受？
（2）如果甲公司考虑接受乙公司提出的收购价格，在支付方式上宜采用换股方式还是现金方式？

案例分析

中国宝武收购太钢集团

2020年，中国宝武钢铁集团有限公司（以下简称"中国宝武"）与山西省国有资本运营有限公司签署无偿划转协议，山西省国有资本运营有限公司将太原钢铁（集团）有限公司（以下简称"太钢集团"）51%的股权无偿划转给中国宝武。本次划转完成后，中国宝武将通过太钢集团间接控制山西太钢不锈钢股份有限公司62.70%的股份，并实现对其的控制。山西太钢不锈钢股份有限公司实际控制人将变更为国务院国资委。山西太钢不锈钢股份有限公司直接控股股东保持不变，仍为太钢集团。

资料来源：山西太钢不锈钢股份有限公司公告。

讨论题：

联系本章引例，思考中国宝武重组太钢集团的动机是什么？重组方式有什么特点？

企业合并和证券
市场反应

我国上市公司债务
融资特征分析

附录

复利终值系数表

$PVIF(r,n)=(1+r)^n$

n \\ r	1	2	3	4	5	6	7	8	9	10	11	12	13	14	r
1%	1.010 00	1.020 10	1.030 30	1.040 60	1.051 01	1.061 52	1.072 14	1.082 86	1.093 69	1.104 62	1.115 67	1.126 83	1.138 09	1.149 47	1%
2%	1.020 00	1.040 40	1.061 21	1.082 43	1.104 08	1.126 16	1.148 69	1.171 66	1.195 09	1.218 99	1.243 37	1.268 24	1.293 61	1.319 48	2%
3%	1.030 00	1.060 90	1.092 73	1.125 51	1.159 27	1.194 05	1.229 7	1.266 77	1.304 77	1.343 92	1.384 23	1.425 76	1.468 53	1.512 59	3%
4%	1.040 00	1.081 60	1.124 86	1.169 86	1.216 65	1.265 32	1.315 93	1.368 57	1.423 31	1.480 24	1.539 45	1.601 03	1.665 07	1.731 68	4%
5%	1.050 00	1.102 50	1.157 63	1.215 51	1.276 28	1.340 10	1.407 10	1.477 46	1.551 33	1.628 89	1.710 34	1.795 86	1.885 65	1.979 93	5%
6%	1.060 00	1.123 60	1.191 02	1.262 48	1.338 23	1.418 52	1.503 63	1.593 85	1.689 48	1.790 85	1.898 30	2.012 20	2.132 93	2.260 90	6%
7%	1.070 00	1.144 90	1.225 04	1.310 80	1.402 55	1.500 73	1.605 78	1.718 19	1.838 46	1.967 15	2.104 85	2.252 19	2.409 85	2.578 53	7%
8%	1.080 00	1.166 40	1.259 71	1.360 49	1.469 33	1.586 87	1.713 82	1.850 93	1.999 00	2.158 92	2.331 64	2.518 17	2.719 62	2.937 19	8%
9%	1.090 00	1.188 10	1.295 03	1.411 58	1.538 62	1.677 10	1.828 04	1.992 56	2.171 89	2.367 36	2.580 43	2.812 66	3.065 80	3.341 73	9%
10%	1.100 00	1.210 00	1.331 00	1.464 10	1.610 51	1.771 56	1.948 72	2.143 59	2.357 95	2.593 74	2.853 12	3.138 43	3.452 27	3.797 50	10%
12%	1.120 00	1.254 40	1.404 93	1.573 52	1.762 34	1.973 82	2.210 68	2.475 96	2.773 08	3.105 85	3.478 55	3.895 98	4.363 49	4.887 11	12%
14%	1.140 00	1.299 60	1.481 54	1.688 96	1.925 41	2.194 97	2.502 27	2.852 59	3.251 95	3.707 22	4.226 23	4.817 90	5.492 41	6.261 35	14%
16%	1.160 00	1.345 60	1.560 90	1.810 64	2.100 34	2.436 40	2.826 22	3.278 41	3.802 96	4.411 44	5.117 26	5.936 03	6.885 79	7.987 52	16%
18%	1.180 00	1.392 40	1.643 03	1.938 78	2.287 76	2.699 55	3.185 47	3.758 86	4.435 45	5.233 84	6.175 93	7.287 59	8.599 36	10.147 2	18%
20%	1.200 00	1.440 00	1.728 00	2.073 60	2.488 32	2.985 98	3.583 18	4.299 82	5.159 78	6.191 74	7.430 08	8.916 10	10.699 3	12.839 2	20%
24%	1.240 00	1.537 60	1.906 62	2.364 21	2.931 63	3.635 22	4.507 67	5.589 51	6.930 99	8.594 43	10.657 1	13.214 8	16.386 3	20.319 1	24%
28%	1.280 00	1.638 40	2.097 15	2.684 35	3.435 97	4.398 05	5.629 50	7.205 76	9.223 37	11.805 9	15.111 6	19.342 8	24.758 8	31.691 3	28%
32%	1.320 00	1.742 40	2.299 97	3.035 96	4.007 46	5.289 85	6.982 61	9.217 04	12.166 5	16.059 8	21.198 9	27.982 5	36.937 0	48.756 8	32%
36%	1.360 00	1.849 60	2.515 46	3.421 02	4.652 59	6.327 52	8.605 43	11.703 4	15.916 6	21.646 6	29.439 3	40.037 5	54.451 0	74.053 4	36%
40%	1.400 00	1.960 00	2.744 00	3.841 60	5.378 24	7.529 54	10.541 4	14.757 9	20.661 0	28.925 5	40.495 7	56.693 9	79.371 5	111.120	40%
50%	1.500 00	2.250 00	3.375 00	5.062 50	7.593 75	11.390 6	17.085 9	25.628 9	38.443 4	57.665 0	86.497 6	129.746	194.620	291.929	50%

附录 335

(续)

n\r	15	16	17	18	19	20	21	22	23	24	25	26	27	28	n\r
1%	1.160 97	1.172 58	1.184 30	1.196 15	1.208 11	1.220 19	1.232 39	1.244 72	1.257 16	1.269 73	1.282 43	1.295 26	1.308 21	1.321 29	1%
2%	1.345 87	1.372 79	1.400 24	1.428 25	4.456 81	1.485 95	1.515 67	1.545 98	1.576 90	1.608 44	1.640 61	1.673 42	1.706 89	1.741 02	2%
3%	1.557 97	1.604 71	1.652 85	1.702 43	1.753 51	1.806 11	1.860 29	1.916 10	1.973 59	2.032 79	2.093 78	2.156 59	2.221 29	2.287 93	3%
4%	1.800 94	1.872 98	1.947 90	2.025 82	2.106 85	2.191 12	2.278 77	2.369 92	2.464 72	2.563 30	2.665 84	2.772 47	2.883 37	2.998 70	4%
5%	2.078 93	2.182 87	2.292 02	2.406 62	2.526 95	2.653 30	2.785 96	2.925 26	3.071 52	3.225 10	3.386 35	3.555 67	3.733 46	3.920 13	5%
6%	2.396 56	2.540 35	2.692 77	2.854 34	3.025 60	3.207 14	3.399 56	3.603 54	3.819 75	4.048 93	4.291 87	4.549 38	4.822 35	5.111 69	6%
7%	2.759 03	2.952 16	3.158 82	3.379 93	3.616 53	3.869 68	4.140 56	4.430 40	4.740 53	5.072 37	5.427 43	5.807 35	6.213 87	6.648 84	7%
8%	3.172 17	3.425 94	3.700 02	3.996 02	4.315 70	4.660 96	5.033 83	5.436 54	5.871 46	6.341 18	6.848 48	7.396 35	7.988 06	8.627 11	8%
9%	3.642 48	3.970 31	4.327 63	4.717 12	5.141 66	5.604 41	6.108 81	6.658 60	7.257 87	7.911 08	8.623 08	9.399 16	10.245 1	11.167 1	9%
10%	4.177 25	4.594 97	5.054 47	5.559 92	6.115 91	6.727 50	7.402 5	8.140 27	8.954 30	9.849 73	10.834 7	11.918 2	13.110 0	14.421 0	10%
12%	5.473 57	6.130 39	6.866 04	7.689 97	8.612 76	9.646 29	10.803 8	12.100 3	13.552 3	15.178 6	17.000 1	19.040 1	21.324 9	23.883 9	12%
14%	7.137 94	8.137 25	9.276 46	10.575 2	12.055 7	13.743 5	15.667 6	17.861 0	20.361 6	23.212 2	26.461 9	30.166 6	34.389 9	39.204 5	14%
16%	9.265 52	10.748 0	12.467 7	14.462 5	16.776 5	19.460 8	22.574 5	26.186 4	30.376 2	35.236 4	40.874 2	47.414 1	55.000 4	63.800 4	16%
18%	11.973 7	14.129 0	16.672 2	19.673 3	23.214 4	27.393 0	32.323 8	38.142 1	45.007 6	53.109 0	62.668 6	73.949 0	87.259 8	102.967	18%
20%	15.407 0	18.488 4	22.186 1	26.623 3	31.948 0	38.337 6	46.005 1	55.206 1	66.247 4	79.496 8	95.396 2	114.475	137.371	164.845	20%
24%	25.195 6	31.242 6	38.740 8	48.038 6	59.567 9	73.864 1	91.591 5	113.574	140.831	174.631	216.542	268.512	332.955	412.864	24%
28%	40.564 8	51.923 0	66.461 4	85.070 6	108.890	139.380	178.406	228.360	292.300	374.144	478.905	612.998	784.638	1 004.34	28%
32%	64.359 0	84.953 8	112.139	148.024	195.391	257.916	340.449	449.393	593.199	783.023	1 033.59	1 364.34	1 800.93	2 377.22	32%
36%	100.713	136.969	186.278	253.338	344.540	468.574	637.261	866.674	1 178.68	1 603.00	2 180.08	2 964.91	4 032.28	5 483.90	36%
40%	155.568	217.795	304.913	426.879	597.630	836.683	1 171.36	1 639.90	2 295.86	3 214.20	4 499.88	6 299.83	8 819.76	12 347.1	40%
50%	437.894	656.841	985.261	1 477.89	2 216.84	3 325.26	4 987.89	7 481.83	11 222.7	16 834.1	25 251.2	37 876.8	56 815.1	85 222.7	50%

复利现值系数表

$$\text{PVIF}(r,n)=(1+r)^{-n}$$

n\r	1	2	3	4	5	6	7	8	9	10	11	12	13	14	r\n
1%	0.990 10	0.980 30	0.970 59	0.960 98	0.951 47	0.942 05	0.932 72	0.923 48	0.914 34	0.905 29	0.896 32	0.887 45	0.878 66	0.869 96	1%
2%	0.980 39	0.961 17	0.942 32	0.923 85	0.905 73	0.887 97	0.870 56	0.853 49	0.836 76	0.820 35	0.804 26	0.788 49	0.773 03	0.757 88	2%
3%	0.970 87	0.942 60	0.915 14	0.888 49	0.862 61	0.837 48	0.813 09	0.789 41	0.766 42	0.744 09	0.722 42	0.701 38	0.680 95	0.661 12	3%
4%	0.961 54	0.924 56	0.889 00	0.854 80	0.821 93	0.790 31	0.759 92	0.730 69	0.702 59	0.675 56	0.649 58	0.624 60	0.600 57	0.577 48	4%
5%	0.952 38	0.907 03	0.863 84	0.822 70	0.783 53	0.746 22	0.710 68	0.676 84	0.644 61	0.613 91	0.584 68	0.556 84	0.530 32	0.505 07	5%
6%	0.943 40	0.890 00	0.839 62	0.792 09	0.747 26	0.704 96	0.665 06	0.627 41	0.591 90	0.558 39	0.526 79	0.496 97	0.468 84	0.442 30	6%
7%	0.934 58	0.873 44	0.816 30	0.762 90	0.712 99	0.666 34	0.622 75	0.582 01	0.543 93	0.508 35	0.475 09	0.444 01	0.414 96	0.387 82	7%
8%	0.925 93	0.857 34	0.793 83	0.735 03	0.680 58	0.630 17	0.583 49	0.540 27	0.500 25	0.463 19	0.428 88	0.397 11	0.367 70	0.340 46	8%
9%	0.917 43	0.841 68	0.772 18	0.708 43	0.649 93	0.596 27	0.547 03	0.501 87	0.460 43	0.422 41	0.387 53	0.355 53	0.326 18	0.299 25	9%
10%	0.909 09	0.826 45	0.751 31	0.683 01	0.620 92	0.564 47	0.513 16	0.466 51	0.424 10	0.385 54	0.350 49	0.318 63	0.289 66	0.263 33	10%
12%	0.892 86	0.797 19	0.711 78	0.635 52	0.567 43	0.506 63	0.452 35	0.403 88	0.360 61	03321 97	0.287 48	0.256 68	0.229 17	0.204 62	12%
14%	0.877 19	0.769 47	0.674 97	0.592 08	0.519 37	0.455 59	0.399 64	0.350 56	0.307 51	0.269 74	0.236 62	0.207 56	0.182 07	0.159 71	14%
16%	0.862 07	0.743 16	0.640 66	0.552 29	0.476 11	0.410 44	0.353 83	0.305 03	0.262 95	0.226 68	0.195 42	0.168 46	0.145 23	0.125 20	16%
18%	0.847 46	0.718 18	0.608 63	0.515 79	0.437 11	0.370 43	0.313 93	0.266 04	0.225 46	0.191 06	0.161 92	0.137 22	0.116 29	0.098 55	18%
20%	0.833 33	0.694 44	0.578 70	0.482 25	0.401 88	0.334 90	0.279 08	0.232 57	0.193 81	0.161 51	0.134 59	0.112 16	0.093 46	0.077 89	20%
22%	0.819 67	0.671 86	0.550 71	0.451 40	0.370 00	0.303 28	0.248 59	0.203 76	0.167 02	0.136 90	0.112 21	0.091 98	0.075 39	0.061 80	22%
24%	0.806 45	0.650 36	0.524 49	0.422 97	0.341 11	0.275 09	0.221 84	0.178 91	0.144 28	0.116 35	0.093 83	0.075 67	0.061 03	0.049 21	24%
26%	0.793 65	0.629 88	0.499 91	0.396 75	0.314 88	0.249 91	0.198 34	0.157 41	0.124 93	0.099 15	0.078 69	0.062 45	0.049 57	0.039 34	26%
28%	0.781 25	0.610 35	0.476 84	0.372 53	0.291 04	0.227 37	0.177 64	0.138 78	0.108 42	0.084 70	0.066 17	0.051 70	0.040 39	0.031 55	28%
30%	0.769 23	0.591 72	0.455 17	0.350 13	0.269 33	0.207 18	0.159 37	0.125 9	0.094 30	0.072 54	0.055 80	0.042 92	0.033 02	0.025 40	30%
35%	0.740 74	0.548 70	0.406 44	0.301 07	0.223 01	0.165 20	0.122 37	0.090 64	0.067 14	0.049 74	0.036 84	0.027 29	0.020 21	0.014 97	35%

(续)

n\r	15	16	17	18	19	20	21	22	23	24	25	26	27	28	n\r
1%	0.861 35	0.852 82	0.844 38	0.836 02	0.827 74	0.819 54	0.811 43	0.803 40	0.795 44	0.787 57	0.779 77	0.772 05	0.764 40	0.756 84	1%
2%	0.743 01	0.728 45	0.714 16	0.700 16	0.686 43	0.672 97	0.659 78	0.646 84	0.634 16	0.621 72	0.609 53	0.597 58	0.585 86	0.574 37	2%
3%	0.641 86	0.623 17	0.605 02	0.587 39	0.570 29	0.553 68	0.537 55	0.521 89	0.506 69	0.491 93	0.477 61	0.463 69	0.450 19	0.437 08	3%
4%	0.555 26	0.533 91	0.513 37	0.493 63	0.474 64	0.456 39	0.438 83	0.421 96	0.405 73	0.390 12	0.375 12	0.360 69	0.346 82	0.333 48	4%
5%	0.481 02	0.458 11	0.436 30	0.415 52	0.395 73	0.376 89	0.358 94	0.341 85	0.325 57	0.310 07	0.295 30	0.281 24	0.267 85	0.255 09	5%
6%	0.417 27	0.393 65	0.371 36	0.350 34	0.330 51	0.311 80	0.294 16	0.277 51	0.261 80	0.246 98	0.233 00	0.219 81	0.207 37	0.195 63	6%
7%	0.362 45	0.338 73	0.316 57	0.295 86	0.276 51	0.258 42	0.241 51	0.225 71	0.210 95	0.197 15	0.184 25	0.172 20	0.160 93	0.150 40	7%
8%	0.315 24	0.291 89	0.270 27	0.250 25	0.231 71	0.214 55	0.198 66	0.183 94	0.170 32	0.157 70	0.146 02	0.135 20	0.125 19	0.115 91	8%
9%	0.274 54	0.251 87	0.231 07	0.211 99	0.194 49	0.178 43	0.163 70	0.150 18	0.137 78	0.126 40	0.115 97	0.106 39	0.097 61	0.089 55	9%
10%	0.239 39	0.217 63	0.197 84	0.179 86	0.163 51	0.148 64	0.135 13	0.122 85	0.111 68	0.101 53	0.092 30	0.083 91	0.076 28	0.069 34	10%
12%	0.182 70	0.163 12	0.145 64	0.130 04	0.116 11	0.103 67	0.092 56	0.082 64	0.073 79	0.065 88	0.058 82	0.052 52	0.046 89	0.041 87	12%
14%	0.140 10	0.122 89	0.107 80	0.094 56	0.082 95	0.072 76	0.063 83	0.055 99	0.049 11	0.043 08	0.037 79	0.033 15	0.029 08	0.025 51	14%
16%	0.107 93	0.093 04	0.080 21	0.069 14	0.059 61	0.051 39	0.044 30	0.038 19	0.032 92	0.028 38	0.024 47	0.021 09	0.018 18	0.015 67	16%
18%	0.083 52	0.070 78	0.059 98	0.050 83	0.043 08	0.036 51	0.030 94	0.022 62	0.022 22	0.018 83	0.015 96	0.013 52	0.011 46	0.009 71	18%
20%	0.064 91	0.054 09	0.045 07	0.037 56	0.031 30	0.026 08	0.021 74	0.018 11	0.015 09	0.012 58	0.010 48	0.008 74	0.007 28	0.006 07	20%
22%	0.050 65	0.041 52	0.034 03	0.027 89	0.022 86	0.018 74	0.015 36	0.012 59	0.010 32	0.008 46	0.006 93	0.005 68	0.004 66	0.003 82	22%
24%	0.039 69	0.032 01	0.025 81	0.020 82	0.016 79	0.013 54	0.010 92	0.008 80	0.007 10	0.005 73	0.004 62	0.003 72	0.003 00	0.002 42	24%
26%	0.031 22	0.024 78	0.019 67	0.015 61	0.012 39	0.009 83	0.007 80	0.006 19	0.004 91	0.003 90	0.003 10	0.002 46	0.001 95	0.001 55	26%
28%	0.024 65	0.019 26	0.015 05	0.011 75	0.009 18	0.007 17	0.005 61	0.004 38	0.003 42	0.002 67	0.002 09	0.001 63	0.001 27	0.001 00	28%
30%	0.019 54	0.015 03	0.011 56	0.008 89	0.006 84	0.005 26	0.004 05	0.003 11	0.002 39	0.001 84	0.001 42	0.001 09	0.000 84	0.000 65	30%
35%	0.011 09	0.008 22	0.006 09	0.004 51	0.003 34	0.002 47	0.001 83	0.001 36	0.001 01	0.000 74	0.000 55	0.000 41	0.000 30	0.000 22	35%

年金终值系数表

$$\text{PVIFA}(r,n)=[(1+r)^n-1]/r$$

n / r	1	2	3	4	5	6	7	8	9	10	11	12	13	14	r
1%	1.000 00	2.010 00	3.030 10	4.060 40	5.101 01	6.152 02	7.213 54	8.285 67	9.368 53	10.462 2	11.566 8	12.682 5	13.809 3	14.947 4	1%
2%	1.000 00	2.020 00	3.060 40	4.121 61	5.204 04	6.308 12	7.434 28	8.582 97	9.754 63	10.949 7	12.168 7	13.412 1	14.680 3	15.973 9	2%
3%	1.000 00	2.030 00	3.090 90	4.183 63	5.309 14	6.468 41	7.662 46	8.592 34	10.159 1	11.463 9	12.807 8	14.192 0	15.617 8	17.086 3	3%
4%	1.000 00	2.040 00	3.121 60	4.246 46	5.416 32	6.632 98	7.898 29	9.214 23	10.582 8	12.006 1	13.486 4	15.025 8	16.626 8	18.291 9	4%
5%	1.000 00	2.050 00	3.152 50	4.310 12	5.525 63	6.801 91	8.142 01	9.549 11	11.026 6	12.577 9	14.206 8	15.917 1	17.713 0	19.598 6	5%
6%	1.000 00	2.060 00	3.183 60	4.374 62	5.637 09	6.975 32	8.393 84	9.897 47	11.491 3	13.180 8	14.971 6	16.869 9	18.882 1	21.015 1	6%
7%	1.000 00	2.070 00	3.214 90	4.439 94	5.750 74	7.153 29	8.654 02	10.259 8	11.978 0	13.816 4	15.783 6	17.888 5	20.140 6	22.550 5	7%
8%	1.000 00	2.080 00	3.246 40	4.506 11	5.866 60	7.335 93	8.922 80	10.636 6	12.487 6	14.486 6	16.645 5	18.977 1	21.495 3	24.214 9	8%
9%	1.000 00	2.090 00	3.278 10	4.573 13	5.984 71	7.523 33	9.200 43	11.028 5	13.021 0	15.192 9	17.560 3	20.140 7	22.953 4	26.019 2	9%
10%	1.000 00	2.100 00	3.310 00	4.641 00	6.105 10	7.715 61	9.487 17	11.435 9	13.579 5	15.937 4	18.531 2	21.384 3	24.522 7	27.975 0	10%
12%	1.000 00	2.120 00	3.374 40	4.779 33	6.352 85	8.115 19	10.089 0	12.299 7	14.775 7	17.548 7	20.654 6	24.133 1	28.029 1	32.392 6	12%
14%	1.000 00	2.140 00	3.439 60	4.921 14	6.610 10	8.535 52	10.730 5	13.232 8	16.085 3	19.337 3	23.044 5	27.270 7	32.088 7	37.581 1	14%
16%	1.000 00	2.160 00	3.505 60	5.066 50	6.877 14	8.977 48	11.413 9	14.240 1	17.518 5	21.321 5	25.732 9	30.850 2	36.786 2	43.672 0	16%
18%	1.000 00	2.180 00	3.572 40	5.215 43	7.154 21	9.441 97	12.141 5	15.327 0	19.085 9	23.521 3	28.755 1	34.931 1	42.218 7	50.818 0	18%
20%	1.000 00	2.200 00	3.640 00	5.368 00	7.441 60	9.929 92	12.915 9	16.499 1	20.798 9	25.958 7	32.150 4	39.580 5	48.496 6	59.195 9	20%
22%	1.000 00	2.220 00	3.708 40	5.524 25	7.739 58	10.442 3	13.739 6	17.762 3	22.670 0	28.657 4	35.962 0	44.873 7	55.745 9	69.010 0	22%
24%	1.000 00	2.240 00	3.777 60	5.684 22	8.048 44	10.980 1	14.615 3	19.122 9	24.712 5	31.643 4	40.237 9	50.895 0	64.109 7	80.496 1	24%
26%	1.000 00	2.260 00	3.847 60	5.847 98	8.368 45	11.544 2	15.545 8	20.587 6	26.940 4	34.944 9	45.030 6	57.738 6	73.750 6	93.925 8	26%
28%	1.000 00	2.280 00	3.948 40	6.015 55	8.699 91	12.135 9	16.533 9	22.163 4	29.369 2	38.592 6	50.398 5	65.510 0	84.852 9	109.612	28%
30%	1.000 00	2.300 00	3.990 00	6.187 00	9.043 10	12.756 0	17.582 8	23.857 7	32.015 0	42.619 5	56.405 3	74.327 0	97.625 0	127.913	30%
35%	1.000 00	2.350 00	4.172 50	6.632 88	9.954 38	14.438 4	20.491 9	28.664 0	39.696 4	54.590 2	74.696 7	101.841	138.485	187.954	35%

(续)

n\r	15	16	17	18	19	20	21	22	23	24	25	26	27	28	r\n
1%	16.0969	17.2579	18.4304	19.6147	20.8109	22.0190	23.2392	24.4716	25.7163	26.9735	28.2432	29.5256	30.8209	32.1291	1%
2%	17.2934	18.6393	20.0121	21.4123	22.8406	24.2974	25.7833	27.2990	28.8450	30.4219	32.0303	33.6709	35.3443	37.0512	2%
3%	18.5989	20.1569	21.7616	23.4144	25.1169	25.1169	28.6765	30.5368	32.4523	34.4265	36.4593	38.5530	40.7096	42.9309	3%
4%	20.0236	21.8245	23.6975	25.6454	27.6712	29.7781	31.9692	34.2480	36.6179	39.0826	41.6459	44.3117	47.0842	49.9676	4%
5%	21.5786	23.6755	25.8404	28.1324	30.5390	33.0660	35.7193	38.5052	41.4305	44.5020	47.7271	51.1135	54.6691	58.4026	5%
6%	23.2760	25.6725	28.2129	30.9057	33.7600	36.7850	39.9927	43.3923	46.9958	50.8156	54.8645	59.1564	63.7058	68.5281	6%
7%	25.1290	27.8880	30.8402	33.9990	37.3790	40.9955	44.8652	49.0057	53.4361	58.1767	63.2490	68.6765	74.4838	80.6977	7%
8%	24.2149	30.3243	33.7502	37.4502	41.4463	45.7620	50.4229	55.4568	60.8933	66.7648	73.1059	79.9544	87.3508	95.3388	8%
9%	29.3609	33.0034	36.9737	41.3013	46.0185	51.1601	56.7641	62.8735	69.5319	76.7898	84.7009	93.3240	102.723	112.968	9%
10%	31.7725	35.9497	40.5447	45.5992	51.1591	57.2750	64.0025	71.4027	79.5430	88.4973	98.3471	109.182	121.100	134.210	10%
12%	37.2797	42.7535	48.8837	55.7497	63.4397	72.0524	81.6987	92.5026	104.603	118.155	133.334	150.334	169.374	190.699	12%
14%	43.8424	50.9804	59.1176	68.3941	78.9692	91.0249	104.768	120.436	138.297	158.659	181.871	208.333	238.499	272.889	14%
16%	51.6595	60.9250	71.6730	84.1407	98.6032	115.380	134.841	157.415	183.601	213.978	249.214	290.088	337.502	392.503	16%
18%	60.6953	72.9390	87.0680	103.740	123.414	146.628	174.021	206.345	244.487	289.494	342.603	405.272	479.221	566.481	18%
20%	72.0351	87.4421	105.931	128.117	154.740	186.688	225.026	271.031	326.237	392.484	471.981	567.377	681.853	819.223	20%
22%	85.1922	104.935	129.020	15.405	194.254	237.989	291.347	356.443	435.861	532.750	650.955	795.165	971.102	1 185.74	22%
24%	100.815	126.011	157.253	195.994	244.033	303.601	377.465	469.056	582.630	723.461	898.092	1 114.63	1 383.15	1 716.10	24%
26%	119.347	151.377	191.735	242.585	306.658	387.389	489.110	617.278	778.771	982.251	1 238.64	1 561.68	1 968.72	2 481.59	26%
28%	141.303	181.868	233.791	300.252	385.323	494.213	633.593	811.999	1 040.36	1 332.66	1 706.80	2 185.71	2 798.71	3 583.34	28%
30%	167.286	218.472	285.014	371.518	483.973	630.165	820.215	1 067.28	1 388.46	1 806.00	2 348.80	3 054.44	3 971.78	5 164.31	30%
35%	254.738	344.897	466.611	630.925	852.748	1 152.21	1 556.48	2 102.25	2 839.04	3 833.71	5 176.50	6 989.28	9 436.53	12 740.3	35%

年金现值系数表

$$PVIFA(r,n)=[1-(1+r)^{-n}]/r$$

n\r	1	2	3	4	5	6	7	8	9	10	11	12	13	14	r\n
1%	0.990 10	1.970 40	2.940 99	3.901 97	4.853 43	5.795 48	6.728 19	7.651 68	8.566 02	9.471 30	10.367 6	11.255 1	12.131 37	13.003 7	1%
2%	0.980 39	1.941 56	2.883 88	3.807 73	4.713 46	5.601 43	6.471 99	7.325 48	8.162 24	8.982 59	9.786 85	10.575 3	11.348 4	12.106 2	2%
3%	0.970 87	1.913 47	2.828 61	3.717 10	4.579 71	5.417 19	6.230 28	7.019 69	7.786 11	8.530 20	9.252 62	9.954 00	10.635 0	11.296 1	3%
4%	0.961 54	1.886 10	2.775 09	3.629 90	4.451 82	5.242 14	6.002 06	6.732 75	7.435 33	8.110 90	8.760 48	9.385 07	9.985 65	10.563 1	4%
5%	0.952 38	1.859 41	2.723 25	3.545 95	4.329 48	5.075 69	5.786 37	6.463 21	7.107 82	7.721 73	8.306 41	8.863 25	9.393 57	9.898 64	5%
6%	0.943 40	1.833 39	2.673 01	3.465 11	4.212 36	4.917 32	5.582 38	6.209 79	6.801 69	7.360 09	7.886 87	8.383 84	8.852 68	9.294 98	6%
7%	0.934 58	1.808 02	2.624 32	3.387 21	4.100 20	4.766 54	5.389 29	5.971 30	6.515 23	7.023 58	7.498 67	7.942 69	8.357 65	8.745 47	7%
8%	0.925 93	1.783 26	2.577 10	3.312 13	3.992 71	4.622 88	5.206 37	5.746 64	6.246 89	6.710 08	7.138 96	7.536 08	7.903 78	8.244 24	8%
9%	0.917 43	1.759 11	2.531 30	3.239 72	3.889 65	4.485 92	5.032 95	5.534 82	5.995 25	6.417 66	6.805 19	7.160 73	7.486 90	7.786 15	9%
10%	0.909 09	1.735 54	2.486 85	3.169 87	3.790 79	4.355 26	4.868 42	5.334 93	5.759 02	6.144 57	6.495 06	6.813 69	7.103 36	7.366 69	10%
12%	0.892 86	1.690 05	2.401 83	3.037 35	3.604 78	4.111 41	4.563 76	4.967 64	5.328 25	5.650 22	5.937 70	6.194 37	6.423 55	6.628 17	12%
14%	0.877 19	1.646 66	2.321 63	2.913 71	3.433 08	3.888 67	4.288 30	4.638 86	4.946 37	5.216 12	5.452 73	5.660 29	5.842 36	6.002 07	14%
16%	0.862 07	1.605 23	2.245 89	2.798 18	3.274 29	3.684 74	4.038 57	4.343 59	4.606 54	4.833 23	5.028 64	5.197 11	5.342 33	5.467 53	16%
18%	0.847 46	1.565 64	2.174 27	2.690 06	3.127 17	3.497 60	3.811 53	4.077 57	4.303 02	4.494 09	4.656 01	4.793 22	4.909 51	5.008 06	18%
20%	0.833 33	1.527 78	2.106 48	2.588 73	2.990 61	3.325 51	3.604 59	3.837 16	4.030 97	4.192 47	4.327 06	4.439 22	4.532 68	4.610 57	20%
22%	0.819 67	1.491 54	2.042 24	2.493 64	2.863 64	3.166 92	3.415 51	3.619 27	3.786 28	3.923 18	4.035 40	4.127 37	4.202 77	4.264 56	22%
24%	0.806 45	1.456 82	1.981 30	2.404 28	2.745 38	3.020 47	3.242 32	3.421 22	3.565 50	3.681 86	3.775 69	3.851 36	3.912 39	3.961 60	24%
26%	0.793 65	1.423 53	1.923 44	2.320 19	2.635 07	2.884 98	3.083 31	3.240 73	3.365 66	3.464 81	3.543 50	3.605 95	3.655 52	3.694 85	26%
28%	0.781 25	1.391 60	1.868 44	2.240 97	2.532 01	2.759 38	2.937 02	3.075 79	3.184 21	3.268 92	3.335 09	3.386 79	3.427 18	3.458 73	28%
30%	0.769 23	1.360 95	1.816 11	2.166 24	2.435 57	2.642 75	2.802 11	2.924 70	3.019 00	3.091 54	3.147 34	3.190 26	3.223 28	3.248 67	30%
35%	0.740 74	1.289 44	1.695 88	1.996 95	2.219 96	2.385 16	2.507 52	2.598 17	2.665 31	2.715 04	2.751 88	2.779 47	2.799 39	2.814 36	35%

附录 341

(续)

n\r	15	16	17	18	19	20	21	22	23	24	25	26	27	28	r\n
1%	13.865 1	14.717 9	15.562 5	16.398 3	17.226 0	18.045 6	18.857 0	19.660 4	20.455 8	21.243 4	22.023 2	22.795 2	23.559 6	24.316 4	1%
2%	12.849 3	13.577 8	14.291 9	14.992 0	15.678 5	16.351 4	17.011 2	17.658 0	18.292 2	18.913 9	19.523 5	20.121 0	20.706 9	21.281 3	2%
3%	11.937 9	12.561 1	13.166 1	13.753 5	14.323 8	14.877 5	15.415 0	15.936 9	16.443 6	16.935 5	17.413 1	17.876 8	18.327 0	18.764 1	3%
4%	11.118 4	11.652 3	12.165 7	12.659 3	13.133 9	13.590 3	14.029 2	14.451 1	14.856 8	15.242 0	15.622 1	15.982 8	16.329 6	16.663 1	4%
5%	10.379 7	10.837 8	11.274 1	11.689 6	12.085 3	12.462 2	12.821 2	13.163 0	13.488 6	13.798 6	14.093 9	14.375 2	14.643 0	14.898 1	5%
6%	9.712 25	10.105 9	10.477 3	10.827 6	11.158 1	11.469 9	11.764 1	12.041 6	12.303 4	12.550 4	12.783 4	13.003 2	13.210 5	13.406 2	6%
7%	9.107 91	9.446 65	9.763 22	10.059 1	10.335 6	10.594 0	10.835 5	11.061 2	11.272 2	11.469 3	11.653 6	11.825 8	11.986 7	12.137 1	7%
8%	8.559 48	8.851 37	9.121 64	9.371 89	9.603 60	9.818 15	10.016 8	10.200 7	10.371 1	10.528 8	10.674 8	10.810	10.935 2	11.051 1	8%
9%	8.060 69	8.312 56	8.543 63	8.755 63	8.950 11	9.128 55	9.292 24	9.442 43	9.580 21	9.706 61	9.822 58	9.928 97	10.026 6	10.116 1	9%
10%	7.606 08	7.823 71	8.021 55	8.201 41	8.364 92	8.513 56	8.648 69	8.771 54	8.883 22	8.984 74	9.077 04	9.160 95	9.237 22	9.306 57	10%
12%	6.810 86	6.973 99	7.119 63	7.249 67	7.365 78	7.469 44	7.562 00	7.644 65	7.718 43	7.784 32	7.843 14	7.895 66	7.942 55	7.984 42	12%
14%	6.142 17	6.265 06	6.372 86	6.467 42	6.550 37	6.623 13	6.686 96	6.742 94	6.792 06	6.835 14	6.872 93	6.906 08	6.935 15	6.960 66	14%
16%	5.575 46	5.668 50	5.748 70	5.817 85	5.877 46	5.928 84	5.973 14	6.011 33	6.044 25	6.072 63	6.097 09	6.118 18	6.136 36	6.152 04	16%
18%	5.091 58	5.162 35	5.222 33	5.273 16	5.316 24	5.352 75	5.383 68	5.409 90	5.432 12	5.450 95	5.466 91	5.480 43	5.491 89	5.501 60	18%
20%	4.675 47	4.729 56	4.774 63	4.812 19	4.843 50	4.869 58	4.891 32	4.909 43	4.924 53	4.937 10	4.947 59	4.956 32	4.963 60	4.969 67	20%
22%	4.315 52	4.356 73	4.390 77	4.418 66	4.441 52	4.460 27	4.475 63	4.488 22	4.498 54	4.507 00	4.513 93	4.519 62	4.524 28	4.528 10	22%
24%	4.001 29	4.033 30	4.059 11	4.079 93	4.096 72	4.110 26	4.121 17	4.129 98	4.137 08	4.142 81	4.147 43	4.151 15	4.154 15	4.156 57	24%
26%	3.726 07	3.750 85	3.770 52	3.786 13	3.798 51	3.808 34	3.816 15	3.822 34	3.827 25	3.831 15	3.834 25	3.836 70	3.838 65	3.840 20	26%
28%	3.483 39	3.502 65	3.517 69	3.529 45	3.538 63	3.545 80	3.551 41	3.555 79	3.559 21	3.561 18	3.563 97	3.565 60	3.566 88	3.567 87	28%
30%	3.268 21	3.283 24	3.294 80	3.303 69	3.310 53	3.315 79	3.319 84	3.322 96	3.325 35	3.327 19	3.328 61	3.329 70	3.330 54	3.331 18	30%
35%	2.825 45	2.833 67	2.839 75	2.844 26	2.847 60	2.850 08	2.851 91	2.853 26	2.854 27	2.855 02	2.855 57	2.855 98	2.856 28	2.856 50	35%

正态分布曲线的面积

Z	0.00	0.01	0.02	0.03	0.04	0.05	0.06	0.07	0.08	0.09
0.00	0.0	0.004 0	0.008 0	0.012 0	0.016 0	0.019 9	0.023 9	0.027 9	0.031 9	0.035 9
0.10	0.039 8	0.043 8	0.047 8	0.051 7	0.055 7	0.059 6	0.063 6	0.067 5	0.071 4	0.075 3
0.20	0.079 3	0.083 2	0.087 1	0.091 0	0.094 8	0.098 7	0.102 6	0.106 4	0.110 3	0.114 1
0.30	0.117 9	0.121 7	0.125 5	0.129 3	0.133 1	0.136 8	0.140 6	0.144 3	0.148 0	0.151 7
0.40	0.155 4	0.159 4	0.162 8	0.166 1	0.170 0	0.173 6	0.177 2	0.180 8	0.184 4	0.187 9
0.50	0.191 5	0.195 0	0.198 5	0.201 0	0.205 4	0.208 8	0.212 3	0.215 7	0.219 0	0.222 4
0.60	0.225 7	0.229 1	0.232 4	0.235 7	0.238 9	0.242 2	0.245 4	0.248 6	0.251 7	0.254 9
0.70	0.258 0	0.261 1	0.264 2	0.267 3	0.270 3	0.273 4	0.276 4	0.279 3	0.282 3	0.285 2
0.80	0.288 1	0.291 0	0.293 9	0.296 7	0.299 5	0.302 3	0.305 1	0.307 8	0.310 6	0.313 3
0.90	0.315 9	0.318 6	0.321 2	0.323 8	0.326 4	0.328 9	0.331 5	0.334 0	0.336 5	0.338 9
1.00	0.341 3	0.343 8	0.346 1	0.348 5	0.350 8	0.353 1	0.355 4	0.357 7	0.359 9	0.362 1
1.10	0.364 3	0.366 5	0.368 6	0.370 3	0.372 9	0.374 9	0.377 0	0.379 0	0.381 0	0.383 0
1.20	0.384 9	0.386 9	0.388 8	0.390 7	0.392 5	0.394 3	0.396 2	0.398 0	0.399 7	0.401 5
1.30	0.403 2	0.404 9	0.406 6	0.408 2	0.409 9	0.411 5	0.411 5	0.414 7	0.416 2	0.417 7
1.40	0.419 2	0.420 7	0.422 2	0.423 6	0.425 1	0.426 5	0.427 9	0.429 2	0.430 6	0.431 9
1.50	0.433 2	0.434 5	0.435 7	0.437 0	0.438 2	0.439 4	0.440 6	0.441 8	0.442 9	0.444 1
1.60	0.445 2	0.446 3	0.447 4	0.448 4	0.449 5	0.455 0	0.451 5	0.452 5	0.453 5	0.454 5
1.70	0.455 4	0.456 4	0.457 3	0.458 2	0.459 1	0.459 9	0.460 8	0.461 6	0.462 5	0.463 3
1.80	0.464 1	0.464 9	0.465 6	0.466 4	0.467 1	0.467 8	0.468 6	0.469 3	0.469 9	0.470 6
1.90	0.471 3	0.471 9	0.472 6	0.473 2	0.473 8	0.474 4	0.475 0	0.475 6	0.476 1	0.476 7
2.00	0.477 2	0.477 8	0.478 3	0.478 8	0.479 3	0.479 8	0.480 3	0.480 8	0.481 2	0.481 2
2.10	0.482 1	0.482 6	0.483 0	0.483 4	0.483 8	0.484 2	0.484 6	0.485 0	0.485 4	0.485 7
2.20	0.486 1	0.486 4	0.486 8	0.487 1	0.487 5	0.487 8	0.488 1	0.488 4	0.488 7	0.489 0
2.30	0.489 3	0.489 6	0.489 8	0.490 1	0.490 4	0.490 6	0.490 9	0.491 1	0.491 3	0.491 6
2.40	0.491 8	0.492 0	0.492 2	0.492 5	0.492 7	0.492 9	0.493 1	0.493 2	0.493 4	0.493 6
2.50	0.493 8	0.494 0	0.494 1	0.494 3	0.494 5	0.494 6	0.494 8	0.494 9	0.495 1	0.495 2
2.60	0.495 3	0.495 5	0.495 6	0.495 7	0.495 9	0.496 0	0.496 1	0.496 2	0.496 3	0.496 4
2.70	0.496 5	0.496 6	0.496 7	0.496 8	0.496 9	0.497 0	0.497 1	0.497 2	0.497 3	0.497 4
2.80	0.497 4	0.497 5	0.497 6	0.497 7	0.497 7	0.497 8	0.497 9	0.497 9	0.498 0	0.498 1
2.90	0.498 1	0.498 2	0.498 2	0.498 3	0.498 4	0.498 4	0.498 5	0.498 5	0.498 6	0.498 6
3.00	0.498 6	0.498 7	0.498 7	0.498 8	0.498 8	0.498 9	0.498 9	0.498 9	0.499 0	0.499 0
3.10	0.499 0	0.499 1	0.499 1	0.499 1	0.499 2	0.499 2	0.499 2	0.499 2	0.499 3	0.499 3
3.20	0.499 3	0.499 3	0.499 4	0.499 4	0.499 4	0.499 4	0.499 4	0.499 5	0.499 5	0.499 5
3.30	0.499 5	0.499 5	0.499 5	0.499 6	0.499 6	0.499 6	0.499 6	0.499 6	0.499 6	0.499 7
3.40	0.499 7	0.499 7	0.499 7	0.499 7	0.499 7	0.499 7	0.499 7	0.499 7	0.499 7	0.499 8
3.50	0.499 8	0.499 8	0.499 8	0.499 8	0.499 8	0.499 8	0.499 8	0.499 8	0.499 8	0.499 8
3.60	0.499 8	0.499 8	0.499 9	0.499 9	0.499 9	0.499 9	0.499 9	0.499 9	0.499 9	0.499 9
3.70	0.499 9	0.499 9	0.499 9	0.499 9	0.499 9	0.499 9	0.499 9	0.499 9	0.499 9	0.499 9
3.80	0.499 9	0.499 9	0.499 9	0.499 9	0.499 9	0.499 9	0.499 9	0.499 9	0.499 9	0.499 9
3.90	0.500 0	0.500 0	0.500 0	0.500 0	0.500 0	0.500 0	0.500 0	0.500 0	0.500 0	0.500 0

注：Z为标准差的个数，表中数据是平均数和Z个标准差之间的那部分正态曲线下的区域的总面积。

参 考 文 献

[1] VAN HORNE J C, WACHOWICZ J M Fundamentals of financial management[M].11th ed.New York : Pearson Education, 1998.

[2] JENSEN M C, MECKLING W H., theory of the firm: managerial behavior, agency costs and ownership structure[J].Journal of financial economics, 1976 (3) : 305-60.

[3] LYNCH R P.Business alliances guide: the hidden competitive weapon[M].New York: John Wiley &Sons, 1993.

[4] 白华. 质疑利益相关者价值最大化目标 [J]. 统计与决策，2005（3）：104-105.

[5] 曹侠. 关于社会主义企业财务本质各派学说的评价 [J]. 当代经济科学，1992（2）：77-83.

[6] 崔毅，邵希娟. 现代财务管理 [M]. 广州：华南理工大学出版社，2002.

[7] 财政部注册会计师考试委员会办公室. 财务成本管理 [M]. 大连：东北财经大学出版社，2000.

[8] 财政部会计资格评价中心. 财务管理 [M]. 北京：中国财政经济出版社，2007.

[9] 财政部会计资格评价中心. 财务管理 [M]. 北京：经济科学出版社，2022.

[10] 陈余有，张传明. 企业财务管理学 [M]. 2 版. 北京：中国财政经济出版社，2003.

[11] 陈琦伟. 投资银行学 [M]. 大连：东北财经大学出版社，2002.

[12] 陈志武. 为什么微软决定发红利 ?[J/OL]. 新财富，2003（3）.

[13] 冯巧根，冯圆. 全面预算管理 [M]. 2 版. 北京：中国人民大学出版社，2021.

[14] 谷祺. 工业企业财务管理 [M]. 北京：中国财政经济出版社，1989.

[15] 谷祺，刘淑莲. 财务管理 [M]. 大连：东北财经大学出版社，2007.

[16] 郭敏，张凤莲. 基于价值创造的财务管理体系建构 [J]. 管理世界，2005（5）：156-157.

[17] 荆新，王化成，刘俊彦. 财务管理学 [M]. 6 版. 北京：中国人民大学出版社，2002.

[18] 李心合，朱立教. 利益相关者产权与利益相关者财务 [J]. 财会通讯，1999（12）：14-16.

[19] 刘爱东. 公司理财 [M]. 上海：复旦大学出版社. 2006.

[20] 刘剑民. 企业集团财务控制动态模式的组织、位置与发展路径 [J]. 管理世界，2012（12）：181-182.

[21] 陆建桥. 对财务本质的探讨 [J]. 财会通讯，1994（12）：3-4.

[22] 陆正飞. 财务管理 [M]. 大连：东北财经大学出版社. 2001.

[23] 基翁. 现代财务管理基础 [M].7 版. 北京：清华大学出版社，1997.

[24] 赖利，布朗. 投资分析与组合管理 [M]. 陈跃，彭作刚，王静宏，译. 北京：中信出版社，2004.

[25] 罗斯，杰富. 公司理财 [M]. 吴世农，沈艺峰，等译. 北京：机械工业出版社，2000.

[26] 罗斯,等.公司理财基础[M].方红星,译.大连：东北财经大学出版社.2002.
[27] 范霍恩.财务管理与政策[M].11版.刘志远,主译.大连：东北财经大学出版社,2000.
[28] 年福成.生益科技分拆子公司上市的价值创造研究[D],马鞍山：安徽工业大学,2022.
[29] 秦晓磊.我国企业国际投资面临的政治风险及对策[J].时代经贸,2007（12）：79.
[30] 人民银行岚县支行课题组.对民间融资运行方式的调查与思考[J].华北金融,2008（8）：65-67.
[31] 孙茂竹,支晓强,戴璐.管理会计[M].9版.北京：中国人民大学出版社,2020.
[32] 王斌.财务管理[M].北京：高等教育出版社,2007.
[33] 王建华.MBA现代财务管理精华读本[M].合肥：安徽人民出版社,2002.
[34] 王锴.行为财务：理论演进与中国证据[M].合肥：合肥工业大学出版社,2008.
[35] 王明虎.财务管理原理[M].北京：中国商业出版社,2006.
[36] 王明虎.资本结构波动与企业价值研究[M].北京：中国财政经济出版社,2019.
[37] 王明虎,孙梁艳.宏观经济形势、管理层激励与营运资金融资策略[J].南京审计大学学报,2021（2）：102-111.
[38] 王明虎,王楠.管理层自信影响企业营运资金融资策略吗：基于A股上市公司数据[J].会计之友,2021（22）：37-41.
[39] 王明虎,朱佩佩.经营风险、货币政策与营运资金融资策略[J].南京审计大学学报,2019（3）：55-63.
[40] 王玉春.财务管理[M].南京：南京大学出版社,2008.
[41] 吴良海,胡芳芳.投资者保护、公益性捐赠与企业价值[J].商业会计,2022（3）：11-18.
[42] 吴良海,徐德信,章铁生.制度环境、信息透明度与企业投资效率研究：来自中国A股市场的经验证据[J].证券市场导报,2016（10）：20-28.
[43] 薛玉莲,李中全.财务管理学[M].北京：首都经济贸易大学出版社,2004.
[44] 徐业坤,安素霞.购买理财产品与上市公司投资效率：增益还是损害[J].现代财经,2021（4）：18-36.
[45] 颜光华,严勇.企业战略联盟及其在我国企业的应用[J].财经研究,1999（7）：29-44.
[46] 杨淑娥,胡元木.财务管理研究[M].北京：经济科学出版社,2002.
[47] 杨雄胜.财务管理原理[M].北京：北京师范大学出版社,2007.
[48] 尹后顺,刘士武.企业融资方式的国际比较[J].辽宁经济,2008（6）：16.
[49] 尹卿.从利益相关者合作角度重新确定企业财务目标[J].财会通讯,2002（5）：47.
[50] 袁业虎.财务研究的起点及理财本质的界定[J].当代财经,2005（12）：116-118.
[51] 张纯.现代企业财务战略下的预测机制研究：战略、预测、绩效的互动[J].会计研究,2005（8）：77-81.
[52] 张鸣,王蔚松,陈文浩.财务管理学[M].上海：上海财经大学出版社,2002.
[53] 赵德武.财务管理[M].北京：高等教育出版社,2002.
[54] 中国注册会计师协会.财务成本管理[M].北京：中国财政经济出版社,2022.
[55] 竺素娥,涂必胜.财务管理[M].北京：中国科学技术出版社,2006.
[56] 朱开悉.财务管理学[M].长沙：中南大学出版社,2004.
[57] 朱小平,叶友.会计师事务所法律组织形式的企业理论观点：会计师事务所为什么应采取合伙制而不应采取有限公司制[J].会计研究,2003（7）：42-45.
[58] 朱元午.财务控制[M].上海：复旦大学出版社,2007.